Chinese Doctrinal Criminal Law
Experience, Reflection and Construction

中国刑法教义学的面向
经验、反思与建构

王莹/著

北京大学出版社
PEKING UNIVERSITY PRESS

目 录

序一 / 陈兴良 ··· 001

序二 / 〔德〕埃里克·希尔根多夫 ··························· 009

序三 / 〔德〕路易斯·格雷克 ································· 013

自序 ··· 017

第一章　刑法教义学基本理论流派：问题与抉择 ········· 001
　第一节　法益理论与规范效力理论：刑法教义学的两种基本
　　　　　解释模型 ··· 001
　　一、法益理论与规范效力理论概述 ······················· 003
　　二、法益理论与规范效力理论之争 ······················· 006
　第二节　法治国的洁癖？——对话雅各布斯"敌人刑法"
　　　　　理论 ··· 018
　　一、引言：作为敌人的敌人刑法？ ······················· 018
　　二、敌人刑法：雅各布斯的逻辑 ·························· 020
　　三、对话敌人刑法理论 ····································· 025
　　四、敌人刑法的刑事政策背景："新惩罚主义" ········ 043
　　五、结语 ·· 045
　第三节　角色与管辖：风险判断与特殊认知 ············· 046
　　一、一个不可能的概念："中立"的"帮助犯"？ ······ 047

二、中立帮助犯可罚性主、客观说之争:教义学角度
　　的解析 ………………………………………………… 050
三、中立帮助犯行为客观意义与主观意义的分离:经验
　　现象学(empirisch-phänomenologisch)层面的剖析 …… 064
四、中立帮助犯的教义学内核:特殊认知的两种归途 …… 071
五、我国刑法中立帮助犯"明知说"之证成 …………… 082
六、结语 ………………………………………………… 088

第二章　犯罪论的中国面向 ………………………………… 090
第一节　犯罪论理论之结:情节犯与我国刑法构成要件
　　　　特征 ……………………………………………… 090
一、定量因素与犯罪构成关系的国内研究现状 ………… 092
二、德国刑法中的犯罪量化理论 ………………………… 099
三、我国犯罪构成的构成要件性 ………………………… 104
四、情节犯之情节的教义学解剖 ………………………… 112
五、结语 ………………………………………………… 126
第二节　不作为犯理论之教义学匡正 ……………………… 129
一、先行行为作为义务之理论谱系归整及其界定 ……… 130
二、论犯罪行为人的先行行为保证人地位 ……………… 164

第三章　财产犯罪教义学的本土维度 ……………………… 185
第一节　盗窃罪之"非法占有目的"之辨 ………………… 187
一、非法占有目的之概念 ………………………………… 190
二、非法占有的对象:物的存在形式说、物的价值说与
　　综合说 …………………………………………… 194
三、物的存在形式说、物的价值说与综合说的检验与
　　适用 ……………………………………………… 198

四、财产性利益是否可以成为盗窃罪的行为对象? ………… 212
　　五、结论:关于使用盗窃问题 …………………………………… 218
第二节　诈骗罪不法之困:错误理论、处分理论与交易基础
　　　　信息操纵理论 ………………………………………………… 221
　　一、描述:被害人与行为人视角叠加中的诈骗罪教义学
　　　　图景 ……………………………………………………………… 223
　　二、解构:关系犯与自我损害概念误区 …………………… 238
　　三、重构:作为交易基础信息操纵的诈骗罪 ……………… 243
　　四、结语 ………………………………………………………………… 255
第三节　隐瞒真相型社保诈骗案之教义学解析 ……………… 255
　　一、问题的引出 ……………………………………………………… 257
　　二、默示型欺骗理论适用性检讨 …………………………… 260
　　三、不作为诈骗罪的探讨 ………………………………………… 271
　　四、结语 ………………………………………………………………… 279

第四章　网络刑法教义学的中国方案 …………………………… 280
第一节　网络信息涉罪归责的逻辑 …………………………………… 281
　　一、归责的逻辑起点:信息网络传播服务行为 …………… 281
　　二、信息网络传播服务行为法益侵害的类型:交流犯与
　　　　非交流犯 ……………………………………………………… 285
　　三、谁发布的信息?——以非法信息来源进行区分的
　　　　二分法归责逻辑 ……………………………………………… 288
　　四、对自己发布信息的责任——网络内容提供者责任 …… 292
第二节　网络共同犯罪归责 …………………………………………… 296
　　一、对他人发布信息的两种归责路径 …………………… 297
　　二、网络共同犯罪归责路径 …………………………………… 298
第三节　网络不作为犯归责路径 …………………………………… 309

一、形式法律义务理论 ………………………………… 309
二、功能二分理论 ……………………………………… 310

后　记 ………………………………………………… 325

参考文献 ……………………………………………… 351

序　一

我国的刑法教义学已然成为刑法理论的主流,它在司法适用中发挥了重要作用,成为我国刑法理论形态的一个具有学术生命力的面向。中国人民大学法学院刑事法律科学研究中心王莹副教授在借鉴、吸收德国刑法教义学,推进我国刑法教义学方面作出了独特的贡献,《中国刑法教义学的面向:经验、反思与建构》就是一个明证。现在,本书即将由北京大学出版社出版,应王莹之邀为本书写序,这对于我来说,不仅是通过阅读文本对王莹的学术成果进行检视的过程,更是对我国刑法教义学的演变与发展进行回顾与展望的过程,因而具有一种阅读的愉悦感。

我国法学界在过去20年经历了一个法学知识教义学化的过程,其中刑法知识的教义学化可以说是得风气之先,这主要与立法进程相关。法教义学是以相对完备与完善的法律规范为逻辑前提的,只有在此基础上才能开展真正意义上的法教义学研究,由此而为法律适用提供理论引导。我国刑法是一个在法治重建以后率先完成立法的部门法,由此开启了我国刑法理论研究的历史进程。1979年《刑法》以及其后颁布的24个单行刑法,为刑法学研究奠定了最初的规范基础。这个时期的刑法学还在草创阶段,而且学术的对外开放大门尚未完全开启,在这种情况下,我国刑法学的理论研究处于一个自给自足的状态,刑法理论的整体水平还不能满足司法实践的需要。1997年的刑法修改使得我国的刑法立法进一步完善,刑法的更替必然要求刑法理论的更新;德日刑法教义学知识引入我国,也为我国刑法教义学的研究提供了客观条件。我国刑法教义学的进程起步于上个世纪和本世纪之交。我本人就是在这样一种背景与氛围之下开始从事刑法教义学研究的,其中 2000 年商务印书馆出版的《本体刑法学》一书可以说是我从刑法哲学向刑法教义学学术转型的一个标志性成果。刊登在 2005 年第 2 期《法学研究》的《刑法教义学方法论》一文中,我又发表了以下观点:"刑法学作为一个部门法,既具有其理论品格又具有其技术的特征。因此,刑法学可以分为不同的理论层次,既包括形而上的刑法哲学研究,又包括形而下的规范刑法学研究。在规范刑法学研究中,刑法教义学方法论之倡导十分必要。"由此我提出,刑法学如欲成为一门科学,必须推进刑法教义学方法论的研究。因此,该文可以说是我倡导刑法教义学的宣示性作品。

《中国刑法教义学的面向:经验、反思与建构》一书以中国刑法教义学这条红线贯穿始终,全面地展示了王莹从事刑法学研究以来的学术成果。王莹在 2001 年进入得刑法教义学研究风气之先的北京大学法学院,师从王世洲教授开始刑法专业硕士阶段的学习,并且受王世洲教授的影响,选修了德语,为以后到德国留学攻读博士学位创造了条件。可以说,王莹是在我国刑法教义学启程之际开始其刑法学习的,由此奠定了较好的理论基础。而到德国这个刑法教义学的发源国学习,则进一步为其将刑法教义学知识与方法用于解决中国刑法问题,并为刑法教义学的中国化贡献一己之力提供了契机。在本书的自序中,王莹叙述了在德国撰写博士论文时,试图用德国刑法教义学解释我国刑法与德国刑法的结构性区别的过程中所产生的困惑,这也正是王莹真正开始思考犯罪论构造、行为不法、结果不法等刑法教义学问题的起点。从本书的各个篇章中,我们可以看到这一思考贯穿了本书始终。因此,虽然本书讨论的论题较为分散,但本书的宗旨却是一以贯之的,这就是刑法教义学的中国化的努力。

王莹对中国刑法问题的教义学思考开始于对某些具有我国特色

的刑法概念的教义学解释,这也是中外刑法立法的规范差异带来的教义学难题,是中外刑法学者在学术交流中经常遇到的沟通障碍。王莹对此进行了深入研究,并提出了其个人的独到见解。其中,给我印象较深的是王莹在对我国刑法中的罪量要素的研究中提出了"类构成要件复合体"的概念。我国刑法关于犯罪的概念区别于其他国家的一个重要特征就是所谓犯罪概念的数量因素,除了刑法总则关于犯罪的概念中存在应受刑罚处罚性的特征,还规定了但书条款,由此而为刑法分则具体犯罪规定以情节严重、数额较大等各种要素作为入罪条件提供了根据。正如王莹在本书中所指出的,其实各国刑法都面临着如何处理微罪的问题,只不过外国刑法将其纳入刑事程序中予以判处,并不在实体刑法中解决。我国则相反,对于微罪在刑法中予以排除。这就为罪量要素提供了存在空间。这一差别背后其实包含了我国与其他国家在犯罪治理体制上的重大差别:外国刑法通过刑事程序排除微罪以后,微罪非罪化的实质含义是行为人不再受到任何处罚。在这种情况下,刑事程序就具有一定的实体处置功能。但在我国制裁体制中,刑事处罚与行政处罚并存不悖,微罪出罪的结果是虽然不受刑事处罚但却受行政处罚。因此,情节与数额等罪量要素虽然是罪与非罪的界分标志,却并不是处罚与不处罚的区分标准,只能说是刑事处罚与行政处罚的分界线。在某种意义上说,犯罪的罪量要素是我国司法权与行政权的分野之所在。虽然罪量要素的实质意义是如此,但罪量要素在形式意义上确实具有限缩犯罪范围的性质。在这种情况下,刑法理论就要将罪量要素纳入犯罪论体系进行考察,尤其是要合理地确定罪量要素在犯罪论体系中的地位。这个问题由于德日刑法教义学没有现成的解决方案可供参考,因而正是我国学者在刑法教义学本土化中的可着力之处。王莹在对我国现有的各种观点进行归纳总结的基础上,提出了"类构成要件复合体"的概念,这其实也是王莹给出的解决思路。王莹认为,我国的犯罪构成不是德日刑法理论意义上的仅为行为不法与结果不法划定预设空间的不法类型，而是一个包含了基本构成要件、加重结果、客观处罚条件以及其他刑事政策因素的"类构成要件复合体"。这一"类构成要件复合体"主要由"基本构成要件"与"构成要件基本不法量域"组成，王莹指出：提倡"基本构成要件"与"构成要件基本不法量域"的理念，不仅为界定情节犯的犯罪论定位和确定情节（包括数额）与主观方面的关系提供了解决方案，也为在法哲学与教义学层面沟通三阶层体系的构成要件与我国四要件的犯罪构成理论打开了一条解释学的通道。在这个意义上，"基本构成要件"与"构成要件基本不法量域"的理念是对我国犯罪构成进行教义学分析的重要方法论工具，其中蕴含着广阔的犯罪论解释学的前景。王莹的上述论述，对于解释我国刑法中的罪量要素提供了某些思路，因而具有理论参考价值。由此可见，王莹在学习与借鉴德国刑法教义学的时候，具有较强的中国问题意识，始终坚持中国面向的立场，不是简单地套用德国刑法教义学，而是力图将德国刑法教义学作为一种分析根据，由此引申出解决中国问题的方法与路径，这是值得嘉许的。

在本书中，财产犯罪教义学是一个重要的章节，反映了王莹在运用刑法教义学的理论资源，在解释财产犯罪的个罪中所做的努力。个罪研究是十分考验一个学者的学术功底的工作：如果做得好，将会在刑法教义学的具体问题上有所突破；如果做得不好，只能是对刑法教义学一般理论的简单套用，毫无创新。王莹在本书中对诈骗罪这个传统财产犯罪的研究，在我看来是具有新意的，而这是难能可贵的。在刑法分则中，诈骗罪是研究得最为充分的罪名，没有之一。在诈骗罪的问题上教义学的资源极为丰富，以至于我们要想充分消化这些知识，本身就已然不易。但王莹在诈骗罪的本质问题上还是提出了其具有想象力的观点，这就是诈骗罪的不法本质是对交易基础信息的操纵之命题，这一命题的核心是：行为人在财产交易沟通过程中操纵交易基础信息—行为人对被害人施加影响,使其作出有利于行为人的财产交易或安排—行为人非法获利(或被害人遭受财产损失)。传统的诈骗罪教义学是以加害人与被害人的双重行为建构诈骗罪的构成要件的,加害人的行为表现为欺骗行为与造成他人财产损失,而被害人的行为表现为认识错误,并基于认识错误而处分财物,可以说,诈骗罪是刑法中唯一一个行为客体的行为进入构成要件的罪名,这就使诈骗罪的构成要件显得极为复杂,非其他罪名所能比拟。德国学者甚至在诈骗罪中衍生出被害人教义学,由此使得诈骗罪的构成要件进一步复杂化。但王莹基于诈骗罪的不法本质是对交易基础信息的操纵的观点,将被害人角度的构成要件要素如错误认识、财产处分等剔除出构成要件,能够凸显行为人操纵信息的归责链条,清晰勾勒诈骗罪的归责路线,并通过信息错误风险管辖思想替代争议颇多的被害人过错、被害人过于轻信等被害人教义学思维,限制诈骗罪的可罚性范围。由此可见,王莹所提出的以对交易基础信息的操纵解释诈骗罪的不法本质的观点确实在很大程度上划清了其与传统的诈骗罪构成要件理论之间的界限,重构了诈骗罪的构成要件,给人以耳目一新的感觉。我注意到,王莹在评论传统的诈骗罪的构成要件构造时指出,传统诈骗罪构成要件构造"行为人虚构事实、隐瞒真相—被害人发生错误认识—被害人处分财产"是一种对诈骗罪心理事实意义上的描述,而非规范的建构。因此,王莹是在规范化的意义上为对交易基础信息的操纵的观点提供正当性根据。当然,不可否定的是,王莹对诈骗罪的以上解读距离公众所认知的诈骗罪的观念形象越来越远。我曾经指出,在我国刑法中,诈骗罪的构成要件形象是距离公众认知最远的罪名之一,而王莹对诈骗罪的构成要件的观念形象则走得更远。在此存在刑法专业知识与公众常识之间的关系问题,存在相互对立的理解。而如何保持两者之间的一定张力,确实是一个较为困难的问题。坚持诈骗罪以欺骗行为为中心的构成要件形象,则为社会公众将民事欺诈行为与刑法中的诈骗罪相混同提供了可能,然而像王莹这样以抽象化的交易基础信息的操纵取代对诈骗行为的传统描述,虽然在规范化程度上更为提升,但在公众接受程度上则大为降低,这是一个两难的选择。即便如此,王莹对诈骗罪构成要件的具有想象力的描述还是颇为惊艳的。

本书的最后一章是网络犯罪教义学,也是王莹新近着力颇深的研究领域。虽然网络犯罪与财产犯罪两种犯罪类型之间的差别是极大的,但在采用教义学方法进行研究这一点上则保持了理论上的连贯性。当然,网络犯罪是一种新型犯罪,其教义学化程度较低,因而对网络犯罪的教义学研究不像财产犯罪那样,我们只是外国刑法教义学的跟随者。对于网络犯罪的教义学研究而言,其实我国学者与外国学者处在同一起跑线上。而我国因网络创新程度较高,因而网络犯罪的数量之多与形态之异,为我国学者对网络犯罪的教义学研究提供了广阔的发展空间,有可能处在网络犯罪教义学研究的前沿位置。当然,我始终认为,网络犯罪的教义学研究虽然应当具有前瞻性,但不能完全脱离立法。刑法教义学研究本身是以法律规范的存在为逻辑前提的,从这个意义上说,刑法教义学研究对法律规范具有天生的滞后性。然而科学技术是向前发展的,尤其是在网络技术的基础上,各种应用场景层出不穷。例如人工智能、大数据和物联网技术,它们具有广阔的应用前景,并可能会给刑法带来极大冲击。在这种情况下,刑法学界为因应人工智能、大数据和物联网等科学技术的成熟运用所可能带来的犯罪及其治理问题,进行了具有前瞻性的理论研究。当然,这种研究是建立在对人工智能犯罪现象预测的基础之上的,刑法规范的明显滞后与缺失,使得这种研究具有未来学的性质,而这与刑法教义学的性质是背道而驰的。由此可见,刑法教义学虽然需要随着科学技术的发展而不断更新,但刑法教义学对法律规范的保守性不允许进行超越立法与司法的未来学研究。基于我个人的一个不成熟的见解,只有立法与司法对某种犯罪现象作出了反应之时,刑法教义学才有用武之地。

根据王莹在自序中的自述,王莹的刑法学术生涯起始于2010年在德国取得博士学位归国以后入职中国人民大学法学院刑事法律科学研究中心,因而,本书是王莹10多年来刑法学术成果的集大成,从中可以直观地检视其整个刑法研究的思路与路径。我以为,本书的内容虽然写作于不同年代,但令人惊讶的是保持了一以贯之的学术水平,其中虽有研究论题的转换,但并没有从幼稚到成熟的演变轨迹,这是颇为难得的。本书可以说是王莹刑法教义学研究的一个段落的总结,也是未来学术征程的又一个起点。在较高的起点进一步提升,这无疑是一个挑战,我相信,王莹会取得更大的成就。

是为序。

陈兴良[*]

谨识于北京依水庄园寓所

2022年5月3日

---

[*] 北京大学博雅讲席教授。

序　二

　　世界上的刑事法律制度仍然具有鲜明的国家特色,这是因为刑法以一种非常特殊的方式表达了一个国家的历史、社会和政治特点。与之相对,刑法科学,特别是刑法教义学,如今已经朝向新的国际性方向发展。人们可以将其称为国际刑法科学或国际刑法教义学。

　　目前,刑法教义学在中国、日本、韩国、德国、西班牙、希腊、土耳其和拉丁美洲等世界各个国家和地区具有相同的发展轨迹。刑法学家们使用类似的基本概念,如构成要件符合性、违法性和罪责、过失和故意、法益理论和规范效力理论,他们互相切磋、辩论,共同推动理论的发展。

　　在这场全球性的讨论中,中国正在日益发挥主导作用。10多年前,梁根林教授和我创立中德刑法学者联合会(CDSV)时,中德学术力量对比尚不均衡。而今,中国学者与德国学者已经能够平起平坐,相互学习借鉴,致力于国际刑法教义学的进一步发展。

　　在此方面,王莹女士的这本专著提供了一个很好的范例。她的硕士导师王世洲教授及她所师承的其他老师,如陈兴良、梁根林、白建军等教授,均是中国知名的刑法学者。王女士糅合中德两国刑法学术传统,同时亦不忘尊重中国刑法学术道路的自主性和特殊性。书中的部分内容源于她在德国所做的讲座,充满智识及洞见。

　　本书的内容既涵盖法益理论与规范效力理论、"敌人刑法"理论等刑法教义学基础理论,也涵盖总论问题(如不作为犯罪)、分论问题(如盗窃罪和诈骗罪)以及互联网刑法的问题。这里涉及的一些主题对于德国刑法教义学来说也是未曾讨论的新的问题,例如关于所谓情节犯的争议。在德国刑法中,犯罪行为的严重性仅发挥着次要的作用。也许是时候让德国刑法学者更加仔细地关注中国同人在这一点上的讨论了。

总体视之,王莹的这本著作为未来中德刑法合作交流与积极发展奠定了基础,王女士为此作出了非常重要的贡献。我祝愿这本书能够获得广大读者的青睐及广泛的关注。

埃里克·希尔根多夫[*]
维尔兹堡,2022 年 5 月

附:希尔根多夫教授序言德文原文

Vorwort

Die Strafrechtsordnungen der Welt sind nach wie vor ganz überwiegend national geprägt. Dies ist deshalb sinnvoll, weil sich im Strafrecht in ganz besonderer Weise die geschichtlichen, gesellschaftlichen und politischen Besonderheiten eines Landes ausdrücken. Dagegen hat sich die Wissenschaft vom Strafrecht, vor allem die Strafrechtsdogmatik, heute in Richtung auf eine neue Internationalität entwickelt. Man kann von einer internationalen

---

[*] 德国维尔兹堡大学刑法、刑事诉讼法、法理学、信息法学与法信息学教席教授。

Strafrechtswissenschaft und insbesondere einer internationalen Strafrechtsdogmatik sprechen.

In so unterschiedlichen Ländern und Weltregionen wie China, Japan, Südkorea, Deutschland, Spanien, Griechenland, der Türkei und Lateinamerika entwickelt sich heute die Strafrechtsdogmatik auf ähnlichen Bahnen. Die Strafrechtswissenschaftler verwenden ähnliche Grundbegriffe, etwa Tatbestandsmäßigkeit, Rechtswidrigkeit und Schuld, Fahrlässigkeit und Vorsatz, Rechtsgutstheorie und Normgeltungstheorie. Sie diskutieren miteinander, tauschen Argumente aus, und entwickeln ihre Theorien gemeinsam weiter.

In dieser weltweiten Diskussion beginnt China mehr und mehr eine führende Rolle einzunehmen. Als vor über zehn Jahren von Liang Genlin und mir der Chinesisch - Deutsche Strafrechtslehrerverband (CDSV) gegründet wurde, waren die Gewichte noch ungleich verteilt. Heute diskutieren chinesische Wissenschaftler auf Augenhöhe mit deutschen Wissenschaftlern, beide Seiten lernen voneinander und arbeiten daran, die internationale Strafrechtsdogmatik fortzuentwickeln.

Ein hervorragendes Beispiel für diese Arbeit ist das hier vorgelegte Buch von Frau Kollegin Wang Ying. Ihr Lehrer Wang Shizhou ist einer der führenden Strafrechtler Chinas. Dasselbe gilt für andere Lehrer von Frau Wang wie Chen Xingliang, Liang Genlin und Bai Jianjun. Frau Wang verbindet chinesische und deutsche Strafrechtstraditionen, ohne die Eigenständigkeit und Besonderheit des chinesischen Weges in Frage zu stellen. Ihre Darlegungen, die teilweise auf Vorträgen in Deutschland fußen, zeichnen sich durch besonderen Kenntnisreichtum und Scharfsinn aus.

Die in diesem Band versammelten Arbeiten umfassen sowohl strafrechtsdogmatische Grundlagen wie die Auseinandersetzung zwischen der Rechtsguts – und der Normgeltungstheorie und die Diskussion um das „Feindstrafrecht" wie Fragestellungen aus dem Allgemeinen Teil (etwa zu den Unterlassungsdelikten), dem Besonderen Teil (zum Beispiel Diebstahl und Betrug) und dem Internetstrafrecht. Einige der hier behandelten Themen sind für die deutsche Strafrechtsdogmatik neu, etwa die Auseinandersetzung um sogenannte Umstandsdelikte. Die Tatschwere spielt im deutschen Strafrecht nur im Hintergrund eine Rolle. Möglicherweise ist es an der Zeit, dass die deutschen Strafrechtslehrer die Argumente der chinesischen Kolleginnen und Kollegen in diesem Punkt noch sorgfältiger zur Kenntnis nehmen.

Insgesamt zeigt das Werk von Wang Ying, dass die Grundlagen dafür gelegt sind, dass sich die chinesische und deutsche Kooperation in der Strafrechtswissenschaft in Zukunft weiterhin sehr positiv entwickeln kann. Frau Wang hat dazu einen sehr wichtigen Beitrag geleistet. Ich wünsche dem Buch eine breite Leserschaft und sehr viel Aufmerksamkeit.

Eric Hilgendorf, Würzburg, in Mai 2022

序 三

能够为学界同人王莹的新书作序,不胜欢喜,尤其是在如今人员交往仍受到旅行禁令和检疫义务限制之时。但即使在当下,人们对思想交流的兴趣也并未衰减,尽管我们中的一些人言明而另一些人未必言明如下论断,即并不存在单纯的本国刑法教义学,如同并不存在局限在本国的数学或物理学那样。在此意义上,可将本书将要展开的内容理解为一种尝试,致力于表明本书所包含的思考不仅对中国而言,而且对整个刑法科学皆有其意义。令人遗憾的是,我的语言能力无法使我了解本书思想内容之全貌。

我将王女士的作品理解为一个规模宏大的调和尝试——德国与中国刑法之间,法益理论与规范效力损害理论之间,总论与分论之间,古老、传统与新兴、现代之间的调和尝试。这是一个勇敢的尝试,自有读者定断。但这种尝试本身已经颇值肯定,因为在上述二分法(尽管可能不是全部)背后,是一种对照而非对立关系,它们之间往往是可以调和的。

我预祝本书受到中国刑法界同人们的欢迎与青睐,并有助于深化两国之间已然密不可分的学术友好关系。与此同时,我也希望王女士有朝一日能够抽出时间,将本书——至少部分——在德国出版。

路易斯·格雷克[*]

柏林,2022 年 5 月 18 日

---

[*] 德国柏林洪堡大学刑法、刑事诉讼法、外国刑法与刑法理论教席教授。

附：格雷克教授序言德文原文

Vorwort

Es ist eine Freude, für das neue Buch von Kollegin Wang Ying ein Vorwort schreiben zu dürfen. Dies geschieht zu einer Zeit, wo der persönliche Austausch durch Reiseverbote und Quarantänepflichten noch immer sehr eingeschränkt ist; das Interesse an einem Austausch von Gedanken hat aber nicht abgenommen. Dies könnte aber auch nicht anders sein, wenn man, wie einige von uns sogar explizit, die meisten immerhin implizit daran glauben, dass es eine nationale Strafrechtswissenschaft ebenso wenig geben kann, wie eine nationale Mathematik oder Physik. In diesem Sinne mögen die nachfolgenden Zeilen auch verstanden werden: als Versuch, die Bedeutung der in diesem Buch enthaltenen Überlegungen nicht nur für China, sondern auch für die Strafrechtswissenschaft zu unterstreichen – und zu bedauern, dass meine sprachliche Beschränktheit es mir nur gestattet, von den in diesem Buch enthaltenen Ideen unvollkommen Kenntnis zu erlangen.

Ich verstehe die Arbeit von Kollegin Wang als großangelegten Vermittlungsversuch – zwischen Deutschland und China, zwischen der Lehre vom Rechtsgut und vom Normgeltungsschaden, zwischen dem Allgemeinen und dem Besonderen Teil, zwischen dem Alten, Traditionellen, und dem Neuen, Modernen. Ob Kollegin Wang mit dem gewagten Unternehmen Erfolg hat, muss der Leser selbst beurteilen; Anerkennung verdient bereits der Versuch als solcher, da sich hinter einigen (wenn auch wohl nicht aller) der genannten Dichotomien mehr Schein als Sein befinden dürfte.

Ich wünsche dem Buch eine interessierte Aufnahme durch die chinesischen Strafrechtskollegen und hoffe, dass es dazu beiträgt, die bereits engen wissenschaftlichen und freundschaftlichen Beziehungen zwischen unseren Ländern zu vertiefen. Zugleich äußere ich den Wunsch, dass Kollegin Wang die Zeit finden wird, es wenigstens teilweise in Deutschland zu veröffentlichen.

Luís Greco-Berlin, den 18. Mai 2022

自 序

我于2001年考入北京大学法学院,师从王世洲老师研习刑法。北大刑法兼容并包、百家争鸣,陈兴良、梁根林、白建军等诸位老师的课堂使我深受教益,让我得以一窥刑法学堂奥。读研期间,王世洲老师时常督促我们要在刑法专业学习之外学好一门外语,强调外语作为比较刑法学研究工具的重要性。在王老师的感召下,我选修了德语,并在北大和德国弗莱堡大学交换生项目资助下赴弗莱堡大学和当时的马克斯-普朗克外国与国际刑法研究所交流。马普所的国际学术氛围与德国西南小城弗莱堡静谧而诗意的生活吸引我继续在德国攻读博士学位。时任马普所所长的阿尔布莱希特(Hans-Jöerg Albrecht)教授一直热心于中德学术交流,欣然接纳我入门下读博。记得阿尔布莱希特教授总是在繁忙的学术研究和所长行政事务中挤出时间,在他那间带有山景露台的办公室里聆听博士生们的论文汇报并给予指导。在博士论文《版权的刑法保护:中德比较法研究》(Der strafrechtliche Schutz des Urheberrechts: Eine vergleichende Untersuchung zum deutschen und chinesischen Strafrecht)写作中,情节或罪量这一德国刑法与中国刑法的结构性区别给我带来较大的理论上的困扰,也是我真正开始思考犯罪论构造、行为不法、结果不法等刑法教义学问题的起点。

2009年年底我取得弗莱堡大学法学博士学位归国。幸得刘明祥、谢望原等诸位老师引荐,我于2010年春入职中国人民大学法学院刑事法律科学研究中心,踏上教学与研究的学术之路。读博期间关于情节犯与罪量问题的思考萦绕于心,我尝试从构成要件质与量关系的见解入手,通过剖析构成要件的不法类型本质与诠释学特征,提出了"构成要件基本不法量域"的概念并以之为标准对情节犯之情节的犯罪论体系性地位进行归类与划分。承蒙当年《法学研究》杂志社的编辑熊秋红老师与李强老师不弃,论文《情节犯之情节的犯罪论体系性定位》得以刊登于 2012 年第 3 期《法学研究》,给初涉学术之途的我以莫大的鼓舞。这篇论文凝结了我在德国读博期间的比较法与教义学思考,也确立了我后续从事刑法教义学研究的基调:以贯穿中德刑法的视角,警惕对德日刑法教义学过度的路径依赖,突破"移植教义学"研究瓶颈,自觉立足中国法律实践观照中国法律问题,在承继与反思德国刑法教义学理论基础上努力尝试本土教义学理论建构。

在总论的研究中,本书首先关注刑法教义学的基本理论流派。当今德国刑法教义学存在法益保护说与规范效力理论两大基本理论派系,二者对构成要件目的理性不同的理解导向在犯罪的本质理解、不法与罪责的区分、责任论等重大理论立场上的分歧。法益保护说与规范效力理论提供了两种不同的刑法教义学解释模型与术语体系,虽晚近以来德国学者试图对其进行调和,但二者如何逻辑一致地、体系化地兼容并包,存在疑问。而在二者无法体系性地兼容时,选择何种解释模型或术语体系,亦将不可避免涉及犯罪构造的阶层理论这一教义学基本理论场域。这一问题在当今德国仍然是一个开放性的问题,而我国采取何种理论抑或创生第三种解释模型,是未来构建本土刑法教义学必须直面的方向性与基础性命题。

我国刑法犯罪论的构建也必须解开长期困扰我国刑法教义学理论研究的"理论之结"——罪量要素或情节犯之情节的犯罪论体系性地位问题完全照搬没有定量要求的犯罪论体系无法解决我国刑法中

犯罪成立与否的问题,我尝试从法哲学与教义学两个层面提出具有开创性的解决思路。而在犯罪论中,不作为犯罪传统上属于刑法教义学的"继子",存在不作为犯中作为义务认定形式化、先行行为边界不清等问题及不作为犯罪刑事责任泛滥倾向。本书尝试梳理德国不纯正不作为犯保证人地位的理论变迁,引入客观归责理论界定先行行为范围,以推进我国不作为犯罪教义学向纵深发展。

在分论的研究中,我也尝试延续上述总论中的本土刑法教义学研究方法与思维路径,引入德国盗窃罪教义学中的"物的价值说""物的存在形式说"等理论解析我国刑法中盗窃罪非法占有对象的争议,厘清盗窃罪与诈骗罪、敲诈勒索罪等其他财产犯罪的不法构成要件边界,为我国司法实务中财产犯罪的界分提供具有可操作性的理论工具。针对传统诈骗罪教义学逻辑混乱以及财产处分理论、财产损失理论、社会目的落空理论等互相掣肘、支离破碎的乱象,本书在解构诈骗罪不法内核的基础上,针对中国刑法诈骗罪简单罪状的规定对诈骗罪的不法本质及构成要件进行中国语境下的重构。

在 Web 2.0 与 3.0 环境下,犯罪不仅借助网络的匿名性、可复制性与广泛传播性获得了新的要素——例如犯罪结果及行为方式的变异,犯罪关系结构也从传统的加害与被害二元结构扩展为"网络犯罪行为人—网络服务提供者—网络犯罪被害人"的三角结构,不仅对传统的共同犯罪理论、不作为犯理论提出挑战,也对传统罪责原则中的个人责任模式造成冲击。网络刑法教义学注定是中国刑法教义学中最具活性与特色的一章,本书在最后一章中尝试根据网络传播的物本逻辑基础,对适用于现实物理社会的传统教义学进行调适与拓展,拟定中国网络刑法教义学方案。

近年来,大数据、人工智能、物联网等科技的兴起给现代社会关系及其治理提出新的问题与挑战,世界范围内掀起了新兴科技法学研究的热潮。德国著名刑法学家希尔根多夫教授2012年建立了人工智能法研究所,从法哲学、法教义学、科技法等法学与科技融合角度关注工业4.0及人工智能运用给传统法学理论所带来的挑战。德国著名刑法学家魏根特(Weigend)、恩格兰德(Engländer)、格雷克(Greco)、赫恩勒(Hörnle)等皆投身该领域,并相继在德国顶级刑法学杂志《整体刑法学杂志》(ZStW)上发表相关论文,如《电脑与网络实体刑法最新问题综述》(希尔根多夫,2006)、《人工智能体与刑法》[格雷斯(Gless)和魏根特,2014]、《自动驾驶两难困境问题:一个关于数字时代核减禁止原则的探讨》(希尔根多夫,2018),在《国际刑法教义学杂志》(ZIS)上发表《数字化与自主学习系统带来的刑事责任扩展》[贝克(Beck),2020]等。新兴科技使得法现实或者法的物本逻辑基础发生了深刻改变,也为法所不容许的风险、注意义务标准、义务犯与支配犯等刑法教义学基本理论提供了可适用性检验与拓展的契机。未来在这一领域,中国刑法学人将与德国刑法学人在同一起跑线上进行教义学理论建构与拓展性实验。

鉴于实定法的立法粗疏与继受德日刑法理论过程中的移植落差,中国刑法学面临着刑法实定法规定的非理性与刑法教义学本身的高度理性之间持久的紧张关系。如何在这种紧张关系之中开辟出中国刑法教义学的建构之路,如何对或多或少带有德国古典哲学基因的德国刑法教义学理论进行反思与淬炼,以为根植于厚重的中国社会文化传统中鲜活的中国法现实——尤其是因应新兴科技引致的物本逻辑基础变化——提供本土的、此在的教义学理论方案,是中国刑法的时代议题,也是中国刑法学人必须直面的挑战与历史任务,需要一代甚至几代中国刑法学人筚路蓝缕、上下求索、问道中西。我作为这条路上步履蹒跚的初行者,亦时有偶得与断想,是为"经验、反思",属"过去时"与"现在时";而所谓"构建",仅有一些尚未成形、影影绰绰的视像,尚属"将来时",是待与同代中国刑法学人携手、共同达致的宏大学术愿景。对于这个愿景,即便这一代人无法达成,亦是"进一寸有进一寸的欢喜"。

我时常想,何谓刑法教义学?乍一看来,教义学的世界仿佛是由一个由边界清晰的法条框定的坚清决绝、黑白分明的世界,而它所欲规制和涵摄的对象却是纷繁芜杂、瞬息万变的俗世烟火。而刑法学者作为沟通这两个极端世界的人,需要高度的抽象能力、洞察能力与共情能力,因此我更愿意相信教义学是适用于共同体生活的一种凝聚共识、贯彻共识的体系性的理性商谈的方法论。在此意义上,这种方法论在新兴科技规制领域应亦有其生命力。

2016年11月,德国刑法学者许乃曼(Bernd Schünemann)教授和布意克(Werner Beulke)教授来中国人民大学法学院举办题为"关于过失犯罪与排除违法性事由的教义学研讨"的讲座,我与陈璇老师共同担任翻译,讲座现场气氛十分热烈,有学生用德语向两位教授提出颇有意义的学术问题。招待晚宴席间许乃曼教授感慨道:"十七年前我第一次来中国开展学术交流,如今中国刑法已从一片教义学沙漠成长为茂密的教义学森林。"弹指数十载,陈兴良教授、张明楷教授等上一代刑法学人凭借敏锐的学术自觉与犀利的学术洞见开垦了这一片教义学森林,而灌溉这一片日益葳蕤的教义学森林的,是王世洲教授、阿尔布莱希特教授、许乃曼教授、中德刑法学者联合会创始人希尔根多夫教授和梁根林教授、冯军教授等学者所开启的两代中德刑法学人的学术交流之源头活水。

王 莹

于北京西山居所

2022年4月6日

第一章 刑法教义学基本理论流派：
问题与抉择

当今德国刑法教义学存在法益保护说与规范效力说两大基本理论派系，二者对构成要件目的理性不同的理解导致在犯罪的本质理解、不法与罪责的区分、责任论等重大理论立场上的分歧。如何对之进行评判与抉择，是影响未来中国刑法教义学体系建构的基本性问题。从上述德国刑法教义学基本立场之争出发，探讨不同理论派系的思想基础及逻辑脉络，可以为中国刑法教义学体系建构之命运抉择提供方向性指引。

第一节 法益理论与规范效力理论：刑法教义学的两种基本解释模型

关于刑法的任务与犯罪的本质，长久以来在德国刑法教义学存在着两种相互对峙的学说：法益保护说（Rechtsgüterschutz）与规范效力理论（Normgeltung，也译为规范适用理论、规范维护理论）。这两种学说也是对于"刑法所保护的是什么"及"何种行为应当作为犯罪行为处罚"这类刑法基础性命题的论证或者解释模型，相关探讨贯穿法哲学、立法论、解释论上的诸多基础性问题。在宏观层面涉及犯罪论构造、归责理论、未遂或中立帮助犯的处罚根据等总论问题，在微观层面涉及某种行为是否应当被立法者规定为犯罪行为,某种行为是否符合某个罪的构成要件等。

法益理论自张明楷教授 2000 年出版《法益初论》[1]一书及同年发表《新刑法与法益侵害说》[2]一文后郑重在我国刑法学界登场,国内学界对罗克辛(Roxin)的法益保护理论与雅各布斯(Jakobs)的规范效力理论之争也经由王世洲教授 2005 年译成的罗克辛刑法教科书《德国刑法学总论(第 1 卷):犯罪原理的基础构造》得以管窥一斑[3]。其后随着国内学界结果无价值论与行为无价值二元论的争论,法益侵害与规范违反也分别被上述两大阵营作为自己的学术标签与核心理据,开始长驱直入国内刑法教义学领地。[4] 而围绕雅各布斯"敌人刑法"理论在国内掀起了短暂研究热潮,作为敌人刑法理论底层理论的规范效力理论也获得更广泛的关注。[5] 近年德国刑法学界对犯罪论构造基础理论的反思与重构之声渐起,一直以来固若金汤的不法与罪责的区分开始受到质疑,而法益理论与规范效力理论作为理解犯罪行为的底层理论逻辑自然也难以避免狭路相逢、一决高下的宿命。下文将简要勾勒法益理论与规范效力理论的理论脉络,并对二者进行理论价值上的对比分析。

---

[1] 参见张明楷:《法益初论》,中国政法大学出版社 2000 年版。
[2] 参见张明楷:《新刑法与法益侵害说》,载《法学研究》2000 年第 1 期。
[3] 参见[德]克劳斯·罗克辛:《德国刑法学总论(第 1 卷):犯罪原理的基础构造》,王世洲译,法律出版社 2005 年版。
[4] 例如张明楷:《刑法的基本立场》,中国法制出版社 2002 年版,第 172 页以下;周光权:《违法性判断的基准与行为无价值论——兼论当代中国刑法学的立场问题》,载《中国社会科学》2008 年第 4 期;黎宏:《行为无价值论批判》,载《中国法学》2006 年第 2 期。
[5] 参见王莹:《法治国的洁癖:对话 Jakobs"敌人刑法"理论》,载《中外法学》2011 年第 1 期;蔡桂生:《敌人刑法的思与辨》,载《中外法学》2010 年第 4 期。

一、法益理论与规范效力理论概述

(一)法益理论

法益理论认为刑法的任务是保护法益,在法益理论代表人物罗克辛看来,刑法的任务即在于在维系宪法基本权利前提下保障公民自由与和平的共同体生活。[1] 法益的定义具有多样性与争议性,例如被定义为"社会参与机会""可被侵害或保护的状态""法律保护的利益""外部生活现实的有价值的状态""法律所保护的社会秩序抽象价值"等。[2] 一方面,法益概念具有解释论上的体系自洽性功能(systemimmanente Funktion),即构成要件解释的功能,引导人们根据法律规定的构成要件所保护的法益进行构成要件解释,此即所谓"方法论的法益概念";另一方面,法益还具有立法论上的体系批判性功能(systemkritische Funktion),根据是否存在需要保护的法益评价立法者的刑事立法活动,论证实在法上某个构成要件的设立是否具有教义学上的正当性。[3]

陈兴良教授在2000年第1期《法学研究》撰文对占据我国刑法学核心理论地位的社会危害性理论进行清理与反思,呼吁将社会危害性这一犯罪实质性概念逐出注释刑法学领域,为避免犯罪概念的形式主义化和空洞化而引入具有实质意义的概念:法益及法益侵害。[4] 张明楷教授在同期刊出的《新刑法与法益侵害说》一文中将法益侵害说与规范违反说作为关于违法性实质学说的两种对立观点

---

[1] Vgl. Roxin/Greco, Strafrecht Allgemeiner Teil, Band I, 5. Aufl., 2020, § 2 Rn. 7.
[2] Vgl. Roxin, Strafrecht Allgemeiner Teil, Band I, 5. Aufl., 2020, § 2 Rn. 2 ff.
[3] Vgl. Hassemer/Neumann, in: Nomos-Kommentar zum StGB, 5. Aufl., 2017, vor § 1 Rn. 113.
[4] 参见陈兴良:《社会危害性理论——一个反思性检讨》,载《法学研究》2000年第1期。

引入学界,指出法益侵害说主张违法性的实质是对法益的侵害或者威胁,规范违反说则主张违法性的实质是违反法规范或者违反法秩序,即对刑法规范背后的社会伦理规范的违反,从而得出我国1997年《刑法》采纳了法益侵害理论的结论:无论从与社会危害性理论的理论同源性来看,还是从实在法规定来看——《刑法》第2条对刑法任务的规定与第13条关于犯罪法定概念的界定均表明刑法的任务与目的是保护合法权益(法益),而非保护社会伦理规范或伦理秩序,抑或是从对通奸罪、卖淫罪、乱伦罪等缺乏保护法益的罪名的立法取舍来看,都可以得出我国刑法立足的是法益理论的理论立场这一结论。[1] 同年张明楷教授出版法益理论专著《法益初论》,系统阐释法益的刑事政策机能、违法性评价机能、解释论机能和分类机能。[2] 我国晚近主流教科书在阐释刑法的任务、目的、刑法的机能等基本理论立场方面也采取了法益理论立场。[3]

在分论的研究中,学者也充分调用法益理论的体系自洽性功能开展个罪解释论上的探讨,例如对以危险方法危害公共安全罪的"公共安全法益"的相关探讨[4],对新型犯罪如侵犯公民个人信息罪[5]、

---

[1] 参见张明楷:《新刑法与法益侵害说》,载《法学研究》2000年第1期。
[2] 参见张明楷:《法益初论》,中国政法大学出版社2000年版,第196页以下。
[3] 参见张明楷:《刑法学》(第6版),法律出版社2021年版,第24—25页(该书更将法益保护原则与责任主义原则并列为现行刑法明文规定的三大基本原则之补充原则,参见该书第77页以下);黎宏:《刑法学总论》(第2版),法律出版社2016年版,第4—8页。
[4] 例如劳东燕:《以危险方法危害公共安全罪的解释学研究》,载《政治与法律》2013年第3期。
[5] 例如敬力嘉:《大数据环境下侵犯公民个人信息罪法益的应然转向》,载《法学评论》2018年第2期;冀洋:《法益自决权与侵犯公民个人信息罪的司法边界》,载《中国法学》2019年第4期;欧阳本祺:《侵犯公民个人信息罪的法益重构:从私法权利回归公法权利》,载《比较法研究》2021年第3期。

非法利用信息网络罪[1]的探讨,以及对贿赂犯罪法益的探讨[2]等。

(二)规范效力理论

雅各布斯所主张的规范效力理论从社会学理论中的系统论出发,在系统论的意义上将刑法视为一个沟通交流的过程,即通过将违反规范的行为宣告为犯罪行为并施加刑罚来维护规范的有效性。刑法所保护的并非法益而是规范的效力。在规范效力理论看来,侵害法益之中的"益"(Gut)既可以为疾病(针对生命、健康法益而言)或材料损耗(针对财产法益而言)等自然进程所侵害,也可以为无法避免人的行为所侵害,但显然这些行为不是刑法所感兴趣的犯罪行为。因此刑法的任务不在于为被称为"益"的东西提供全天候的、无条件的保护,而是仅在其被以特定方式所侵害之时提供保护。[3] 因此,刑法的益(Strafrechtsgut)并非规范所积极评价的某种益,而是规范内容的效力,例如财产犯罪的刑法上的益不是他人的财物或其与所有人之间表现为使用权或用益权的权益集合体的所有权关系,而是财物必须获得保护这样一种规范内容的效力。[4]

法律不是一堵放置在利益周围的保护墙,而是反映了人的关系的结构。刑法保护的是对利益的攻击不会发生这样一种期待。[5]

---

[1] 例如孙道萃:《非法利用信息网络罪的适用疑难与教义学表述》,载《浙江工商大学学报》2018年第1期;姜金良:《法益解释论下非法利用信息网络罪的司法适用——基于〈刑法修正案(九)〉以来裁判文书样本的分析》,载《法律适用》2019年第15期;皮勇:《新型网络犯罪独立性的教义学分析及司法实证》,载《政治与法律》2021年第10期。

[2] 例如熊琦:《刑法教义学视阈内外的贿赂犯罪法益——基于中德比较研究与跨学科视角的综合分析》,载《法学评论》2015年第6期;马春晓:《廉洁性不是贪污贿赂犯罪的法益》,载《政治与法律》2018年第2期;劳东燕:《受贿罪两大法益学说之检讨》,载《比较法研究》2019年第5期。

[3] Vgl. Jakobs, Strafrecht Allgemeiner Teil, 2. Aufl., 1993, 2 Abschn. Rn. 4.

[4] Vgl. Jakobs, Strafrecht Allgemeiner Teil, 2. Aufl., 1993, 2 Abschn. Rn. 5.

[5] 参见[德]G. 雅各布斯:《刑法保护什么:法益还是规范适用?》,王世洲译,载《比较法研究》2004年第1期。

在这样一种立足于系统论的理论模型中,刑法规定的正当性来自其服务于维系国家与社会建构的功能。该理论无意说明"刑法规范应当积极评价何种内容"这样的问题。[1] 虽然规范效力理论完全否定法益理论在刑法的任务与犯罪本质方面的解释力,但值得注意的是,雅各布斯并不主张在教义学上完全放弃法益概念。他认为与直接根据社会危害性确定犯罪内容相比,法益可以发挥一种媒介或者过滤作用,应将其视为一种社会危害性的过滤器用以划定刑法规范的范围,即只有保护法益的规范、产生法益的规范(身份犯或亲手犯),或虽然不直接保护法益但维护社会安定(soziale Frieden)的规范(极端抽象危险犯,例如禁止虐待动物、乱伦、露阴癖的规范)才是刑法上的规范。但如何确定这些法益的内容以及划定上述规范之间的界限,则被认为是一个刑法教义学之外的政治性问题,其无意也无力给出答案。[2]

我国刑法学者冯军教授是规范效力理论的坚定拥护者,认为规范效力理论具有体系一贯性,能够为正当防卫问题、偶然防卫问题及特定犯罪的重罚规定提供逻辑一致的妥当解释。[3]

二、法益理论与规范效力理论之争

法益理论因其引以为傲的自由主义的价值底蕴与颇具可操作性的解释学功能及刑事立法的批判性功能,传统上一直以来占据德国刑法教义学正统学术话语的地位。但晚近德国刑法学界开始对法益理论的自由主义特质及批判性功能提出质疑,而对规范效力理论的支持之声此起彼伏,日益强劲。上述质疑之声与支持之声在我国刑

---

[1] Vgl. Swoboda, Die Lehre vom Rechtsgut und ihre Alternativen, ZStW 122 (2010), S. 25 ff.
[2] Vgl. Jakobs, Strafrecht Allgemeiner Teil, 2. Aufl., 1993, 2 Abschn. Rn. 24 f.
[3] 参见冯军:《刑法教义学的立场和方法》,载《中外法学》2014年第1期。

法学界也引起回音与共振。

(一)关于法益理论的自由主义价值内涵之争

作为法益理论的滥觞,费尔巴哈(Feuerbach)的"权利侵害说"(Rechtsverletzungslehre)与比恩鲍姆(Birnbaum)的"益的保护说"(Güterschutzlehre)以启蒙时期的社会契约论为思想原点,尝试以法益保护思想对犯罪行为进行合法性论证,对国家刑罚权进行限制。[1] 这一启蒙思想的自由主义价值底蕴在当今主流法益论者罗克辛那里得到完好的保存与延续:"根据社会契约论,特定疆域的居民以契约的形式建立保障共同生活的特定机构即国家,赋予国家通过颁布刑法及其他法律保护公民的权利。刑法对个人的行动自由限制不应超过实现和平与自由的共同生活所必要的程度。启蒙思想要求人性尊严、平等权等其他人的基本权利必须获得尊重,这种保障是人性自由的本质性的条件。"[2] 许乃曼也认为,作为社会危害性思想之变体的法益保护理论与其前身同样具有深刻的启蒙思想基础。[3]

从法益理论史角度来看,尽管早期权利侵害说与益的保护说未能将法益的自由主义特质贯彻到底,试图对警察刑法及道德犯罪进行牵强的合法化论证[4],宾丁(Binding)的规范理论也一方面将法益作为规范的实质内核,另一方面却将法益置于立法者的合目的性考量之下,因而其法益理论也被批判沦为法律实证主义的背书[5],但如帕夫利克(Pawlik)那样据此完全否定法益理论的自由主义思想起源、

---

[1] Vgl. Swoboda, Die Lehre vom Rechtsgut und ihre Alternativen, ZStW 122 (2010), S. 43 f.
[2] Roxin/Greco, Strafrecht Allgemeiner Teil, Band I, 5. Aufl., 2020, § 2 Rn. 8.
[3] Vgl. Schünemann, Strafrechtsdogmatik als Wissenschaft, FS-Roxin, 2001, S. 27.
[4] Vgl. Swoboda, Die Lehre vom Rechtsgut und ihre Alternativen, ZStW 122 (2010), S. 25 ff.
[5] Vgl. Amelung, Rechtsgüterschutz und Schutz der Gesellschaft, 1972, S. 74; Swoboda, Die Lehre vom Rechtsgut und ihre Alternativen, ZStW 122 (2010), S. 29;参见陈璇:《法益概念与刑事立法正当性检验》,载《比较法研究》2020年第3期。

截断启蒙思想与法益理论的历史意义关联[1],似乎就有些过于主观和偏激了。

雅各布斯也试图以德国早期刑法的同性恋与乱伦罪说明法益概念并没有"先天的自由的内涵",对此罗克辛反驳道,法益不具有自然法的永恒效力,而是受制于宪法基础和社会关系的变迁,并不能以过时的法益理解质疑法益理论本身的自由主义价值。[2]

不容置疑的是,战后重新回归的主流法益理论一直尽力维护其响亮的自由主义价值铭牌。"二战以后……法益概念成为自由刑法的一根支柱。刑法首先被视为国家为个人自由所提供的保障。与此相应,人们把法益看作是人、物和制度的一种特性,这种特性有助于个人在一个以社会和民主形式建构起来的社会中自由地发展自我。这种法益概念首先具有批判立法的功能:刑法学认为那些不符合保护目的要求的罪刑条文在实质上是错误的,并尽可能地对其加以限制;同时,人们也要求立法者进行改革。"[3]

(二)关于法益理论的批判性功能之争

肯定法益理论的自由主义价值底蕴与意义关联是一回事,在实在法上维护与贯彻这种价值却是另外一回事,这涉及法益理论能否以自由主义的标尺衡量实在法,从而真正发挥其批判性功能。经济刑法、环境刑法、反对恐怖主义或安全刑法等刑事立法的发展推动法益概念从生命、健康、性自决权等核心的个人法益向"竞争自由、环境纯净性、健康生存的条件"等抽象性、集体性法益扩张,这一法益概念

---

[1] 参见〔德〕米夏埃尔·帕夫利克:《目的与体系:古典哲学基础上的德国刑法学新思考》,赵书鸿等译,法律出版社2018年版,第161—163页。
[2] Vgl. Roxin/Greco, Strafrecht Allgemeiner Teil, Band I, 5. Aufl., 2020, § 2 Rn. 114 f.
[3] 〔德〕乌尔斯·金德霍伊泽尔:《法益保护与规范效力的保障:论刑法的目的》,陈璇译,载《中外法学》2015年第2期。

精神化、抽象化和前置化的倾向引发学者对法益批判性功能的质疑,认为法益概念无法提供一个明晰的界定犯罪与非犯罪行为的实质性标准,因而无法发挥其所声称的立法批判性功能。[1] 为了维持法益概念的自由主义的价值内涵和批判性功能,哈塞默(Hassemer)、瑙依曼(Neumann)等提倡人的法益理论,主张抽象法益须彰显个体的间接利益,应最终服务于对国民个体的保护[2],认为环境法益并非是为了保护一种共同体的利益,而是为了保护实现个人生活利益的人类生活条件的集合体。[3] 人的法益理论必须能够始终找到一个能够将抽象法益穿透或还原到个体利益的还原公式,否则就必须将其排除在刑法规制范围之外,而这一点对于日益扩张的现代刑法而言几乎是无法完成的任务。晚近主流文献与判例观点试图诉诸宪法,或者将法益内涵锚定于宪法的价值秩序[如下文罗克辛与鲁道菲(Rudolphi)等人的观点],或者舍弃法益概念,提倡以比例性原则或合宪性原则对刑法条文进行正当性审查。[4] 实际上,主张宪法比例性原则并非是对法益理论的完全替代,而是对法益原则的补充,因为合比例性原则探讨的前提是存在一个有必要予以妥适保护的法益。[5]

---

[1] Vgl. Hassemer/Neumann, in: Nomos-Kommentar zum StGB, 5. Aufl., 2017, vor § 1 Rn. 122 ff. 国内探讨参见陈璇:《法益概念与刑事立法正当性检验》,载《比较法研究》2020年第3期;赵书鸿:《犯罪化的正当性:法益保护?》,载《中国刑事法杂志》2019年第3期。

[2] Vgl. Roxin/ Greco, Strafrecht Allgemeiner Teil, Band I, 5. Aufl., 2020, § 2 Rn. 11; Hassemer/ Neumann, in:Nomos-Kommentar zum StGB, 5. Aufl., 2017, vor § 1 Rn. 131 ff.

[3] Vgl. Hassemer/ Neumann, in: Nomos-Kommentar zum StGB, 5. Aufl., 2017, vor § 1 Rn. 136 f.

[4] 判例观点可参见 BVerfGE 23, 127, 133; 61, 126, 134; 69, 1 f.、35; 76, 256, 359; 80, 109, 120;文献观点可参见 Appel, Verfassung und Strafe: Zu den verfassungsrechtlichen Grenzen staatlichen Strafens, 1998, S. 390。

[5] Vgl. Hassemer, Grundlinien einer personalen Rechtsgutslehre, in: Philipps/Scholler (Hrsg.), Jenseits des Funktionalismus:Arthur Kaufmann zum 65. Geburtstag, 1989, S. 86 f.; 国内类似观点参见张明楷:《法益保护与比例原则》,载《中国社会科学》2017年第7期。

罗克辛将法益理解为"为个人自由发展、实现其基本权利以及以此为目的构建的国家制度正常运作而必要的所有事实状况与目标设定"[1]，而在鲁道菲那里法益是"对于宪法社会以及个体宪法地位与自由而言必要的价值功能统一体"[2]。我国学者张明楷教授主张围绕宪法所规定的公民的基本权利来确定刑法上的保护法益，"公民基本权利的实现以及保障实现公民基本权利的必不可少的现实存在与条件，才是主张刑法保护的法益"[3]。但一方面从宪法基本权利之中并不能推导出刑法必须加以保护的法益，例如《中华人民共和国宪法》第47条规定"中华人民共和国公民有进行科学研究、文学艺术创作和其他文化活动的自由"，但妨害他人进行科学研究自由的行为并不一定就应被规定为犯罪行为[4]；另一方面大量显然不属于宪法基本权利范围的抽象法益也可以获得刑法上的保护。[5] 退一步说，即使能够将宪法基本权利与法益相锚定，但这种论证过程仅仅是一种转换公式，而非对法益的实质性的内容填充。因为如果认为"任何一个罪刑条文，只要它的颁布是经过了一套从民主的角度来看正确的、与宪法的基本原则相符合的程序，那么它的保护目的也是正当的"[6]，那么，实际上已经等于否定了法益的批判性功能。

　　但即便否定法益概念的批判性，法益概念仍然具有重要的体系自洽性功能，即所谓方法论上的法益概念在刑法教义学上有着强大

---

[1] Roxin/Greco, Strafrecht Allgemeiner Teil, Band I, 5. Aufl., 2020, § 2 Rn. 7.
[2] Rudolphi, in: Systematischer Kommentar zum StGB, Band I, 9. Aufl. 2017, vor § 1 Rn. 8.
[3] 张明楷：《宪法与刑法的循环解释》，载《法学评论》2019年第1期。
[4] 张明楷教授也引证《宪法》第14条规定指出，"推广先进的科学技术，并不意味着可以用刑法推广先进的科学技术"，同上注。
[5] 详见陈璇教授结合德国文献对以宪法为基础的法益之证成路径的批判，参见陈璇：《法益概念与刑事立法正当性检验》，载《比较法研究》2020年第3期。
[6] 参见金德霍伊泽尔对此类观点的概括，[德]乌尔斯·金德霍伊泽尔：《法益保护与规范效力的保障：论刑法的目的》，陈璇译，载《中外法学》2015年第2期。

的生命力。法益概念不仅是对罪刑条文开展解释的依据,也是被害人承诺理论运作的必备要素。[1] 经历了从自由主义到方法论—目的论(methodisch-teleologische)法益概念的变迁,法益作为"描述罪刑规定中立法者所认可的目的的最简短的公式"[2],已然成为开展目的论解释的重要教义学工具。

如上所述,规范效力理论认为犯罪的本质在于规范效力的破坏,刑罚对这种规范效力的破坏进行否定与惩罚以维护规范的效力。而规范违反与破坏作为一种形式化的、高度抽象化的概念,与法益侵害概念相比,几乎排除了实质化解释的必要性,从而也极大减轻了论证负担。在系统论的意义上,"规范损害"既可以为威权国家的刑法也可以为法治民主国家的刑法提供正当性论证,关键是整体法秩序的效力得到维护。[3] 规范及规范损害具体内容的论证在雅各布斯看来并不是一个科学的问题或刑法教义学的议题,而是一个政治的前议题。[4] 因此,规范效力理论不仅能够轻而易举地避免上述法益理论批评性功能左支右绌的困境,而且似乎更适合于犯罪论体系的建构这样一种体系性工作。

但规范效力理论认为刑法的任务在于维护规范有效性而不关心规范的内容,也被法益理论批判缺乏实质的正当化前提条件,陷入一种以自我为目的的循环论证。在法益理论看来,"规范服务于法益保护,没有法益保护内容的规范是空洞的"[5],一个社会系统不能仅

---

[1] 参见金德霍伊泽尔对此类观点的概括,[德]乌尔斯·金德霍伊泽尔:《法益保护与规范效力的保障:论刑法的目的》,陈璇译,载《中外法学》2015年第2期。

[2] Hassemer, Theorie und Soziologie des Verbrechens, 1973, S. 49.

[3] Vgl. Swoboda, Die Lehre vom Rechtsgut und ihre Alternativen, ZStW 122 (2010), S. 43 f.

[4] Vgl. Jakobs, Was schützt das Strafrecht: Rechtsgüter oder Normgeltung?, FS-Satio, 2003, S. 17; 译文参见[德]G. 雅各布斯:《刑法保护什么:法益还是规范适用?》,王世洲译,载《比较法研究》2004年第1期。

[5] Roxin, Der gesetzgebungskritische Rechtsgutsbegriff auf dem Prüfstand, GA 2013, S. 435.

以自我为目的来维系,必须以生活在其中的人为目的来维系[1]。例如格雷克指出,规范理论主张刑法服务于维护社会的规范特性是不能够令人信服的,除非其能够说明这种规范特性本身是具有价值的,而"社会必须得以维持自我"本身并不是一种价值。[2] 规范不应致力于在公民中塑造一种服从或根据其社会角色进行规训,这是警察国家的刑法遗迹,与法治国刑法格格不入。[3]

(三)法益理论的客体本位思维 VS. 规范效力理论的行为人本位思维

不可否认,法益理论无法真正内生出一个确定的实质性的概念内核以区分法益与非法益,并据此对刑事立法实践展开批判。但在这一点上规范效力理论并没有胜出,只是被赦免而已:系统论意义上的规范效力理论运行在另一个维度——一个社会理论学的(gesellschaftstheoretisch)的宏观的维度,排斥任何实质性的具体的内容填充,因而也就为自己赢得了免于对实在法进行批判的特权,但因此也损失了一部分刑法教义学上的价值。法益理论的最大的问题并不在于其不能胜任刑事立法的批判性功能,而在于其难以对社会中的犯罪行为进行一种全景式的描绘:在一个错综复杂的社会中,利益与价值并非仅有一种向度,如果仅关注被侵害的对象或对象的价值性,将其作为思考的原点,就难免以点概面、以偏概全,无法令人信服地说明为何这种构成要件行为是值得处罚的。帕夫利克一针见血地指出法益理论的根本性缺陷是其先天的片面性,"它不恰当地将刑法规范的合法性这一错综复杂的难题简化成这样一个问题,即刑罚构成要

---

[1] Vgl. Roxin/Greco, Strafrecht Allgemeiner Teil, Band I, 5. Aufl., 2020, § 2 Rn. 111.
[2] Vgl. Greco, Das Subjektive an der objektiven Zurechnung: Zum „Problem" des Sonderwissens, ZStW 117 (2005), S. 540.
[3] a. a. O., S. 540.

件是否根植于某种值得保护的基础,即'法益'"[1]。

陈璇教授也指出法益理论存在片面的"对象理性"之思维缺陷,法益理论将正当性考察的重心置于法律保护对象之上,用一条清晰的界线将有资格成为法律保护的对象与绝对禁止进入法律保护领域的对象截然区分开来的设想脱离实际。[2] 诚然,构成要件类型本就是一个完整的(行为不法与结果不法的)类型,完整的不法形象描绘与表述本就需要一种整体的视野,不仅包括侵害或威胁的对象的维度,也包括侵害或威胁方式或程度的维度。一个罪名构成要件的构建是否妥当与合理显然不仅需要考量行为对象及其所承载的法益,也需要考量行为类型、方式。例如对于饱受非议的危险犯的正当性判断,乌勒斯(Wohlers)提出应超越其背后模糊的法益的价值性,根据具体危险犯、累积犯与预备犯的犯罪结构考察构成要件行为方式与"体现为法益的某种东西"之间的关系。[3] 对被侵害的对象及对象的价值性的过分关注也导致对行为主体的行动自由和责任范围的忽视,法益理论可能出于法益保护需要导致责任的扩张。[4] 如果将法益保护论称为客体本位的思维,规范效力理论似乎更加是一种行为主体本位的思维,将犯罪行为考察置于规范、社会与人格体的整体关系之中,只有违反社会角色期待的行为才被认为是可以归责的,而角色范围之内的行为即使导向可避免的法益侵害也不应归责。[5] 这种行为人本位的思维也反映在雅各布斯的保证人地位这

---

[1] [德]米夏埃尔·帕夫利克:《目的与体系:古典哲学基础上的德国刑法学新思考》,赵书鸿等译,法律出版社2018年版,第161—167页。
[2] 参见陈璇:《法益概念与刑事立法正当性检验》,载《比较法研究》2020年第3期。
[3] Vgl. Wohlers, Rechtsgutstheorie und Deliktsstruktur, GA 2002, S. 18 ff.
[4] 参见[德]米夏埃尔·帕夫利克:《目的与体系:古典哲学基础上的德国刑法学新思考》,赵书鸿等译,法律出版社2018年版,第168—169页。
[5] Vgl. Jakobs, Tätervorstellung und objective Zurechnung, GS-Armin Kaufmann, 1989, S. 286; ders., Norm, Person, Gesellschaft, 2. Aufl., 1999.

一贯穿作为犯与不作为犯的教义学概念及其归责意义之上。[1] 而帕夫利克更进一步将值得处罚的行为描述为对法律人格体之间关系的妨害，而非表述为对由社会赋予了某种价值的外部客体的损害。[2]

（四）体系建构性意义之争

实际上，法益理论与规范效力理论的争论不限于犯罪行为的正当性论证，也不止于构成要件行为的描绘或不法内容的确定，而是由于关涉刑事责任与刑罚意义的底层逻辑因而延及不法界定时是不是应该考虑罪责这样的问题，故二者之间的对峙与分歧也不可避免地在更广泛的方面触达犯罪论的建构这一教义学基础性议题。

法益理论从客观的外在损害这一自然主义视角考察犯罪行为，也必然导致对不法的更偏向客观化的理解，从而导向不法与罪责的区分的二阶层犯罪论。根据帕夫利克的观点，对无责任的不法的论证始于梅茨格尔（Mezger），后者明确指出：只有从受到不法损害的一方出发建构不法概念，才能成功地对不法与责任进行清晰的、在方法论上无懈可击的划分。[3] 许乃曼也指出对于在刑法不法领域进行目的论的论述分析而言，社会危害性原则或法益保护原则是不可或缺的支点。[4] 斯沃博达（Swoboda）在评价比恩鲍姆的法益理论的历史意义时也指出："具有物质指向性的法益概念为现代刑法教义学的发展奠定了基础。犯罪是法益侵害的理解为清楚界分既遂与未遂、行为对象的侵害与危险提供了可能。它提供了区分行为不法与

---

［1］ Vgl. Jakobs, Strafrecht Allgemeiner Teil, 2. Aufl., 1993, 7. Abschn. Rn. 56 ff., 9. Abschn. Rn. 28 ff.

［2］ 参见〔德〕米夏埃尔·帕夫利克：《目的与体系：古典哲学基础上的德国刑法学新思考》，赵书鸿等译，法律出版社2018年版，第169页。

［3］ 同上书，第54页。

［4］ Vgl. Schünemann, Strafrechtsdogmatik als Wissenschaft, FS-Roxin, 2001, S. 27.

罪责的观察视角,也使得体系性地界分行为客观方面与主观方面的元素成为可能。"[1]

而规范效力理论在系统论沟通意义上理解刑事责任与刑罚,刑罚是一种强制的意义载体,犯罪行为是一个理性人对规范的否定或对规范效力的攻击,刑罚就是对其行为进行回应的载体,犯罪行为与刑罚在此意义上都是象征性或符号性交往(symbolischer Interaktion)的工具。[2] 因此,既然犯罪与刑罚具有这种社会交往的沟通意义,其发挥作用的前提是行为人具有沟通的能力即能够理解上述意义,故应承认犯罪不只是行为人针对某个法益主体所实施的物质性的有责的不法行为,也是对法秩序或者规范本身的侵犯,因而需要一种精神性、交流性或者表现性的犯罪观,以勾连犯罪与刑罚,才能对个人进行教育,促使其改正或者避免对规范的效力造成损害。[3]

这种犯罪与刑法的系统论沟通意义的阐释将引致两种基本的刑法教义学走向:其一,由于行为人的沟通能力决定了是否应当或有无必要启动沟通程序,行为人的因素即沟通的能力就对于不法具有建构性的意义。因此罪责就不再是不法之后才需要审查的犯罪论层级,即没有无罪责的不法,不法与罪责阶层发生融合,对二阶层的犯罪论这一德国刑法教义学最稳固的发展成果造成巨大冲击。其二,完全与规范绝缘的、欠缺这种社会交往沟通能力的人,是否还属于刑法规范的适用对象?雅各布斯在对人进行规范的构造的基础上引入一个"人的二分法",以是否能够理解规范或刑罚的意义为标准将人区分为自然意义上的个体与规范意义上的人格体,主张对于前者不需要进行沟通即适用市民刑法,仅仅需要对其进行危险防御,即

---

[1] Swoboda, Die Lehre vom Rechtsgut und ihre Alternativen, ZStW 122 (2010), S. 28.
[2] Vgl. Jakobs, Norm, Person, Gesellschaft, 2. Aufl., 1999, S. 98 ff.
[3] 参见〔德〕沃尔夫冈·弗里施:《变迁中的刑罚、犯罪与犯罪论体系》,陈璇译,载《法学评论》2016年第4期。

适用敌人刑法。[1]

尽管法益理论与规范效力理论在德国刑法教义学形成剑拔弩张、争锋对峙的态势，也有学者主张对二者进行调和，例如金德霍伊泽尔似乎提倡一种折中的观点，即在接纳刑事责任归属与刑罚是一种沟通或交流活动的这种分析框架的基础上，认为刑法构成要件同时是行为规范与制裁规范，前者旨在保护法益，后者旨在维护规范效力，强化规范信赖，间接服务于法益保护。"在确定刑事责任的归属这一社会交流活动的范围内，这两种预防性的目的设定能够分别对两个完全不同的问题给出各自令人信服的回答……刑法的作用在于保障规范的效力，而规范的目的则在于保护法益。"[2]我国学者周光权教授提倡的"新行为无价值论"（即以行为无价值论为中心的二元论）也采取了这一折中路线，认为违法性判断应从规范违反与法益侵害两方面展开，主张将结果无价值论融入行为无价值论，认为"结果无价值论强调报应的侧面，刑罚理论以相对报应论和特殊预防来展开。行为无价值论支持一般预防论，而且强调积极的、规范的一般预防。行为无价值论认为，刑罚是对规范破坏者的反驳"，并援引雅各布斯对刑罚与罪责的理论术语，指出刑罚的目的在于通过惩罚犯罪训练法规范对象对规范的忠诚与维护其对规范的信赖。[3]在概念使用上法益概念与规范效力概念并非不能同时出现——如上所述，即使雅各布斯也不完全排斥在其规范效力理论内部使用法益概念进行不同犯罪类型的说明，但是作为一种体系建构性的基础性理论，或者一种犯罪与刑法的解释模型，二者恐无法逻辑一致地和谐

---

[1] Vgl. Jakobs, Bürgerstrafrecht und Feindstrafrecht, HRRS 2004, S. 89.
[2] [德]乌尔斯·金德霍伊泽尔：《法益保护与规范效力的保障：论刑法的目的》，陈璇译，载《中外法学》2015年第2期。
[3] 参见周光权：《违法性判断的基准与行为无价值论——兼论当代中国刑法学的立场问题》，载《中国社会科学》2008年第4期。

共生。规范效力理论与法益理论这一对当代刑法教义学的底层理论,具有不同的思想理论基础(社会契约论自由主义价值底蕴与社会学理论中的系统论),对犯罪的考察采取了不同的切入视角(客体本位与主体本位),可能导向不同的犯罪阶层理论(二阶层与一阶层),甚至是不同的刑法理念与分野(是否承认敌人刑法与市民刑法的分野),为刑法学提供了两种迥然不同的解释模型与术语体系,如何将其逻辑一致地、体系化地进行调和,存在疑问。例如弗里施(Frisch)虽然也认为具体的规范内涵可以法益来填充,但在犯罪与刑罚的解释模型意义上仍然选择了规范效力理论,认为后者更具体系一致性,能够为预防刑、自动中止、刑罚排除事由与免责事由的体系性地位等问题提供体系自洽的解释与论证。[1] 采取法益理论或规范效力理论的理论立场,也必然会导致采取不同的犯罪构造的阶层理论,这一理论立场问题在当今德国学界仍然是一个开放性、极具争议性的问题。而我国采取这两种之中的何种(抑或创生出第三种?)理论立场与解释模型,是未来构建本土刑法教义学必须直面的方向性命题。

下文将选取上述两种理论下最具争议性的议题即敌人刑法理论与中立帮助犯与特殊认知问题,在具体议题的中观层面上对上述两种理论立场展开更为深入的剖析。

---

[1] 参见〔德〕沃尔夫冈·弗里施:《变迁中的刑罚、犯罪与犯罪论体系》,陈璇译,载《法学评论》2016年第4期。

第二节 法治国的洁癖？——对话雅各布斯"敌人刑法"理论

一、引言：作为敌人的敌人刑法？

敌人刑法是德国刑法学者京特·雅各布斯于二十世纪八十年代提出的概念，用以与正常和平社会下适用的市民刑法相区别。敌人刑法的基本理念是，针对那些所谓具有持久社会危险性的行为人扩张构成要件，将刑事可罚性前置，同时限制其程序权利，对其大量适用保安处分手段，以控制这些"危险源"，达到保护社会的目的。

在雅各布斯看来，当今实体法和程序法上都反映出敌人刑法的发展趋势：在实体法上，敌人刑法的势头一方面表现为构成要件扩张与可罚性前置，主要是对恐怖主义犯罪、有组织犯罪、经济犯罪，甚至包括对某些性犯罪的处罚方面，针对行为人本身的危险特质将可罚性前置，在犯罪行为真正实施之前即启动刑法，以保护社会不受这些严重犯罪的侵害[1]；另一方面体现在所适用的刑罚上，主要表现为为达到有效控制行为人的目的而大量使用保安处分的手段[2]。刑罚不再是对行为人已实施的行为的回答，而是对未发生的行为的前置反应。在程序法上，刑事被告人不再如同在市民刑法中那样具有程序主体(Prozesssubjekt)的地位，作为在刑事诉讼程序中共同起作用的一员享受法庭审判、举证等被告人权利，其权利被大大限制。例如允许在被告人不知情的情况下对其进行通讯监制(《德国刑事诉讼

---

[1] Vgl. Jakobs, Bürgerstrafrecht und Feindstrafrecht, HRRS 2004, S. 92.
[2] a.a.O., S. 89, 92.

法》第100a条),对其进行抽血化验(《德国刑事诉讼法》第81a条),使用线人侦察(《德国刑事诉讼法》第110a条)等。最为明显的是《德国法院组织法引导法》(Einführungsgesetz GVG)第31条,该条规定面临恐怖组织制造危及他人人身、生命或者自由的危险,在必要时可以禁止在押犯人之间或他们与外界,甚至是与其律师的联系。尤其是在"9·11"事件之后,涉嫌恐怖主义犯罪的犯罪嫌疑人的处遇每况愈下,雅各布斯指出,他们的法律地位已经不再是一般的犯罪嫌疑人,堪比战争中的俘虏。[1] 这一切,都被雅各布斯视为是敌人刑法思想在实在法中的确证。

敌人刑法的理念发端由雅各布斯在1985年的论文《法益侵犯前在领域之犯罪化》[2]中提出,至今一直颇受争议。批判意见主要是从法治国原则的角度出发,认为它有悖于法治国思想,甚至是对法治国思想的一大亵渎。[3] 敌人刑法意欲成为与社会危险人物作斗争的刑法,没想到自己却首先沦为一个危险的刑法理念。批判者甚至将它与德国的纳粹历史相联系,指出"敌人"的概念因袭纳粹刑法学者卡尔·施密特(Carl Schmidt)"朋友与敌人"的范畴思路,在其中读出法西斯主义情结。[4] 因而围绕敌人刑法的论战也不免连带了几分政治色彩。

但是将敌人刑法斥为一个政治上不正确的理论,对之不进行审慎的观察就径直加以抛弃,绝不是一个正确的科学态度。敌人刑法究竟是一个什么样的理论?作为功能规范主义刑法思想的创立

---

[1] Vgl. Jakobs, Bürgerstrafrecht und Feindstrafrecht, HRRS 2004, S. 93.
[2] Vgl. Jakobs, Kriminalisierung im Vorfeld einer Rechtsgutsverletzung, ZStW 97 (1985), S. 751 ff.
[3] Vgl. Roxin/Greco, Strafrecht Allgemeiner Teil, Band I, 5. Aufl., 2020, § 2 Rn. 129.
[4] Vgl. Hörnle, Deskriptive und normative Dimensionen des Begriffs „Feindstrafrecht", GA 2006, S. 91.

者,雅各布斯一向致力于对德国刑法进行教义学上的精雕细凿,何以在其学术晚期突然跳出法治国刑法的成熟格局,在其之外另辟敌人刑法的蹊径?本节将循着雅各布斯的思维,对由于过多转述与批判而有失真之嫌的敌人刑法理论进行文本还原,并尝试在此基础上与之展开一场智性的对话。

二、敌人刑法:雅各布斯的逻辑

接下来我们将跟随雅各布斯,循着他的思维路径,试图理解敌人刑法这一堪称当今德国刑法界最具有争议的理论构造。

(一)法益理论 VS. 规范效力理论:概念的起源

雅各布斯"敌人刑法—市民刑法"的范畴构造实际上是其规范效力理论思维的延续。在上文提到的《法益侵犯前在领域之犯罪化》[1]一文中,雅各布斯首次论及敌人刑法概念,他批判当时德国刑事立法漠视自由民主的危险倾向,即以规定大量抽象危险犯等形式把刑事违法性前置,以达到为法益提供周密保护的目的。而这种现象的产生,雅各布斯认为在很大程度上应归咎于法益保护思想。[2]由于法益保护论者认为刑法的任务在于保护法益[3],循着这个思路,不仅直接侵害法益的行为是犯罪行为,对法益尚未造成直接侵害而仅仅带来威胁的行为,也应该被视为具有刑事可罚性。法益概念难以界定,具有一种无所不包的巨大涵盖能力,理论上任何东西都可

---

[1] Vgl. Jakobs, Kriminalisierung im Vorfeld einer Rechtsgutsverletzung, ZStW 97 (1985), S. 751 ff.
[2] Vgl. Jakobs, Kriminalisierung im Vorfeld einer Rechtsgutsverletzung, ZStW 97 (1985), S. 753.
[3] 关于法益保护思想可参见 Roxin/Greco, Strafrecht Allgemeiner Teil, Band I, 5. Aufl., 2020, § 2。

以被定义为法益而晋升为刑法的保护对象。[1] 因而法益思想主导下的刑法建构,很容易漫无边际,将刑事可罚性前置,造成对个人自由领域的侵犯,例如《德国刑法典》第30条规定的约定犯罪与第140条规定的对犯罪行为的奖励与同意行为。雅各布斯批判道,在法益思想的统治下,"凡是对法益有可能产生危险的人,都可以被定义为行为人,而这种危险何时开始产生是没有界限的。行为人的私人空间即非社会性空间不存在了,他只是一个危险的来源(Gefahrenquelle),换句话说,只是一个法益的敌人(Feind des Rechtsguts)"[2]。

鉴于法益理论的这种"危险性",雅各布斯主张抛弃法益理论,采取规范效力理论。在这里他构造了部分不法(Partialunrecht)与外围规范(flankierende Normen)的概念,以论证抽象危险犯的合理性。他将一个犯罪行为所包含的不法内容肢解为多个不法碎片(Unrechtssplitter),认为几个甚至是一个不法碎片得到实现即可以成立刑事可罚性,而不必等到所有的不法内容都得到实现(即具体的实害行为发生)时才动用刑法。[3] 抽象的危险犯即是这种情况。实现部分不法的行为触动的不是主规范,而是为主规范提供适用条件的外围规范。[4] 正是在批判法益理论与提倡规范效力理论的基础之上,雅各布斯提出了"危险来源"——"法益的敌人"的理念,显露了敌人刑法理论的端倪。

对于雅各布斯来说,刑法的目的不是法益保护,而是保护规范效力(Normgeltung)。从纯粹的规范角度来看,在纯粹的规范世界中,法

---

[1] Vgl. Bung, Feindstrafrecht als Theorie der Normgeltung und der Person, HRRS 2006, S. 64.
[2] Jakobs, Kriminalisierung im Vorfeld einer Rechtsgutsverletzung, ZStW 97 (1985), S. 753.
[3] a. a. O., S. 774.
[4] a. a. O., S. 775.

规范的生存目的就是要得到适用,规范有着它自己的生命,它必须被遵守。[1]但是在现实世界中,规范的运作却是有条件的。

规范不是独立存在的,它一方面与法规范对象(Normadressat)也即行为人发生关系,一方面与潜在的受害者发生关系。[2]只有当规范具有期待确定性(Erwartungssicherung),也就是说,潜在的受害者必须能够从外部感知规范是稳定的,能够切实发生作用时,规范才会得到适用。这种对规范的信任需要一定的认知上的支持(kognitive Untermauerung),即潜在受害人必须认识到规范违反实际发生的可能性是很小的,这样人们才会信任一个规范。[3]例如,当人们比较肯定地预料到深夜在停车库内很可能会遭遇抢劫,有被伤害甚至被谋杀的危险时,那么即使人们知道自己拥有生命健康与财产权,在法律上能够获得保护,如非不可,人们也将不会前往车库。[4]如果没有认知上的支持,再合理的规范在现实社会中也不过是一个没有效力的愿望而已。[5]因而对于规范来说,对于规范的信任(Normvertrauen)至关重要。一旦规范信任被破坏,社会成员就不会再遵守规范,规范就无法得到适用。正是循着这个思路,雅各布斯"发现"了敌人的踪迹,即那些从根本上与法规范作对,破坏人们对法规范信任的人。

在雅各布斯那里,犯罪是对规范的违反,因而犯罪仅仅存在于有

---

[1] Vgl. Jakobs, Feindstrafrecht? Eine Untersuchung zu den Bedingungen von Rechtlichkeit, HRRS 2006, S. 290.

[2] Vgl. Jakobs, Kriminalisierung im Vorfeld einer Rechtsgutsverletzung, ZStW 97 (1985), S. 775.

[3] Vgl. Jakobs, Kriminalisierung im Vorfeld einer Rechtsgutsverletzung, ZStW 97 (1985), S. 775; Jakobs, Feindstrafrecht? Eine Untersuchung zu den Bedingungen von Rechtlichkeit, HRRS 2006, S. 291.

[4] Vgl. Jakobs, Bürgerstrafrecht und Feindstrafrecht, HRRS 2004, S. 91.

[5] Vgl. Jakobs, Feindstrafrecht? Eine Untersuchung zu den Bedingungen von Rechtlichkeit, HRRS 2006, S. 291.

序的共同体之中。"在混乱状态之中无犯罪可言,因为犯罪是对于被有效践行的秩序规范的违反。"[1]"犯罪是对正常秩序的挑衅(Irritation),是对正常秩序的可以修正的偏离(Ausrutscher)。"[2]犯罪相当于是行为人对规范的否定,而刑罚的作用就是否定行为人的这种否定,通过惩罚行为人来宣称:你的否定"是没有任何意义的,规范继续有效,社会形态保持不变"[3]。而如果行为人不能够或者顽固地不愿意理解这种刑罚所宣称的意义,那么刑罚的这一层否定宣称的含义(Widerspruch)即无法得到施展。但是刑罚不仅仅具有含义,而且也有具体的功用,即隔离保障(Sicherung),即将犯罪行为人隔离起来,使其不致危害社会。[4] 这第二种刑罚内容,也正是敌人刑法的刑罚全部功能。雅各布斯主张应该把敌人刑法作为与市民刑法相对的一个概念给予足够的重视。市民刑法通过对规范违反者处以刑罚以保障规范的适用,其前提是被处罚的行为人可以被视为一个具有认识规范和按照规范命令而行为的潜在能力的人。如果行为人不具有这种能力,而是体现了某种持久违反规范的危险特质,成为社会危险的来源,那么这时候市民刑法就不再适用,取而代之应该对他适用敌人刑法。

这样,敌人刑法的概念就借由规范理论作为基础,与雅各布斯人格体与人(Person und Individuum)的思想联系起来。要想全面地理解敌人刑法理念,我们还需对雅各布斯的人与人格体思想进行简要的梳理。

(二)人格体与非人格体(Person und Unperson)

在雅各布斯的规范世界中,法律是作为义务与权利载体的人格

---

[1] Jakobs, Bürgerstrafrecht und Feindstrafrecht, HRRS 2004, S. 91.
[2] a.a.O., S. 91.
[3] a.a.O., S. 88.
[4] a.a.O., S. 88 f.

体(Person)与人格体之间的关系,这里的 Person,不是仅有自然状态下血肉之躯的个体(Individuum),而是具有规范人格的人。[1] 这种规范意义上的人格体,能够承担责任,具有规范遵守能力。人格体作为权利义务的载体,必须履行他所应履行的义务,这种义务在刑法上就是"足够地对法律忠诚",即愿意遵守法律。[2] 而人格体为何需要承担这种义务呢？雅各布斯认为,这是因为遵守规范所必需的意志并不是在任何时候都当然地存在的:

谨慎守法者可能所获有限,而不愿遵守法律者却可能建国立业,富可敌国。对于个人来说,如果说在任何时候遵守法律规范都是对他们有利的,即以规范为导向行事是有利的,这种说法是无法成立的。由于规范的这个制度上的缺陷,法律将这种任务加之于人格体,即愿意关注规范。人格体,即是能够承担责任者,规范遵守能力是人格体的能力,换句话来说,他愿意忠诚于法律,就这一点来说,他被认为是自由自愿的。[3]

而自然状态的个体,仅仅依据趋利避害的功利机制行事,在一个权利义务分配不公的强权社会,个体不会按照法规范的要求行事,他们没有违背法律,仅仅是因为国家权力的威胁与强迫在起作用。但在现代社会,社会成员就应当满足法规范的期待。因为在奉行自我管理原则(Selbstverwaltung)的现代法治社会,社会成员要想得到这种自我管理的权利和自由,必须付出自己对法规范的忠诚(Normtreue)。[4] 如果一个人违背对法规范的忠诚而实施犯罪,法

---

[1] 此处采冯军教授的译法,冯教授将 Person 译为人格体,以与自然状态下的个人(Individuum)相区别,参见〔德〕京特·雅各布斯:《规范·人格体·社会——法哲学前思》,冯军译,法律出版社 2001 年版。
[2] Vgl. Jakobs, Individuum und Person Strafrechtliche Zurechnung und die Ergebnisse moderner Hirnforschung, ZStW 117 (2005), S. 259.
[3] a.a.O., S. 260.
[4] a.a.O., S. 260 f.

律就必须对之作出反应,否则社会成员对规范的期待(normative Erwartung)就会被损害,规范的适用就会受到威胁。[1] 为了保证规范的适用,必须对违反规范者适用刑罚。此时的刑罚包含宣示的含义,即否定行为人的行为,恢复被破坏的规范和确证规范的适用性。但是如果行为人持续蔑视法规范,使规范期待落空,就不能给予他人认知上的最低保障,令他人相信他的行为是"人格体"的行为,这时对他适用普通的刑罚就失去了意义。雅各布斯认为,这种类型的行为人,不能期待被作为人格体来对待,而且国家也不被容许(darf nicht)把他作为一个人格体来对待,否则的话就会损害其他人要求安全的权利。[2] 雅各布斯在另外一个场合使用了"法律上的非人格体(Unperson)"[3]的概念。这种人即是社会的敌人,国家要与之作战,即动用敌人刑法。[4]

三、对话敌人刑法理论

(一)雅各布斯的概念"Unperson":谁是撒旦?

如上文所述,雅各布斯从纯粹规范世界和现实世界的连接点出

---

[1] Vgl. Jakobs, Individuum und Person Strafrechtliche Zurechnung und die Ergebnisse moderner Hirnforschung, ZStW 117 (2005), S. 260 f.

[2] Vgl. Jakobs, Bürgerstrafrecht und Feindstrafrecht, HRRS 2004, S. 93.

[3] Jakobs, Feindstrafrecht? Eine Untersuchung zu den Bedingungen von Rechtlichkeit, HRRS 2006, S. 292.

[4] Vgl. Jakobs, Bürgerstrafrecht und Feindstrafrecht, HRRS 2004, S. 95. 此处容易引起误解的是雅各布斯的人格体与非人格体,或者说敌人的界限。尤其当我们把雅各布斯的观点与我国毛泽东思想中"对人民民主,对敌人专政"的政治法律理念相联系,很容易产生二者在思想上具有异曲同工之妙的错觉。实际上,与毛泽东思想不同,不是所有的罪犯都是雅各布斯敌人刑法意义上的敌人。雅各布斯也曾颇费笔墨地试图厘清普通罪犯与他所谓的敌人的关系:在正常情况下,一个普通的罪犯并不能通过其一次行为或一系列行为把自己排除出社会之外而成为一个不具有法律人格的人,他的人格并不丧失,在成功的刑罚执行之后他很可能被矫正成一个良民。Vgl. Jakobs, Feindstrafrecht? Eine Untersuchung zu den Bedingungen von Rechtlichkeit, HRRS 2006, S. 292.

发,构造了人格体与非人格体、市民与敌人的类型区分。然而到底一个人什么时候可以被视为法律上的非人格体或者说敌人,如何确定人格体与非人格体、市民与敌人的具体区分标准,雅各布斯则语焉不详。他仅仅给出了一个宽泛的范围,认为恐怖主义犯罪、有组织犯罪,甚至经济犯罪的犯罪行为人都可以被囊括其中。[1] 我们只能从他的论文中寻得只言片语,诸如:持续使法规范期待落空,"在心理态度上……或职业生活中……至少令人认为长期违反法律,无法使人最低程度地确信,他会像一个人格体那样行为"[2]。即无法给予被作为人格体来对待的认知最低保障(kognitive Mindestgarantie)[3],长期像撒旦那样行为的人[4],以此来拼接成一个极为模糊的"敌人"的轮廓剪影。然而"持续使法规范期待落空","被作为人格体来对待的认知最低保障"等表述,非常不精确而难以把握,到底实施了多少次犯罪行为可以被视为"持续使法规范期待落空",行为人身上展现出何种性格指征可以被视为"无法给予被作为人格体来对待的认知最低保障"?

雅各布斯敌人概念的含糊不清为众多学者所诟病。[5] 例如,博恩(Bung)提出这样的问题[6],什么样的人才是长期像撒旦那样行为的人?即使是最残忍的罪犯和实施大规模屠杀的杀人犯都不能被

---

[1] Vgl. Jakobs, Bürgerstrafrecht und Feindstrafrecht, HRRS 2004, S. 92.
[2] Jakobs, Das Selbstverständnis der Strafrechtswissenschaft vor den Herausforderungen der Gegenwart, in: Eser/Hassemer/Burkhardt (Hrsg.), Die deutsche Wissenschaft vor der Jahrtausende, 2000, S. 52.
[3] Vgl. Jakobs, Bürgerstrafrecht und Feindstrafrecht, HRRS 2004, S. 92.
[4] Vgl. Jakobs, Staatliche Strafe: Bedeutung und Zweck, 2004, S. 41.
[5] Vgl. Bung, Feindstrafrecht als Theorie der Normgeltung und der Person, HRRS 2006, S. 68; Sinn, Moderne Verbrechensverfolgung – auf dem Weg zu einem Feindstrafrecht?, ZIS 2006, S. 114; Hörnle, Deskriptive und normative Dimensionen des Begriffs „Feindstrafrecht", GA 2006, S. 91.
[6] Vgl. Bung, Feindstrafrecht als Theorie der Normgeltung und der Person, HRRS 2006, S. 68.

称为撒旦,即使是具有魔鬼性格的人也很可能在大多数时间都规矩地为他的星期日面包付账,回家歇息。那些大多数时间内都规矩安静地生活,而某一天突然跑出去炸掉地铁的人,在博恩看来大多是有精神缺陷的病人,对于他们,我们要提供帮助,而不是因为他们无法给予被作为人来对待的所谓"认知的最低保障"而将其归到魔鬼那一类,与之作战。与之相应,许乃曼也以黑社会头目为例,认为即使是这种人物,也可能是一个重视家庭权利的慈爱的父亲,以试图证明雅各布斯头脑中对于敌人的想象在现实社会中无法找到原型。[1]

对于雅各布斯构建的敌人的概念,也有学者从实证角度提出反驳,认为实证的研究无法支持这种对于敌人的想象。雅各布斯眼中的敌人,是所谓游离于大众之外,长期决意违反法律的人。而现代犯罪学无法想象这种所谓决意一直与法律制度对抗的人,所谓"本质上的犯罪人"(prinzipiell delinquierende Person)[2]也与心理学的事实不相符。[3] 从社会学角度对恐怖主义所进行的考察也揭示,恐怖主义最初并非表现为个人对整个法律制度的全面否定,而是来源于个人对不合法的权力机器的抗争。[4]

针对此类批评,雅各布斯反击道,"有组织犯罪的罪犯平日也可能是一个慈爱感人的父亲和一个谨慎的司机,他可能也憎恶暴力,对动物充满爱心,但是坐等他的犯罪组织制造实际的恶行(才对他采取行动,把他视为敌人——引者注),就是一种愚蠢"[5]。雅各布斯继

---

[1] Vgl. Schünemann, Feindstrafrecht ist kein Strafrecht!, FS-Nehm, 2006, S. 226.
[2] Jakobs, Bürgerstrafrecht und Feindstrafrecht, HRRS 2004, S. 90.
[3] Vgl. Schünemann, Feindstrafrecht ist kein Strafrecht!, FS-Nehm, 2006, S. 226. 以及黑芬德尔教授访谈:Peter Mühlbauer, Feindstrafrecht, 06.09.2007, Ein Gespräch mit Professor Roland Hefendehl über die gefährlichen Tendenzen des Rechtsstaatsumbaus, http://www.heise.de/tp/r4/artikel/26/26131/1.html。
[4] Vgl. Schünemann, Feindstrafrecht ist kein Strafrecht!, FS-Nehm, 2006, S. 226.
[5] Jakobs, Feindstrafrecht? Eine Untersuchung zu den Bedingungen von Rechtlichkeit, HRRS 2006, S. 293.

续补充道,"一个敌人并不需要是一个彻头彻尾的敌人(Totalfeind),他也可以只是一个'部分的敌人'(Partialfeind)"[1]。雅各布斯的这种辩解,令本就饱受敌人概念模糊性折磨的我们更加摸不着头脑。现实世界中完整的敌人形象尚未勾画完毕,又如何去捕捉所谓"部分的敌人"的身影? 所谓"部分的敌人"的用语更加模棱两可,如果我们把它反过来说,岂不是成了"部分的市民"? 如果这个人可以被纳入市民的框架,那么这个人也基本上具有规范遵守的属性或者说能力,那么跟其他的市民就具有同质性,如何又会被排除出社会之外,成为万劫不复的敌人? 敌人与市民在现实逻辑上的区分之不可能,由此可见一斑。对于这种不可能性,雅各布斯也给予承认。雅各布斯认为,在他所谓的理念原型(Idealtypus)的论证模式中,"敌人与市民的概念是一个理念原型,在现实社会中不会以完整的形式出现,在现实社会中存在的仅仅是一种混合形式,而混合形式本身即是不精确的"[2]。雅各布斯将敌人概念无法明确界定的原因归咎于立法者。他驳斥道,敌人刑法不是他的发明,只是他根据实在法所作的发现,根据立法的动向所提炼出来的,立法者将二者在实在法上混淆起来,因而他也没有办法对其进行清晰的界定。[3] 这段辩驳乍一听来,仿佛有自相矛盾之处。雅各布斯如何一方面声称发现了实在法刑事可罚性前置与刑罚趋重等新动向并给予法理上的论证,将这种立法趋势命名为敌人刑法,另一方面又说实在法上的发展不够清晰,无法据此描绘出敌人的轮廓? 这样一来,岂不是等于承认:我不知道我所命名的东西到底是什么东西,因为我还没有看清这个东西。

---

[1] Jakobs, Feindstrafrecht? Eine Untersuchung zu den Bedingungen von Rechtlichkeit, HRRS 2006, S. 293.

[2] a. a. O.

[3] a. a. O.

然而如果我们了解马克斯·韦伯(Max Weber)的理念原型的方法论,就会看到,雅各布斯使用"理念原型"这一论证模式,确实削弱了反对者对"敌人"概念在实证层面的批判力量。"理念原型"[1]是德国社会学家马克斯·韦伯社会学方法论中的一个概念,是从一个或几个观察角度对社会现实进行夸张与提纯,对社会现实进行概念性和实质性的抽象,突显某些令研究者感兴趣的特征,以达到便利研究的目的。"理念原型"的功能有二:其一是通过降低社会现实的复杂性来提供更加深刻犀利的社会现实描述;其二是建立一个社会真实现实的对照,以对某种社会现象进行社会学解释,获得某种因果性的认识。理念原型不是社会现实的忠实翻版,因而作为理念原型的"敌人"在现实社会中是无法找到的。雅各布斯的这种辩驳,从方法论的意义上来说,笔者认为是可以成立的。

然而,问题是,如果敌人只作为一个理念原型存在,与我们所处的现实世界完全没有交集,那么根据理念原型的功能,我们研究它,至多不过是通过一种夸张的现实描述给市民刑法提供一个对照,以使我们更加深刻地把握市民刑法的特征。而令人迷惑的是,雅各布斯的目的却远远不止于此,他倡导设立一部与市民刑法对应的敌人刑法,这就显然超出了理念原型方法论的意义了——显然韦伯的理念原型,是一种虚拟的现实,是一个分析性的工具,而不是一个应然的概念。

如果雅各布斯的"敌人"只是一个理念原型,那么它作为一个社会学方法论的概念,如何顺利过渡成为一个法律的概念?敌人刑法如何在实践层面上获得可操作性,令人怀疑。因为在实践层面,概念

---

[1] Vgl. Weber, Gesammelte Aufsätze zur Wissenschaftslehre, 3. Aufl., 1968, S. 190 ff.

模糊不清,难以界定,必然会带来适用上的危险。[1] 如果无法界定敌人,区分敌人与市民,就会造成敌人刑法适用对象不明确,对市民适用对敌人的特殊规则,恶化市民在实体法上和程序法上所受到的处遇。这也是对敌人刑法最为有力的批判意见之一。

(二)合法性问题:对敌人的定义权

即使我们假设可能存在一套界定敌人的标准,接下来的问题也会令敌人刑法理论陷入困境,即谁有权使用,并且该如何使用这套规则将他人界定为敌人?

敌人刑法试图将某些成为社会危险来源的人作为敌人排除出社会之外——哪怕是暂时性地和部分性地排除,以保护社会。但是谁拥有这种将他人排除出社会,把他人定义为非人格体和敌人,换句话说剥夺他人法律上的人格即人格体(Personalität)的权力? 在法治社会,国家可以通过刑事实体法与程序法对一个人定罪处刑,通过法律程序剥夺他的某些权利,在实行死刑制度的国家甚至可以剥夺他的生命。刑事程序或者说刑罚是一种沟通方式,国家在与被告人进行对话,告诉他他所做的是错的。而这一切都是以把他作为一个有法律人格的人,一个法规范的对象为前提的。刑事被告人仍然是这个社会系统中的一员。而何时国家能够突然关闭这个对话平台[2],把一个人抛出这个系统之外,把他宣告为非人格体?

雅各布斯尝试从资产阶级启蒙时期的国家学说中寻找敌人刑法

---

[1] Vgl. Bung, Feindstrafrecht als Theorie der Normgeltung und der Person, HRRS 2006, S. 68; Sinn, Moderne Verbrechensverfolgung – auf dem Weg zu einem Feindstrafrecht?, ZIS 2006, S. 114; Hörnle, Deskriptive und normative Dimensionen des Begriffs „Feindstrafrecht", GA 2006, S. 91.

[2] 在敌人刑法中,"国家不是与它的国民对话,而是威胁它的敌人"。Vgl. Jakobs, Cuadernos de Derecho Judicial (Anm. 1), S. 1, zitiert nach Meliá, Feind„strafrecht"?, ZStW 117 (2005), S. 286, Anm. 47.

的理论依据。他举出卢梭和费希特(Fichte)将所有罪犯,霍布斯(Hobbes)将叛国犯视为社会敌人的观点支持敌人刑法的正当性。[1]甚至康德(Kant)的表述,对于一个"在没有法律的自然状态下(Naturzustand),……持续威胁我的人","我可以强迫他与我一起进入共同的法律状态,或者他必须从我身边走开"也被雅各布斯认为是敌人刑法的滥觞。[2]

这种掉书袋的论证方式似乎有欠科学严谨。首先,值得疑问的是,从17、18世纪的学说中寻找敌人刑法的蛛丝马迹,是否有断章取义之嫌。[3]康德欲从社会中排除的敌人,根据许乃曼的见解[4],并不是指敌人刑法主要的适用对象恐怖主义分子在当时的对应者即叛国者所言,而是指那些兽交者。即使针对这些"敌人",康德也没有提出使用有明确目的导向的国家防卫措施与之战斗,而是对之适用报应刑罚。

其次,所有引经据典的论证方式都无法避免人们对被引证的经典的现实性所提出的质问,即经典诞生的语境与引用者所欲证明的情境之间,是否还有同质性?在这里,我们也应当向雅各布斯提出这个问题,能否以17、18世纪的学者反映当时的社会形势、带有时代烙印的某句话语,证明今日的某项刑事政策是正确的或者正当的?关于这一点,许乃曼曾论及,在17、18世纪的时代背景下,国家主权具

---

[1] Vgl. Jakobs, Bürgerstrafrecht und Feindstrafrecht, HRRS 2004, S. 89 f. 虽然他也表示不赞同卢梭和费希特将所有罪犯视为敌人的观点,认为这种决然的区分过于抽象,但是另一方面又希望以此说明"市民身份并不是一种不可丧失的东西"。
[2] a. a. O., S. 90.
[3] 认为康德的原旨被雅各布斯歪曲或过度解释的观点,参见 Bung, Feindstrafrecht als Theorie der Normgeltung und der Person, HRRS 2006, S. 69;以及林立:《由 Jakobs"仇敌刑法"之概念反省刑法"规范论"传统对于抵抗国家暴力问题的局限性——对一种导源于 Kant"法"概念先天性信念之思想的分析与批判》,载《政大法学评论》第81期(2004年)。
[4] Vgl. Schünemann, Feindstrafrecht ist kein Strafrecht!, FS-Nehm, 2006, S. 223.

有极为重要的意义,在霍布斯与康德学说中占据中心地位,因而叛国罪罪犯被启蒙思想作家妖魔化,作为全民公敌来对待,在当时是可以理解的,但这种思想在当今的全球化时代已经显得不合时宜。[1] 可见,雅各布斯的论证显然是省略了一环,除了从启蒙思想经典作家那里找到带有敌人刑法色彩的表述以外,他还必须向我们做一下背景交待,并进而证明这个表述的语境与我们今日所处的情境具有至少本质上的相同之处。

另外一方面,退一步说,即使能够用社会契约论论证敌人刑法,这种论证的严谨性似乎也并非无可挑剔:既然社会成员与国家订立契约,让与自己的一部分权利,成立国家的中央权力,每个成员就应该被推定为具有订约的能力,能够理解法规范的命令,假如他违背了这个契约,国家就应该依照与之订立的契约来惩罚他。国家如何能够突然取消某人的成员资格,在与他订立契约之后否定他的订约能力,认为他不具备理解契约的能力,否定其法律人格?[2] 如果国家否认某社会成员的订约能力,否认契约的效力,社会便又回到订约以前的自然状态,个人收回他的授权,国家就应失去所有的权力,国家这个制度建构也就不复存在,如何还能够动用国家权力对之适用敌人刑法? 对于这些问题,雅各布斯尚未给出令人满意的说明。

(三)敌人刑法与法治国:一个二律悖反?

如上文所述,雅各布斯把与规范的沟通能力和沟通意愿视为人的属性,把那些不愿意或者不能够满足规范期待的人视为法律上的非人格体,排除他们作为人的资格,并主张对之采取防卫性的刑事制

---

[1] Vgl. Schünemann, Feindstrafrecht ist kein Strafrecht!, FS-Nehm, 2006, S. 223 f.
[2] 这个想法是笔者与德国著名刑法学者阿尔宾·埃泽尔(Albin Eser)教授讨论敌人刑法问题时由埃泽尔教授提出的。笔者朦胧觉得用社会契约论论证敌人刑法在逻辑上似有不完满之处,但一时无法突破思维上的瓶颈,求教于埃泽尔教授,他忽然灵感所至,提出这个想法。对于这个有力的反驳观点,笔者不敢专美,故在此作出说明。

裁,大大限缩其程序权利,将其隔离于社会之外,以达到风险防御的目的,与西方宪政法治国原则格格不入。而对于敌人刑法与法治国理念之间的对立冲突,雅各布斯本人也毫不避讳,认为自己揭穿了"皇帝(在此喻指国家——引者注)身上未被法治国外衣遮挡住的赤裸之处,哪怕这些赤裸之处是非常丑陋的"[1]。敌人刑法作为法治国外衣无法覆盖的裸露之处,自然是法治国这个体系之外的东西,具有与法治国的不相容性。也正基于此,雅各布斯才在思想上构造了"市民刑法"与敌人刑法两个理念原型,作为敌人刑法理论的方法论基础,博恩称之为"二分论调"(Trennungsthese)[2]。

这两对概念"人格体与非人格体""市民与敌人",在西方法治国强调人的尊严与人权保障的时代强音[3]下听起来,格外刺耳和不合拍。然而雅各布斯是如何赋予这种听上去带有浓厚封建时代色彩的理论以现实性的呢?这个问题也与如下问题紧密相关,即雅各布斯的敌人刑法理论与法治国原则之间到底具有何种深层次的关系?雅各布斯作为功能规范主义刑法理论的奠基者,作为当代德国刑法教义学思想之集大成者,浸淫于西方法治国传统思维之中年深日久,绝不可能对法治国原则熟视无睹,或者踩踏着法治国的尸体贸然抛出敌人刑法理论。因而不加分析径行以反法治国原则性来批判敌人刑法理论,很有可能违拗了雅各布斯的本意而失去与敌人刑法理论对

---

[1] Jakobs, Feindstrafrecht? Eine Untersuchung zu den Bedingungen von Rechtlichkeit, HRRS 2006, S. 290.
[2] Bung, Feindstrafrecht als Theorie der Normgeltung und der Person, HRRS 2006, S. 63.
[3] 《德国基本法》第1条规定:"人的尊严不容侵犯。尊重及保护人的尊严是所有国家公权力之义务。"

话的机会，成为各自在自己体系内的自言自语或者"鸡同鸭讲"。[1]

那么，雅各布斯是如何越过法治国与敌人刑法内容上互不相容的障碍，让两种互相冲突的理论范型同时获得时代意义呢？不得不承认，雅各布斯剑指法治国存在的前提，轻而易举地做到了这一点。当今时代推行人权保障思想，而人权保障存在一个绝对的法治国原则，即每个人都应该被作为法律上的人来对待。但是雅各布斯认为，这句话不是一个绝对的原则，它只是一个假设，是一个社会的理想模型，并不是真正的社会现实的一部分。[2] 这个铿锵有力的语句，即当今每个人都必须被作为法律上的人来对待，正如人们在此能够猜测到的，需要一个前提，即该"每个人"能够履行他的义务，即使万一不履行的话，人们也能够掌控他，使其不至于危害社会。如果这个人肆虐横行，人们必须与他斗争，如果他可能肆虐横行，人们就要对他小心提防。[3]

"法律中的人一直是一个交互的概念，这意味着他人也必须与他保持同步(mitmachen)，否则的话人们就必须能够把他控制在囚牢里，形势的发展必须不能产生危险。"[4] 在此他举例说明，比如在民主德国，人们不能主张自己享有人权而自由离开国境，否则的话就会遭到被枪杀的厄运。因此他提醒人们，"假定享有一种权利与实际拥

---

[1] 在此意义上，我国台湾地区学者黄经纶指出："若是有以自由主义为本体论(ontology)而在法理论层次攻击批判敌人刑法核心概念者，即是中了Ronald Dworkin所谓的'语义学之刺'(semantic sting)，并无法真正地有效反驳雅各布斯的论点。"黄经纶：《对抗"敌人刑法"——浅析Jakobs的敌人刑法与德国法下客观法秩序维持之冲突性》，载《刑事法杂志》第48卷第5期(2004年)。

[2] Vgl. Jakobs, Feindstrafrecht? Eine Untersuchung zu den Bedingungen von Rechtlichkeit, HRRS 2006, S. 290.

[3] a. a. O., S. 290.

[4] a. a. O., S. 290.

有一种权利,不是一回事"[1],主张由此从纯粹的规范主义(reine Normativität)之中走出来,关照规范存在的现实(Wirklichkeit der Normen)。[2]

规范必须由现实来支撑,雅各布斯的论证,到此为止是能够证立的。在奉行丛林原则的石器时代推行法治国原则,自然是荒谬的。无可否认,我们往往忽视了,今天被奉为圭臬的人权保障原则原来也是需要条件的。但是如果我们沿着雅各布斯的思路向前行进,就会提出如下问题,这个现实难道出了什么问题,以至于即将由新的"现实"来改写了吗?而形势无疑并没有如此严峻。雅各布斯的问题不在于他对法治国的条件性的证立,而是出在他对于现实的把握之上。第二次世界大战以后,德国乃至整个欧洲重建了民主自由的法律制度,人权思想不仅成为法律制度的基石,也已经成为文化的一部分,成为欧洲身份认同的一个指征。而"9·11"恐怖袭击与西班牙马德里火车站爆炸案之类的事件,尽管打扰了法治国的田园牧歌,也至多不过是一段插曲而已。[3] 人权保障在西方各国都是宪法上不可动摇的原则,并实实在在地在法律生活中发挥效用,不能因为恐怖主义的出现就使这些真切的权利转化成假定的权利。上文所引用的雅各布斯所谓的法治国的前提,即"每个人应该能够履行他的义务,即使万一不履行的话,人们也能够掌控他,使其不至于危害社会",即使对于猖狂的恐怖分子来说,也不能认为不存在。如果一个恐怖分子不履行其义务而肆虐横行,人们也依然能

---

[1] Vgl. Jakobs, Feindstrafrecht? Eine Untersuchung zu den Bedingungen von Rechtlichkeit, HRRS 2006, S. 290.
[2] a. a. O., S. 290 ff.
[3] 针对这一点,西班牙学者梅利亚(Meliá)提出如下疑问:欧洲乃至整个西方世界"是不是面临着集体的危机形势,末日是否已经真的步步逼近"? Vgl. Meliá, Feind„strafrecht"?, ZStW 117 (2005), S. 289.

够——在法治国的刑法框架下——掌控他,防止危险的发生或尽量减少危险损害的限度。

如果雅各布斯仅仅把那些偶发的恐怖袭击事件视为现实,而对西方的成熟的法治国实践视而不见,呼吁人们从法治国的乌托邦之中醒来,是否有些夸大其辞呢?问题是,雅各布斯的现实,与法治国的现实,究竟哪一个更现实?其实,这是个至为简单的三段论推理游戏:大前提=法治国需要前提条件,小前提=当今西方法治国现实性前提条件之不存在或被动摇,结论=法治国在当今时代存在缺口,须为敌人刑法所补充。而如果我们对小前提提出疑问,那么这个逻辑推理结论的可靠性自然就值得疑问。而学者如果只知紧紧跟随在雅各布斯身后亦步亦趋,不跳出来对这个前提进行思考,即会中了雅各布斯的逻辑迷魅,丧失独立的判断。

作为雅各布斯功能规范主义刑法灵感来源的卢曼(Luhmann)的系统理论,也必然是敌人刑法理论的思想基石。卢曼把社会理解为"一个自我复制自我循环的(autopoietisch)沟通体系",该体系仅限于适当的沟通范围之内,超出这个范围之外的就不再属于该体系,而是体系外的环境(Umwelt)。[1] 雅各布斯将该理论转化到刑法学上,将法治国视为具有规范沟通能力、能够遵守规范的人进行沟通的体系,而将那些所谓不具有这种能力的人排除出法治国之外,从而达到维护这个体系的目的。正如西班牙学者所指出的那样,"敌人刑法的唯一目的,即是为了捍卫体系的存在"[2]。

不可否认,作为当代德国著名的刑法学家,雅各布斯确实拥有深刻的洞察力,他能够在1985年即准确预见西方发达国家立法中违反

---

[1] Vgl. Luhmann, Ökologische Kommunikation, 1. Aufl., 1986, S. 269.
[2] Portilla Contreras, Fundamentos teóricos del Derecho penal y procesal – penal del enemigo, Jueces para la democracia 49 (2004), S. 43 ff., zitiert nach Hörnle, Deskriptive und normative Dimensionen des Begriffs „Feindstrafrecht", GA 2006, S. 101.

法治国原则的暗流,而这股暗流直至"9·11"事件之后才突然变得明晰起来。对于雅各布斯的这一功绩,我们应该给予肯定。然而,这股暗流究竟是否就是雅各布斯所称的完全与法治国刑法不相容的敌人刑法的表现,或者说我们有没有必要把这股暗流命名为敌人刑法,值得商榷。诚然,当时的雅各布斯就像童话《皇帝的新衣》中那个真诚的孩子,第一个指出了皇帝身体上没有为法治国外衣遮盖的裸露之处,而我们不能像那些愚蠢怯懦的臣民那样,假装没有看见皇帝赤裸的身体。这不是科学的诚实的态度。科学的诚实的态度应该是,正视皇帝身体上丑陋的裸露之处,尽力找到掩盖它的办法。然而,遮挡这些裸露之处,是不是一定要从法治国外衣之外另寻一块布料,建构一个新的体系,即所谓的敌人刑法?[1]

(四)描述性的实然的概念抑或应然的概念?

敌人刑法激进的立场引来学界一片反对之声。面对学界的批判,雅各布斯强调他的敌人刑法仅仅是一个描述性的(deskriptiv)概念,不是一个应然(preskriptiv)的概念。[2] 究竟敌人刑法是一个描述性的概念,还是一个应然的概念,也是学者围绕着敌人刑法理论展

---

[1] 有学者认为,对于这些不符合法治国原则的领域,现有的刑法理论中已有概念描述它们。例如格雷克指出,即使在法治国理论看起来棘手的领域,例如保安处分与改造处分领域,敌人刑法的概念也没有存在的必要。他认为,在这个领域,传统刑法理论中的危险性、习惯犯、危险消除等概念已经足够说明问题。Vgl. Greco, Über das so genannte Feindstrafrecht, GA 2006, S. 109 f. ; Vgl. Roxin/Greco, Strafrecht Allgemeiner Teil, Band I, 5. Aufl., 2020, § 2 Rn. 128.然而问题是否是这么简单,尚有待于进一步的研究。例如,习惯犯与保安处分中的罪责问题如何得到完满的解释,从罪责原则的角度看来是否尚有不足之处?

[2] Vgl. Jakobs, Feindstrafrecht? Eine Untersuchung zu den Bedingungen von Rechtlichkeit, HRRS 2006, S. 290.

开的另一个主要争论。[1]

那么,敌人刑法理论到底是一个实然层面,还是一个应然层面的理论概念？学者围绕这个问题展开的争论,可谓旷日已久。其实这个问题的答案,完全可以绕开这些甚嚣尘上的争论,直接从雅各布斯那里探得。雅各布斯声称,敌人刑法并非他的创造,也不是他积极推行的产品。他认为自己只是从西方国家近年来刑事立法发展的态势中提炼出敌人刑法的理念,旨在向学术界和立法者"指出皇帝(在此喻指国家——引者注)身上未被法治国外衣遮挡住的赤裸之处,哪怕这些赤裸之处是非常丑陋的"[2]。然而从他对敌人刑法理论论述的字里行间,我们却读出了另外一种况味。

如果说,在上述发表于 1985 年的文章中,他尚且对敌人刑法的理念持客观描述性甚或批判性的态度[3],这种态度后来却慢慢发生了转变。[4] 在 2004 年《市民刑法与敌人刑法》一文中,他从刑罚理论和法哲学角度对敌人刑法进行了全面论证。例如,通过分析康德

---

[1] Vgl. Meliá, Feind „strafrecht"?, ZStW 117 (2005), S. 268. 首先需要说明的是,即使对于雅各布斯所谓的描述性态度,也有学者提出批评。格雷克认为敌人这个词汇包含着如此强烈的价值判断,总是与割裂和两极对立相连,以至于很难被用于纯粹的描述。他进一步论证,即使是实证层面的犯罪学都无法标榜自己能够做到完全客观地对待犯罪现象,更遑论规范层面的敌人刑法理论了。(Vgl. Greco, Feindstrafrecht, 1. Aufl., 2010, S. 53 ff.)笔者以为,格雷克后一个论证的攻击偏离了靶心,他提出的实际上是社会科学的主观性问题,这个问题不只存在于敌人刑法理论,任何一个社会科学的理论都无法避免带有创立者的主观色彩。理论就是创立者的角度,他的话语,他的作品,无法不包含他的主观倾向与情感。即使反对敌人刑法的观点,例如法治国刑法理论也是作者主观立场的流露。这种主观性是附着在理论或者作品本身,无法与其剥离,不能因为理论的这种特性反对一个理论本身,否则任何理论都是难以成立的。

[2] Jakobs, Feindstrafrecht? Eine Untersuchung zu den Bedingungen von Rechtlichkeit, HRRS 2006, S. 290.

[3] Vgl. Jakobs, Kriminalisierung im Vorfeld einer Rechtsgutsverletzung, ZStW 97 (1985), S. 784.

[4] Vgl. Greco, Über das so genannte Feindstrafrecht, GA 2006, S. 103 f, Anm. 76; Roxin/Greco, Strafrecht Allgemeiner Teil, Band I, 5. Aufl., 2020, § 2 Rn. 126.

与霍布斯的经典著作,他得出如下结论:"康德与霍布斯认为存在着针对那些并非顽固不化和根本的犯罪人适用的市民刑法,同时也存在着针对根本上偏离社会正常秩序者的敌人刑法。后者排除个体的人格地位(Personenstatus),前者保留个体的人格地位。"[1]在此我们不禁要问,如果像雅各布斯所说的那样,他的敌人刑法理论只是一个描述性的概念,只是对实在法的一个理论上的抽象,那么这里他却从经典作家那里为敌人刑法的合理性寻找说辞,引经据典论证它的合理性,意欲何在？雅各布斯的这种努力,无外乎是试图证明,敌人刑法是具有合理性的一种应然。另外,上文雅各布斯对人格与人的阐述,从人格的现实性角度对"敌人"之存在合逻辑性的论证,也已经超出了实然的层面。他论述道:人格仅仅作为一个规范的理论构造是没有现实性的,是虚无飘渺的东西,只有当对于一个人作为人格体的期待获得基本上的满足时,人格才是现实的。……如果一个人不能让人相信他的行为是"人格体"的行为,就不能期待被作为人格体来对待,而且国家也不被容许(darf nicht)把他作为一个人格体来对待,因为他会损害其他人要求安全的权利。[2]值得注意的是,雅各布斯在这里使用了一个情态动词的否定式——"不被容许",根据简单的语法逻辑,"不被容许+(A)",其实就等于"应该+(-A)","-A"指对"A"的否定。因此,这里等于说,"国家应该(soll)不把他作为一个人格体来对待"。这就成了一个清楚明白的应然(sollen)的表述。接下来,在文章的结论部分,雅各布斯对情态动词的使用,更加可以说明问题:"对根本上偏离社会正常秩序者不能够(kann nicht)适用市民刑法,他们必须(muss)被作为敌人来斗争。"[3]可

---

[1] Jakobs, Bürgerstrafrecht und Feindstrafrecht, HRRS 2004, S. 90.
[2] a.a.O., S. 93.
[3] a.a.O., S. 95.

见,按雅各布斯自己的说法,敌人刑法理论仅仅是在实然层面的描述,是站不住脚的。至少在这一点上,雅各布斯是不诚实的。或者说,他是诚实的,只是没有认识到自己的前后不一致。国内学者蔡桂生先生对敌人刑法理论一方面持赞成态度——尽管是看起来相当谨慎的赞成,另一方面却认为雅各布斯对敌人刑法是"不可能做到纯描述的",言下之意即肯定了雅各布斯对敌人刑法的应然态度。[1] 殊不知,学者试图维护雅各布斯的立场,却犯了雅各布斯的大忌——他本人是无论如何不承认这一点的。敌人刑法理论的全部学术价值,也恰恰是在其揭露与描述的品格之中,因为敌人刑法理论与法治国原则存在内容上的互斥性[2],赞成敌人刑法的发展趋势并将其从实然的层面擢升到应然的层面,就等于是直接地反对法治国原则,乃是冒时代之大不韪,即使雅各布斯这样的学者,也绝不敢担当这个罪名。

在 2006 年的文章中,我们发现雅各布斯如下的表述:"我绝对不会不乐意看见敌人刑法丑陋的身影从我们的视野中消失。"[3] 如果果真如雅各布斯所说,他也认为敌人刑法是丑陋的东西,也希望它能够从刑法的视野中消失,那么为什么他还要论证它的合法性,为它在学术上正名呢?雅各布斯曾说,正是因为他看不到敌人刑法消失的

---

[1] 参见蔡桂生:《敌人刑法的思与辨》,载《中外法学》2010 年第 4 期。
[2] 这种内容上的互斥性显然没有为蔡桂生先生所认识,他认为雅各布斯的敌人刑法是可以在法治国的框架下运动的,认为"……雅各布斯的敌人刑法大胆地承认了对启蒙原则的突破,这其实是在缩小恣意的敌人思维的规则领域,将游离或隐藏在我们法律体系的那部分的敌人政治和敌人警务收编到法治国框架下来处理……"(蔡桂生:《敌人刑法的思与辨》,载《中外法学》2010 年第 4 期)。也正因为此,蔡先生才会得出赞成应然的敌人刑法概念的结论。这一结论在笔者看来恐欠妥当,它刚好是雅各布斯本人观点与反对派观点的杂糅,无论是敌人刑法观点的创始者本人雅各布斯还是其反对派,恐怕都无法对此表示赞同。
[3] Jakobs, Feindstrafrecht? Eine Untersuchung zu den Bedingungen von Rechtlichkeit, HRRS 2006, S. 290.

哪怕是最微小的可能性,因此才呼吁学术界正视敌人刑法。[1] 即恐怖主义、严重经济犯罪等具有极大破坏性的行为直接威胁到法治国的生死存亡,只有用敌人刑法的手段去迎战它们,才可保全法治国。如果这段话是其真实的心意,那么我们可以推论,雅各布斯研究敌人刑法,正是为了消灭敌人刑法,保护法治国刑法的纯洁,更好地维护社会成员的生存条件。他也曾说过,把市民刑法中含有敌人刑法成分的东西剔除出来,分门别类,"与把敌人刑法与市民刑法混淆起来相比,给法治国带来的危险要小一些"[2]。这样看来,学界的一些批判就有失偏颇,雅各布斯的敌人刑法理念,并非是蔑视法治国原则的产物,其本意是——至少是如他声称的那样,以敌人刑法的手段,去发动一场保卫法治国刑法的战争。这也正是敌人刑法理论的吊诡之处,即以一个本质上反体系性或者具有体系颠覆性的东西去维护这个体系。然而这种构想是否可行,有待下文做出回答。

（五）一个功利角度的考证——作为制度的敌人刑法之无效益

正如批判敌人刑法的学者所指出的那样,敌人刑法的概念模糊,缺乏明确的界定标准,作为描述性的概念具有理念原型的方法论意义,而如果作为应然的概念,将它提升到规范的层面,就带来适用上的问题。由于不存在客观的判断标准,对敌人的界定就在很大程度上取决于规范缔造者和适用者的情感,使得规范的适用难免带有很大的任意性。如果在确定适用对象时,把市民也误作为敌人,对其发动战争,其后果就不再仅仅是局部地破坏法治国原则,而是带来司法的任意性,程序保障的缺失,动摇法治国的思想基础,威胁到法治

---

[1] Jakobs, Feindstrafrecht? Eine Untersuchung zu den Bedingungen von Rechtlichkeit, HRRS 2006, S. 290.
[2] Vgl. Jakobs, Bürgerstrafrecht und Feindstrafrecht, HRRS 2004, S. 95.

国的生存。因此倡导在市民刑法之外发展敌人刑法作为其补充,其结局极有可能不是像雅各布斯所说的那样有利于法治国的维护,而是恰恰相反,反而会从内部侵蚀法治国的生存根基。另外一方面,界定标准的模糊也为国家机器滥用权力打开方便之门。以敌人刑法为理论基础,国家机器可以摆脱法治国原则对其权力的限制,以自己的利益为标准将持不同政见者定义为"人民的敌人",越过或甚至废黜正常的刑事程序,直接动用战争的手段打压之。[1]

无可否认,从纯粹实践的角度来看,敌人刑法确实有防御危险的功用:通过限制犯罪嫌疑人的程序权利保障,取消刑讯逼供的禁止,可以高效率地控制危险源,避免对社会造成重大损害。然而,这种危险控制的代价实在是相当高昂。因为有前述的定义标准模糊问题,假使人们在敌人的界定方面能够达成一致,敌人刑法也包含着被滥用的风险。即使当真正威胁整个社会的危险来临时敌人刑法能够成功地消除危险或者阻止危险的扩散——毕竟这种危险在和平的年代是较为不常见的,这一功用也将被它本身自造的危险——在正常社会散布对社会成员资格性的怀疑,以对待敌人的方式对待市民——大大抵消。对于一般的恐怖主义袭击,皆可探讨在现有的法律框架下解决的可能性,至于美国以战争手段对付"9·11"恐怖袭击,是美国布什政府政治上的选择,与敌人刑法理论的科学性问题无关。如果雅各布斯坚称自己是以纯学术的名义来进行敌人刑法理论研究的话[2],也就剥夺了他自己以美国反恐政策来证明敌人刑法的

---

[1] 林立教授也指出,敌人刑法有被专制政权滥用的危险,成为专制政权排斥政治异己的利器。参见林立:《由Jakobs"仇敌刑法"之概念反省刑法"规范论"传统对于抵抗国家暴力问题的局限性——对一种导源于Kant"法"概念先天性信念之思想的分析与批判》,载《政大法学评论》第81期(2004年)。

[2] Vgl. Jakobs, Feindstrafrecht? Eine Untersuchung zu den Bedingungen von Rechtlichkeit, HRRS 2006, S. 289.

正确性的权利。于是,敌人刑法理论适用可商榷的唯一领域,恐怕就是所谓外星人袭击地球事件了。至于是否可以把外星人视为敌人,则既非当下刑法学需要关心的问题,也非刑法学所能够解决的问题。[1]

四、敌人刑法的刑事政策背景:"新惩罚主义"

敌人刑法理念的火苗,萌生于法益论与规范论之争,得世纪之交恐怖主义运动之风而迅速蔓延开来,被雅各布斯发展成一个与法治国分庭抗礼的理论。其生在西方,有其独特的刑事政策背景。西方资本主义经历战后的经济复苏与腾飞,社会发展到一个相当稳定与安逸的程度,形成了社会文化的高度一致性。近几十年来西方知识分子口中不断出现的欧洲身份认同(europäische Identität)等概念,皆是他们寻求或巩固这种文化一致性的努力的体现。在此期间,一种社会自我保护的集体心理渐渐滋长,因而对于任何可能的外来冲击都会异常敏感。对于那些搅扰了这个安静体系的事物,公众很容易倾向于选择把它定义为犯罪,用犯罪化的手段来抑制它。在媒体对犯罪的渲染下,社会上的不安感扩散开来。这一点也可以从德国犯罪学的研究动向上得到证明。自20世纪90年代末以来,针对社会大众对犯罪的主观感知与安全感的犯罪学研究在德国不断推陈出新。[2] 在这种社会心理环境下,继20世纪60、70年代德国刑法上非犯罪化的发展之后,扩大犯罪化的趋势重新兴起,在刑事政策制定方面强调社会安全,提高刑罚的严厉程度以使行为人不致危害社会,被学者称为

---

[1] 以此为例对敌人刑法的辩护,参见蔡桂生:《敌人刑法的思与辨》,载《中外法学》2010年第4期。
[2] Vgl. Boers, Kriminalitätsfurcht – Über den Entstehungszusammenhang und die Folgen eines sozialen Problems, 1991; Burgheim/Sterbling, Subjektive Sicherheit und Lebensqualität in Görlitz, 2000.

"新惩罚主义"(neuer Punitivismus)。[1] 这种刑事政策的氛围导致了实在法上令人遗憾的发展,即与法治国环境下自由民主的刑法不相融合的立法动向。

而雅各布斯似乎走得更远。他将那些扰乱了这个安静体系的事物或事件,不仅看作是需要被抑制的东西,而且把它归为与主流文化一体性的价值不符,威胁到这种文化一致性本身的危险的东西,即撼动社会规范信任,侵蚀法治国生存根基的敌人。根据雅各布斯对敌人刑法理论的辩护,我们可以发现,他的法治国形象,是一种纯而又纯的法治国形象,无法包容任何一点儿杂质,无法容忍任何形式的妥协。因而他要把哪怕是一丁点儿与法治国不符的成分,都剔除出法治国市民刑法之外,我们在此可以称之为一种体系的洁癖。在这种体系的洁癖的压迫下,他不去尝试研究体系的包容性或者扩展体系,研究如何在法治国刑法的体系下解决社会风险防御(Gefahrabwehr)的问题,而是另辟蹊径,转而开拓出另一个与前者截然不同的体系,把风险防御的问题移置到这里来解决。

雅各布斯对现实作出的这种风声鹤唳的体察,推动他在规范的层面上把实在法的发展趋势加以理论化,最终抛出敌人刑法理论。该理论更是这种犯罪恐惧心理的极致的体现,无怪乎德国学者博恩把敌人刑法称为"恐惧刑法"(Angststrafrecht)。[2]

敌人刑法理论的战火,早已由德国刑法学界向其他国家蔓延,甚至国内学者之间也俨然形成了对敌人刑法的两派对立的意见。[3]

---

[1] Vgl. Meliá, Feind „strafrecht"?, ZStW 117 (2005), S. 272 f.
[2] Vgl. Bung, Feindstrafrecht als Theorie der Normgeltung und der Person, HRRS 2006, S. 70.
[3] 赞成的观点可参见冯军:《死刑、犯罪人与敌人》,载《中外法学》2005年第5期;何庆仁:《刑法的沟通意义》,载陈兴良主编:《刑事法评论》第18卷,北京大学出版社2006年版。反对的观点可参见刘仁文:《敌人刑法:一个初步的清理》,载《法律科学(西北政法学院学报)》2007年第6期。

而敌人刑法理论有它独特的语法与语境,我们没有必要非挤进这场关于敌人刑法的热战,更没有必要在中国的土地上引入敌人刑法。处于社会转型时期的中国,不同利益集团与阶层之间的角逐正在继续,远没有形成西方文化那样高度同质的文化与统一的价值观。中国正处在法治国建设的征程之中,法治国的规则尚没有完全建立,更未在国民生活中被切实践行。如果说一部严格意义上的法治国刑法仍然还是当代刑法学者追求的理想,那么法治国的洁癖就更无处附着。此时谈论敌人刑法,则是言之无物——不能忘记,敌人刑法的敌人,是法治国的敌人,而雅各布斯推行敌人刑法,是以对法治国的忠诚为名义的。

五、结语

综上所述,雅各布斯在对西方的社会安全现实反应过激的基础上,以其规范论和法律上的非人格体理论为支柱,建立了敌人刑法理论。该理论尚存在证立上的疑问,尤其是雅各布斯对于敌人刑法产生的现实社会背景的体察,有夸大其辞之嫌。但是敌人刑法作为一个描述性的概念,它确实具有现实批判的意义。雅各布斯无疑提供了一个对西方法治国刑法发展进行批判性审视的绝好的参照物。

而如果把敌人刑法理念作为一个应然的概念,推动其在立法上的发展,就是法政策上的一种不明智。敌人刑法作为一个应然的概念,其概念标准模糊不清,不具有实践上的可操作性。从功利的角度看,其适用的成本远远高于收益,作为一种制度来说,其效益值得疑问。

我们必须肯定雅各布斯理论的一大功绩,他犀利地指出了当今西方实在法上有违法治国原则的发展动向,唤醒了西方学者对法治国刑法进行重新审视的问题意识。遗憾的是,敌人刑法理论在逻辑上无法令人信服地证立,并且隐藏着重重风险。即使敌人刑法在德国学者眼中已经是一个死亡的理论,围绕着它的争论也差不多已经尘埃落定,然而它试图解决的问题本身,也就是争论的缘起,还远远没有完结。如何在法治国体系内解决风险社会的集体危险防御问题,将刑事可罚性前置、抽象危险犯等课题纳入罪责原则与人权保障的框架下给予理论上的论证,这一点,雅各布斯无意去做,而他的反对者们至今没有能力做到。传统的法治国市民刑法与当今社会风险防御的相容性问题,无论是否有敌人刑法概念的出现,都是一个摆在西方法律人面前无法回避的时代问题,也是西方知识分子在向恐怖主义挥起武器时其良心必须跨过的一道门槛。

第三节 角色与管辖:风险判断与特殊认知

知道他人在实施犯罪过程中利用或可能利用自己的职业行为,仍实施该职业行为为之提供帮助,是否成立帮助犯即中立帮助犯(neutrale Beihilfe)的问题,无论在德日刑法教义学还是我国刑法理论与实务中,都是一个极具争议的议题。尤其是随着新兴科技重构传统社会分工及网络数字空间增加业务行为与犯罪行为耦合几率,帮助行为日益增加的技术性、隐蔽性、遍在性特征重新赋予中立帮助犯这一教义学上的百年议题以现实意义。

一百多年来学界分别从客观说、主观说及主客观综合说立场进行中立帮助犯可罚性证立及限制的尝试,从因果关系与客观归责理论维度、过失犯与不作为犯维度、利益衡量维度破解中立帮助犯谜题,皆未能成功揭示其谜底。上述教义学努力的挫败导致了两种妥协方案:一是放弃以一个教义学理论统摄中立帮助犯全局的尝试,转而求诸根据不同职业类型予以不同可罚性考量的所谓类型化的方案以及基于类型化梳理所谓多元标准、具体化个别化刑法评价方案,针对不同职业服务类型进行不同的可罚性限制[1];二是将该概念斥为教义学上的伪概念,完全离开实体法的战场,将中立帮助犯视为一个程序法上的证明问题,即如何在职业行为背景中证明帮助者对被帮助犯罪行为的认识的问题[2]。

近年我国学界多倡导引入德日客观说,而立法、司法解释与司法实务则被认为长期坚持"明知说"这一主观说的立场,文献与立法及实务观点壁垒对峙,似乎无法也无意达成沟通。面对中立帮助犯领域学界与立法、司法的僵局,笔者尝试从经验现象学的概念分析入手,揭示这一"教义学斯芬克斯"之谜的真正面目,对其中所折射出的刑法教义学的基础性争论予以探讨,为我国立法与司法所采的中立帮助行为"明知说"提供证成及解释方案。

一、一个不可能的概念:"中立"的"帮助犯"?

中立帮助犯问题可以追溯至1840年奥地利刑事诉讼法学者基特卡(Kitka)所构造的一个案例:商店店主知道来买手枪的顾客计划用手枪杀死其仇人,他除想挣这份钱外并无其他目的,于是将枪卖给顾客,店主是否对顾客的谋杀罪成立帮助犯?[3]

"中立帮助犯"问题的争议性首先来自概念上的歧义性:"中立"与"帮助犯"是一对矛盾冲突的概念,二者杂糅不仅存在逻辑问题,且

---

[1] 参见陈洪兵:《论中立帮助行为的处罚边界》,载《中国法学》2017年第1期;王华伟:《中立帮助行为的解构与重建》,载《法学家》2020年第3期。

[2] Vgl. Schneider, Neutrale Handlungen: Ein Oxymoron im Strafrecht? – Zu den Grenzlinien der Beihilfe, NStZ 2004, S. 317.

[3] Vgl. Kitka, Über das Zusammentreffen mehrerer Schuldigen bey einem Verbrechen und deren Strafbarkeit, 1840, S. 63, zitiert nach Rackow, Neutrale Handlungen als Problem des Strafrechts, 2007, S. 19.

在结论上会导致一种不妥当的规范评价倾向,即通过暗示特定职业行为具有中立性给予其特殊的法律优待。[1] 我国学者近来也开始对中立帮助犯概念的歧义性提出质疑[2],但鉴于国内学界与判例基本使用"中立帮助犯"概念,为保持学术讨论的一致性与延续性,本书仍沿用该概念。由于"帮助犯"是刑法上确定的概念,本身即已是一个明确的规范判断的结论,欲消除逻辑上的矛盾与歧义就只能将"中立"理解为一个就职业行为表象而言的存在主义层面的概念,而非规范意义上的价值评判的概念。故本书将中立帮助犯概念理解为一个经验现象学层面与规范层面的双层次概念并分层次展开剖析。

其次,中立帮助犯问题的争议性来自其可罚性范围及根据。与普通的帮助犯相比,中立的帮助行为往往是在外观上符合职业规则或惯例的行为,职业行为人是否以及在多大范围对他人行为造成的法益侵害承担帮助犯的责任?如果因帮助行为属于职业或日常行为范围之内而一概否定其可罚性,将会导致可罚性漏洞,甚至鼓励行为人以日常或职业行为为掩护,为他人犯罪提供体系化的、规模化的帮助;而若采所谓"全面处罚说"的观点一概承认可罚性,则有主观归罪及限制帮助者职业行为自由之嫌,恐阻碍社会交往与商业经济活动。德日与我国学界通说皆采取"限制性处罚说",但就根据何种标准进行可罚性的限制,则存在旷日持久的争议。

"中立帮助犯"这一由基特卡虚构的案例所引出的概念,如今不仅广泛适用于运输、危险物品售卖等传统职业,也在银行等金融行业职员、网络平台运营者、电脑程序员等新型社会分工形成的角色中被重新唤醒。参见下列案例:

---

[1] Vgl. Niedermair, Straflose Beihilfe durch neutrale Handlungen?, ZStW 107 (1995), S. 507 f.; Rackow, Neutrale Handlungen als Problem des Strafrechts, 2007, S. 35.
[2] 参见王华伟:《中立帮助行为的解构与重建》,载《法学家》2020 年第 3 期。

案例1[1]：被告人货车司机葛某、叶某经人介绍为云某运输货物数次，云某未告知货物性质，仅要求其避开高速收费站及交警检查。葛某、叶某也未询问及验货。在某次运输途中一箱货物外包装撕裂，葛某发现为香烟并告知叶某。2018年其中一次葛某、叶某按照云某要求装货运输，途中被交警拦截，检查发现运载货物为货值金额达人民币3674939.38元的假冒某品牌的伪劣香烟而案发。

案例2[2]：2017年4月初被告人吴某等人注册成立"购品会"电子经营部，被告人唐某应其要求制作"购品会"购物平台系统，并链接"购品会"微信公众号，绑定吴某银行账户用于购物平台微信及支付宝支付等资金进出。"购品会"平台通过向社会公众宣传15天至45天内全额返还购物款的方式，吸引客户以高于市场价3倍至5倍的价格购买该平台上商品，并通过设置不同会员等级、不同返款期限及抽取佣金等方式，吸引会员发展一级下线，至8月28日以平台被黑客攻击为由而将平台关闭。"购品会"相关平台吸收资金共计3470余万元。

案例3[3]：被告人悦游公司高管田某等为牟取房卡销售利益，合谋开发采用房间、俱乐部等模式，具有积分统计、录像、定位等功能的"大新疆麻将"网络棋牌游戏APP，提供给会员消耗房卡开房后实现玩家在房间内的精准匹配。游戏上线后部分玩家依据每局麻将结束后的积分数额在微信内进行赌资结算。悦游公司程序员崔某为"大新疆麻将"APP编写游戏程序代码及

---

[1] 参见广东省惠州市中级人民法院(2019)粤13刑终194号刑事裁定书。
[2] 参见浙江省温州市中级人民法院(2019)浙03刑终347号刑事裁定书。
[3] 参见新疆维吾尔自治区克拉玛依市中级人民法院(2020)新02刑终13号刑事裁定书。

维护服务器,负责"大新疆麻将"游戏平台的开发、部署程序、游戏规则和麻将玩法的制作,开发了任务模块,游戏内的充值功能,封停账号功能,游戏登陆模块,房间创建及扣费系统,游戏俱乐部功能等,同时负责处理玩家投诉并在后台系统处理。

下文将对中立帮助犯概念进行经验现象学与教义学解析,将其还原为一个一般的风险(或法益危险)判断立场及普遍的归责问题,并在此基础上结合上述案例解析旷日持久的可罚性限制主观说与客观说之争。

二、中立帮助犯可罚性主、客观说之争:教义学角度的解析

我国学理与实务对于中立帮助犯问题基本采取德日刑法"限制性处罚说"的通说立场,关于处罚根据也分别存在客观说、主观说与主客观综合说三种主要观点。

(一)客观说

1.行为不法的维度:社会相当性说与职业相当性说

早期客观说尝试从日常或职业行为本身入手为其提供不可罚的理由,例如社会相当性说[1]主张中立帮助行为大多是符合社会相当性的行为,不应成立刑法上的帮助犯。但该说不仅标准模糊而不具可操作性,也偏离了论证的目标:社会相当性理论的初衷是将形式上符合犯罪构成要件,但实质上为社会所普遍接受的行为排除出构成要件范围,但共犯本就没有定型化的构成要件限定,搬梯子、递刀具、提供资金账户等本身并非具有构成要件符合性的行为,是因为与正犯行为联系起来才成立帮助犯,故该说无法达到限制中立帮助犯成立的作用。

---

[1] Vgl. Rudolphi, Die Gleichstellungsproblematik der unechten Unterlassungsdelikte und der Gedanke der Ingerenz, 1966, S. 138.

尽管社会相当性说存在至为明显的缺陷,德国学者哈塞默却视其为未经雕琢的钻石,主张以"职业相当性标准"(professionale Adäquanz)[1]对其进行打磨与细化以再现该理论的光芒。该说认为职业行为中存在先于刑法的结构性的、规范性的规则,这些规则反映了在确定刑事不法内容方面的一些共识,在认定帮助犯时必须予以考虑。[2] 因而职业规则是行为是否具有刑事合法性的指征,违反之,则须进一步审查行为的刑事合法性,判断是否成立帮助犯。[3] 该说不仅继承了社会相当性说标准模糊的缺陷,也无法回应为何对特殊职业在刑法上予以特殊优待的疑问。[4]

2. 结果不法与归责的维度

(1)替代因果关系说

替代因果关系说认为,典型的职业帮助行为不可罚的根据不在于帮助行为遵守相关的职业规则因而具有所谓中立性,而应当借助替代因果关系理论在行为与构成要件结果之间的因果关系之中寻找[5];如果帮助行为是一种与真正的构成要件行为相去甚远且随处可以获取的行为,就没有制造法所不允许的风险,因而不可罚。帮助者只是提供了一种随时可为客户所利用的标准化的贡献。他不过是像任何一个普通人那样,容忍他人将其工具拿走实施犯罪而已。只有帮助者具有保证人地位或根据他人的犯罪计划调整自己职业行为时才应承担责任。

黎宏教授也从客观说角度提出,只有帮助行为导致了构成要件

---

[1] Vgl. Hassemer, Professionelle Adäquanz - Bankentypisches Verhalten und Beihilfe zur Steuerhinterziehung, Wistra 1995, S. 81 f.
[2] a. a. O., S. 83.
[3] a. a. O., S. 86 f.
[4] Vgl. Tag, Beihilfe durch neutrales Verhalten, JR 1997, S. 52.
[5] Vgl. Löwe-Krahl, Beteiligung von Bankangestellten an Steuerhinterziehungen ihrer Kunden, Wistra 1995, S. 205.

结果的重大变更或增加了正犯侵害法益的危险或者强度才可罚,例如以下情形成立帮助犯:在没有其他交通选择或者一般司机不熟悉通往偏僻犯罪现场的路线时运载杀人犯;将刀卖给正在激烈打斗的正犯,使得正犯用刀将被害人杀死(改变了打斗行为的格局,使正犯结果发生了重大变化);或在网上发布撬锁方法或制造炸药的配方,被他人用于盗窃或实施恐怖活动犯罪(使正犯结果在出现的时间早晚或者严重程度上发生了重大变化)。[1]

但帮助行为并非须为正犯结果的必要条件,只要以加入正犯行为的具体方式促进结果发生即可。[2] 经验层面的可替代性并不能否定规范层面的归责——即使他人或正犯自己实施类似的行为也能够导致结果发生,仍应对帮助者因其帮助行为对结果发生起到具体的促进或支持而归责。

(2) 风险创设或升高说

魏根特和罗加特(Rogat)等人提倡风险升高说,直接运用客观归责理论证立中立帮助犯可罚性,主张可罚的中立帮助行为必须是升高正犯风险的行为。魏根特认为中立帮助行为的可罚性依据是对法益带来直接的、真实有效的危险,因此只有超出一般情况下普遍可获得的资源范围,为正犯提供实质性的支持的职业帮助行为才属于中立帮助犯范围:仅为他人犯罪提供原材料的,如认识到他人逃税仍向其支付报酬、认识到他人用面包投毒仍向其售卖面包、认识到他人购买车票是为了仿造车票仍向其售卖车票等,不成立帮助犯。[3] 德国学者罗加特亦主张从质与量两方面判断风险的升高:从质的方面来看风险须

---

[1] 参见黎宏:《论中立的诈骗帮助行为之定性》,载《法律科学(西北政法大学学报)》2012年第6期。

[2] Vgl. Roxin, Strafrecht Allgemeiner Teil, Band II, 2003, § 26 Rn. 184; Weigend, Grenzen Strafbarer Beihilfe, FS-Nishihara, 1998, S. 207.

[3] Vgl. Weigend, Grenzen Strafbarer Beihilfe, FS-Nishihara, 1998, S. 208, 212.

是法所不容许的,从量的方面来看帮助行为应提供了非轻微的贡献。[1]

风险升高说在国内学界追随者众多,例如周光权教授认为,应从贯彻刑法客观主义立场出发提倡根据客观标准进行中立帮助犯处罚范围的限制,根据客观归责理论审查中立行为是否创立、增设法所不容许的风险及风险是否实现,以判断是否充足帮助犯的客观不法构成要件限制中立帮助犯成立范围。[2] "中立行为虽然对正犯行为有所促进和帮助,存在传统上的共犯因果性……没有制造法所禁止的危险,并未达到值得作为共犯处理的危险性,而不具有客观归责可能性的,就应该否定其中立行为成立帮助犯。"[3]

姚万勤教授将客观归责的具体规则适用于中立帮助犯的可罚性判断,认为若中立行为降低风险、未创设风险,风险未实现或者不符合规范保护目的等不满足客观归责规则情形,均不成立帮助犯。[4] 例如其将赵风云寻衅滋事案[5]中为滞留公安局闹事的丈夫送饭的妻子实施提供饮食、住宿等类型化的日常行为视为"并未创设法所不容许的风险"情形,而将为他人开设赌场"租赁房屋"、向涉嫌犯罪之人"还债"等民事契约类型中的帮助行为视为"创设的风险未实现"情形,将"出借手机供犯罪联络"视为"创设法所不容许的风险"的情形。该观点由于未考虑特殊认知与风险创设的关系,在风险创设、实现的认定方面缺乏统一标准而过于牵强、恣意,无法提供可靠的中立帮助犯可罚性论证。

---

[1] Vgl. Rogat, Die Zurechnung bei der Beihilfe: Zugleich eine Untersuchung zur Strafbarkeit von Rechtsanwälten nach § 27 StGB, 1997, S. 143, 241.
[2] 参见周光权:《网络服务商的刑事责任范围》,载《中国法律评论》2015年第2期。
[3] 周光权:《中性业务活动与帮助犯的限定——以林小青被控诈骗、敲诈勒索案为切入点》,载《比较法研究》2019年第5期。
[4] 参见姚万勤:《中立的帮助行为与客观归责理论》,载《法学家》2017年第6期。
[5] 参见黑龙江省五常市人民法院(2016)黑0184刑初30号刑事判决书。

3. 排除违法性的维度:利益衡量(Interesseabwägung)

黑芬德尔(Hefendehl)等人提倡通过利益衡量的考察方法界定中立帮助犯可罚性范围,认为中立帮助犯的成立范围实际上就是在帮助者的行动自由空间与被帮助的犯罪行为可能侵害的第三人法益之间进行衡量并据此界定前者范围的问题:"在以法益保护为己任的刑法中,可罚性边界的唯一依据是对特定法益造成风险的程度,当然也须考虑所涉及的犯罪行为及对可能的帮助犯的行动自由限制程度。"[1]

一方面,帮助行为结合正犯行为所侵犯的法益往往是具体的法益(例如生命权、健康权、财产权),但禁止帮助行为所限制的行动自由或者反过来说帮助行为所体现出的行动自由却是整体的、一般性的:如何在具体的法益与整体的利益之间进行比较与权衡?即使该职业行为的社会利益大于其被滥用于犯罪侵害造成的伤害,也不能就此认为为他人提供犯罪帮助的该具体的职业行为不可罚。利益衡量说所衡量的利益之间根本不在一个层级(一个利益是个案利益,而另一个是整体的利益)。[2] 此外,以利益衡量说排除中立帮助犯的违法性以限制其成立范围,也存在以下障碍:其一,基于利益衡量原理的紧急避险制度一般来说要求存在不法侵害的紧迫性或者紧迫的法益冲突情境,而这一点在中立帮助行为背景下并不总是具备,尤其是在仅认识到他人犯罪的可能性而对具体的犯罪计划并无具体认知时;其二,一般来说帮助者在认识到他人犯罪行为的具体可能性时,本次行为作为整个职业行为中微不足道的一环,也很难超越犯罪行为可能损害的法益。[3] 而若要求紧迫性,则利益衡量说作为中立

---

[1] Hefendehl, Kann und soll der Allgemeine Teil bzw. das Verfassungsrecht mißglückte Regelungen des Besonderen Teils retten?, FS-Roxin, 2001, S. 147.
[2] Vgl. Rackow, Neutrale Handlungen als Problem des Strafrechts, 2007, S. 222.
[3] Vgl. Rackow, Neutrale Handlungen als Problem des Strafrechts, 2007, S. 223.

帮助犯可罚性客观维度的限制理论也就被架空了,因为紧迫性的判断往往指向主观维度的可罚性限制:即是否对正犯即将实施行为存在具体认知,而这正是主观说的立场。

陈洪兵教授在《论中立帮助行为的处罚边界》一文中借鉴黑芬德尔利益衡量说观点,主张商品交易行为、日常生活行为一方面是公民的日常交易交往的自由行使,另一方面可能被他人利用实施犯罪侵害法益,因此需要在公民行动自由与该行动可能侵害的法益之间权衡,只要不违反相关法律、法规和行业规范的要求,行为人就不负有法益保护义务与危险源监督义务,此时应当尊重和保护公民的交易交往自由,不将这种行为视为帮助犯。[1] 该观点实际上是德国学界义务违反说、利益衡量说以及不作为犯说的杂糅,一方面缺乏统一的教义学基础,另一方面也因各说各自的缺陷而难以成立。该文所谓中立帮助犯类型化的分析[2]也并未贯彻利益衡量观点,并非从中立帮助行为所侵害的利益与公民行动自由之间对比入手进行论证。

4. 义务范围限定的维度

除上述诸说外,对中立帮助犯可罚性客观角度的限定也从限定义务范围的角度展开,主张仅在帮助者存在义务违反或保证人义务时才具可罚性。例如兰西格(Ransiek)主张义务违反说[3],认为义务违反不仅是过失不法的判断依据,也是故意犯包括共犯的判断依据。如果帮助者的日常行为或职业行为未违反法律上的义务,即使其帮助行为辅助了正犯行为也不构成帮助犯。如果帮助者违反了

---

[1] 参见陈洪兵:《论中立帮助行为的处罚边界》,载《中国法学》2017年第1期;其更早的观点认为行为的帮助性应根据行为是否制造不被法所允许的风险、基于利益衡量是否存在优越的利益、是否存在注意义务违反等,进行综合判断,参见陈洪兵:《中立的帮助行为论》,载《中外法学》2008年第6期。
[2] 参见陈洪兵:《论中立帮助行为的处罚边界》,载《中国法学》2017年第1期。
[3] Vgl. Ransiek, Pflichtwidrigkeit und Beihilfeunrecht, Wistra 1997, S. 43.

一般性的保证人地位或者与法益保护相关的特别规范,或者如果能够根据情况客观地确证被帮助者将实施正犯行为,就可以认为帮助行为有义务违反性。[1] 该说的问题在于,即使采故意与过失位阶说认为故意的帮助犯中包含注意义务违反这种过失的要素,但也只是在二者之间架立了一座教义学桥梁,何时能够肯定这种注意义务违反的存在从而认定中立帮助犯的实质问题并未得到解决,只是被放置到了别处。[2]

而从不作为犯角度介入的观点认为,如果帮助者并未明显违背职业上的义务规范,则是否成立帮助犯视其是否在职业范围内具有保证人地位决定。例如在向他人提供枪支、毒药等管制、危险物品时,如果明知他人欲利用之实施犯罪仍向他人提供,由于其本就负有监管上述物品,防止这些物品流入欲实施犯罪行为者之手的义务,未尽到相应保证人义务的因其不作为可罚,根据举重以明轻原则,在认识到他人犯罪计划时仍主动提供就更应该可罚。[3] 但保证人并非对任何一种损害都负有防止义务,尤其是在第三人故意犯罪的场合;即使肯定防止义务,也未必成立帮助犯,故将保证人地位与帮助犯等同省略了其他必要的中间环节,是跳跃式的论证过程。[4] 该说在危险物品售卖或保管职业中或许可以得出合理的结论,但在其他职业中则无法适用。例如运输行业中,出租车司机仅对车辆具有监管保证人地位,而对正犯可能伤害的第三人没有保护保证人地位,因此出租车司机认识到乘客欲杀死他人仍运载的,由于该危险不是来自出租车这种危险源,因此无法以不作为犯证立帮助犯可罚性。而如果

---

[1] Vgl. Ransiek, Pflichtwidrigkeit und Beihilfeunrecht, Wistra 1997, S. 43.
[2] Vgl. Rackow, Neutrale Handlungen als Problem des Strafrechts, 2007, S. 174 f.
[3] Vgl. Frisch, Beihilfe durch neutrale Handlungen – Bemerkungen zum Strafgrund (der Unrechtskonstitution) der Beihilfe, FS-Lüderssen, 2002, S. 548.
[4] Vgl. Rackow, Neutrale Handlungen als Problem des Strafrechts, 2007, S. 162.

一概认为此时不具有可罚性,则会大大限缩帮助犯的成立范围。在我国司法实务中,中立帮助犯涉及司机提供运输服务的案例占相当大的比重。若一概认为此时不具有可罚性作无罪判决,难以为我国理论与实务所接受。[1]

再如雅各布斯从规范效力及社会角色理论出发,认为从职业帮助者对正犯行为的认知本身不能推导出管辖(Zuständigkeit),除非帮助者因社会分工具有避免损害发生的保证人地位,否则不成立帮助犯。[2] 该说也属于义务范围限定的维度,对该说的评判将在下文展开。

(二)主观说

德国判例立场多采主观说,即从主观方面对中立帮助犯可罚性进行限制,以帮助者对被帮助者的犯罪行为是否具有促进意思作为处罚中立帮助犯的根据。此外学界也有学者主张间接故意排除说、具体根据说等。而我国学者极少主张主观说,大多主张客观说或者主、客观混合说。

1. 德国司法判例与学界主观说

犯罪促进意思说(Tatförderungswille)为德国早期判例[3]及少数学者[4]所采,该说仅在中立帮助者对正犯行为具有促进意思时才肯定帮助犯,即要求帮助者除了认识因素还需要有足够的促进或支持

---

[1] 运输服务作为常见的中立帮助犯类型也反映在司法解释规定中,如2019年最高人民法院、最高人民检察院、公安部、司法部《关于办理"套路贷"刑事案件若干问题的意见》第5条规定,明知他人实施"套路贷"犯罪而提供资金、场所、银行卡、账号、交通工具等帮助的,按照共犯论处。

[2] Vgl. Jakobs, Tätervorstellung und objektive Zurechnung, GS-Armin Kaufmann, 1989, S. 271 ff.

[3] Vgl. RGSt 37, 321 ff.; Jäger, Urteilsanmerkung (Strafbarkeit von Bankangestellten wegen Beihilfe zur Steuerhinterziehung), Wistra 2000, S. 342.

[4] Vgl. Hoyer, in: Systematischer Kommentar zum StGB, Band I, 9. Aufl., 2017, § 27 Rn. 29 ff.

正犯犯罪行为的意志因素。例如，律师、银行工作人员等即使知道客户可能实施犯罪活动而提供服务也不成立帮助犯，必须具有通过自己的行为支持他人犯罪行为的意思时才构成帮助犯。关于犯罪促进意思的认定，该说并未提出明确的标准：由于该说并不要求对正犯行为的促进必须是帮助行为的目的或动机，因此促进意思似乎与对犯罪行为的认识之间似乎无法进一步区分。[1]

间接故意排除说[2]主张仅在提供职业或日常帮助者对接受服务者实施犯罪有明确认识的情形下成立帮助犯，在对后者犯罪计划具有间接故意时不成立帮助犯，例如售卖刀具的商人虽然得知邻居欲杀死他的妻子仍向其售卖刀具时成立帮助犯。之所以排除帮助者对正犯行为仅具有间接故意时的可罚性，理由在于：其一，中立帮助犯相对于普通帮助犯而言遵守外部法律规范，因而应当受到法律上的优待[3]；其二，仅禁止直接故意的帮助犯不会导致打击面过宽，以致干扰正常的商业秩序。[4]

而具体根据（konkrete Anhaltspunkt）说[5]认为商业行为均具有一般性的被允许的风险，只有当从业人员发现其商业行为被用于实施犯罪的具体根据时，该风险才转化为具体的结果危险，属于法所不容许的风险。

---

[1] Vgl. Schneider, Neutrale Handlungen: Ein Oxymoron im Strafrecht? – Zu den Grenzlinien der Beihilfe, NStZ 2004, S. 313.
[2] Vgl. Amelung, Die „Neutralisierung" geschäftsmäßiger Beiträge zu fremden Straftaten im Rahmen des Beihilfetatbestands, FS-Grünwald, 1999, S. 23 f.; Otto, „Vorgeleistete Strafvereitelung" durch berufstypische oder alltägliche Verhaltensweisen als Beihilfe, FS-Lenckner, 1998, S. 213 f.
[3] a. a. O. (Otto), S. 213 f.
[4] Vgl. Amelung, Die „Neutralisierung" geschäftsmäßiger Beiträge zu fremden Straftaten im Rahmen des Beihilfetatbestands, FS-Grünwald, 1999, S. 23.
[5] a. a. O., S. 23 f.

2. 我国立法及司法上的主观说:"明知说"

虽然我国学界晚近偏爱结果无价值立场,多采客观说,将主观说视为具有主观归罪的嫌疑而有意排斥[1],但在中立帮助犯处罚根据上,我国实在法规定与司法判例往往采"明知说"这一被划归为主观说的类别,与学界形成强烈反差。

我国刑法分则设立了大量以帮助犯行为为构成要件的罪名,即学界通说所谓帮助犯正犯化的规定。例如我国《刑法》第191条洗钱罪,第307条第2款帮助毁灭、伪造证据罪,第310条窝藏、包庇罪,第312条掩饰、隐瞒犯罪所得、犯罪所得收益罪及第321条运送他人偷越国(边)境罪等。[2] 2015年《刑法修正案(九)》修正了第120条之一帮助恐怖活动罪(《刑法修正案(三)》增设,《刑法修正案(九)》修正),增设第287条之二帮助信息网络犯罪活动罪。学界通说将上述规定视为帮助犯正犯化的规定,虽然立法者将帮助行为作为单独的构成要件规定,但与被帮助行为及原正犯难以完全抽离,仍具有共犯场景下的依存关系。上述罪名规定的帮助行为往往同时属于职业行为,故也可以在中立帮助犯框架下探讨。

上述罪名皆要求帮助者对被帮助的犯罪行为具有主观方面"明知"。从立法与司法解释来看,除2001年"两高"《关于办理生产、销售伪劣商品刑事案件具体应用法律若干问题的解释》将帮助者主观方面规定为"知道或者应当知道"被帮助者的犯罪行为外,其他涉及职业帮助行为的情形均要求"明知"。如2004年"两高"《关于办理

---

[1] 参见张明楷教授的观点:考虑中立帮助行为人的主观方面,恰恰是我国理论与实务"在客观要素不能确定或者并不符合构成要件的情况下,考虑、行为人有无故意、过失;如有,则反过来认为客观要素已经具备"的整体考察的惯性思维的体现。参见张明楷:《犯罪构成体系与构成要件要素》,北京大学出版社2010年版,第47页;陈洪兵:《论中立帮助行为的处罚边界》,载《中国法学》2017年第1期。

[2] 我国刑法分则涉及帮助犯正犯化的规定达34条之多,参见于冲:《帮助行为正犯化的类型研究与入罪化思路》,载《政法论坛》2016年第4期。

利用互联网、移动通讯终端、声讯台制作、复制、出版、贩卖、传播淫秽电子信息刑事案件具体应用法律若干问题的解释》第7条、2005年"两高"《关于办理赌博刑事案件具体应用法律若干问题的解释》第4条、2010年"两高"《关于办理利用互联网、移动通讯终端、声讯台制作、复制、出版、贩卖、传播淫秽电子信息刑事案件具体应用法律若干问题的解释(二)》第4条、2011年"两高"《关于办理诈骗刑事案件具体应用法律若干问题的解释》第7条均规定成立共犯具有对他人实施相应犯罪的明知。似乎无论是在一般的共同犯罪中还是在单独的帮助行为罪名中,只要行为客观上对犯罪行为有帮助作用,行为人主观上也对此明知,就构成帮助犯(或正犯化的帮助犯)。[1] 有学者以此认为我国刑法对中立帮助犯采全面处罚说而非限制性处罚说:"若认为只要明知对方的犯罪意图而实施了客观上促进他人犯罪的行为就成立帮助犯的话,无疑等于取消了中立行为的帮助的概念,将中立行为完全作为一般的帮助行为看待。"[2]

判断我国刑法及司法解释上述规定对中立帮助犯问题究竟采取限制处罚说抑或全面处罚说,关键在于对明知的理解。若将明知理解成注意规定而将之与故意等同,则我国中立帮助犯采全面处罚说;若将明知进行限制性理解,要求超出普通故意程度的认知,则属限制处罚说立场。陈兴良教授认为我国刑法分则规定的明知区别于总则中关于犯罪故意的明知规定,不是一般意义上的认知问题,而是一个反真实的问题,在认定时必须从确切性认识的意义上去把握其内

---

[1] 参见蔡桂生:《论帮助犯的要件及其归属》,载《北大法律评论》2015年第2辑,北京大学出版社2016年版,第20页;车浩:《谁应为互联网时代的中立行为买单?》,载《中国法律评论》2015年第1期。
[2] 陈洪兵:《中立行为的帮助》,法律出版社2010年版,第175页。

容,并注重运用推定的方法。[1] 明知对于行为犯而言只能是直接故意,但在结果犯中并不排除对结果持放任的心理态度,因此包括直接故意与间接故意。[2] 周光权教授将明知根据认识强弱程度划分为确知(确切知道)、实知(有直接证据证明事实上知道)、或知(可能知道)、应知(依靠间接证据"推断"知道)4级,认为司法解释上的明知仅包括Ⅰ级明知(确知)和Ⅱ级明知(实知)两种形态。[3] 学界倾向于对分则规定的明知作限制性理解,尽管上述探讨并非直接针对中立帮助犯,但举轻以明重,中立帮助犯的明知程度应至少不低于上述要求,因而支持我国中立帮助犯采限制性处罚说观点。

司法实务对中立帮助犯主观方面一般要求明知,且对明知进行严格的审查,要求有确凿的证据证明行为人对正犯行为具有现实的、确定的、具体的认识。例如上述案例1中,二审法院依据证人王某证言、被告人葛某的微信聊天记录等,认定葛某知道运载的是卷烟,从而证明二被告人具有对正犯云某生产、销售伪劣产品罪的明知,认定二被告人构成共犯。上述案例2中,唐某及辩护人上诉称,唐某采购软件销售给客户、搭建网络平台再提供售后技术支持,并非根据平台运营模式编辑系统,不知道客户从事违法行为;除涉案平台还为温州十几家客户搭建了同样的系统,且从在维护过程中获知涉案平台商品售价较高这点并不能得出唐某明知平台经营模式的结论,唐某的行为系中立的帮助行为,故不构成帮助犯。二审法院认为,唐某主观上明知平台以定期全额返现形式免费给会员提供商品,且平台物品售价高于市场价好几倍;客观上其除了为平台提供微信销售的软件

---

[1] 参见陈兴良:《刑法分则规定之明知:以表现犯为解释进路》,载《法学家》2013年第3期。
[2] 同上注。
[3] 参见周光权:《明知与刑事推定》,载《现代法学》2009年第2期。

服务外,还制作 APP 意图展现平台实力,唐某对平台从事集资违法行为具有明知。而案例 3 中,法院也从被告人对投诉的处理(截图等证据的审核)、微信群内的聊天内容等严格审查被告人是否具有对游戏供他人赌博的具体的明知。可见,我国似乎采取限制处罚说观点,但至于是否将其划入主观说立场及可罚性限制标准,即如何理解中立帮助犯中的"明知"问题,下文将进一步论证。

(三)主客观综合说

罗克辛提倡从主观方面与客观方面综合判断中立行为成立帮助犯可罚性,即:区分帮助者对正犯犯罪行为的主观方面,如果帮助者对正犯的犯罪行为或意图具有直接故意,且帮助行为具有明确的犯罪关联性(ein eindeutiger deliktischer Sinnbezug),即成立帮助。此处的明确的犯罪关联性是指,帮助行为仅仅意味着正犯所计划犯罪的条件,而且帮助人也知道这一点;当帮助者对他人犯罪计划仅具有间接故意,即仅认识到他人有可能利用自己的行为实施犯罪,原则上适用信赖原则否定帮助行为成立帮助犯的可能性,除非正犯行为人存在明显的犯罪可识别性(Tatgeneigtheit),即存在事实根据表明帮助行为具有极大可能为正犯利用实施犯罪时才肯定帮助犯的成立。[1]

我国学者周光权早期曾持主客观综合说[2],认为日常生活行为是否可能成立帮助犯取决于客观上行为是否具有明显的法益侵害性和主观行为人是否对他人可能实行犯罪有明确认识,即是否存在片面的帮助故意而定。张明楷教授也提倡更广泛的综合说,主张根据正犯行为的紧迫性、对正犯行为及结果的确实性的认识、帮助者的法

---

[1] Vgl. Roxin, Strafrecht Allgemeiner Teil, Band II, 2003, § 26 Rn. 218 ff.; Roxin, Was ist Beihilfe?, FS-Miyazawa, 1995, S. 516.
[2] 参见周光权:《刑法总论》,中国人民大学出版社 2007 年版,第 326 页。

益保护义务综合认定中立帮助行为的可罚性。[1]

虽然罗克辛的主客观综合说为晚近判例所采,但在德国学界也引起广泛的批判:首先,犯罪意义关联等标准不明确,存在循环论证。何为犯罪意义关联,如果认为帮助行为对于正犯来说只对其犯罪行为有意义,才是具有犯罪意义关联,则帮助犯成立门槛就会更高,因为许多中立帮助行为都对正犯具有犯罪之外的意义。[2] 正如阿梅隆所举的例子,某人借斧头可能先敲碎其妻的脑袋再用它在墙上钉钉子。如果认为犯罪意义关联包括犯罪和非犯罪目的,则该标准就失去明确性。对此金德霍伊泽尔也提出如下质疑[3]:

第一,犯罪意义关联标准不过是对帮助犯规定的同义反复,即帮助犯必须是对违法行为的促进。使用该标准就使得帮助犯的成立取决于正犯内心的利用目的,即是否仅利用该帮助行为实施犯罪,也会给帮助犯的刑事侦查及证明带来难题。在间接故意情形下所要求的正犯行为具有犯罪的可识别性,实际上就是指对正犯行为的认识,因为中立帮助情形大多涉及匿名的交往,除非认识到犯罪计划,否则正犯行为很难具有犯罪识别性。

第二,违反实定法。《德国刑法典》第 27 条关于帮助犯的规定并未区分对正犯犯罪行为的明确故意与间接故意,因此进行上述区分并无法律依据。

第三,两标准之间具有逻辑上的矛盾。对正犯犯罪计划具有明知时要求帮助行为具有犯罪意义关联,但间接故意时却仅要求正犯行为具有犯罪的可识别性,对帮助行为本身并不作要求。难以理解的是,为何在间接故意时对帮助行为的客观限制反而要低于直接故

---

[1] 参见张明楷:《刑法学》(第 6 版),法律出版社 2021 年版,第 570 页。
[2] Vgl. Rackow, Neutrale Handlungen als Problem des Strafrechts, 2007, S. 144 ff.
[3] Vgl. Kindhäuser, Zum Begriff der Beihilfe, FS-Otto, 2007, S. 358 f.

意情形?

其次,综合说内部并没有统一的逻辑主线,究竟是以何种统一的可罚性依据进行上述限制,罗克辛似乎并未给予合理说明。对正犯犯罪计划有明知时提供帮助,就对促进法益侵害在内心进行了决断并且也通过帮助行为付诸客观实现,此时再附加犯罪意义关联标准才肯定帮助犯,实际上不符合其一贯将刑法视为法益保护法的立场。而帮助者具有间接故意情形下,实际上在认识到犯罪计划与犯罪行为具有可识别性而提供帮助之间,并不存在认知层面的差别空间。因此,罗克辛的信赖原则在间接故意情形下应当贯彻到底,一律排除成立帮助犯的可能性。

三、中立帮助犯行为客观意义与主观意义的分离:经验现象学(empirisch-phänomenologisch)层面的剖析

一百多年来,上述客观说、主观说、主客观综合说在学界与判例中轮番出场,争论不休,难分伯仲。如果我们暂且抽离教义学层面的纷争,将目光聚焦所争论的对象——中立帮助犯——这一糅杂存在学层面与规范判断的现象束,或许能够对上述教义学层面的争论有更深刻的认识。

(一)行为的客观意义与主观意义

德国社会学家与法学家舒茨(Schütz)对社会世界的意义构造进行分析,认为从经验现象学层面来看社会中人的行为具有客观意义与主观意义。[1] 中立帮助行为实际上涉及对古老的本我行为(ego)的他人理解问题,即观察者(他人)如何对作为观察对象的行为人(本我)的行为进行理解的问题:他人对一个行为的理解分为客观

---

[1] Vgl. Schütz, Der sinnhafte Aufbau der sozialen Welt, 5. Aufl., 1991, S. 42 ff.

与主观意义。行为的客观意义是观察者从行为外部特征直接推导得出的,一般不考虑行为人的意识内容;而主观意义则是观察者从行为人的意识经验出发,重塑或者想象行为人自己对行为赋予的意义。对于一个行为的主观意义理解的特殊困难在于,行为人建构或者决定行为意义的意识对于观察者或阐释者来说是不可查知的,其只能根据行为的指征或者行为人对行为的解释说明推测行为的意义。因此从结论上来说,一个行为的主观与客观意义可能一致也可能不一致。一般而言典型帮助犯的规范定性无太大争议,因为在观察者的理解中行为的主观意义与客观意义是一致的。[1] 行为的客观意义与主观意义实际上是从不同的观察视角观察行为得出的结论,在刑法教义学归责理论中也有其身影:所谓行为的客观意义,是以一般人的立场对行为是否创设法所不容许的风险进行评判;而所谓行为的主观意义,是以行为人的立场对行为是否创设法所不容许的风险进行评判。参见下例:

> 例1:甲与乙在闹市厮打,乙渐渐体力不支,甲乘胜猛击,在一旁看热闹的丙将自己随身携带的水果刀递给乙,乙用刀刺死甲。

在例1中,如果以外部观察视角即一般人立场评价丙的行为(即赋予行为客观意义),观察者看到观看甲、乙恶斗的丙在乙对甲反击时提供了刀具,评价结论就是丙客观上为乙用刀具这种危险工具刺死甲提供了帮助与支持,丙主观上也认识到乙用刀刺死甲的可能性,因而构成故意伤害或故意杀人罪的帮助犯。再以内部观察视角即站在行为人丙的立场评价其行为(即赋予行为主观意义),评价结

---

[1] Vgl. Schneider, Neutrale Handlungen: Ein Oxymoron im Strafrecht? – Zu den Grenzlinien der Beihilfe, NStZ 2004, S. 315.

论并无不同。因为认识到他人可能实施犯罪即应远离该行为,丙不仅没有回避,反而为犯罪提供工具,无论从一般人还是行为人立场判断都会认为丙的行为属于对故意杀人罪的帮助行为。

而所谓中立行为的行为主观意义与客观意义往往是不一致的:从一般人立场上来看可能是纯粹的符合商业惯例、与犯罪毫无关联的行为,但当观察者进入到行为人意识经验层面并通过这种方式尝试推导行为的主观意义时,可能就会发现该行为的犯罪关联性。[1]参见下例:

>例2:甲与乙在闹市厮打,乙渐渐体力不支,甲乘胜猛击,恰巧路旁一五金杂货店出售刀具,乙跑进店里向透过窗户看到打斗场面的丁买刀,丁将刀卖与乙,乙用刀刺死甲。

在例2中,如果以一般人立场评价丁的行为(即赋予行为客观意义),会看到经营五金杂货店的丁将刀具卖给(打斗中失利的)顾客乙,乙用购得的刀刺死甲。由于丁售卖刀具及其他五金部件的行为在乙的犯罪行为之前之后都重复地发生,只是偶然与发生在其店铺附近的乙的犯罪行为产生了犯罪关联性。虽然外部观察视角也观察到丁在店铺内观看到甲、乙的打斗,但外部视角更倾向于将丁售卖刀给乙的行为与丁售卖刀具给所有顾客的整体职业行为连接起来,将其视为众多职业行为中的一次行为。而如果以内部视角观察丁的行为(即赋予行为主观意义),从丁的意识经验出发,就会看到丁在甲、乙打斗的关键时刻向乙售卖刀具,其对乙买刀刺死或刺伤甲的故意与行为有具体而相对确切的认识,就会聚焦于此次行为而赋予行为犯罪关联意义。此处一般人与行为人立场判断的结论不同,行为的

---

[1] Vgl. Schneider, Neutrale Handlungen: Ein Oxymoron im Strafrecht? - Zu den Grenzlinien der Beihilfe, NStZ 2004, S. 315.

客观意义与主观意义发生了偏离。

在中立帮助犯情形,职业行为具有该社会经济类型所给定的社会意义,即根据一定的对价提供物质或服务,这也是一般人进行外部观察所赋予的行为客观意义。职业行为这种结构化的社会意义(一种类型化的规范意义)掩盖或者冲淡了行为可能在具体情境下的具体的规范意义——与他人行为相连侵害法益的犯罪意义。但如果以行为人视角观察,行为人总是与接受商品或服务的具体的顾客打交道,总是在具体行为情境下提供商品或服务,如果行为人认识到顾客的犯罪计划而仍然提供有助于该犯罪计划实施的商品或服务,就很难被认为仍停留于普通的社会职业意义范围之内,从而产生帮助犯成立与否的问题。因此探测职业帮助行为主观意义的过程,即观察者或阐释者从行为人角度出发理解其行为的过程,就是对行为客观意义进行重构的过程,阐释者根据自己对行为人意识经验的认识——即行为人的主观方面——透过职业行为的客观意义发现其主观意义。观察者(同时也是阐释者)认识到行为人的认识,这种行为人的意识经验到达观察者的意识,然后观察者在其整体的个人经验中对上述意识经验进行归类。[1] 而只有通过归类,对行为人意识经验与行为表现在观察者的社会心理经验中进行定位,才能正确认识到该行为的法律规范意义。发现职业帮助行为主观意义的难点不仅在于视角切换,即观察者需要透过不断重复发生的序列性的职业行为的表象,从外部的一般人的观察视角切换到行为人的视角,评价其序列上某个具体的一环——待证的单次职业行为的性质,发现并证明行为人对被帮助者犯罪计划的认识,更在于归类困境:一方面受到社会经验归类的惯性影响,倾向于将行为人的帮助行为归入职业行

---

[1] Vgl. Schneider, Neutrale Handlungen: Ein Oxymoron im Strafrecht? – Zu den Grenzlinien der Beihilfe, NStZ 2004, S. 316.

为范畴,赋予其客观意义即职业类型化意义,另一方面又因行为人对被帮助者犯罪计划的意识经验(即对帮助者可能实施犯罪行为的认识)而无法不将这种行为归入犯罪行为的范畴。

(二)中立帮助犯的观察视角:外部观察视角与内部观察视角

深入上述客观说、主观说、主客观综合说内部就会发现,所谓客观说并不完全排斥主观标准的限定,而所谓主观说在某些场合也须借助客观的标准来得出妥适的结论。例如职业相当性说虽认为遵守职业行为规则的帮助行为不可罚,即符合职业规范是其不成立帮助犯的指征(Indiz),但也认为如果帮助者为适应正犯犯罪行为而调整其行为则显示了其主观上对犯罪行为的支持倾向,因而成立帮助犯。[1] 再如风险升高说以帮助行为是否升高了正犯实施犯罪行为的风险或增加正犯性的机会作为判断帮助行为可罚性的标准,但无疑该说在客观归责理论框架下也无法回避特殊认知这一主观方面的归责问题。而主观说虽然认为帮助者在具有具体犯罪行为的认识时即具有可罚性,但在帮助者售卖食物等日常行为场合,将这种情形作为满足基本生存需要的商业服务的例外予以出罪。[2]

实际上,所谓主观说与客观说最主要的区别是对中立帮助犯经验现象观察出发点的不同,以及与之相对应的规范意义上的风险判断立场的区别,客观说着重从外部的一般人角度,而主观说着重从内部的行为人角度——即主观方面出发去考察帮助行为可罚性的问题,并非是指其标准内容完全客观或者主观。如上所述,中立帮助犯是一个包含事实描述与规范判断的教义学构造,所指涉的是一束发

---

[1] Vgl. Hassemer, Professionelle Adäquanz – Bankentypisches Verhalten und Beihilfe zur Steuerhinterziehung, Wistra 1995, S. 86 f.
[2] Vgl. Amelung, Die „Neutralisierung" geschäftsmäßiger Beiträge zu fremden Straftaten im Rahmen des Beihilfetatbestands, FS-Grünwald, 1999, S. 12 f.

生在日常或职业行为情境下的事实及其刑法上的定性问题。有必要运用上述经验现象学的分析方法,从外部一般人与内部行为人的观察视角切入上述现象束,穿越客观说与主观说的迷雾,发掘中立帮助犯教义学的真正理论内核。

1. 基于外部观察的教义学理论:客观说

客观说阵营内的学者更偏向于对职业帮助行为进行外部的一般人视角的观察与阐释,强调职业行为的客观意义(与该职业相应的社会经济学意义),无视或者弱化行为的主观意义(以行为人视角所赋予的帮助行为的犯罪关联意义),认为行为人对被帮助者可能实施犯罪行为的认识并不足以支撑中立帮助行为的可罚性,只有当行为客观上超出了一般性的中立职业范围时才赋予其犯罪关联意义。例如社会相当性说与职业相当性说将符合社会相当性或者正常职业规范的行为排除出帮助犯范围,即使职业行为人认识到其帮助行为可能为被帮助者所利用去实施犯罪行为。替代因果关系说与风险升高说主张可罚的中立帮助行为必须是升高正犯风险的行为,为正犯提供了超出一般情况下普遍可获得的资源范围的、实质性的支持的职业帮助行为。

客观说的问题在于以一般人的抽象的视角观察职业帮助行为,脱离了具体的行为情境,仅仅关注行为的客观意义,而无视或者弱化行为的主观意义。在上述行为不法维度的理论中,正如雅各布斯对社会相当性的批判,"哪些行为形式逾越了社会生活历史形成的制度(而不再具有相当性——笔者补),脱离阐释行为的背景是无法判断的。孤立地来看,一个行为多半是具有社会相当性的,因为对于结果犯而言,去除结果关联的行为本身并没有被作为犯罪行为禁止的理由,在社会历史制度中可能是中性无色的"[1]。职业相当性说将行为违反职业规范作为行为具有可罚性的指征,存在同样的问题。而风险升高说与替代因果关系说虽然关注到帮助犯与正犯犯罪结果之间的结果关联,但同样仅强调外部观察视角所赋予的行为的客观意义——即职业类型化的社会经济意义,而无视行为人内部视角所观察到的行为的法律规范意义——犯罪关联性,只有在行为提供实质性的支持、超出标准化的贡献或服务范围的帮助时才切换至行为人内部视角,考虑行为人对被帮助者犯罪行为的认识,赋予帮助行为以行为人视角的主观意义。至于利益衡量理论则更因其排除违法性维度具有一般性的视角,强调职业帮助行为社会经济的客观意义,认为只有在职业行为可能侵犯的法益大于职业行为自由这一利益时,行为人内部视角所观察到的犯罪关联意义才超过其职业帮助行为的客观意义。但值得思考的是,以行为人立场视之,若在对被帮助者的犯罪行为具有明知即具体的、确切的认识时仍提供职业上的帮助,这种行为已经不再是行使职业自由或行动自由,而是导向侵犯他人法益的犯罪结果。从根本上来说,一种(确切地)导向犯罪结果的行动自由或权利是不存在的。

2. 基于内部观察的教义学理论:主观说

主观说阵营更偏向于对职业帮助行为进行内部的观察,以行为人视角出发,强调职业帮助行为的主观意义,在行为人对被帮助者可能实施犯罪行为的认识达到一定程度时(对犯罪行为具有直接故意、促进意思或者具体认知时)即肯定行为的犯罪关联意义,即使行为从外部一般人的视角观察并未超出职业行为范围。对于认识到正犯的犯罪行为而仍违反职业规则、为正犯提供超出一般职业范围的服务

---

[1] Jakobs, Regreßverbot beim Erfolgsdelikt, Zugleich eine Untersuchung zum Grund der strafrechtlichen Haftung für Begehung, ZStW 89 (1977), S. 5.

或商品的帮助行为,无论外部观察的客观说还是内部观察的主观说都会将其作为可罚的帮助犯处理,因为真正的争议在于那些表面上符合职业规则的所谓真正"中立的"帮助行为的可罚性问题。由于中立帮助行为从外观上来看一般来说是法律所容许的行为,也是具有社会相当性、职业相当性的行为,因此明显具有违法性或违反职业、行业规则的行为,也因丧失其中立性而与普通的帮助犯行为无异。而中立帮助犯真正要探讨的恰恰是那些从外部观察符合法律或职业规则,但从内部观察行为人具有对正犯行为的认识仍提供帮助导向侵害法益的行为,此时强调不同的观察视角或采取不同的风险判断立场会得出不同的结论。

一般来说,中立的帮助行为从外观上来看恰恰是法律所容许的行为,并未创设法所不容许的风险,但由于客观归责考虑行为人特殊认知,则帮助者在认识到正犯犯罪计划时仍然为其提供帮助就创设了法所不容许的风险并且结合正犯行为促成该风险实现。客观说中无论是一般性的法律所允许的风险标准,还是社会相当性、职业相当性、犯罪意义关联等标准,都无法解决在个案中风险判断与法律或行业准则相悖的情形:一个符合法律或行业准则的行为在行为人对正犯的计划具有特殊认知时也可能是一个对法益有风险的行为。

四、中立帮助犯的教义学内核:特殊认知的两种归途

综上所述,中立帮助犯作为一个现象学与规范性糅杂的概念,在经验现象学层面其难题在于内、外部观察视角所得出的行为客观意义与主观意义的偏差问题,而在教义学层面则表现为如何解决主观的行为人立场与客观的一般人立场的冲突问题,这一冲突问题集中反映在行为人角度与一般人角度观察得出的认知落差即——特殊认知——的归责问题之上。而对这一问题,刑法教义学当今最具影响

力的两个理论——法益保护理论与规范效力理论给出了不同的回答。

（一）观察视角与风险判断立场（Beurteilungsbasis）

1. 法益保护理论

罗克辛倡导的法益保护理论将刑法的任务视为保护法益，并用客观归责划定了法益保护的路线。若行为创设了法所不容许的风险（法益侵害的危险）并实现该风险，则法益侵害结果可以归责给行为人。而行为是否具有侵害法益的危险要在行为时点以谨慎的观察者视角进行观察判断，该观察者应具备具体行为人的特殊认知。[1] 在一般人与行为人视角不存在认知落差时，谨慎的观察者视角即是站在一般人立场进行风险判断，而在中立帮助犯这种存在认知落差的场合，则是行为人视角的观察即站在行为人立场根据具体的行为情境进行评价，发现行为的主观意义。上文例2中丁在认识到乙可能购买刀具刺死甲这一具体情境时向其售刀的行为，站在丁的视角来看就创设了对甲的生命法益危险。至于丁在此之前或之后还向许多其他人出售刀具的事实，或者说丁的职业是出卖刀具的背景信息，对例2中丁出售刀具的具体行为的归责不应产生影响。

法益保护理论在风险判断中采取一般人加行为人特殊认知立场，这种广角观察视角无疑更有利于法益风险的防御。具体到职业帮助行为场合，由于存在不同观察视角的评价偏差，内部视角即行为人立场的风险判断对于揭示行为的真正法律规范意义——即法益侵害的犯罪意义关联尤为重要。因此在中立帮助犯问题上，法益保护理论若欲保持逻辑自洽，只有继续保持行为人内部的补充观察角度，肯定特殊认知对归责的影响。而罗克辛的主客观综合说虽然从

---

[1] Vgl. Roxin/Greco, Strafrecht Allgemeiner Teil, Band I, 5. Aufl., 2020, § 11 Rn. 57.

主观说的视角出发,根据行为人对正犯行为的认知程度采取区分的标准,但并未将内部观察贯彻到底,而是又结合外部的观察视角分别要求客观上帮助行为的犯罪关联意义与正犯行为的可识别性,风险判断立场变换不定,难以令人信服。欲在教义学上贯彻统一的风险判断立场,就应在经验现象学层面保持统一的观察视角,采取行为人立场对特殊认知进行归责,即当帮助行为人对正犯犯罪行为具有特殊认知即明确的认知时,肯定中立帮助行为的可罚性。

2. 规范效力理论

而在持规范效力理论的雅各布斯看来,归责与刑罚的目的在于保障规范效力,即对违反规范的行为进行否定以使人们对规范的期待不至落空。[1] 其归责的风险判断立场也不同于法益保护理论:行为是否具有风险及风险大小不是站在一般人+具体行为人的立场进行判断,若特定的行为根据其外观不违反对规范的期待,因为该行为是维持社会交往所必需或习以为常的,则行为创设的风险就是可容许的风险。[2] 客观的观察者具备哪些能力,取决于受风险影响的法益与具体情势。例如核反应堆的风险判断要根据所有专家的认知情况判断,而汽车运行安全风险要根据有经验的工程师的认知情况来判断。[3] 但是雅各布斯也认为,如果在行为人的特殊认知看来,行为使风险升高或者极有可能导致损害后果,如何进行风险判断就成为棘手的问题。在其看来,行为只有违反行为人在特定社会交往中的角色才可以被归责,若人们在其角色范围内的行为符合规范期待,即使该行为导向可避免的法益侵害,也不能因其偶然具有超出角

---

[1] Vgl. Jakobs, Strafrecht Allgemeiner Teil, 2. Aufl., 1993, 1. Abschn. Rn. 2; Jakobs, Regressverbot beim Erfolgsdelikt, Zugleich eine Untersuchung zum Grund der Strafrechtlichen Haftung für Begehung, ZStW 89 (1977), S. 19.

[2] Vgl. Jakobs, Strafrecht Allgemeiner Teil, 2. Aufl., 1993, 7. Abschn. Rn. 47.

[3] Vgl. Jakobs, Strafrecht Allgemeiner Teil, 2. Aufl., 1993, 1. Abschn. Rn. 49.

色范围的特别认知对其归责,否则就是惩罚偶然的因果和内心世界。[1] 除非行为人对特殊认知所涉及的风险(即特殊风险,Sonderrisiko)具有保证人地位,否则不能因行为人具有特殊认知而将结果归责于他。[2] 认知并不产生管辖,"具有某种对风险的('特殊')认知并不是最重要的,重要的是行为人需要保证何种风险不实现"[3]。我国学者何庆仁教授引入上述观点,认为社会角色框架内的特殊认知影响归责,例如猎枪的合法持有者负有管理猎枪的危险源监管义务,如果知道猎枪可能被他人借去杀人仍出借,就可以对其归责。[4]

问题是,为何在行为人对特殊风险具有保证人地位时风险判断就由客观的观察者立场转向主观的行为人立场而考虑特殊认知?该说虽坚持认为,考虑特殊认知并非把行为人的特殊认知添加到合格的观察者认知内容中,而是对行为人的角色进行扩展并把观察者放置到这种扩展了的角色内去评判其行为,不然行为主观面与客观面就会发生混淆。[5] 但是,无论是让观察者具备行为人的特殊认知,还是把观察者置于因保证人地位扩展的角色,都不再是客观的外部观察者视角,而是内部的行为人视角。风险判断立场或观察视角只有在行为人对特殊风险具有保证人地位时才以行为人为标准,而在其他情形下则忽视特殊认知采客观的一般人标准(谨慎的或合格的观察者),这无疑也未能保持观察视角或判断立场的一致。按照上述观点,例2中丁是否可罚,取决于丁是否对特殊风险具有保证人地位,中立帮助犯问题就转化为上文客观说中的不作为犯维度的方案,而这一方案除了面临作为与不作为界定的问题,更重要的是在职

---

[1] Vgl. Jakobs, Tätervorstellung und objective Zurechnung, GS-Armin Kaufmann, 1989, S. 286.
[2] Vgl. Jakobs, Strafrecht Allgemeiner Teil, 2. Aufl., 1993, 1. Abschn. Rn. 49.
[3] Jakobs, Zuständigkeit durch Wissen?, FS-Heintschel-Heinegg, 2015, S. 235.
[4] 参见何庆仁:《特别认知者的刑法归责》,载《中外法学》2015年第4期。
[5] Vgl. Jakobs, Strafrecht Allgemeiner Teil, 2. Aufl., 1993, 1. Abschn. Rn. 49.

业行为这一匿名社会交往背景下，职业帮助者甚少与被帮助者或者其所欲侵害的被害人具有某种制度化的社会关系，因而基本排除了制度管辖或保护保证人地位特殊风险归责的可能，仅余下组织管辖或监管保证人地位的特殊风险可归责性，从而大大限缩了对可能的被害人的法益保护范围。虽然特殊认知不是社会角色范围内的认知，行为人没有义务获取这种认知[1]，但这并不意味着在已获得他人犯罪的特殊认知时仍然可以向其提供帮助。特别的能力意味着特别的责任，具有特殊认知者应停止对正犯行为的帮助，承担职业或行动自由的限制。[2]尤其是在帮助者对犯罪行为侵害法益具有明确认识的场合，忽略特殊认知风险放弃法益保护似乎难以合理解释。为了弥补该说这一缺陷，何庆仁教授试图在不符合角色范围的特殊认知关涉生命权等重大法益侵害时引入团结义务，承认具有特殊认知者可成立帮助犯。[3]但在特殊认知涉及生命权等重大法益侵害时突兀地引入与规范效力及社会角色毫无关联的"团结义务"承认可归责性，这种明显带有结果导向的堵漏式论证，恰恰暴露而非弥补了该说的先天不足。

诚然法益保护并非规范效力理论所追求的刑法目的——规范效力理论追求的并非法益保护的一般预防，而是规范效力维持的一般预防。虽然从预防意义上站在外部观察者角度来看，即使帮助者对正犯行为具有具体的认知，只要帮助者的行为并不必然以他人犯罪计划为行为坐标（即并未主动根据正犯犯罪计划进行适应性调整，或

---

[1] Vgl. Jakobs, Tätervorstellung und objective Zurechnung, GS-Armin Kaufmann, 1989, S. 272.
[2] Vgl. Greco, Das Subjektive an der objektiven Zurechnung: Zum „Problem" des Sonderwissens, ZStW 117 (2005), S. 542.
[3] 参见何庆仁：《特别认知者的刑法归责》，载《中外法学》2015年第4期。

主动利用特殊认知损害被害人),规范效力就没有受到质疑。[1] 规范效力理论认为刑法不能保障如下对他人行为的期待:即自己的行为不被他人利用导向犯罪结果,否则就等于期待人们不实施任何行为,因为任何一种行为都可能被作为他人犯罪的条件加以利用。可以期待的只能是,不为他人犯罪提供补充或完备的条件。[2] 但从内部视角站在行为人立场来看,认识到他人犯罪行为时仍提供职业帮助,将自己的行为与该行为相连接,就为他人犯罪提供了条件,也损害了规范的效力(正犯所违反的规范与处罚共犯的规范),使得对规范的期待落空。未逾越职业规则的典型中立帮助行为从一般人立场来看并不具有犯罪关联意义,但一旦能够证明帮助者对正犯的犯罪行为具有特殊认知,内部视角的观察即行为人立场的风险判断就会修正一般人立场的风险判断结论。在这个意义上,将中立帮助犯简化为一个程序法上的证明问题,并非全无道理。对于规范效力理论而言问题是,如何能在刑事程序上证明行为人具有明知——在已获得内部视角即行为人立场的特殊认知时——又在规范上忽略该认知,认为该认知对于帮助犯的归责不重要,这是在规范效力理论内部也必须正视的问题。

(二)风险管辖与风险创设

规范效力理论将角色违反等同于规范违反,将"角色"概念推至刑法最重要的议题——归责——的风暴中心。但雅各布斯似乎并未对角色概念进行过多教义学的阐释,不禁令人思考:规范效力理论中被轻描淡写的角色概念,是否能够承载教义学上的归责之重?

---

[1] Vgl. Schneider, Neutrale Handlungen: Ein Oxymoron im Strafrecht? - Zu den Grenzlinien der Beihilfe, NStZ 2004, S. 312.

[2] Vgl. Jakobs, Regressverbot beim Erfolgsdelikt, Zugleich eine Untersuchung zum Grund der strafrechtlichen Haftung für Begehung, ZStW 89 (1977), S. 20.

1. 角色与风险管辖

雅各布斯的角色来自对人的规范建构即人格体:"人格体是一种应然形式,即是一种客观的建构,在一个社会中罪责归责(Schuldzurechnung)所建构的并不是行为形式,而是动机。"[1]归责的动机建构的讨论涉及如下问题,即人格体在处理规范动机时需要尽到何种能力？社会的匿名交往之中人们并不了解个体的行为能力,因此典型的交往情形必须形成可资参照的标准,而非典型的情形则只能期待平均能力。而标准化主要产生于角色——例如医生、手工业者、司机、家庭主妇等的形成过程。这意味着作为角色享有者的人格体只能被要求或要求他人以角色的姿态出现,即提供符合标准的行为。[2]

如果该角色概念是一个存在论的概念,即对角色等同于社会行业进行经验现象学的观察,将其作为框定特殊认知归责意义的工具并借此解决中立帮助犯问题,就从经验现象学的概念出发,进入规范教义学层面的特殊认知问题,然后又回到经验现象学层面的角色界定问题[3],就会得出如下同义反复式的解答:中立帮助犯只要在其职业角色范围内为正犯提供帮助,即使其对正犯行为具有具体的、确切的认知,也不成立帮助犯,除非他还具有另外一个角色:保证人地位。那么,保证人与角色具有何种关系？

而如果角色是一个规范的概念——正如雅各布斯论及的:刑法中的人——即人格体不是一个具有精神与肉体的主体,而是一个角色承担者,一个保证人——即维持规范效力不被破坏、规范期待不至

---

[1] Jakobs, Norm, Person, Gesellschaft, 1997, S. 96.
[2] Vgl. Jakobs, Norm, Person, Gesellschaft, 1997, S. 96 f.
[3] 正如从实然之中无法推导出应然,从职业或角色概念之中推导不出危险判定或风险管辖范围。Vgl. Greco, Das Subjektive an der objektiven Zurechnung: Zum „Problem" des Sonderwissens, ZStW 117 (2005), S. 539.

落空的人（否则将通过对其惩罚来确证规范效力）[1]，则角色在刑法中的规范含义就是保证人，这一保证人概念同时适用于作为犯与不作为犯。[2] 但晚近雅各布斯又指出"角色在刑法归责问题中充其量是一个辅助概念，在确定一个人所应提供的保证时（即不造成损害的保证——引者注），不能将人的角色与保证范围概念相混淆"[3]。但对于这两个概念到底如何界定及界分，雅各布斯并未给出说明。

即使将保证人与角色作相同理解，该说也存在以下疑问：保证人在雅各布斯那里是通过风险管辖（Risikozuständigkeit）来定义的，包括制度管辖与组织管辖。在制度管辖中保证人地位来自社会制度因袭，如父母、夫妻等；在组织管辖中行为人负责自己的组织（身体）范围不延伸至他人组织范围给其造成损害，保证人地位来自身体行为。[4] 但雅各布斯从角色证成保证人地位的过程存在跳跃。在匿名的社会交往中，职业帮助者一般来说不是制度管辖保证人，而是组织管辖保证人；他对其职业所提供的物品或服务具有因物的管控而产生的组织风险管辖，此外也因提供这种物品或服务这一行为过程而介入他人组织领域，具有身体行为产生的组织风险管辖。因此无论职业行为是否涉及危险物品售卖或管控，职业行为都因与他人犯罪行为相连接而产生组织管辖。在这个意义上来说，明知他人犯罪而提供帮助者皆具有保证人地位，因此均应对特殊认知归责。正如金德霍伊泽尔所说，社会角色不能免去任何人避免造成他已认识到的风险的义务。因为一个人所扮演的社会角色并没有赋予其有意给

---

[1] Vgl. Jakobs, Tätervorstellung und objektive Zurechnung, GS-Armin Kaufmann, 1989, S. 271.
[2] a. a. O. , S. 284.
[3] Jakobs, Zuständigkeit durch Wissen？, FS-Heintschel-Heinegg, 2015, S. 235.
[4] Vgl. Jakobs, Strafrecht Allgemeiner Teil, 2. Aufl. , 1993, 29. Abschn. Rn. 28 ff.

被害人造成不利的权利。[1] 但雅各布斯认为卖刀枪或毒药等危险管制物品的职业帮助者因保证人地位而对保证人地位范围内的特殊认知归责,而出售面包者或餐馆侍应生在自己的组织范围内活动,不对他人组织范围内的损害负有保证人地位,即使其对损害具有特殊认知。只有当帮助者利用认知改变形势时,例如辨识出毒蘑菇的生物学专业侍应生将菜针对性地端给他所不喜欢的某个客人,就为自己成为保证人建立了风险管辖。[2] 但问题是,为何将有毒的菜品不加选择地端给顾客就不是一种因自己的行动产生的组织管辖?为何仅承认因物的管控而产生的组织风险管辖,否定因提供物品或服务的身体行为产生的组织风险管辖?职业帮助者因自己的身体行为超越了自己的组织范围,介入他人的组织范围并可能造成损害,理应具有组织管辖保证人地位,违反这种保证人地位的期待也就违反了角色期待,却为何不以帮助犯处罚?

笔者认为,在具有对正犯犯罪行为的特殊认知时仍提供职业上的帮助,行为人就因自己的身体组织行为具有组织管辖。上述解决方案实际上将一个因身体行为产生的组织风险降维为一个因物产生的组织风险,并根据后者进行风险管辖范围的划定或者风险分配,是一种静态的固化的风险分配方案,并不适用于错综复杂的动态的社会交往图景:社会生活中人与人并非平行永不相交的个体,而是通过社会交往形成纵横交叉的社会关系,由此也带来角色的重叠与冲突。正犯以其身体行为介入他人组织范围对他人造成侵害,而职业帮助行为人在有特殊认知的情况下,仍然积极实施一个导向上述法益侵害的行为(尽管是职业范围内的行为),是否已经跨越了原本清晰的风险管辖边界,进

---

[1] 参见[德]沃斯·金德霍伊泽尔:《故意犯的客观和主观归责》,樊文译,载陈兴良主编:《刑事法评论》第23卷,北京大学出版社2008年版,第227页。
[2] Vgl. Jakobs, Zuständigkeit durch Wissen?, FS-Heintschel-Heinegg, 2015, S. 240 ff.

入了正犯的风险管辖范围而应与其分享管辖、承担共犯之责？[1]

2. 共犯语境下的风险归责

不考虑特殊认知，一般性地以客观归责理论的风险创设及实现规则证立中立帮助犯可罚性的尝试注定是徒劳的，这是由共犯因果性的特殊性所决定的。对于结果归责而言，创设法所不容许的风险并实现风险的是正犯行为而非帮助行为，帮助行为只能依附于正犯行为的上述归责链条，从属性地引起结果。例如在盗窃罪中，不依附于盗窃罪正犯的转移占有行为，望风者或者提供盗窃工具者无论如何也不可能引起盗窃罪的财产转移结果。德国关于帮助犯因果关系的通说也认为，只要帮助行为便利或加速了正犯行为的实施，或升高了正犯行为的不法风险，即可成立帮助犯。[2] 帮助行为与正犯行为结合共同引起了法益侵害结果的产生，从等价性因果关系角度来看帮助行为也是结果发生的条件或原因，但并不能被单独归责。[3]

客观说中的帮助行为风险升高说虽然试图将客观归责理论与共犯因果性结合提出可罚性限制方案，审查帮助行为本身的风险创设与实现情况——即帮助行为是否升高了正犯行为或正犯结果的风险，如周光权教授认为，若认定帮助行为有超出事实因果性的可归责性，帮助行为须制造并实现法不容许的风险[4]，但对于如何为帮助

---

[1] 实际上，角色与管辖理论作为一种划定责任领地的理论（Sphärentheorie）本就不适合解决共犯可罚性问题，因为共犯恰恰是在管辖重叠的情形下探讨对他人行为的归责与责任。Vgl. Amelung, Die „Neutralisierung" geschäftsmäßiger Beiträge zu fremden Straftaten im Rahmen des Beihilfetatbestands, FS-Grünwald, 1999, S. 16.

[2] Vgl. Rönnau/Wegner, Grundwissen – Strafrecht: Beihilfe und „neutrals" Verhalten, JuS 2019, S. 527; Roxin, Strafrecht Allgemeiner Teil, Band II, 2003, § 26 Rn. 26 ff.

[3] Vgl. Maiwald, Zur strafrechtssystematischen Funktion des Begriffs der objektiven Zurechnung, FS-Miyazawa, 1995, S. 480; Rackow, Neutrale Handlungen als Problem des Strafrechts, 2007, S. 88 f.

[4] 参见周光权：《中性业务活动与帮助犯的限定——以林小青被控诈骗、敲诈勒索案为切入点》，载《比较法研究》2019 年第 5 期。

行为设计规范的归责标准,则语焉不详。这恰恰是该说悖论之所在:如果帮助行为加功于正犯行为,为其提供某种便利(包括物理与心理上的),就促进或升高了正犯的风险——使得正犯行为造成的法益侵害提前发生或者法益损害程度更高,除非帮助者故意提供支持以使正犯利用其支持降低法益侵害程度,即帮助行为降低正犯风险的情形(该情形也非典型的中立帮助犯情形,可以通过否定帮助的故意否定成立帮助犯)。故促进或升高正犯风险的标准并非对中立帮助行为所提出的额外标准,风险升高说无法为中立帮助行为可罚性提供限制。正如尼德迈尔(Niedermair)所指出的那样,所谓客观的风险升高或犯罪意义关联与主观上对正犯行为的认识是完全等值的。[1]

普通的帮助犯也是在对正犯行为具有确知(确切知道)或或知(可能知道)而提供帮助时促进了正犯行为的风险。鉴于普通帮助犯行为的意义指向明显,即具有明确的犯罪关联意义,仅从外部观察即可理解行为的全部意义,因而不需要内部视角的观察信息。而职业帮助行为往往并未违反职业规则,从一般人立场或外部视角进行风险判断并不能理解行为的全部意义,只有通过内部视角从行为人立场出发才能发现行为的犯罪关联意义。可见,内部视角的观察信息——超出一般人的具体的认知即特殊认知——不可或缺,只有结合这一信息才能够判断帮助行为是否升高了正犯的风险。根据客观归责理论的特殊认知原理,虽然从客观方面来看中立帮助者并未创立法所不容许的风险,但如果考虑其特殊认知,即帮助者具有自己的行为被他人用于犯罪的具体认知时仍提供帮助,则创立了法所不容许的风险。故只有从帮助者的特殊认知角度入手对中立帮助犯进行

---

[1] Vgl. Niedermair, Straflose Beihilfe durch neutrale Handlungen?, ZStW 107 (1995), S. 543.

归责论证及限制。[1]

五、我国刑法中立帮助犯"明知说"之证成

(一)特殊认知与"明知说"

综上,拨开笼罩在中立帮助犯问题上的重重迷雾,其真正的教义学内核实际上简化为职业背景下的特殊认知归责的问题。如果承认中立帮助犯是一个必要的教义学概念并给予教义学上逻辑一致的证立及限制,唯有以行为人立场进行风险判断,在职业帮助者对正犯行为具有特殊认知,即对正犯行为具有具体的、确切的、现实的认识时进行风险归责,肯定职业帮助行为之可罚性。客观说在职业帮助行为风险判断立场上未能采取行为人内部视角,无法发现职业匿名交往的主观意义。德国学界主观说中的具体根据说与我国立法及判例的"明知说"皆可通过职业帮助行为人的风险判断立场及特殊认知归责予以证立。职业帮助行为与普通帮助行为的区别在于前者一般发生在匿名的职业交往背景下,而后者发生在非匿名的社会交往中,故正犯行为具有高度的辨识性,因此帮助犯只要对正犯行为具有故意即成立帮助犯。但职业交往中正犯往往是匿名的,根据信赖原则,帮助者得以信赖正犯不实施犯罪行为,除非存在具体的根据推翻上述信赖。而具体根据也即特殊认知的另一种表述。一般性的怀疑仅满足普通帮助犯的要求,只有有具体根据的怀疑才满足职业帮助犯的特殊认知要求。尤其在数字网络匿名交往环境下一般帮助者与正犯无接触,难以从客观角度对网络服务行为进行可罚性限定,故我国

---

[1] Vgl. Greco, Strafbarkeit der berufsbedingten bzw. neutralen Beihilfe erst bei hoher Wahrscheinlichkeit der Haupttat?, Wistra 2015, S. 3 ff.; Rackow, Neutrale Handlungen als Problem des Strafrechts, 2007, S. 102 ff., m. w. N.

《刑法》第287条之二也将对他人犯罪的明知作为归责依据[1]，德国关于网络服务提供者是否成立帮助犯的最新研究也认为，主客观综合说所主张的"帮助者对正犯行为仅具有间接故意时依据信赖原则仅在正犯行为具有犯罪可识别性时才成立帮助犯"的观点逐渐丧失适用性。[2]

若以特殊认知作为中立帮助犯可罚性根据，则中立帮助犯可罚性主客观之争也就随之被还原为一个与特殊认知相关的客观归责或主观归责的问题，中立帮助犯可罚性主客观之争不过是客观归责与主观归责在中立帮助犯问题上的折射。限于篇幅，笔者在此无意赘述特殊认知所反映的归责主客观之争，仅就结论而言，如果仅停留在主客观归责意义层级，笔者赞成客观归责理论框架下的如下观点："特殊认知并非一个意志或情感因素，而是一个以客观世界的某种状态为内容的认知因素，例如行为人认识到瓶子里有毒药或是否确定地或可能地支持正犯行为，因此不应将其定位在主观而应定位在客观。"[3]因此，我国中立帮助犯可罚性限制的"明知说"，并非通常所认为的"主观说"立场，而应归属于"客观说"立场，如此不仅证立了我国立法与司法实践的"明知说"，也弥合了所谓司法、立法"主观说"与学界"客观说"的鸿沟，在二者之间建立沟通渠道，以特殊认知原理指导立法及司法解释中关于中立帮助犯可罚性的"明知"标准。

此外，证成"明知说"尚须回应以下可能的质疑：

首先，主观说所受到的主要批判是，该说将可罚性取决于帮助者

---

[1] 参见王莹：《网络信息犯罪归责模式研究》，载《中外法学》2018年第5期。
[2] Vgl. Bode, Das Providerprivileg aus §§ 7, 10 TMG als gesetzliche Regelung der Beihilfe durch „neutrale" Handlungen, ZStW 127 (2015), S. 955.
[3] Greco, Das Subjektive an der objektiven Zurechnung: Zum „Problem" des Sonderwissens, ZStW 117 (2005), S. 541; ders., Strafbarkeit der berufsbedingten bzw. neutralen Beihilfe erst bei hoher Wahrscheinlichkeit der Haupttat?, Wistra 2015, S. 3.

的内心意思,因而是"思想刑法"。[1] 但正如德国学者阿梅隆对该批判的回应[2]:在明知正犯实施犯罪行为时仍然提供帮助,不仅显示了法敌对思想,而且以其帮助行为现实地共同引起了法益侵害后果。因此主观说的处罚依据并非是邪恶的思想,而是因为在对正犯犯罪计划具有现实的确定的认知时向其提供帮助,即对正犯行为风险具有现实认知时以自己的行为加入了这种风险,或者说通过帮助行为提供了自己行为被滥用的具体的现实的风险。

其次,面对学界对主观说可罚性范围过大、阻碍社会生活的批判[3],特殊认知说否定仅具有一般性的风险感知或一般性的故意时成立帮助犯,并不会导致过高的犯罪预防成本及社会经济的停滞。因此,主张只有具有特殊认知意义上的具体、现实、确定的认知才能满足中立帮助犯可罚性要求,也为刑事诉讼程序中"明知"标准及其证明程度提供了教义学根据。

最后,对于明知他人犯罪仍提供住宿、饮食等满足生活基本需求的服务的传统"主观说"难以解释的案例,特殊认知说可以得出妥当结论:由于客观归责的特殊认知是超出一般社会日常风险的、只有内部观察视角才能查知的特殊风险信息,提供满足基本生活需求服务的过程中所获得的接受服务者可能实施某种犯罪的信息并不属于上述范畴。获知食客在食摊或餐馆用完餐后去实施盗窃或杀人行为,或住客从旅馆离开后计划实施诈骗的信息,即使是一个具体而确定的信息,正如任何一个犯罪行为人都需要吃饭或睡觉一样,是一个

---

[1] Vgl. Tag, Beihilfe durch neutrales Verhalten, JR 1997, S. 51; Frisch, Tatbestandsmäßiges Verhalten und Zurechnung des Erfolgs, 1988, S. 298.

[2] Vgl. Amelung, Die „Neutralisierung" geschäftsmäßiger Beiträge zu fremden Straftaten im Rahmen des Beihilfetatbestands, FS-Grünwald, 1999, S. 25.

[3] 参见周光权:《中性业务活动与帮助犯的限定——以林小青被控诈骗、敲诈勒索案为切入点》,载《比较法研究》2019年第5期。

常识认知,而非特殊认知,因此不能推导出可罚性。实际上,该类行为并不会真正进入刑事诉讼程序因而也不具有真正刑法探讨意义。

(二)"明知说"的司法适用

我国刑法中立帮助犯主观说的立场通过职业帮助行为中特殊认知的可归责性得以证成,立法及司法解释中关于中立帮助犯可罚性的"明知"标准也应当根据特殊认知原理加以把握。如上所述,学界虽对刑法分则与司法解释中的明知规定进行限定理解,但限定标准并未统一,以及其和普通的故意之间是否存在认识差异,似乎均未有定论。笔者无意论及分则及司法解释中所有明知情形,仅对其中涉及中立帮助犯的明知规定限制理解为特殊认知意义上的具体、确切、现实的认识,即行为人从内部观察立场所获取的超出社会日常风险的特殊风险的认知,排除对正犯犯罪行为概括的、一般性的、模糊的可能性的认识,或者有证据表明存在确切的认识。据此,司法解释[1]关于明知规定中交易价格或方式明显异常、逃避监管或调查等情形仅是基于一般人立场对风险的判断,属于对正犯犯罪行为可能性的概括的认识,并不符合特殊认知的要求,仍须从行为人立场严格审查其是否具有对正犯犯罪行为的具体的、确切的认识。

例如在本节开首案例 1 中有证人证言与微信聊天记录等证据证明葛某具有对所运输物品的明知。或者存在关于正犯犯罪行为极高概率的认识,从行为人视角来看只能推导出其具有认知。在案例 2 中,公诉人及法院都未举出直接证据证明唐某对吴某等人利用购物平台吸收公众存款具有现实、确切的认识,但唐某主观上明知平台以定期全额返现形式免费给会员提供商品,且平台物品售价高于市场价好几倍,能够较为确定地推断其不知平台具体模式的辩称不属

---

[1] 例如 2019 年最高人民法院、最高人民检察院《关于办理非法利用信息网络、帮助信息网络犯罪活动等刑事案件适用法律若干问题的解释》第 11 条关于明知的规定。

实,从唐某的行为人立场来看,其对平台从事集资违法行为具有高度可能性的、超出外部观察者的认识。

而在案例3中,一、二审法院认定,该网络游戏APP利用俱乐部、积分计算、录像等功能,通过互联网、移动通讯终端传输赌博数据,虽不提供赌资结算功能,但"大新疆麻将"高管田某、汪某为牟取房卡销售利益,明知网络上赌博行为的传播与公司盈收增长之间的因果关系,仍放任其开发的网络游戏继续被用于组织赌博,可以认定其与同案犯赌博代理周某等人之间具有逐利上的主观趋同性和附和性。综上,可以认定"大新疆麻将"系具有赌博性质的APP。被告人崔某等作为悦游公司的工作人员,明知该公司开发的"大新疆麻将"网络棋牌游戏APP供他人组织赌博而提供策划、开发、维护、测试等技术支持服务,共同构成开设赌场罪。

被告人悦游公司高管田某等为牟取房卡销售利益合谋开发采用房间、俱乐部等模式,利用具有积分统计、录像、定位等功能的"大新疆麻将"网络棋牌游戏APP,提供给会员消耗房卡开房后实现玩家在房间内的精准匹配。如同辩护人所指出的,房间、俱乐部模式及积分统计、录像、定位等功能属中性的游戏必备功能,这些功能本身并不具有赌博属性,没有对参赌人员组织管理、指定赌博规则及资金结算功能,与其具相同模式的同类麻将游戏已通过文化部门内容审查,因此开放运营游戏APP本身并非开设赌场的实行行为。而游戏运营后代理及玩家通过微信群组织利用"大新疆麻将"进行赌博,根据麻将游戏输赢积分结算钱款,该游戏仅提供了一概不确定的、射幸游戏的结果,被作为赌博加以利用。最高人民法院发布的第105号指导案例"洪小强、洪礼沃、洪清泉、李志荣开设赌场案"中明确,"以营利为目的,通过邀请人员加入微信群的方式招揽赌客,根据竞猜游戏网站的开奖结果等方式进行赌博,设定赌博规则,利用微信群进行控制管理,在一段时间内持续组织网络赌博活动的,属于刑法第三百零三条第二款规定的'开设赌场'"。因此实施开设赌场实行行为的是代理及玩家,而非游戏开发与运营。虽然网络麻将游戏存在被滥用于赌博的可能性,本案被告人也认识到这种可能性而在 APP 中设置禁止赌博的提示及举报功能,但这种风险属于日常的一般的风险,并非具体的、特定的风险,被告人这种概括性的、对职业行为可能被他人滥用实施犯罪的一般性的认识并不符合特殊认知意义上的"明知"要求。[1] 故法院将研发运营麻将游戏 APP 本身认定为开设赌场罪,无论从正犯还是帮助犯角度都难以成立。本案真正争点在于,在被告人接到关于赌博举报及游戏系统结算错误的投诉后,仍继续运营游戏平台,是否成立开设赌场罪的帮助犯? 在被告人接到关于赌博举报及游戏系统结算错误的投诉时,游戏可能被滥用于赌博及他人利用游戏开设赌场就超出了日常生活风险的程度,转化为具体的、特定的风险,行为人具备了对该特殊风险的特殊认知,即应当停止向被举报的赌博组织者提供服务,否则就是对其犯罪行为提供帮助,成立开设赌场罪的帮助犯。被告人在接到举报后即对被举报的账户封号,并未继续向其提供服务,继续运营游戏 APP 行为本身则并非帮助行为,因为涉案 APP 被其他普通游戏用户滥用于赌博及开设赌场仍属于日常生活风险。但是,如果被告人在对被举报账户封号后告知其可以另行开户并默许其继续利用平台组织赌博,则属于具有特殊认知意义上的明知,对这些账户所涉及的组织赌博行为成立开设

---

[1] 从崔某供述[参见本案第一审刑事判决书,案号:(2019)新 0203 刑初 170 号]"市面上有许多我们这种游戏,属于擦边球,我们只负责开发游戏,运营去推广游戏,线下玩家有可能使用我们的房卡房间在一起进行赌博,然后在线下进行赌资的结算。这是没有办法避免的,我们在游戏里也发布了公告,如果发现赌博可以进行举报,我们就会封号"之中,也能够看出,涉案游戏即使涉及法律灰色地带,也仅创设了一般生活的风险。因为既然是法律灰色地带,就尚未达到法律明令禁止的风险程度。

赌场罪的帮助犯，法院也只能针对这些账户所涉及的赌博行为认定犯罪数额与情节。

而本案被告人崔某编写代码和维护服务器，负责"大新疆麻将"游戏平台的开发、部署程序、游戏规则和麻将玩法的制作，开发任务模块，游戏内的充值功能，封停账号功能，游戏登陆模块，房间创建及扣费系统，游戏俱乐部功能及处理投诉等。其辩护人提出，崔某行为在客观上具有中立性，与赌博的危害结果没有刑法上的因果关系，"崔勇斌主观上不明知自己的行为是为赌博提供技术支持，因此不能将崔勇斌评价为开设赌场的共犯。1. 崔勇斌提供技术支持的'大新疆麻将'并非赌博网站，崔勇斌开发的游戏功能也是纯中性的功能，虽然有部分功能用于赌博，但是本身并不能否认这些功能也为正常游戏的玩家带来了更好的游戏体验。2. 崔勇斌参与研发和维护的游戏的行为，并没有升高社会难以接受的侵害法益的风险，不存在刑法上的因果关系。并且其研发的某些功能还对赌博的危害结果产生了相反的因果力，如崔勇斌开发的账号封停功能以及游戏禁止赌博的公告功能，客观上是起到了抑制赌博的作用的……"，因而不成立帮助犯。同理，崔某是否成立开设赌场罪的帮助犯，关键不在于辩护人所提出的游戏功能是否中性、是否升高法益侵害的风险等客观说角度的论证，而在于其是否对他人利用其技术支持组织赌博及开设赌场的行为具有特殊认知意义上的明知。根据上文分析，崔某对于举报或投诉所涉及的账户的开设赌场行为，具有特殊认知意义上的明知，因而成立对该部分开设赌场行为的帮助犯。

六、结语

本节通过对中立帮助犯的经验现象学与教义学层面的解析，发现中立帮助犯可罚性问题乃职业帮助者特殊认知归责的问题，并据此为我国立法及判例的"明知说"提供教义学论证。当职业行为因其社会交往的匿名性而发生歧义时，唯有采法益保护论从行为人立场进行风险判断，才能对行为的主观意义与客观意义进行全面理解。而规范效力理论的社会角色概念不仅无法在教义学上证成，也无法适用于新型社会分工下行为模式阐释与规范判断：网络数字时代催生的网络服务提供者、程序员、快递员等新型职业更广泛、频繁地介入生活，缺乏传统职业那样客观的清晰的边界（服务广谱性与服务场景化、个别化并存），也不存在统一的职业规则，无法形成固定的行为模式期待以稳固规范效力。例如，网络服务提供者提供网络服务、程序员编写代码等行为本身并没有客观的行为准则与外观上是否符合角色期待的指征，只能通过网络服务的信息内容与程序的用途内容判断服务行为的犯罪关联性——具有对客户实施传播淫秽物品、非法集资、开设赌场等行为的特殊认知仍提供网络服务或编程服务，无论上述行为看上去多么"中立"，也创设了法益风险，应以帮助犯处罚。规范效力与角色理论基于对组织风险的静态的、固化的理解，一方面无法契合复杂、动态的社会交往图景，另一方面也无法应对数字时代的社会风险防御挑战：网络的扩散性、匿名性对风险具有放大与传导效应，社会的首要任务是法益风险防御与保护，而非社会角色规训。中立帮助犯的可罚性根据应设定为在行为人具有风险信息的具体、确切的认知时激励其远离风险行为，解决法益风险防御的时代课题，而不是在变迁的历史河流中刻舟求剑，寻找一个虚幻而陈旧的角色的倒影。

第二章　犯罪论的中国面向

中国刑法犯罪论的构建必须首先解开长期困扰我国刑法教义学理论研究的"理论之结"——罪量要素与情节犯犯罪论体系性地位问题,完全照搬没有定量要求的犯罪论体系无法解决中国刑法中犯罪成立与否的问题。笔者从法哲学与教义学两个层面提出了具有开创性的解决思路。不作为犯罪传统上属于我国刑法犯罪论的"继子",存在不作为犯中作为义务认定形式化、先行行为边界不清、不作为犯罪刑事责任泛滥倾向,笔者梳理德国刑法保证人地位理论变迁、引入客观归责风险创设理论推进我国不作为犯罪教义学的发展。

第一节　犯罪论理论之结:情节犯与我国刑法构成要件特征

在我国《刑法》定性加定量犯罪定义模式下,如何对刑法分则中的情节和数额要求即所谓定量因素进行教义学解释,明确其在犯罪论中的体系性地位,继而确定其与行为人主观方面的关系,是当代中国刑法学上难解的"理论之结"。通过剖析构成要件的不法类型本质与诠释学特征以及我国学界关于构成要件质与量关系的见解,可以看到被司法解释补充与修改的我国犯罪构成所具有的特性——它不仅是德日刑法理论意义上的为行为不法与结果不法划定预设空间的不法类型,也是一个包含了基本构成要件、加重结果、客观处罚条件以及其他刑事政策因素的"类构成要件复合体"。由基本构成要件的行为不法和结果不法组成的"构成要件基本不法量域",为界定我国刑法中情节和数额要求的犯罪论体系性地位提供了重要的方法论工具。

我国《刑法》在总则中作出第13条但书的规定,在分则中设立"情节严重""数额较大""情节恶劣"等要求,对形式上符合分则构成要件但"情节显著轻微,危害不大"的行为从立法层面予以非犯罪化,这被学界认为是定性加定量的犯罪定义模式。"情节严重""数额较大""情节恶劣"等要求被称为犯罪的定量因素[1]或罪量要素[2]。

把定量因素带入犯罪成立的考察之中,在司法实践中以司法解释的形式统一划定界限作为判定"罪量"大小继而确定犯罪成立与否的依据,这种犯罪定义模式以及与之相连的定罪机制,在我国的司法实践中由来已久,表面上看来具有很强的可操作性。然而随着我国刑法学整体理论层次的提升,这种未经理论雕琢的粗糙的犯罪定义模式日益显示出教义学上的逻辑体系缺陷。其中一个最为棘手的理论难题是:在该犯罪定义模式下,应该如何理解定量因素[3]在犯罪构成要件中的体系性地位,确定其与行为人主观方面的关系?是否

---

[1] 参见储槐植、汪永乐:《再论我国刑法中犯罪概念的定量因素》,载《法学研究》2000年第2期;王昭振:《刑法中定量因素的故意规制研究——"客观超过要素"理论的再诠释》,载《法律科学》2008年第5期;王强、胡娜:《论主观罪过中的定量因素认识》,载《中国刑事法杂志》2007年第4期。
[2] 参见陈兴良:《作为犯罪构成要件的罪量要素——立足于中国刑法的探讨》,载《环球法律评论》2003年第3期。
[3] 既然情节与数额皆是指涉犯罪的"量"的要素,从逻辑上来讲"数额较大"也可以视为"情节严重"之一种,故笔者也采广义情节犯的观点(广义情节犯的观点,参见刘艳红:《情节犯新论》,载《现代法学》2002年第5期),下文关于情节犯与情节的论述,如无特别指明,皆适用于传统意义上的数额犯与数额。

要求行为人的主观罪过必须覆盖这些量的因素,即在故意的情况下要求行为人认识到行为所涉及的量的因素,而在过失的情况下要求行为人对其具有预见可能性?本节尝试对犯罪定量因素进行教义学分析,并在此基础上探讨它与行为人主观方面的关系。[1]

一、定量因素与犯罪构成关系的国内研究现状

在我国,围绕定量因素的定位问题,近年来学者提出了不同的解决方案,概括起来有以下五种:

(一)"罪体—罪责—罪量"说

"罪体—罪责—罪量"说认为,犯罪构成要件是行为侵害法益的质的构成要件与量的构成要件的统一体。质的要件包含犯罪构成客观要件(罪体)与主观要件(罪责),而表明法益侵害的量的要件是所谓罪量,是在具备犯罪构成的本体要件的前提下,表明行为对法益侵害程度的数量要件,罪量要件应该独立于上述两个要件,它不是罪责所涵摄的内容,不需要行为人对其认识。[2] 该观点将表明法益侵害的量的要件作为单独的罪量要件,将其排除在行为人的主观认识范围之外,无疑否定了罪量要件的构成要件地位。但是,在大多数情况下,我国刑法中的情节与数额要求属于行为不法或结果不法的内容,是行为符合构成要件的典型体现,如果不要求行为人对这一要素

---

[1] 这里需要指出的是,是否要求行为人认识到"情节""数额"与是否要求行为人认识到"情节严重""数额较大"是两个问题,前者涉及事实性要素,后者涉及对事实性要素进行评价的规范要素。而以往学者在使用定量因素的概念时,似乎并未认识到这种区别,并未明确定量因素概念指称的内容,到底是指"情节""数额"还是"情节严重""数额较大"。下文论述将主要集中于故意犯罪领域,探讨故意与情节的关系;对于过失犯罪,相应地可以根据故意认识与情节的关系原理确定行为人预见可能性的范围,受篇幅所限,本书对此暂且不论。

[2] 参见陈兴良:《作为犯罪构成要件的罪量要素——立足于中国刑法的探讨》,载《环球法律评论》2003年第3期。

进行认识,显然不符合"客观构成要件是行为人主观故意的认识内容"这一原理。[1] 另外一方面,从罪责原则的角度来看,要求行为人对超出故意范围的不法负责,也存在问题。由于否定罪量要件的构成要件地位,该观点实际上近似于将罪量要件视为客观处罚条件的观点。

该说将犯罪构成要件视为行为侵害法益的质的构成要件与量的构成要件的统一体,但又认为质的构成要件包含犯罪构成客观要件(罪体)与主观要件(罪责),而罪量要件是独立于上述两个要件的。这种观点有一个思维上的前提,即假定存在一个不包含罪量的纯粹的四要件,同时又存在一个独立于四要件之外的罪量。该说所谓的质量统一体的构成要件,实际上是广义的构成要件,包括狭义的构成要件即犯罪构成四要件与罪量,即犯罪构成四要件仍然是不包含罪量的纯粹的四要件。但是这个前提实际上是不存在的。

同样存在这种罪量与犯罪构成要件割裂思维倾向的是"质的构成要件与量的构成要件"说,该说认为"犯罪构成要件可以分为质的构成要件和量的构成要件"[2]。这种观点在思想上也把犯罪构成要件与罪量割裂开来,认为存在各自的构成要件,一个是社会危害性质的要件,即狭义的犯罪构成要件(犯罪构成四要件);一个是社会危害性量的要件,即条文附加规定的罪量要件。所谓"犯罪构成要件是对一定行为严重社会危害性的性质和程度的规定和体认"中所指的构成要件,实际上指的仍是包含罪量要求的广义的构成要件。

---

[1] Vgl. Jakobs, Strafrecht Allgemeiner Teil, 2. Aufl., 1993, § 8 Rn. 43; Tröndle/Fischer, Strafgesetzbuch und Nebengesetze, 52. Aufl., 2004, § 16 Rn. 3; Gropp, Strafrecht Allgemeiner Teil, 4. Anfl., 2015, § 4 Rn. 116 ff., m. w. N. 日本刑法理论从中归纳出构成要件的故意规制功能,参见〔日〕大谷实:《刑法讲义总论(新版第2版)》,黎宏译,中国人民大学出版社2008年版,第103页。
[2] 刘艳红:《情节犯新论》,载《现代法学》2002年第5期。

(二)"犯罪成立消极条件"说

该说认为,在我国定性+定量的犯罪定义模式下,行为人实施犯罪构成要件行为,须达到一定的罪量要求,始能成立犯罪。故该说考虑将罪量轻微与正当防卫、紧急避险等正当化行为一同视为阻却犯罪成立的事由,与犯罪构成四要件即"犯罪积极成立要件"相对,成为犯罪成立的消极要件。[1] 这种解决方案是在维护传统犯罪构成四要件并对其进行阶层化改造的思想背景下提出的,即把正当防卫、紧急避险、期待可能性归入犯罪成立的消极条件,作为价值判断层级,发挥价值评判的功能。在我国定性+定量的犯罪定义模式中,即使行为符合构成要件对行为性质的要求,也会因为不满足定量条件而不构成犯罪,这里定量因素发挥着出罪的功能,因而也被视为犯罪成立的消极条件之一。这种从犯罪构成结构出发的观点听来似有可取之处,尤其是当我们联想到《刑法》第13条但书的规定,几乎立即被这种观点说服了——《刑法》但书的规定,从字面含义上来说,仿佛正是在犯罪定义的层面确立了"情节轻微"阻却犯罪成立的地位。

但是,将情节轻微作为犯罪成立消极要件,面临着体系结构上的解释困难。在所谓犯罪成立消极条件之中,正当防卫、紧急避险都针对行为违法性而言。在具备这些事由的情况下,行为表面上符合构成要件,实际上并不具有违法性,而是为法秩序所容忍甚至是赞许的行为,因而不构成犯罪;而期待可能性针对的是行为的可责难性,具有阻却责任的效果。如何在这种意义上说明"情节轻微"与正当防卫、紧急避险行为内容上的同质性与功能上的等价性,不无问题。如果将之视为违法性层面的因素,认为只有满足量的条件的行为才是具有违法性的行为,未达到这一条件的行为是为法秩序所准许的行

---

[1] 参见张永红:《我国刑法第13条但书研究》,法律出版社2004年版,第170页以下。

为,似乎也欠妥当。对于违法性判断只能用"有或无"来回答,一个行为或者合法或者违法,不存在"部分合法或者部分违法"的情况。未达到定量要求的行为,虽然在我国《刑法》上不构成犯罪,但也绝非合法的行为。符合行为定性要求但未达到情节严重的行为即使不构成犯罪,也不是因为它是法秩序容忍或者赞同的行为。也就是说,量的轻微并不能使行为的性质发生改变,抵消行为的违法性。正是因为这样,在我国法律中,未达到定量要求的行为才会被作为行政违法行为加以处罚。最后,试图把情节要素像期待可能性那样归入责任层面就更无从谈起了。

(三)"整体的评价要素"说

该说认为,当行为符合客观构成要件的基本要素后,并不意味着行为的违法性达到值得处罚的程度,需要在此基础上对行为进行整体评价,以表明行为达到可罚的程度;我国刑法分则中"情节严重"与"情节恶劣"规定即是指涉行为可罚的违法性的要件,属于"整体的评价要素"。〔1〕"情节严重"与"情节恶劣"作为整体的评价要素,是表明法益侵害严重程度的客观的违法性要素。〔2〕那么,在故意犯罪中,这种整体的评价要素是否属于行为人故意的认识内容呢?根据该说,这种整体的评价要素的前提性事实,应该为行为人的故意认识内容所包括。而至于该情节是否"严重""恶劣",属于在"具有违法性认识(可能性)的前提下产生的认识错误",不是一种违法性认识错误,而是对事实的评价错误,充其量属于涵摄错误,不影响情节严重的认定。〔3〕

---

〔1〕 参见张明楷:《犯罪构成体系与构成要件要素》,北京大学出版社 2010 年版,第 239 页。
〔2〕 同上注,第 241 页以下。
〔3〕 同上注,第 253 页。

(四)"可罚的违法性"说

针对行为具有构成要件符合性但从刑法谦抑原则来看不宜动用刑罚处罚的情形,日本学者宫本英修提出可罚的违法性理论,认为犯罪行为不仅是在法律上被一般规范性地评价为违法的行为,而且需要在刑法上被进一步判断为可罚。[1] 国内学者尝试引入可罚的违法性理论阐释中国《刑法》第13条但书的情形。[2] 但是以可罚的违法性理论并无法确定情节犯之情节在犯罪论上的地位,因为一方面,即使日本学界对可罚的违法性理论也存在争议。如藤木英雄在构成要件符合性层面探讨可罚的违法性,认为没有满足构成要件所预想程度的违法性的最低标准时,行为不具有构成要件符合性。[3] 而大塚仁等学者则认为,"所谓缺乏可罚的违法性,是指符合构成要件的行为缺乏实质的违法性,不值得在刑法上予以处罚。因而,必须把可罚的违法性在理论体系上的位置放在违法性论之中"[4]。按照第一种观点,情节属于构成要件该当性的问题,但该说并未进一步明确其在构成要件中的定位,而是将问题推至构成要件的解释领域,故此说仍然无法为情节与行为人主观方面的关系问题提供具体的操作方案。根据第二种观点,情节应该属于违法性阶层,同样面临上述犯罪成立消极条件说的困境,即如何解释轻微的法益侵害行为与正当防卫、紧急避险等不具有法益侵害性行为在违法性层面的同质性问题。另外一方面,违法性说本身也存在逻辑上的问题。构成要件作

---

[1] 转引自〔日〕大塚仁:《犯罪论的基本问题》,冯军译,中国政法大学出版社1993年版,第121页。
[2] 例如,参见刘为波:《可罚的违法性论——兼论我国犯罪概念中的但书规定》,载陈兴良主编:《刑事法评论》第10卷,中国政法大学出版社2002年版,第67页以下。
[3] 参见〔日〕大塚仁:《犯罪论的基本问题》,冯军译,中国政法大学出版社1993年版,第314页。
[4] 同上注。

为不法类型，符合构成要件的行为一般来说是具有行为不法和（或）结果不法的行为，除非具有排除违法性事由，故而在违法性阶层仅作消极的例外的判断。而该说认为从构成要件符合性中并不能够推导出（实质的）违法性，而必须再进行可罚的违法性的判断，这就相当于在构成要件该当性和违法性阶层之间又增加了一层可罚的违法性判断，如果构成要件该当性本身不能推导出可罚性，需要在该当性之外再进行积极的可罚性判断，那么构成要件又有何存在之必要？其作为不法类型的意义也几近丧失。

（五）"客观处罚条件"说

除了上述几种观点以外，近来亦有学者主张借鉴德国刑法中的客观处罚条件理论，将我国刑法中情节犯与数额犯关于情节与数额的要求视为客观处罚条件。[1] 我国刑法分则中的情节和数额要素在构成要件不法类型的符合性以外，还对不法的程度提出要求，具有限制刑事可罚性范围的作用。德国的客观处罚条件理论也认为，某些构成要件规定的行为虽然代表了一定的不法，但是从刑罚经济性的角度来说，单纯对其进行处罚可能会导致刑罚的范围过广，为了限制刑事可罚性的范围，刑法规定当出现某种不依赖于行为人罪责的客观的条件时，才对这种行为进行处罚。[2] 单纯从其功用上来看，我国的情节犯规定类似于德国刑法中的客观处罚条件，但是二者在内容构造上存在着显著的差异。客观处罚条件的定位虽然在德国

---

[1] 参见熊琦：《德国刑法问题研究》，元照出版有限公司2009年版，第99页以下。熊琦博士认为我国刑法关于情节、数额等规定在犯罪论中的地位相当于德国刑法中的客观处罚条件，但因为在德国刑事可罚性与犯罪成立是同义语，为避免与中国刑法上作有罪宣判但免除刑事处罚的情形相混淆（第89页），故改称为"独立犯罪否定条件"，但又认为其地位等同于"排除性犯罪事由"（第99页），这实际上在某种程度上又近于"犯罪成立消极条件"说。

[2] Vgl. Roxin/Greco, Strafrecht Allgemeiner Teil, Band I, 5. Aufl., 2020, § 23 Rn. 1 f.

刑法理论中也存在争议,但是目前的主流观点认为其既不属于不法领域,也不属于罪责领域,而是在构成要件该当性、违法性、有责性之外的另外一个构成要件(这里指广义的构成要件)层级。[1]例如在《德国刑法典》第102条至第104a条针对外国的犯罪中,只有当德国与该外国保持外交关系或对等关系时,才可以对这些行为进行追诉,此处的"外交关系或对等关系的存在"就是客观处罚条件。由于客观处罚条件不属于不法和罪责层级,其与行为人的故意与过失自不发生关系。而我国刑法中的数额是针对犯罪客观方面提出的,情节(此处指数额之外的狭义的情节)也主要是针对犯罪客观方面和犯罪主观方面的综合评价,所以是附着于构成要件之上的,属于不法的范畴。如我国《刑法》第140条生产、销售伪劣商品罪中的"销售数额五万元",第264条盗窃罪中的行为对象价值"数额较大",第247条刑讯逼供罪司法解释中"以殴打、捆绑、违法使用械具等恶劣手段逼取口供"的情节严重情形等,或者在主观故意中有所反映,或者在行为方式中被体现出来,不可能独立于行为不法或结果不法之外。如果将这些定量因素视为客观处罚条件而排除在行为人的主观方面之外,就会有违反罪责原则的嫌疑。

从规范功能的角度来说,情节脱离于犯罪构成四要件之外;从内容结构上来看,它又附着于四要件之上,与其密不可分,可以说是处于一种自相矛盾的分裂状态,这就是我国进行这种情节规定的难堪所在。正因为这种矛盾与难堪,情节与构成要件之间的关系成为我国刑法理论中最令人困扰的难题之一。

究竟应当如何理解情节犯之情节,把握其与构成要件的关系?该问题的解决要求我们在正确理解构成要件本质与功能的基础上对情节因素进行教义学解剖与体系化梳理。而此项研究最困难之处就

---

[1] Vgl. Roxin/Greco, Strafrecht Allgemeiner Teil, Band I, 5. Aufl., 2020, § 23 Rn. 1 f.

在于,在我国定性+定量的犯罪定义模式之中,定量化的情节因素已经侵入犯罪构成要件,很难被单独剥离出来。而在教义学的探讨中,犯罪构成又是至关重要的分析工具。在对于情节因素的探讨中,它也是重要的参照系。但是在我国的犯罪定义模式下探讨情节问题就出现了这种局面,即我们无可避免地会用夹杂着定量思维因子的犯罪构成要件理论去分析情节因素,造成分析工具与被分析对象之间边界不清,互相交织重叠,徒增很多困扰。而且这种研究得出的结论的可靠性也令人怀疑。因此,这就提示我们,如果能够以单纯定性的犯罪定义立法例为对照,借助其不设情节要求的构成要件对我国刑法中的情节犯进行教义学与法哲学层面的分析,或许就能避开这些思维上的障碍,跳出既有知识结构的樊篱,还原问题本来的面目。基于这种思路,下文将选择单纯定性犯罪定义模式的德国刑法[1]作为样本进行这种尝试。

二、德国刑法中的犯罪量化理论

德国刑法中的犯罪概念是形式的犯罪概念,刑法总论中不包含对犯罪的实质性定义。《德国刑法典》第12条仅根据法定刑定义轻罪与重罪,不对犯罪概念的内涵进行实质性的描述与界定。相应地,德国刑法分则一般仅描述不法类型,而不对不法含量进行要求。仅有少数条款对行为的不法含量设定程度上的条件,如第303条毁

---

[1] 这里的单纯定性犯罪定义模式是与我国在犯罪定义中设置量化考虑因素的定义模式相对应而言的,并不是说德国刑法完全排除量化的因素。德国刑法分则极个别的条文如第223条(身体伤害罪)规定:"对他人实施身体虐待或损害他人健康者,处……",该构成要件描述虽隐含了一定的不法含量的要求(虐待和健康损害本身对伤害程度的要求),但该不法含量仍然是可以由不法类型(虐待和健康伤害的构成要件行为)决定的,不像中国刑法那样存在不法类型之外附加的量的要求。所以,即使在类似身体伤害罪的构成要件中,对不法含量的判断也可一次性地在行为构成要件符合性的(类型化的)判断中完成。

损物品罪的第 2 款规定,擅自对他人物品的外观进行严重的或非一过性的改变,始承担刑事责任。而绝大多数构成要件都无此类规定,例如第 242 条关于盗窃罪的规定不包含对盗窃数额等定量因素的要求,通说也认为盗窃物品的经济价值不影响盗窃罪的成立。[1] 理论上,哪怕是盗窃一枝铅笔的行为,也构成盗窃罪。

尽管实在法的规定不同,然而德国刑法与中国刑法所调控的社会事实对象是相同的,在德国司法实践中,也会面临对轻微的涉案行为是否动用刑罚进行处置的问题。如果将类似盗窃一枝铅笔的行为或扇人一耳光的行为也判罪处刑,不仅从刑事司法资源分配角度来看是不现实的,而且也会面临是否违反宪法规定的比例性原则的拷问。因而,德国对罪量极其轻微的行为,采用程序法上的手段予以分流处理,以减缓司法机关的追诉压力。《德国刑事诉讼法》第 153 条与第 153a 条规定了酌定终止诉讼程序的情况。根据该法第 153 条的规定,对于法定最低刑为一年以下的轻罪行为,如果行为人的罪责较轻,且不存在对犯罪行为进行追诉的公众利益时,检察机关在征得法院的同意后可以作出不起诉的决定(第 153 条第 1 款第 1 项)。在预期获刑不超过法定最低刑(1 个月有期徒刑,5 个单位的日罚金额)且行为后果轻微的情况下,检察机关可以独立作出不起诉决定,无须征得法院同意(第 153 条第 1 款第 2 项)。如果案件已经起诉至法院,则法庭可以在上述条件具备的情况下决定终止刑事诉讼程序(第 153 条第 2 款)。而在罪责不是很轻微,存在刑事追诉的公众利益的情况下,如果这种公众利益可以在行为人承担一定的义务之后被抵消,检察机关可以在征得法庭和被害人同意之后作出不起诉决定(第 153a 条第 1 款)。如果案件已经诉至法院,法院也可以在征得被害人同意之后决定终止刑事诉讼程序(第 153a 条第 2 款)。

---

[1] Vgl. Tröndle/Fischer, Strafgesetzbuch und Nebengesetze, 52. Aufl., 2004, § 242 Rn. 3a.

综上所述,德国刑法在实体法上仅对犯罪进行类型化的定义,不设置量的门槛,通过上述程序法上的规定,对罪量轻微的行为进行事实上的非犯罪化,这种处理涉罪轻微行为的方案,被称为程序法的解决方案。我们可以看到,即使在德国刑法中,在决定是否对某种行为定罪处罚时,对于行为罪量的衡量也发挥着作用,只不过这种过程不是发生在实体法领域,而是被放置到程序法之中。[1]

即使在这种犯罪定义立法例中,犯罪的量化思维也是存在的。德国实体法上对犯罪的量化思考,主要发生在量刑的过程中,刑罚的轻重必须以犯罪行为的轻重为依据,因而对犯罪的量的研究主要是解决量刑的问题。随着这种研究的推进,在量刑中对犯罪的量化观察渐渐形成了一些方法论的思考,这些思考逐渐突破量刑领域的边界,开始侵入犯罪论体系的研究——在刑法教义学层面,德国学者试图探讨构成要件内部所蕴含的不法的含量。[2]

德国刑法理论中犯罪量化的思维产生于实质的违法性理论萌生之后。在早期对违法性采取形式理解的刑法教义学中,不存在对不法进行量的观察的思考方式,不存在一个量级渐变的不法概念。[3]不法的实质在于违反法律的命令或禁令,这种违反在轻罪或重罪方面并无分别。一个法律的命令或禁令或者被违反,或者没有被违反,不存在第三种情形。因此,在形式不法理论内部没有量化思维存

---

[1] 在这种程序法的解决方案中,对事实上的非犯罪化起到决定作用的是行为人罪责的大小。衡量罪责大小的因素根据《德国刑法典》第46条的量刑规定,包括行为人的作案动机与目的、行为中体现出的行为人内心思维与行为意志、义务违反的程度、行为实施方式与行为造成的行为人应负责任的影响、行为人犯罪前的生活与行为人的个人与经济状况,以及行为实施后行为人所采取的行为,尤其是他在对被害人进行赔偿与和解方面作出的努力(《德国刑法典》第46条第2款)。

[2] Vgl. Krümpelmann, Die Bagatelldelikte, Untersuchungen zum Verbrechen als Steigerungsbegriff, 1966, S. 31.

[3] a.a.O., S. 27.

在的空间。而实质违法性学说[1]认为,不法并不是单纯的规范违反,而是利益侵害或法益侵害。于是,不法不再是一个形式上的是与否的判断问题,而是有了内容填充与程度变化。德国学者诺尔(Noll)对此有一段精辟的论述:"刑法保护法律共同体所具体关注的法益。它禁止某些被认为对法益造成威胁的行为方式,而这些行为又是由法定构成要件所具体决定的。"[2]由此,人们对规范的关注就由规范整体转移到个别规范,即具体的犯罪构成要件规定。这是一个重大的思维上的跳跃,通过这种方式,不法就改变了它抽象与形式化的面貌,变得具体可感了。"法益侵害作为结果不法,具体的行为方式作为行为不法,以及主观的内心因素作为意念无价值(Gesinnungsunwert),共同决定了不法的内容含量,而这些成分又都是可以量化的,因而不法就成为一个可以定量的概念。"[3]尤其在刑法解释的研究中,在分析构成要件行为是否与法条的目的及其背后的价值相符时,量化的思考也显得很有意义。克恩(Kern)发现了一些影响不法程度的因素,比如超越某些法律赋予的权利范围造成损失的违法行为,比起那些完全没有任何法律根据的违法行为来说,如防卫过当行为与一般的故意伤害行为相比,其违法性程度要低一些。[4]另外在不作为犯中,作为义务本身的强度大小也会影响违法性程度。[5]诺尔也指出,在存在被害人承诺的伤害行为中,如果因被害人承诺违背善良风俗而不影响伤害罪成立,存在被害人同意的伤害行为与不存在这种情况的伤害行为相比,前者的不法

---

[1] 关于实质违法性说,可参见 Mezger, Strafrecht, 3. Aufl., 1949, S. 197 ff.。
[2] Noll, Übergesetzliche Milderungsgründe aus Vermindertem Unrecht, ZStW 68 (1956), S. 182.
[3] a. a. O., S. 182.
[4] Vgl. Krümpelmann, Die Bagatelldelikte, Untersuchungen zum Verbrechen als Steigerungsbegriff, 1966, S. 30.
[5] a. a. O., S. 30.

含量要低。[1] 据此,他总结出一条评定不法含量的原则:"不法含量的高低一方面取决于组成不法构成要件的不法要素的数量与强度,另一方面取决于排除违法性因素的数量与强度。"[2]

在此基础上,克林佩尔曼(Krümpelmann)尝试发展出一条犯罪量化评价的方法,从行为不法、结果不法以及罪责三个角度对犯罪行为事实进行量的评估。[3] 在克林佩尔曼看来,犯罪的量的判断是一个综合的评价过程,行为不法与结果不法共同决定着不法含量。某些行为本身并不严重,其行为不法程度较低,但是却造成了严重的后果,即结果不法程度较高,例如大量的交通过失案例即是如此。反之,在犯罪未遂的情况下,如故意伤害或者杀人未遂,则是行为不法严重而结果不法往往较轻或者缺失。因而只有当行为不法与结果不法同时表现出较低的程度时,才能认为不法含量较低。[4] 在不法含量的基础上,还要考虑罪责的含量。规范责任论中的罪责是指行为人的可谴责性,而不法正是这种谴责的内容基础,因而罪责大小一般是由不法的程度决定的。[5] 例如,行为人以特别危险的方式行为,行为不法的程度较高,相应地也反映了较大的可谴责性,其罪责程度也必然升高。同样,特别严重的后果中往往也反映了行为人较大的可谴责性。但是在一些情况下,结果不法的程度与行为人的罪责并不成正比,例如在轻微过失行为导致严重危害后果时,则应以行为无价值限制罪责的范围,将罪责含量控制在行为无价值的范围

---

[1] Vgl. Noll, Übergesetzliche Milderungsgründe aus vermindertem Unrecht, ZStW 68 (1956), S. 195.
[2] a. a. O. , S. 195.
[3] Vgl. Krümpelmann, Die Bagatelldelikte, Untersuchungen zum Verbrechen als Steigerungsbegriff, 1966, S. 63 ff.
[4] a. a. O. , S. 65.
[5] a. a. O. , S. 63.

之内。[1] 但是在个别情况下罪责也有独立于不法的一面。对一些罪责要件需要单独进行考量，例如出于某些个人的急迫境地而实施某种行为，虽然不法含量未受到影响，但罪责会被减轻。[2]

德国刑法关于犯罪定量的理论，是以不包含定量要求的构成要件为对象展开的，犯罪的成立不设置一定的罪量要求。然而，即使在这种所谓定性的构成要件模式中，也无法绕过所谓"罪量"的问题。在实质违法性理论兴起之后，不法作为法益侵害开始有层级递变，对行为无价值与结果无价值均可作量化的考察，而作为不法类型的构成要件自然无法逃脱这种量化的评价。

德国刑法以构成要件的行为不法与结果不法为中心，对构成要件进行不法含量的量化考察，这对我们研究我国刑法中的情节犯具有重大的方法论意义。而在进行这种方法论上的借鉴之前首先必须阐明的是，我国四要件的犯罪构成与德国三阶层犯罪论体系中的构成要件具有质的相似性，这是以上述思维方法解决我国情节犯之情节定位问题的前提基础。在理解了构成要件不法类型的本质与诠释学特征之后，我们得以拨开笼罩在情节犯问题上的重重迷雾。然后在此基础上，我们可结合我国犯罪构成中情节犯的特殊性，对情节犯之情节进行教义学的剖析，对其进行犯罪论体系的定位。

三、我国犯罪构成的构成要件性

在德国刑法中，构成要件虽然是对生活事实的抽象，是一种所谓的定性的行为类型，但是人们并无法将其中的质量抽象掉，成为一种不包含质量的空洞的纯粹"观念形象"，而是包含了一定的量的预设。

---

[1] Vgl. Krümpelmann, Die Bagatelldelikte, Untersuchung zum Verbrechen als Steigerungsbegriff, 1966, S. 105 f.
[2] a.a.O., S. 63.

那么这种观点是否仅仅适用于德国刑法？我国刑法上的犯罪构成是否与德国刑法中的构成要件不同，只是一种纯粹的定性的构造，而对于量的程度要求单独在"情节严重"的要求中予以解决？这个问题直接关系到德国刑法中关于构成要件的量化思维在我国犯罪构成理论中的适用性问题。显然，这个问题的答案首先取决于，德国刑法的构成要件与我国刑法的构成要件是否因实在法规定的不同而不同，它们是否具有本质上的区别，继而具有功能上的差异？

（一）构成要件的"事物本质"——一个法哲学层面的观察

在这里，我们想借助法哲学上事物本质的思维方式进行揭示构成要件本质的尝试，继而证明我国的犯罪构成同样具有德国三阶层构成要件体系中的构成要件的本质。

在法学领域，法律概念、原则、制度等法律构造具有抽象的性质，理解它们的本质需要重新回到它们作为事物的存在层面，即它们的来源，它们所依托和进行法律加工的生活事实。[1] 在存在的层面，这些生活事实并不会因法律制度的不同而不同。以杀人罪为例，作为杀人构成要件来源的剥夺他人生命的案件事实，在德国和中国并不存在什么重大的不同。为何杀人的生活事实在两个法律制度内都会被禁止，而且是以构成要件的形式进行禁止呢？从构成要件的功能上来说，其作为一种不法类型，就是把某种行为形象固定下来，以警示人们远离它所描述的行为类型，此即构成要件的呼吁功能。[2] 这在德国刑法和中国刑法中并无二致。那么，为何人们被禁止从事这种被描述的行为类型呢？如果人们仅仅因为法律对这种行为类型的描述与固定而这样做，而不是因为其他的法外的原因的话（实际上这也是罪刑法定

---

[1] Vgl. Kaufmann (Hrsg.)/Hassemer (Bearb.), Gustav Radbruch Gesamtausgabe, Band 3, 1990, S. 235 ff.

[2] Vgl. Roxin/Greco, Strafrecht Allgemeiner Teil, Band I, 5. Aufl., 2020, § 14 Rn. 66 ff.

原则的要求,即除了法定构成要件之外,对于被禁止的行为和其被禁止的原因不再进行其他说明,人们仅根据法定构成要件来调整自己的行为),那么构成要件本身必定隐含着它被禁止的原因,必定包含着某种实质的东西,而非单纯的形式化的口令。这种被禁止和否定的原因,就是它代表着某种恶害,某种负面的东西——在法益理论看来,这种恶害是法益侵害或者法益侵害的危险[1];在规范效力理论看来,这种构成要件的质,是对规范效力的破坏[2];在我国社会危害性理论看来,它就是社会危害性[3]。虽然这种构成要件的质因学说的不同而名称各异,但是人们都可以从两种维度对它进行评判,这就是"有或无"和"多或少"的判断(构成要件的类型特征决定了构成要件的质的量化评判是不可避免的)。后一种判断,即用量化的视角对构成要件的质的判断,而这种量化的构成要件的质,正是中国学者所谓的"罪量"[4]。

这样,我们就从构成要件事物的存在层面到达了它的本质。席勒(Schiller)有言:"当我说'一个事物的本质是……'时,我就将所有与其本质无关的东西舍弃了……这种意义上的本质是指什么?它是事物存在的原则,同时也是事物之所以采取事物存在形式的原因,是形式的内在的必要性,事物内部本质与形式的纯粹的统一,是被事物自身所遵守,同时由事物自身赋予的规律。"[5]席勒的这种表述,被

---

[1] 关于法益侵害理论的经典论述,可参见 Roxin/Greco, Strafrecht Allgemeiner Teil, Band I, 5. Aufl., 2020, §2。
[2] 规范效力理论由雅各布斯创立,早先的论述,参见 Jakobs, Kriminalisierung im Vorfeldeiner Rechtsgutsverletzung, ZStW 97 (1985), S. 754 f.。
[3] 鉴于社会危害性理论在我国刑法学界传播甚广,学者对此所著甚多,故在此不详细引证。
[4] 笔者尝试给它一个更加恰当的称谓,却受制于语言的樊篱,没有找到一个更好的概念以准确地描述这种理论的构造,故仍采国内文献所使用的"罪量"概念,同时也可保持学说发展的延续性。
[5] Schiller, Schillers Werke, herausgegeben von Buchwald, Band 2, 1940, S. 149 f, Zitiert Nach Kaufmann (Hrsg.)/Hassemer (Bearb.), Gustav Radbruch Gesamtausgabe, Band 3, 1990, S. 240 f.

认为是对实然与应然、存在与价值之间生硬的二元对立的一种调和。[1] 可见,事物的形式与其本质是密不可分的,它的本质决定了它必须采取这种形式,而其形式就是其本质的一种表达。构成要件作为被禁止的不法类型,以这种形式存在,是由其内含着的被禁止的原因———一定的负面的东西或恶害——所决定的。而构成要件以其不法类型这一存在形式,也表达了其价值内涵。从这个意义上来说,构成要件也是一种介于事实与价值层面之间的构造。[2]

在这种法哲学层面事物本质的意义上,我们也不可能对我国刑法中的犯罪构成作其他的理解。我国的犯罪构成同样是将一定的行为形象予以固定并规定相应的刑罚后果,一方面对已实施类型行为的人加以惩罚,另一方面警示他人远离这种类型的行为。因而,我国的犯罪构成作为对不法行为的描述与形象固定,也是一种不法类型,与德国刑法三阶层论的构成要件具有相同的事物本质,具有相同的物本逻辑结构。[3]

---

[1] Vgl. Kaufmann(Hrsg.)/Hassemer(Bearb.), Gustav Radbruch Gesamtausgabe, Band 3, 1990, S. 241 f.
[2] 因而,构成要件被认为是法律理念和生活事实之间的一种中间状态,具有规范性和事实性两种特征。Vgl. Hassemer, Tatbestand und Typus, 1968, S. 113, m. w. N.
[3] 物本逻辑结构(sachlogische Struktur)概指价值或规范概念的存在论意义上的结构基础。韦尔策尔(Welzel)以存在论为其刑法哲学思想基础,强调价值与规范的概念不能脱离存在论上的结构(ontologische Struktur)。例如,价值对象概念(Wertobjekt)"故意杀人"(Tötung)即是由故意的、蓄意而为的剥夺他人生命行为(实然层面的存在论基础结构)与对该行为的违法性、可谴责性的评价(价值判断)两部分所组成,前者是后者的基础与对象。Vgl. Welzel, Abhandlungen zum Strafrecht und zur Rechtsphilosophie, 1975, S. 25. 在韦尔策尔看来,犯罪与实然世界之间的关系可以通过物本逻辑结构来建立,它是先于规范而存在的(Vgl. Welzel, Naturrecht und materiale Gerechtigkeit: Prolegomena zu einer Rechtsphilosophie, 1951, S. 197 f.),而法规范的制定与解释,都必须以探明这种物本逻辑结构为基础,否则就会堕入恣意。正是得益于这种物本逻辑的思维方法,韦尔策尔建立了目的行为论。目的行为论虽然因种种缺陷而未成为压倒性的通说,但这丝毫不妨碍物本逻辑思维方法成为当今德国无可置疑的法学方法论之一。关于物本逻辑结构与事物本质的方法论意义,可参见许乃曼的论述。Vgl. Schünemann, Grund und Grenzen der unechten Unterlassungsdeliktes: zugleich ein Beitrag zur strafrechtlichen Methodenlehre, 1971, S. 32 ff.

由此可见，无论是我国刑法中的犯罪构成还是德国刑法三阶层体系中的构成要件，作为不法类型皆是与行为不法与结果不法相连的。如果硬将二者进行人工的分离，提纯出一个纯粹的不法类型，则只能通过虚构来达到。

(二)构成要件的质的量化——构成要件的类型意义

本节论证进行到这个阶段，或许有学者会指出，上述关于构成要件的本质的论述仅仅昭示了对犯罪的实质化理解（从而跟上文提到的实质违法性理论的发展形成暗合），而并不能证明德国刑法中的关于构成要件的量化思维也可适用于中国刑法中的犯罪构成。

下文将从构成要件作为一种类型的意义上，阐述这种量化思维在理解构成要件本质上的必要性。如上文所述，无论德国刑法三阶层体系中的构成要件，还是中国刑法中四要件组合成的平面的犯罪构成，都具有相同的构成要件的本质，皆具有构成要件的呼吁功能，即刻画不法行为的观念类型警示人们远离它，不听从这种呼吁的行为人就会受到刑罚惩罚。构成要件作为一种类型，作为抽象概念和具体事物的中间状态，是规范对现实的指涉，是一种流动的边界不清晰的整体构造。[1]"类型并非它所指涉或描述的事物本身，而是对事物的指涉或描述，因此它是一种诠释学的工具。它指涉现实，却非现实本身，它所指涉的现实即是个案，个案就是对构成要件不法类型的具化。"[2]因而把构成要件的规定适用于案例事实，必须通过探明这种指涉关系，通过对构成要件的解释来完成。解释并不是把某种生活事实简单地归属到某个构成要件之下，并不是直线式的演绎过程，而是"一个生活事实与法条之间的互动过程，是目光在二者之

---

[1] Vgl. Hassemer, Tatbestand und Typus, 1968, S. 111, m. w. N.
[2] a. a. O., S. 113.

间的来回流转"[1],是"构成要件与事实之间的同时性的舒展与填充"。[2] 在每次解释之前,构成要件都是不完整的,它向事实开放[3],总是在具体的案件事实中获得其意义。

　　从构成要件的这种类型意义和诠释学特征出发,我们就可以获得对构成要件质与量的关系的全新认识。构成要件作为规范与事实之间的中间状态,它所反映的行为不法与结果不法并非具体确定的,相应地如果用量化的思维分析行为不法与结果不法,它们的不法含量也并非确定的,而是在一定边界内流动,有待于个案事实将其确定化。由于每个符合构成要件的个案事实即每个单独的构成要件事实都是独特的,它在符合构成要件时反映出不同的个别化的不法含量。因而作为类型的构成要件总是拥有一个它自己的预设的量域,而个案的不法含量总是在这个量域内浮动。例如,抢夺2000元与抢夺200万元,其反映的行为不法与结果不法的含量,都属于抢夺罪的不法量域。[4] 而如果行为人实施"抢夺"时使用暴力或者携带凶器,则其行为不法就超过了抢夺罪构成要件的边界,哪怕只抢得价值微小的财物,也上升到抢劫罪的构成要件的量域。

　　在"构成要件与事实之间同时性的舒展与填充"的构成要件解释适用过程中,生活事实符合构成要件的样态在每个案例中都是不同的,它不仅对构成要件进行意义与价值的确证与填充,而且也是对构成要件作为不法类型所可能包含的(预设的)不法含量进行具化与修正。有些个案对构成要件的充足反映了较大的不法含量,有些反映了较小的不法含量,所以在作为解释的最终产品的定罪处罚阶段,所

---

[1] Engisch, Logische Studien zur Gesetzesanwendung, 3. Aufl. , 1963, S. 15.
[2] Vgl. Hassemer, Tatbestand und Typus, 1968, S. 108.
[3] a. a. O. , S. 109.
[4] 即使我国刑法相关司法解释以500~2000元数额作为抢夺罪成立的标准,也无法改变抢夺罪构成要件在法哲学层面的类型意义。

适用的的刑罚才会在个案之间有所区别。也就是说，虽然构成要件作为一个类型是固定的，但是每个被归属于它之下的案例事实都不尽相同，行为不法、结果不法在每个个案中都不尽等同，因而构成要件所包含的质，在"有或无"的判断之外，永远面临着"多或少"的裁判。这种质，永远无法逃脱被量化评判的命运。因而，从法哲学的层面上来说，中国刑法中的犯罪构成同样具有构成要件的不法类型性质和诠释学特征，这就决定了构成要件（与构成要件事实的）量化思维也适用于中国刑法犯罪构成的理解及适用（或解释）的过程之中。

以上论述说明了中国刑法犯罪构成与德国刑法构成要件本质规定性上的相似性、犯罪构成与构成要件之中不法含量存在的不可或缺以及量化思维的必要性。这种法哲学层面的同质性和量化思维的必要性，并不因犯罪定义模式是否作出量的要求而有不同。如果中国刑法学者所说的"罪量"是指构成要件行为不法和（或）结果不法含量的话，那么它在所有构成要件类型中都存在，并非由中国刑法犯罪定义模式中的定量要求所反映出来的中国式构成要件的特性。

在此，我们需要对我国犯罪构成包含的不法含量（情节犯语境下的"情节"）与对该不法含量的程度要求（情节犯意义上的"情节严重"）之间进行区分，前者是所有构成要件类型（无论是中国式的还是德国式的）所共有的，而后者才是中国刑法所特有的。而国内学界迄今为止的研究往往把两者相混杂，掩盖了问题的本来面目，即此类研究的一个普遍倾向是，把二者混杂起来命名为"罪量"或"定量因素"，然后再试图去解决"罪量"或"定量因素"的构成要件地位，或者赋予其构成要件地位，或者将其排除在构成要件范围之外。受这种思维定势的影响，此类研究中也存在着上述将犯罪构成与所谓罪量割裂开来的对构成要件的歪曲的理解。

通过上文对构成要件的事物本质的探求和对其类型性和诠释学

特征的解说,我们已经看到,将犯罪构成要件与罪量割裂的观点是难以成立的。无论在探求事物本质的物本逻辑的面向,还是从语义学的角度,我们都无法想象一个干瘪的没有任何质量的"构成要件皮囊"。纯粹的空洞的类型,无论在德国刑法还是在我国刑法中都没有存在的空间。

　　基于这种对刑法构成要件的理解,我们就排除了上文中关于情节犯之情节定位的"质""量"分离的观点。与之相对,在上述观点之中正确把握了犯罪构成"质""量"统一性的是"犯罪成立消极条件"说。该观点把犯罪构成要件划分为积极的构成要件与消极的构成要件,将正当防卫、紧急避险、缺乏期待可能性以及"情节轻微"的情形视为消极的构成要件,将刑法中明文规定的犯罪构成要件视为积极的构成要件,积极构成要件中包含了"质的要求和量的要求"。该说对于积极构成要件内涵的理解注意到了构成要件的质量不可分割性,在我国刑法理论中普遍存在罪量与构成要件割裂的思想倾向下,是难能可贵的。[1] 但是,如上文所述,将"定量因素"作为犯罪成立消极因素,无法解释犯罪定量因素与正当防卫、紧急避险行为内容上的同质性与功能上的等价性,给人以体系上的错位之感。退一步说,即使我们把这种体系结构上的瑕疵搁置一边,降低我们在理论体系上的审美要求,这种观点也面临实践上的问题:构成要件的客观方面是故意认识的内容,构成要件可以起到规制故意范围的作用,而将"情节轻微"视为所谓犯罪成立的消极因素,消弭了犯罪构成原本的界限,使得故意认识范围边界不清,无法为解决犯罪故意的认识内容与情节因素之间的关系问题提供具有可操作性的方案。

---

[1] 王政勋教授明确指出:"反映构成要件的定量因素与罪质因素密切结合在一起,很难把它们彻底分开,世界上没有离开质的量,也没有离开量的质,所谓'皮之不存,毛将焉附'。"王政勋:《定量因素在犯罪成立条件中的地位——兼论犯罪构成理论的完善》,载《政法论坛》2007年第4期。

上文阐明了中国四要件的犯罪构成与德国三阶层体系构成要件之间的共同的构成要件性质,二者之间的真正区别不在于构成要件的法哲学性质上的区别,而在于结构上的区别,即我国犯罪构成中包含"量"的要求。二者共同的法哲学性质允许我们从方法论意义上对德国构成要件的量化思维进行借鉴,运用这种思维方式解决中国刑法犯罪构成中量的问题。接下来的问题就是,我们应如何运用这种量化思维来分析我国《刑法》第13条但书和分则构成要件中"情节严重""数额较大"等规定所表现出的这种中国式构成要件的特殊性? 如何对犯罪构成中的量的要求进行教义学上的定位?

四、情节犯之情节的教义学解剖

重新回到本节开头所提出的问题,如果我们理解了构成要件与不法含量之间一体共生的关系,那么,情节与故意认识之间的关系问题就会呈现出完全不同的另外一种面向。借鉴德国刑法中构成要件不法含量量化分析的思维方式,我们发现,构成要件内部蕴含着行为不法与结果不法的不法含量,构成要件作为不法类型与其不法含量不可分割,那么这个不法含量是否为我国刑法犯罪构成要件中"情节严重""数额较大"所指涉的内容呢? 这里存在两种可能性:(1)如果"情节严重""数额较大"是针对行为不法和(或)结果不法的不法含量提出的程度要求,那么它们必然归属在构成要件(此处及下文的构成要件概念是指上文论证的具有本质规定一致性的法哲学意义上的构成要件,因而适用于中德两种法律制度)范围之内;(2)如果我国刑法犯罪构成中"情节严重""数额较大"的情形超出了构成要件的不法含量范围,它们就超出了构成要件的范围,不具有构成要件地位。沿着这个思路,我们在此提出构成要件行为不法与结果不法所组成的基本不法量域概念,以基本不法量域作为标尺界定"情节严重""数额较大"所指涉的"情节"与"数额"的地位。

(一)构成要件基本不法量域之内的情节:整体性规范评价要素

上文已经指出,构成要件是规范与事实之间的一种中间状态,总是拥有一个它自己的预设量域,而个案的不法含量总是在这个量域之内浮动。此处给予进一步的说明。立法者制定构成要件时总是以实践中较易发生的典型的构成要件事实作为心理经验的基础,再以语言的形式对典型构成要件事实进行抽象化的描述与固定,所以构成要件具有事实与规范两种特性。一方面它总是蕴含或者指涉一定的行为不法与结果不法的不法含量,即具有事实性的一面;另一方面这个不法含量总是不确定的,在构成要件的边界内流动,有待于个案事实去确定与具化,即具有抽象性、规范性的一面。由于构成要件总是以语言的形式表现,所以构成要件还具有语言性的一面[1],为法律适用者确定了大致的构成要件解释的语义学边界。构成要件的这些特征决定了构成要件的不法含量总是围绕着典型的构成要件行为不法与结果不法在构成要件的语义学边界内浮动。也就是说,如果构成要件获得正确的诠释,个案充足构成要件时所反映的不法含量就会如同立法者所预想的那样,总是以那些典型的出现频率较高的构成要件事实所反映的不法含量为中心上下波动,形成一个基本的构成要件不法含量区间,我们可以称之为基本不法量域。

我国刑法中的情节犯的情节大多数是在构成要件的基本不法量域之内的,其中,数额基本上全部包含在基本量域之内。如抢夺2000元与抢夺1000万元,其反映的行为不法与结果不法都是可以为抢夺罪的构成要件所包括的。再如故意伤害罪中隐含的对情节严重的要

---

[1] 哈塞默指出把构成要件构造成公式的形式是不可行的,以此来证明构成要件语言表现形式的必要性。Vgl. Hassemer, Tatbestand und Typus, 1968, S. 26 ff.

求是指伤害他人达轻伤以上的程度,无论是殴打被害人致其组织、器官一定程度的损害或功能障碍等轻伤害,还是造成被害人身体器官大部缺损、器官明显畸形等严重残疾情形,都未超出构成要件的行为不法与结果不法。再如最高人民检察院《关于渎职侵权犯罪案件立案标准的决定》中关于刑讯逼供罪规定的"以殴打、捆绑、违法使用械具等恶劣手段逼取口供"或"以较长时间冻、饿、晒、烤等手段逼取口供"的情形,是实践中经常发生的刑讯逼供的行为方式,也是刑讯逼供罪较为典型的行为不法和结果不法的表现形式,而附着其上的不法含量自然包含在构成要件范围之内。

上述这些情形皆是典型的构成要件符合情况,即属于构成要件典型的实现方式。此种情形的严重情节,是针对构成要件中的行为不法、结果不法而提出的,并没有超出构成要件范围。此时法规范适用者以构成要件语义学的前提对个案的事实构成进行规范的判断,判断行为的严重性,并未逾越构成要件通常的语义学边界和价值衡量域围。[1]

根据构成要件故意内容的基本原理,客观的构成要件是主观故意的认识内容,而数额与上述这些典型的情节是附着在构成要件上的,并非与构成要件分离或对应存在,其中客观性的因素作为客观构成要件就属于行为人主观故意的认识对象。另外,从存在论的角度来看,行为人对构成要件事实的认识一般来说自然会延及那些客观的表明犯罪的量的因素。例如,在不发生认识错误的场合,杀人者对其行为对象与行为手段等的认识,也包含了对杀人行为的行为不法与结果不法的含量的认识。伪造货币者如果对自己仿制真实的货币的手段及大致的仿制规模具有认识,也就附带地认识到了该行为的行为不法与结果不法。

---

[1] 关于构成要件的语言性特征,参见 Hassemer, Tatbestand und Typus, 1968, S. 84 ff.。

基于这种认识，我们可以得出如下结论：一方面，那些描述构成要件的行为不法、结果不法的"情节"，属于构成要件范围。对于这些不法的事实性的要素，当然需要为行为人的故意所认识。另一方面，"情节严重""情节恶劣""数额较大"等针对情节所提出的量的要求，并不是独立的构成要件要素，而是对针对行为不法、结果不法提出的刑事可罚性的综合性的要求，不是事实性的描述性的构成要件要素，而是需要进行价值评判才能被正确理解，因而是一种规范的构成要件要素。鉴于我国刑法情节犯的情节要求具有综合性与规范性两种性质，笔者将其称为"整体性规范评价要素"。

前述"整体的评价要素"说将"情节严重""情节恶劣"视为整体性的评价要素，要求行为人认识"情节严重""情节恶劣"的前提性事实，其暗含的逻辑前提是承认情节的构成要件地位，在这个意义上来说，该说的基本观点具有一定合理性。但是"整体的评价要素"说存在以下两方面的问题，笔者认为还有待于进一步的研究。

第一，"整体的评价要素"说将"情节恶劣""情节严重"的情节仅限定于客观的情节，对其此前认为情节是指主观与客观的综合性情节的观点进行了修正，认为"一旦采取以违法与责任为支柱的三阶层或两阶层体系，就会认为，作为整体的评价要素的'情节严重'中的情节，并不是指任何情节"，只能是客观方面的表明法益侵害程度的情节。[1] 为何在两阶层或三阶层体系中整体评价性的要素就仅局限于对法益侵害程度的评价而排除主观方面情节存在的余地？例如，既然考虑法益侵害程度，为何却把法益侵害方式的评价排除在外？如果考虑法益侵害方式，对于主观方面的情节也无法撇开不论。如以残忍的手段致人重伤与一般情况的重伤害相比，行为人的故意

---

[1] 参见张明楷：《犯罪构成体系与构成要件要素》，北京大学出版社2010年版，第241页以下。

内容自然有所不同，前者主观方面的恶性自然要大，无法把这种情形下的"情节严重"仅限定于客观方面。所以，即使在行为不法中，主观情节的考虑也是必要的。再次，排除了主观方面因素的评价也无法对构成要件进行整体性的评价。即使是在两阶层或三阶层体系中，构成要件也并不完全是客观的，也存在主观的构成要件要素或主观的不法要素，撇开这些因素，也无法对构成要件进行整体性评价。笔者认为，情节是包含主观与客观方面的综合性因素。但是故意的认识内容只可能是客观的情节，故下文所说的对情节的认识皆指对于情节中客观因素的认识。

第二，"整体的评价要素"说是受到德国刑法理论中"整体性的行为评价要素"（gesamttatbewertende Merkmale）的启发。如同论者的客观超过要素理论，"整体的评价要素"说可谓是将德国刑法理论与我国刑事实在法进行精妙结合与加工的产物，实乃刑法解释论上的生花妙笔。但也正如客观超过要素理论那样，由于跨越了两个法律制度下的不同犯罪论体系，整体的评价性要素这一理论构造虽然能够发挥一定的解释学功用，却隐约透露出些许体系拼接的牵强。德国刑法个别分则条文规定了"整体性的行为评价要素"，通过对构成要件进行全方位的评价而进一步明确或提升其违法性内涵。[1] 如《德国刑法典》第240条第2款规定，强迫行为只有满足"为达到目的而使用暴力或威胁的方式被视为卑鄙的"这一条件，才属于"非法"。该款中规定的行为手段的"卑鄙性"就属于"整体性的行为评价要素"，在犯罪论体系中属于违法性的层级，但是被评定为"卑鄙"的行为的事实性情节，仍属于构成要件层面。如果行为人认识到行为的事实，只是对其是否"卑鄙"的判断产生了错误，则不属于构成要件认

---

[1] Vgl. Roxin/Greco, Strafrecht Allgemeiner Teil, Band I, 5. Aufl., 2020, § 10, Rn. 45 ff.

识错误,而属于禁止错误,不产生排除故意的效果。[1] "整体的评价要素"说虽然要求行为人认识整体性评价要素的前提性事实,却把行为人对情节是否严重产生的错误,归在"具有违法性认识(可能性)的前提下产生的认识错误"之列,认为其不是一种违法性认识错误,而是对事实的评价错误,属于涵摄错误。[2] 这就实际上将整体评价要素中的评价也视为构成要件内容,需要行为人对其进行认识。也就是说,整体性的行为评价要素在德国刑法理论中属于违法性层级,而在我国刑法中属于构成要件要素。至于为何会产生这种体系上归位的差别,整体的评价要素与德国刑法理论中的"整体性的行为评价要素"之间到底存在何种借鉴与转化的关系,乃至为何要把整体性评价要素中的评价本身与进行这种评价的基础性事实分离,"整体的评价要素"说并未给予说明。

笔者以为,我国刑法的"情节严重""数额较大"等规定与德国强迫罪中行为手段的"卑鄙性"的规定不同,并非对行为的违法性提出的要求,而是对行为是否构成犯罪提出的刑事可罚性要求,是一种规范的评价。情节犯的行为情节如果不够严重,数额达不到相应的要求,行为仍然具有违法性,只是未达到构成要件所要求的不法的量级而不构成犯罪。加之我国犯罪构成并无阶层性构造,因而整体的评价要素在我国刑法中不属于违法性层级,而属于构成要件层面。这样,我们就可以把整体的评价要素视为整体评价性的规范的构成要件要素,称之为"整体性规范评价要素"。整体性规范评价要素仍然属于构成要件层面,要求行为人对其进行认识。这样一来,就要求行为人认识到其行为属于"情节严重"、达到"数额较大",但由于其是规范的构成要件要

---

[1] Vgl. Roxin/Greco, Strafrecht Allgemeiner Teil, Band I, 5. Aufl., 2020, §10 Rn. 45 ff., §12 Rn. 105.
[2] 参见张明楷:《犯罪构成体系与构成要件要素》,北京大学出版社2010年版,第253页。

素,故对于司法解释所规定的"情节严重"的具体情形和"数额较大"的具体数额,不需要行为人进行法律意义上的精确的理解,只要认识到在一般的社会意义上行为的情节属于严重、数额属于较大即可,此即所谓外行人所处领域的平行评价理论[1]。这是其作为规范的构成要件要素的一面。此外,由于"情节严重""数额较大"还是一种"整体性行为评价要素",故又兼具整体性评价要素的特性,要求作为评价基础的事实必须为行为人所认识,否则无法对其进行整体的评价。

以虚假广告罪为例,广告主、广告经营者、广告发布者违反国家规定,利用广告对商品或者服务作虚假宣传,根据2010年5月7日最高人民检察院、公安部《关于公安机关管辖的刑事案件立案追诉标准的规定(二)》[以下简称《立案追诉标准(二)》]第75条第1项规定,"违法所得数额在10万元以上的",可视为情节严重的情形予以追诉。如果行为人认识到其行为手段和行为大致的规模,认识到违法所得数额为十万元左右,但是以为尚未达到刑法处罚的严重程度,则这种错误认识属于对规范构成要件的认识错误。按照外行人所处领域的平行评价理论,该错误对故意并不产生影响,行为的刑事责任仍然成立。假设某生产商令广告经营者制作并印刷了少量的虚假广告,仅打算在亲友范围内进行小规模的宣传,但在上传其他数据时不慎将虚假广告电子版也一起上传到某网站,消费者大量浏览该广告而信赖其宣传,纷纷购买该商品,产品制造商经营数额达到10万元以上。此时如果按照虚假广告"情节严重"的情形追究行为人的刑事责任,则有失公允。正确的处理方法应该是,按照上述整体性规范评价要素的规则,行为人缺乏对"情节严重"及违法所得数额达到10万元的基础事实的认识,不存在情节严重的故意。

---

[1] 外行人所处领域的平行评价理论是处理规范性构成要件要素认识错误的原则,参见 Roxin/Greco, Strafrecht Allgemeiner Teil, Band I, 5. Aufl., 2020, §12 Rn. 101 ff.。

同样的结论也适用于盗窃、诈骗等传统的数额犯。如果行为人将邻居家中的珍贵古瓷盛器误作普通的破瓷罐偷偷拿走打算作放置杂物之用,根据一般的社会常识认为自己窃取的对象物是"不值钱的东西",此时如何解决行为人的刑事责任问题?根据"罪体—罪责—罪量"说、"客观处罚条件"说,数额和情节都不是故意认识内容,则行为人的认识错误对成立犯罪不产生影响,应该按照窃取物的真实价格处罚,则可能按照盗窃物品"数额特别巨大"对行为人处以 10 年以上有期徒刑或无期徒刑。这种结论从罪责原则的角度来看,显然是有问题的。而如果将盗窃罪中的"数额较大"视为构成要件的整体性规范评价要素,则要求行为人对所窃取的对象物的价值和数额较大具有认识。当然这种认识并不需要是精确的法律认识,即不要求行为人认识到自己的盗窃数额达到司法解释所规定的标准,行为人在社会意义上认识到自己所盗财物价值较大即可。由于整体性规范评价要素要求行为人对作为评价基础的事实情况进行认识,上述盗窃案件的行为人应该对构成盗窃物品价值评价的基础事实有所认识。而对于珍贵的古瓷器来说,其年代久远的文物特性是评判"数额较大"的基础事实,如果行为人对这一基础事实没有认识,一般来说也无法对其价值进行正确的社会意义上的评价,因此不具有故意。同样,在"天价葡萄案"[1]中,被盗葡萄的科研用途也是评价其价值的基础事实,如果行为人未认识到这一基础事实,则不具有盗窃数额较大财物的故意,不构成盗窃罪。

再如以殴打、捆绑、违法使用械具等恶劣手段逼取口供或以较长时间冻、饿、晒、烤等手段逼取口供的情形,是刑讯逼供罪较为典型的行为不法和结果不法的表现形式,而附着其上的不法含量自然包含

---

[1] 案情介绍参见《清华教师愿出钱保佃"天价葡萄"民工回家过年》,载《北京娱乐信报》2004 年 1 月 14 日;以及周光权:《偷窃"天价"科研试验品行为的定性》,载《法学》2004 年第 9 期。

在构成要件范围之内,对于其中的客观要素,当然需要行为人认识。此时的情节,反映了构成要件典型的不法含量,可以定位为整体性规范评价要素,用整体性规范评价要素的原理解决其与故意认识内容的关系。行为人需要对殴打、捆绑、违法使用械具,以较长时间冻、饿、晒、烤等手段行为进行认识,否则即不具有故意。假设行为人在对被害人实施讯问后将其关在看守所的一间空房中而忘记被害人的存在,导致被害人长时间受冻挨饿,虽然在客观上符合司法解释规定的情节严重情形,但行为人对这一情节不具有故意,不应成立刑讯逼供罪。即使导致被害人重伤、死亡的后果,这个后果也不应在刑讯逼供罪的构成要件内被评价,可以考虑的是玩忽职守罪的可能性。而如果行为人对殴打、捆绑、违法使用械具等恶劣手段或较长时间冻、饿、晒、烤等逼取口供的手段行为有认识,只是认为这些手段在公安侦查实践中极为正常,并不"严重",不具有刑事可罚性。这时他在认识到行为事实的基础上根据其非法律人士的理解把握了行为的社会意义,即属于具有外行人的平行评价。根据外行人的平行评价原则,他已具备刑讯逼供罪的故意,而有关情节是否严重的评价错误不具有阻却故意的效果。同样,《立案追诉标准性(二)》第 75 条第 3 项"假借预防、控制突发事件的名义,利用广告作虚假宣传,致使多人上当受骗,违法所得数额在三万元以上的"严重情节也属于构成要件的基本不法量域,即使存在"假借预防、控制突发事件的名义"的情形,行为不法与结果不法也可以为虚假广告罪所包括。所以,这一情节中的客观性因素也应该要求行为人认识。如行为人应当对自己虚构预防、控制突发事件,利用这些事件进行虚假宣传,以及违法所得的大致规模这些客观性的事实因素具有认识,否则如果行为人误以为发生了突发事件而利用其作广告,广告中也有一定的夸张成分,按照"罪体—罪责—罪量"说、"客观处罚条件"说的观点都应当成立情节严重的虚假广告行为,显然有失公允。

综上所述,"整体的评价要素"说无法解释所有情节犯中"情节"的定位问题。即使我们对整体的评价要素进行上述体系定位上的微调,将其改造成为"整体性规范评价要素",也似乎无法完全解决情节的构成要件地位问题,因为我国情节犯中的情节并非完全紧贴构成要件的行为不法与结果不法展开的,而存在众多的超出构成要件基本不法量域的情形。

(二)溢出构成要件基本不法量域的情节:情节之教义学多维可能

如果我国刑法中情节犯的情节是紧贴构成要件的行为不法与结果不法展开的,那么我们的研究就可以告一段落了。我们可以将反映构成要件行为不法与结果不法含量的"情节"视为整体性规范评价要素,属于整体评价的规范的构成要件要素,要求行为人认识到相关事实基础,并且理解该事实的一般社会意义,否则就可以排除行为人的故意,否定行为人的刑事责任。

然而鉴于我国情节犯中情节的多样性——司法解释对于"情节"的规定,往往超出了它声称所要解释的法条对构成要件的规定,整体性规范评价要素的构成要件定位无疑不能涵盖所有情况。

借助上文对构成要件的量的研究成果,我们发现围绕构成要件的典型行为不法与结果不法存在着一个构成要件基本不法量域。在大多数情况下,构成要件事实所反映的不法含量都在这个基本不法量域之内,根据个案符合构成要件事实的情况有时较大,有时较小。如果我们把构成要件比作一个容器,它总是具有一定的不法容量,这个容量即基本不法量域。通常情况下个案符合构成要件时的不法含量在这个容量刻度范围内,在个别的情况下也会超出这个范围(如结果加重犯的情形)。我国司法解释对某些情节的规定即超出了这个量域,溢出了构成要件的轮廓边界。

以刑讯逼供罪为例,2006年最高人民检察院《关于渎职侵权犯罪案件立案标准的规定》列举了如下情节严重,应当立案的情形:

1. 以殴打、捆绑、违法使用械具等恶劣手段逼取口供的;

2. 以较长时间冻、饿、晒、烤等手段逼取口供,严重损害犯罪嫌疑人、被告人身体健康的;

3. 刑讯逼供造成犯罪嫌疑人、被告人轻伤、重伤、死亡的;

4. 刑讯逼供,情节严重,导致犯罪嫌疑人、被告人自杀、自残造成重伤、死亡,或者精神失常的;

5. 刑讯逼供,造成错案的;

6. 刑讯逼供3人次以上的;

7. 纵容、授意、指使、强迫他人刑讯逼供,具有上述情形之一的;

8. 其他刑讯逼供应予追究刑事责任的情形。

如上文所述,在这些情形之中,除第1、2项所规定的情节是属于构成要件基本量域范围内的以外,其余皆超出了构成要件基本不法量域,属于溢出基本构成要件边界的情形。

1. 属于结果加重犯的情形

上述司法解释第3项规定的情形,即刑讯逼供造成犯罪嫌疑人、被告人轻伤、重伤、死亡的,实际上已经超出了刑讯逼供基本构成要件所包含的内容(正是基于这种原因,《刑法》第247条第2款规定,刑讯逼供致人伤残、死亡的,依照故意杀人罪或故意伤害罪处理)。要求行为造成加重的结果,实际上是超出构成要件惯常的语义学的边界与价值衡量的域围对构成要件及其要素进行补充或删减。[1] 此种情节严重

---

[1] 司法解释是否有权对法定构成要件进行这种补充修改?司法解释此处的规定提高了入罪的门槛,实际上是对被告人有利的解释,所以笔者以为这种"解释"从法治国原则角度来说并未损害构成要件的保障功能,因而也未违反罪刑法定原则,但削弱了构成要件的呼吁功能,即作为不法类型警示社会成员不得从事此类行为的功能。

的情形,实际上可以作为结果加重犯的情形探讨,只不过司法解释跳过了基本构成要件成立的一环,直接要求在加重结果出现时,行为始构成情节严重,也即始成立犯罪(类似的情形也存在于司法解释对报复陷害罪的规定之中)。相对于基本构成要件来说,结果加重犯反映了较大的行为不法与结果不法含量。根据通说,行为人必须对加重结果至少存在过失,即具有对加重结果的预见可能性,否则该结果无法归责给行为人。[1] 由此我们就可以推导出属于结果加重犯情形的严重情节与行为人主观方面的关系:加重结果不是行为人必须认识的内容,但是行为人应该对加重结果至少具有过失。

加重结果类型的"情节严重""情节恶劣"的规定,在我国司法解释中较为常见,如2020年最高人民法院《关于审理拒不执行判决、裁定刑事案件适用法律若干问题的解释》第2条规定的拒不执行判决、裁定的情节严重情形:"毁损、抢夺执行案件材料、执行公务车辆和其他执行器械、执行人员服装以及执行公务证件,致使执行工作无法进行的"(第7项);2016年最高人民法院《关于审理非法行医刑事案件具体应用法律若干问题的解释》第2条规定的情节严重情形:"造成就诊人轻度残疾、器官组织损失导致一般功能障碍的"(第1项),与"造成甲类传染病传播、流行或者有传播、流行危险的"(第2项)。这些规定,皆是加重结果作为情节严重的情形。

2. 属于客观处罚条件的情形

如果说行为人采取过大强度的刑讯逼供手段,致使被害人重伤、死亡尚未超出刑讯逼供罪的法规范保护目的,属于构成要件之内的结果不法(尽管是超出了基本构成要件的加重结果不法)的话,那么,被害人因遭受刑讯逼供自伤、自杀,致使自己重伤或死亡,就无法再为刑讯

---

[1] Vgl. Jakobs, Strafrecht Allgemeiner Teil, 2. Aufl., 1993, 9. Abschn. Rn. 30 ff.; Gropp, Strafrecht Allgemeiner Teil, 4 Aufl., 2015, § 8 Rn. 23 ff.

逼供罪的构成要件所包括。以客观归责理论的观点来看[1]，被害人自伤、自杀行为虽然起因于行为人的刑讯逼供行为，但由于被害人自我危险的行为的加入，原来的因果进程发生了偏离，被害人的受伤、死亡并非刑讯逼供人创设的风险的典型实现；而且刑讯逼供罪的构成要件规范保护目的不是保护他人不实施自我危害的行为，因此被害人自杀、自伤导致的重伤害或死亡的结果无法归责给行为人。以客观归责理论反推之，既然此种情形无法归责给行为人，该结果也就不属于行为人的"作品"，因而行为人对这一结果也无法加以控制。行为人无法控制的结果，不仅不在基本构成要件范围之内，也超出了结果加重犯的范围。所以，这一情形属于客观的处罚条件。根据通说对客观处罚条件的观点，类似情形不需要行为人具有故意，也不需要存在过失。只要发生被害人自伤、自杀的情形，就可以对行为人的刑讯逼供行为进行追诉。

同样这一结论也适用于该司法解释的第 5 项。刑讯逼供造成错案的情形，实际上是由于他人（审理被逼供人所涉案件的法官）的行为加入行为人先前行为的因果进程中所导致的结果，而错案判决是否产生，行为人根本无法左右，属于他人负责任的领域，因而也无法归责给行为人。这一情形属于客观处罚条件，所以也不属于刑讯逼供的构成要件范围，不要求行为人对错误判决具有故意或过失。

而如果按照"整体的评价要素"说，在以上几种情形中，作为评价前提的事实均需要为行为人所认识，即被害人重伤、死亡的结果以及错案的产生需要行为人认识，否则即阻却构成要件的故意，行为人不成立情节严重的刑讯逼供，因而不构成犯罪，这显然欠妥。

3. 多次实施构成要件行为的情形以及其他刑事政策因素

除上述情形之外，司法解释往往将行为对象多个或多次实施构

---

[1] 关于客观归责理论，参见 Roxin/Greco, Strafrecht Allgemeiner Teil, Band I, 5. Aufl., 2020, § 11, Rn. 44 ff.。

成要件行为视为"情节严重"的情形之一,如"刑讯逼供3人次以上""多次抗税"的规定。除营业犯以外,刑法中的构成要件是以一次被充足为原型的,所以这种要求也超出了构成要件的原本量域,故不要求行为人对其进行认识。而依照"整体的评价要素"说,则需要行为人对其进行认识,就会导致记忆力差、未认识到行为对象和行为的复数性的行为人反而会受到法律的优待的荒诞结果。[1]

另外,犯罪后的表现、被害人的因素等,也被司法解释视为情节的影响因素,作为判定情节严重与否的依据。如2006年最高人民法院《关于审理未成年人刑事案件具体应用法律若干问题的解释》第9条即将未成年人"案发后能如实供述盗窃事实并积极退赃"与其他因素一起作为"情节显著轻微,危害不大"的情形。这些案外因素,显然已经离开了构成要件的领域。立法者从遏制犯罪和安抚被害人等刑事政策目的出发,把构成要件之外的因素考虑进来,作为影响犯罪成立的因素。这些因素不具有构成要件的地位,因而也不属于"整体性规范评价要素",自然不属于行为人故意认识的内容。

最后,我国司法解释关于情节犯往往还存在"其他情节严重的情形"的兜底性规定,为司法实践认定情节严重留下更广阔的解释空间。对于兜底性的规定,我们同样可以按照上述的分析方法,将其按照具体情形分别划归为整体性规范评价要素、结果加重犯情形、客观处罚条件与其他刑事政策因素,再依据相关原则进行处理。通过这种犯罪论上的体系整合与归类,我们就可以对情节犯按照立法者的立法意图进行细化的教义学处理,解决实践中因立法规定粗陋而导

---

[1] 张明楷教授也认识到这一结论的荒谬性,将这种情形视为"客观的超过要素",不要求行为人对其进行认识。参见张明楷:《犯罪构成体系与构成要件要素》,北京大学出版社2010年版,第220页以下。但如果严格贯彻"整体的评价要素"说,则应该将该"情节严重"的情形视为整体的评价要素,要求行为人认识。"整体的评价要素"说的局限性,由此可见一斑。

致的情节犯故意范围认定的恣意性问题。

综上所述,纵观我国司法解释对情节犯的规定,"情节严重"的情形概不外乎如下四种:情节属于对典型构成要件不法含量的要求、超出构成要件基本不法量域的加重结果要求、客观处罚条件,以及构成要件多次符合的情形或其他基于刑事政策原因提出的案外要求。如 2010 年 5 月 7 日最高人民检察院、公安部《关于公安机关管辖的刑事案件立案追诉标准的规定(二)》第 75 条对虚假广告罪"情节严重"追诉标准的理解[1],其中第 1—3 项关于违法所得数额及造成消费者直接经济损失的规定属于对虚假广告罪典型构成要件不法(行为不法与结果不法)含量提出的要求;第 4 项"未达到上述数额标准,但两年内因利用广告作虚假宣传,受过行政处罚二次以上,又利用广告作虚假宣传"规定,属于从刑事政策角度出发所提出的情节要求;而第 5 项"造成人身伤残的"规定,则属于超出虚假广告基本犯构成要件范围对加重结果提出的要求。类似规定为数众多,恕不一一赘述。

五、结语

本节通过对构成要件的不法类型本质及诠释学特征的阐释,论证了构成要件乃是包含一定不法含量预设的介于规范与事实之间的构造,并揭示了不法含量的渐变性、流动性特征。构成要件作为对某种"恶害"的定型化描述,与它所涵摄的个案生活事实存在着互动的关系,构成要件的解释过程就是个案与构成要件之间互相的意义赋予与

---

[1] 该规定第 75 条规定:"广告主、广告经营者、广告发布者违反国家规定,利用广告对商品或者服务作虚假宣传,涉嫌下列情形之一的,应予立案追诉:(一)违法所得数额在十万元以上的;(二)给单个消费者造成直接经济损失数额在五万元以上的,或者给多个消费者造成直接经济损失数额累计在二十万元以上的;(三)假借预防、控制突发事件的名义,利用广告作虚假宣传,致使多人上当受骗,违法所得数额在三万元以上的;(四)虽未达到上述数额标准,但两年内因利用广告作虚假宣传,受过行政处罚二次以上,又利用广告作虚假宣传的;(五)造成人身伤残的;(六)其他情节严重的情形。"

价值归类的过程。每个生活事实对构成要件的充足,都是一次不法含量的确定与具体化,因而构成要件永远面临着量的检验。一言以蔽之,自实质违法性理论创设以来,构成要件就不再是一个宾丁意义上的空洞的规范违反,而是一个具有渐变的不法含量的构造,是一个质量统一体。每一个构成要件都存在着由行为不法与结果不法组成的基本不法量域。以"构成要件基本不法量域"为标准,我们得以廓清我国刑法情节犯之情节与构成要件的关系,进一步界定了数额与其他情节之中客观因素与行为人主观方面的关系,为主观方面的认识内容划定了边界。

其一,数额与大多数描述行为不法与结果不法的情节皆属于构成要件的基本不法量域,在构成要件的范围之内,具有构成要件地位。刑法分则"数额较大""情节严重""情节恶劣"等规定属于构成要件要素,其定位是"整体性规范评价要素"。

其二,司法解释对我国刑法上的情节犯进行的细化补充规定往往超出了刑法所规定的基本构成要件,使得情节犯具有教义学上的多维性。一些情节已经超出了基本构成要件的边界,溢出了构成要件的基本不法量域。基于这种对情节犯的教义学多维性的认识,我们可以发展出解决情节犯的情节与行为人主观方面的关系问题的方法:以基本的构成要件行为不法和结果不法为基域,确定行为人故意认识的边界。属于基本构成要件行为不法和结果不法的情节,应该在行为人主观方面的射程范围之内,以"整体性规范评价要素"的原则处理;对于超出这个基域的情节,依具体情形再次进行教义学的定位,或者按照结果加重犯,或者按照客观处罚条件,或者按照其他刑事政策方面的因素确定其与行为人主观方面的关系。

至于如何确定"基本构成要件行为不法和结果不法"这一基域,笔者以为,在规范的层面,它可由构成要件的语义学意义和立法者设置构成要件的规范目的推导出来;在实证的层面,我们可以根据实践中符合构成要件的生活事实的出现频率对其进行确定。

借由我国刑法总则但书规定的通道,司法解释对犯罪构成的补充性"解释"实际上获得了立法的品格。如此被司法解释补充与修改的犯罪构成不是德日刑法理论意义上的仅为行为不法与结果不法划定预设空间的不法类型,而是一个包含了基本构成要件、加重结果、客观处罚条件以及其他刑事政策因素的"类构成要件复合体"。值得注意的是,这个复合体与德国犯罪论中的阶层式的广义的构成要件并不可同日而语。因为在德国阶层式的广义构成要件中,构成要件、违法性、有责性互相独立又层层递进,构成要件相对封闭稳定,具有清晰的结构与边界,因而通过构成要件对不法类型的清晰描述,构成要件的呼吁功能与保障功能得以发挥。而在我国的犯罪构成中,基本构成要件边界不清,加重结果、客观处罚条件等基本构成要件之外的影响犯罪成立的因素隐藏在"情节严重"的规定之中,在构成要件的适用过程中被"激活",不断地对基本构成要件构成侵扰。它们在外观上具有构成要件要素的假象,实际上具有独立的影响犯罪成立的犯罪论地位。由于客观的构成要件是行为人的主观方面的认识内容,轮廓明晰的构成要件就能够为主观方面的认识对象范围划定清晰的边界。而在我国四要件的犯罪构成之中,躲藏在构成要件外衣下的上述影响犯罪成立的因素模糊了构成要件的基本边界,妨碍了构成要件的呼吁功能与规制故意认识范围的作用。[1] 因而对我国

---

[1] 也正是在这个意义上,陈兴良教授指出,承袭苏俄犯罪构成理论的我国刑法犯罪构成,作为犯罪成立条件的总和,其中"已经看不到构成要件的踪影,构成要件所具有的特征与机能也荡然无存"。基于此种认识,陈兴良教授对我国犯罪构成作出"没有构成要件的犯罪构成"的诊断,确是一针见血。参见陈兴良:《四要件:没有构成要件的犯罪构成》,载《法学家》2010年第1期。在赞成上述观点的基础上,笔者进一步认为,我国的犯罪构成与德国三阶层体系中的构成要件具有本质规定上的相似性,仍然具有构成要件性质,只是与加重结果、客观处罚条件以及其他刑事政策因素相互融合,所以我国犯罪构成之中并非完全缺失构成要件,而是存在着一个边界不清的构成要件。

犯罪构成这一"类构成要件复合体"进行教义学解剖,将加重结果、客观处罚条件从基本构成要件之中剥离,使其复归本来的位置,还原基本构成要件清晰的面目,对我们重建对构成要件的科学认识,界定主观方面与情节之间的关系,深化结果加重犯、客观处罚条件的理论研究等皆有重要的理论价值。

提倡"基本构成要件"与"构成要件基本不法量域"的理念,不仅为界定情节犯的犯罪论定位与确定情节(包括数额)与主观方面关系提供了解决方案,也为在法哲学与教义学层面沟通三阶层体系的构成要件与我国四要件的犯罪构成理论打通了一条解释学的通道。在这个意义上,"基本构成要件"与"构成要件基本不法量域"的理念是对我国犯罪构成进行教义学分析的重要方法论工具,其中蕴含着广阔的犯罪论解释学的前景。

第二节 不作为犯理论之教义学匡正

我国不纯正不作为犯罪理论的通说采取的是形式的义务来源说,在形式义务来源说的理论框架下存在诸多问题。传统形式说对先行行为范围不作实质性限定导致先行行为不纯正不作为的刑事责任泛滥。本节尝试在对先行行为教义学演进素描式勾勒的基础上,揭示先行行为从归因到归责的发展历程。先行行为只有对损害结果具有可归责性,才能引发阻止该损害结果发生的义务。因此应当以客观归责标准衡量先行行为并对其进行合理的限定。首先,先行行为必须是一种风险创设行为;其次,先行行为与损害结果之间必须存在风险关联,即对受(不作为)侵害法益的保护必须符合先行行为所违反的规范的保护目的。

一、先行行为作为义务之理论谱系归整及其界定

我国不纯正不作为犯罪理论的通说在传统上采取的是形式的义务来源说，认为作为义务来源于法律规定、合同约定或法律行为、职务或业务上的要求，以及先行行为，即所谓的形式四分说。[1] 在上述作为义务之中，因先行行为产生的作为义务具有一定的特殊性。在我国司法实践中，基于先行行为保证人地位的不纯正不作为犯刑事责任一直以来都具有较大的争议性，尤其是传统的形式四分说仅从形式的角度对先行行为进行认定，导致先行行为范围界定模糊，对先行行为的认定有过于形式化与扩大化的倾向，导致先行行为类型的不纯正不作为犯的刑事责任泛滥。我国学界与司法实践围绕先行行为的界定素来存在较大的争议，例如先行行为是否必须为违法行为？合法行为是否可以成为先行行为？犯罪行为是否可以成为先行行为？以及先行行为是否必须为自己的行为？欲解决这些问题，有必要首先明确先行行为本身的性质，以及它与其他形式作为义务之间的区别。

与法律、合同以及职务或业务要求等其他作为义务来源相比，先行行为具有特殊的性质，必须在探明这种特殊性质的基础上，才能为上述问题提供满意的解答。下文拟在对先行行为教义学演进与理论谱系进行整理的基础上，揭示先行行为的特殊性质，继而尝试对先行行为进行合理的界定，以妥善解决先行行为类型的不纯正不作为犯刑事责任问题。

（一）先行行为保证人地位的教义学发展与理论谱系

我国传统的作为义务形式四分说是从法律形式的角度对作为义

---

[1] 参见高铭暄、马克昌主编：《刑法学》（第10版），北京大学出版社2022年版，第63页以下。

务来源进行论证,在德国刑法理论上被称为"形式的法律义务理论"。与"形式的法律义务理论"相对的是实质的作为义务说,实质说尝试跳出以作为义务形式上的来源论证结果防止义务的格局,寻找法律要求不纯正不作为犯对于损害结果应承担损害防止义务的实质性的根据,故称之为"实质的法律义务说"。晚近德国学者从实质角度对作为义务进行论证的尝试颇多,此处仅略举一二:例如"信赖说"[1]认为作为义务来源于社会生活中对他人实施一定的行为的信赖。后来又有学者提出"介入说"[2],认为通过创设风险或者使他人丧失损害防止的意愿而介入他人权利领域者,负有损害防止的作为义务。而实质说中最有影响的当属许乃曼提出的"结果原因的支配说"[3],主张唯有对结果发生的进程具有现实的支配力者,才负担防止该结果发生的义务。除上述三种学说以外,在德国学界还盛行一种功能说[4],该说跳脱了形式说过于形式主义的框架,也反对以一种统一的学说论证所有不纯正作为犯罪的作为义务,而是主张从功能主义的角度将作为义务划分为两大类别,即来源于保护保证人地位的作为义务与监管保证人地位的作为义务。

在上述作为义务理论之中,先行行为到底具有何种地位?其概念界定又随着上述理论的发展经历过何种变化?唯有在梳理先行行为教义学发展的基础上,明晰其在不同不作为犯理论框架下的地

---

[1] Vgl. Wolff, Kausalität von Tun und Unterlassen, 1965, S. 36 ff.
[2] Vgl. Seelmann, Opferinteressen und Handlungsverantwortung in der Garantenpflichtdogmatik, GA 1989, 251 ff.
[3] Vgl. Schünemann, Grund und Grenzen der unechten Unterlassungsdelikte: zugleich ein Beitrag zur strafrechtlichen Methodenlehre, 1971, S. 235 ff. 该观点近年来在我国学者中获得广泛的赞同,参见黎宏:《刑法总论问题思考》(第2版),中国人民大学出版社2016年版,第125页以下;张明楷:《刑法学》(第6版),法律出版社2021年版,第198页。
[4] Vgl. Kaufmann, Die Dogmatik der Unterlassungsdelikte, 1959, S. 282 ff.; Kindhäuser, Strafrecht Allgemeiner Teil, 4. Aufl., 2009, § 36 Rn. 52.

位,揭示这种演变背后的动因,才能对先行行为进行合理的界定。下文将从形式法律义务理论开始,从不纯正不作为犯理论发展的粗略梳理之中勾勒先行行为教义学演进的大致脉络,并尝试在此基础上揭示上述问题的答案。

1. 形式的法律义务理论

"形式的法律义务理论"由德国刑法学家费尔巴哈(Feuerbach)于19世纪初创立。费尔巴哈以康德的法律理论为基础,试图从自由国家思想理论角度对不作为的可罚性进行论证:在一个自由民主的国家,公民原则上只具有不实施侵害他人法益的义务,因而一般来说只有积极引起损害的行为才会被处罚。所以原则上来说,不实施救助或补救行为并非当然可罚,只有当存在实施该行为的特殊义务时(如法律规定或合同约定),才应当承担刑事责任。[1] 费尔巴哈对不作为犯作为义务来源与根据的自由国家理论式的论证不仅在学界产生重大影响,而且获得了判例的青睐。德意志帝国法院在审判实践中将该观点发展成所谓的"形式的法律义务理论"(formelle Rechtspflichttheorie),认为如果行为人具有来源于法律或合同的行为义务,那么其不作为等同于作为,义务人对其不作为所造成的损害也应当如同对于作为那样承担刑事责任。

19世纪中后期人们也开始尝试从因果一元论角度对不作为犯的作为义务来源进行自然主义的论证。这种理论发展动向植根于当时在几乎所有科学领域居于主导地位的自然主义哲学(Naturalismus)。早先在不作为犯因果关系方面采取的准因果关系论主张,如

---

[1] Vgl. Feuerbach, Lehrbuch des gemeinen in Deutschland gültigen peinlichen Rechts, 2. Aufl., 1803, § 24, zitiert nach Schünemann, Zur Garantenstellung beim unechten Unterlassungsdelikt: Dogmenhistorische, rechtsvergleichende und sachlogische Auswegweiser aus einem Chaos, in: Grundlagen des Straf- und Strafverfahrensrechts, FS-Amelung, 2009, S. 305, 309.

果行为人实施相应的作为可以避免损害后果发生,那么行为人不作为与损害后果之间就存在着一种类似作为与损害后果之间的效果联系,这种效果联系并非现实的因果联系,而是一种假设的因果联系,即准因果联系。而受当时盛行的自然主义哲学影响,学者试图在因果概念中寻找一切刑法归责的根据,不再满足于准因果关系理论,而是认为在不作为犯中也存在着真正的因果联系,只不过这个因果联系不是存在于不作为之中,而是——向前追溯——存在于行为人在先所实施的行为之中。[1] 如果行为人能够阻止在先实施的行为所带来的损害后果而不阻止,致使后果发生,那么该后果就是行为人在先行为自然发展的结果,在先行为即导致该损害后果的原因。此即"在先危险行为"(Ingerenz)概念的发端。[2] 在先危险行为理论诞生之后,其与费尔巴哈的形式法律义务理论成为当时德国不作为犯教义学的两大理论流派,在各自的支持者之间展开了旷日持久的论战。而判例对两种理论也没有厚此薄彼,而是将二者结合起来,将法律和合同上的义务和来自在先危险行为的法律义务并列视为作为义务来源的根据。[3]

"二战"以前,先行行为适用于那些不作为导致了刑法所禁止的后果,但是人们既无法从法律规定之中,也无法从合同之中推导出来作为义务的情形,充当着一种"堵漏"(lückenbüßer)的角色。[4] 后来在法律、合同与先行行为基础之上,判例又承认了虽然没有法律上

---

[1] Vgl. Roxin, Strafrecht Allgemeiner Teil, Band II, 2003, § 32 Rn. 3.
[2] Ingerenz 拉丁语原义为"干涉、介入",被用在不作为犯理论是指 gefährdendes Vorverhalten,即"危险前行为",故译为"危险前行为"更为恰当,考虑到语言使用上的习惯性,下文仍沿用通常的"先行行为"概念。
[3] Vgl. RGSt 18, 96 (98); Schünemann, Zur Garantenstellung beim unechten Unterlassungsdelikt: Dogmenhistorische, rechtsvergleichende und sachlogische Auswegweiser aus einem Chaos, in: Grundlagen des Straf- und Strafverfahrensrechts, FS-Amelung, 2009, S. 310.
[4] Vgl. Stratenwerth, Strafrecht Allgemeiner Teil I, Die Straftat, 4. Aufl., 2000, § 13 Rn. 26.

基于婚姻、血缘关系,但事实上处于生活共同体的共同体成员之间的作为义务[1],形成作为义务的四来源说。作为义务四来源说虽然不再拘泥于最初的法律与合同的形式作为义务根据,但是仍然没有尝试从实质的角度寻求义务根据,故仍属于形式法律义务理论的范畴。

形式法律义务理论实际上所解决的不是作为义务的论证问题,而仅仅是对作为义务的来源进行描述。从作为义务来源的角度,我们也可以发现,先行行为与其他的形式法律义务相比具有一定的特殊性:法律和合同上的义务是刑法外的形式上的法律义务,而先行行为的法律义务则是刑法上行为人承担刑事责任的根据。这就提示我们,在先行行为的界定方面,必须以刑法的目光予以特别的检视。

2. 功能二分理论

与判例所采取的形式法律义务立场不同,阿明·考夫曼(Armin Kaufmann)于20世纪50年代末提出功能二分理论,逐渐在学界取得通说地位。阿明·考夫曼认为在林林总总的作为义务之中,存在着内容与功能上的区别,根据这种区别可以将作为义务的来源分为以下两大类别[2]:来源于保护保证人地位(Obhutsgarantenstellung)的作为义务与监管保证人地位(Überwachungsgarantenstellung)的作为义务。前者是指行为人对于被保护者所承担的实施一定作为而保护其法益不受侵害的义务,这种作为义务是一种全面的保护义务,有义务防止一切可能损害被保护者法益的危险,如父母对于未成年子女以及夫妻之间的作为义务、来自于生活共同体或危险共同体的义务、自愿承担的保护义务(事实上自愿接管或承担的对他人的保护义务,如行为人本无保护保证人义务,但因自愿承担对婴儿的照看、对病人的

---

[1] Vgl. RGSt 69, 321 (323).
[2] Vgl. Kaufmann, Die Dogmatik der Unterlassungsdelikte, 1959, S. 282 ff.

护理等而获得的义务);后者是指行为人对于特定的危险源具有监管该危险源不对他人造成侵害的义务,这种保证人仅对其所监管的危险源所造成的损害负有防止义务,其作为义务是一种特殊的作为义务,紧紧围绕危险源对法益造成的危险指向,例如危险设备运营人对其运营的危险设备、饲主对其饲养的动物负有监管而防止其伤害第三人的义务,对属于自己监管职责范围内的被监管人对第三人造成损害的阻止义务,以及来自先行行为的义务,即防止其在先行为的危险致人损害的义务。[1] 在功能二分论中,因先行行为引发的作为义务属于监管保证人地位的作为义务,而来自法律、合同的义务则多属于保护保证人地位的作为义务范畴。而在监管保证人地位之中,并非所有作为义务的根据都是先行行为,与其并列的还有危险设备运营人、饲主等危险源监管人的危险源监控义务。

这种功能二分法不迷恋于对作为义务来源进行一体化的实质描述与论证,而是根据作为义务功能与内容上的区别,将作为义务进行类型上的基本区分,并在此基础上进一步划分不同的作为义务亚类型,对作为义务的整理与归类可谓逻辑清晰、结构明确。这种功能主义的路径综合了形式说与实质说的优点,避免了对作为义务进行统一实质论证而带来的过于抽象与不周延的风险,也在某种程度上弥补了形式说的言之无物。更为关键的是,功能说在实践适用中具有较大的优势:由于各作为义务具有根据各自不同的特性形成的判断规则,而且相互之间层次与边界清晰,根据这种类型化的层级结构可以对保证人地位进行更加有效率与针对性的检验。因而,功能二分法经受住了种种实质说的风起云涌的挑战,至今仍屹立于通说地位。甚至采实质说的学者,也无法完全脱离功能二分说进行理论建构。

---

[1] Vgl. Roxin, Strafrecht Allgemeiner Teil, Band II, 2003, § 32 Rn. 6; Wessels/Beulke, Strafrecht Allgemeiner Teil, 40. Aufl., 2010, § 16 Rn. 716.

因此，对先行行为范围进行正确的界定，首先必须明确其在功能二分说之中的分类。因先行行为产生的保证人地位在早期判例与学说中并未与其他监管保证人地位分立，往往与后来的保有危险物或运营危险设备产生的保证人地位混同起来被探讨。随着德国"二战"后交通事故犯罪的大大增加，交通肇事者对事故受害者不实施救助的情形时有发生，判例开始改变以往的判决路线，对不实施救助的行为人不再按照第323c条见危不救罪处罚，而是将交通过失行为视为先行行为，要求肇事者承担救助的责任，否则即有可能成立不作为的故意杀人罪。[1] 学者开始注意到这种源自先行行为的犯罪与传统的源自先行行为的犯罪，尤其是保有危险物或运营危险设备产生的不纯正不作为犯罪之间的区别。在这种转变了的先行行为观念下，在保有危险物或运营危险设备产生的不纯正不作为犯罪中，人们很难再对其中的"先行行为"进行合理地论证。例如许乃曼以房屋所有人对来自房屋的危险，即房屋上的瓦片掉落而砸伤路人为例，指出：如果房屋所有人在这个案例中因先行行为承担不作为的责任，那么这里的先行行为就必须追溯到房屋的建造行为或房屋的交易行为（在房屋所有权人发生变更的情况下）。[2] 如果如此追溯下去，那么先行行为的范围就会被无尽地扩大，这显然是不妥当的。

因此，保有危险物或运营危险设备产生的作为义务地位逐渐被从先行行为之中分离出去，学说开始将保有危险物或运营危险设备产生的作为义务地位作为交往安全义务（Verkehrspflicht）或交往安全保障义务（Verkehrssicherungspflicht）的情形来对待。交往安全义务是来自侵权法上的作为义务，即如果物根据其特征可能给他人带来危险，物的所有人或管理人就具有危险防止的作为义务，这种危险

---

[1] Vgl. Roxin, Strafrecht Allgemeiner Teil, Band II, 2003, § 32 Rn. 145.
[2] Vgl. Schünemann, Grund und Grenzen der unechten Unterlassungsdelikte, 1971, S. 284.

主要来自危险物本身或者危险的技术操作过程。[1] 这些义务根据具体危险的不同而有不同的内容,例如房屋所有人对房屋的修缮义务,建筑工地管理人对建筑工地设立警示灯、进行隔离的义务,机动车所有人、运营人对车辆是否符合安全驾驶要求的检查义务以及车辆运行过程中发生危险时的刹车义务、动物的饲主对其所饲养的动物负有的防止其袭击他人造成损害的义务等。[2]

因此,在功能二分说的框架下,交往安全义务从先行行为义务之中分离,使得先行行为的范围大大限缩,由先行行为产生的作为义务不再包括那些来自侵权法的作为义务,不再包括民法上的所有与占有等适法的行为,而是集中于那些应当在刑法的意义上被检验的"真正的"先行行为之上。

而我国的先行行为理论中,存在着将先行行为保证人地位与保护保证人地位或危险设备运营人等其他监管保证人地位相混淆的倾向,将后者也视为先行行为之一种,实际上已经偷换了"先行行为"的概念。从这种错误的先行行为概念出发,自然难以对真正的"先行行为"范围进行合理的界定。

3. 实质法律义务理论与否定先行行为保证人地位的观点

20世纪70年代许乃曼提出"结果原因支配理论",尝试从实质角度对作为义务进行论证,认为作为与不作为的归责基础都是行为人与结果之间存在某种特定的关系,即行为人对结果发生的原因或根据具有现实的支配力。因而,对结果发生的原因进程具有现实支配力,是作为与不作为具有等价性的物本逻辑根据。[3] 基于该观

---

[1] Vgl. Schünemann, Zur Garantenstellung beim unechten Unterlassungsdelikt: Dogmenhistorische, rechtsvergleichende und sachlogische Auswegweiser aus einem Chaos, in: Grundlagen des Straf- und Strafverfahrensrechts, FS-Amelung, 2009, S. 281.
[2] Vgl. Roxin, Strafrecht Allgemeiner Teil, Band II, 2003, § 32 Rn. 111 ff.
[3] Vgl. Schünemann, Grund und Grenzen der unechten Unterlassungsdelikte, 1971, S. 235 ff.

点,许乃曼以在先行行为导致结果发生的情形下不存在对结果原因的支配为由,对先行行为的作为义务提出了质疑。在他看来,源于先行行为的因果进程对于不作为犯行为人来说是"过去的"因果进程,在实施先行行为之后,该因果进程已经离开了行为人的支配领域,行为人对其不再具有现实的控制力,这种不纯正不作为犯的刑事责任不啻于一种纯粹的结果责任(quivis ex populo)。[1] 但是,这种彻底否定先行行为保证人地位的观点并未被广泛接受。罗克辛认为,承认先行行为的保证人地位与结果原因支配理论之间并不存在矛盾,关键在于对"支配"的理解。在罗克辛看来,这种支配不应该仅仅是一种实然的现实支配,而应该是一种规范的支配概念——从规范的角度来说,先行行为所引起的危险的继续发展仍然在先行行为人支配领域之内。如果承认人们应当避免给他人带来法益侵害危险这一原则,也应当承认引起该风险者具有避免该风险继续发展成为构成要件结果的义务。否则就会产生一个价值评判的矛盾,即一方面要求法规范对象避免给他人带来法益侵害危险,另一方面却允许该危险继续发展造成实际的法益侵害。[2]

罗克辛试图以规范的"支配"概念论证先行行为人对结果的支配,以反对否定先行行为存在必要性的观点。张明楷教授也(主要)从严密法益保护的角度论证先行行为存在的必要性。[3] 笔者以为,将论证的靶心集中于先行行为本身,从先行行为的特殊构造角度出发,以证明从先行行为中产生作为义务的合理性,可能更加具有教

---

[1] Vgl. Schünemann, Zur Garantenstellung beim unechten Unterlassungsdelikt: Dogmenhistorische, rechtsvergleichende und sachlogische Auswegweiser aus einem Chaos, in: Grundlagen des Straf- und Strafverfahrensrechts, FS-Amelung, 2009, S. 316.

[2] Vgl. Roxin, Strafrecht Allgemeiner Teil, Band II, 2003, § 32 Rn. 150 f.

[3] 参见张明楷:《不作为犯中的先前行为》,载《法学研究》2011年第6期。另可参见此处关于先行行为存在之必要性的争论。

义学上的说服力。在笔者看来，先行行为乃是一种介于作为与不作为之间的"特殊行为"。当行为人创设了法益侵害的风险，该风险又在客观上继续发展成为构成要件结果，如果不存在第三人负责的行为或被害人在完全的风险意识下的自我危险行为等例外情形，该结果在客观上完全可以归责给行为人，但是该行为却不能被直接处罚，原因在于先行行为人缺乏构成要件的故意，因而不能对其进行主观上的归责。而如果在先行行为发生之后，行为人认识到其行为可能继续发展成构成要件结果，并且在能够阻止该结果发生的情况下不阻止，则就具有了针对构成要件结果的不作为的故意，此时可以对先行行为人的不作为进行主观上的归责。而该不作为在规范的意义上导致了损害结果的发生，因而对于该不作为也可以进行客观归责。尽管行为与结果之间的因果关系的认定在作为领域与不作为领域之间确实具有存在论上的差异，但是不能以此否定不作为与结果之间在法律上的因果关系或者说可归责性：无可否认，不作为与损害结果之间缺乏事实上的因果力，例如父亲不救助落水的儿子致儿子溺水死亡，儿子溺水死亡的事实上的原因是水进入肺脏所引发的窒息，即溺水死亡是水的物理性质与哺乳动物的呼吸生理机制相互作用所导致的结果，而不是父亲的不作为。只是从法律的角度来看，如果我们想阻止类似事件的发生当然不能通过处罚水等自然界的事物来实现，而只能是根据家庭、社会的紧密关系赋予父亲以作为义务，以追究其不作为的刑事责任。此时父亲的不作为与损害结果之间就获得了这样一种联系，即如果父亲在具备作为能力以及具有作为可能性等条件时实施相应的作为，则儿子死亡的结果不会发生，即假设的因果关系。[1] 这种假设的因果关系是一种准因果关系或曰规范意义上的因果关系，因而即使在不作为领域，结果在刑法上也具有可归责性，即归责给行为人的不作为。因此德国刑法理论也认为作为与不作为在归责的意义上并无不同[2]，只是在作为领域适用的是风险创设或风险升高理论，而在不作为领域适用的是风险降低理论，即如果行为人实施相应的作为会降低结果发生的风险，则结果就可以归责给行为人的不作为。[3]

因而，无论是从客观归责还是从主观归责方面考察，无论从行为无价值角度还是从结果无价值角度衡量，基于先行行为保证人地位的不作为都具有与作为相当的等价性。因而，要求先行行为人对于构成要件结果承担不纯正不作为的刑事责任，是对先行行为结构进行教义学分析所得出的必然结论。而先行行为与其他形式作为义务来源的区别在于，合同、法律等形式义务是在当业已存在的风险（来源于自然界、被害人本人或第三人等）威胁到被害人的法益时，基于法律上的规定、合同约定或者业务要求与被害人具有某种特定稳固的社会关系的人承担降低该损害风险的义务，这种作为义务具有稳固的制度性保障；而先行行为的作为义务则不具有这种稳固的制度

---

[1] 关于不作为与结果之间的假设因果关系可参见 Gropp, Strafrecht Allgemeiner Teil, 4. Aufl., 2015, § 11 Rn. 161 ff.; Bosch, in: Schönke/Schröder, StGB, 30 Aufl., 2010, § 13 Rn. 61 ff. 。
[2] 例如罗克辛在不作为的客观构成要件中同样要求结果的客观可归责性。Vgl. Roxin, Strafrecht Allgemeiner Teil, Band II, 2003, § 31 Rn. 182. 金德霍伊泽尔（Kindhäuser）也明确指出，在不纯正不作为犯中同样适用客观归责理论的相关规则。Vgl. Kindhäuser, Strafrecht Allgemeiner Teil, 4. Aufl., 2009, § 36 Rn. 27. 同样，雅各布斯也主张，客观归责理论可在不纯正不作为犯领域得到相应的适用。Vgl. Jakobs, Strafrecht Allgemeiner Teil, 2. Aufl., 1993, § 29 Rn. 19.
[3] 关于在不作为犯领域具有广泛影响的风险降低理论，可参见 Roxin, Strafrecht Allgemeiner Teil, Band II, 2003, § 31 Rn. 46 ff.; Otto, Wahrscheinlichkeitsgrad des Erfolgseintritts und Erfolgszurechnung, JURA 2001, S. 275; Rudolphi u. a. (Hrsg.), Systematischer Kommentar zum StGB, Band I, 7. Aufl., § 13 Rn. 16。

性基础,往往来源于偶然的行为,因此必须从这种行为之中去寻找作为义务得以证成的根据。如上所述,如果因为纯粹偶然的符合社会相当性的一个行为而要求行为人负担结果防止义务,不啻结果归责。因此,先行行为必须与风险的实现具有某种内在的联系——先行行为必须创设了结果发生的风险,唯有如此,先行行为人才负担使这种风险降低的义务,否则应由其他人来承担保证人地位的义务,比如保护保证人如被害人的父母、幼儿园的老师或者危险源监管人等其他监管保证人来降低风险,防止结果发生。总而言之,在不纯正不作为犯罪领域,客观归责理论仍然可以得到适用,来自法律、合同等的保护保证人如果实施相应的作为能够降低业已存在的风险,则其不作为具有可归责性,而先行行为人如果实施相应的作为能够降低自己创设的风险,则其不作为具有可归责性。

先行行为保证人地位虽然受到以许乃曼为代表的学者的批判,但是仍然为德国主流观点所接纳,无论在形式法律义务理论、实质法律义务理论还是功能二分理论中都有其无可撼动的地位。在德国司法实践中,以先行行为作为义务为依据判决不纯正不作为刑事责任的判例也获得了持续的发展。

从上述先行行为理论的发端与演进之中我们可以看到,虽然传统形式四分法将先行行为与法律、合同、业务要求共同视为作为义务的来源,先行行为与其余的形式法律义务来源有着显著的体系上的差异。其一,先行行为的思想基础是自然主义的因果关系理论,而来自法律和合同的义务的形式法律义务理论立论于自由主义。其二,来自在先危险行为的法律义务是刑法上行为人承担刑事责任的根据,在刑法之外根本无存在空间,而法律和合同上的义务是刑法外的形式上的法律义务,二者分属于不同的体系。

而我国关于作为义务来源的通说即形式四分法却并未注意到先

行行为与其他形式作为义务来源的异质性。来自法律、合同、职务或业务要求的作为义务,由于以法律、法规、行业惯例或者合同作为判定的基础,其形式较为固定,以此作为出发点进行作为义务的论证,具有一定的合理性。因为既然法律、法规、行业惯例既定了一定的职责与义务,或者行为人基于私法自治而承诺履行一定的义务,就表明社会生活中对该职责与义务具有普遍的合理的期待,行为人违反这些期待而致人损害,与那些不具有这种职责与义务之人相比,自有所不同,可以作为判断是否承担责任的基础。[1] 但是与法律、法规、行业惯例与合同相比,先行行为没有固定的形式,也没有可资判断的文本依据。如何界定先行行为,从而为作为义务来源的判断划定一个范围,就成为重要的问题。如果不对先行行为概念予以必要的限制,出现损害无法处罚直接致损的行为(包括作为与不作为)时即追溯到在先的行为,追究在先行为人"不防止其行为导致损害的责任",无疑会导致不作为刑事责任的泛滥。下文将结合德国关于先行行为的判例与学说,尝试对先行行为的范围进行界定。

(二)先行行为的界定:客观归责理论在不作为领域的适用

在先行行为的范围限定方面,德国判例与学界都进行了不同的尝试。鲁道菲主张,在不纯正不作为犯罪之中,保证人是在社会生活中发挥防止法益侵害危险这一保护功能的人,是引起法益侵害事件中的"中心人物"。这种保护功能可分为两大类:一类是原发的(primär)保护,直接来自为维持共同体生活所必需的危险防止地位;另一类是继发(sekundär)的保护,即因特定的干扰社会秩序的行为

---

[1] 当然,未必具有法律、法规、行业惯例或者合同基础就一定能够推导出作为义务,此外还须满足其他的条件,这就是实质的作为义务理论所要研究的问题。

而产生的危险防止地位,其中可分为承担的保证人与先行行为保证人。[1] 这种分类与阿明·考夫曼于 20 世纪 50 年代末提出的功能二分理论在实质上具有很大程度的相似性:原发的保证人大致相当于保护保证人,而继发的保证人也与监管保证人具有很大程度的重合。只是在承担的保证人地位分类上,二者存在区别。令人感兴趣的是,考夫曼与鲁道菲两人在对先行行为的归类方面也是不谋而合,二人都将其视为第二位的、不属于稳固的社会秩序或法律制度之组成部分的保证人情形。在因特定的扰乱社会秩序的行为而形成的作为必要性这一所谓"继发的"保证人地位之中,鲁道菲认为只有可为行为人意志控制并且违反义务的前行为(Vortat),才可成为先行行为。[2] 由于他将义务违反理解为"指向法益的违法性"以与合法行为进行区别,故而其先行行为判断标准被称为"违法性标准"。

判例中则发展出"义务违反标准"[3] 与"社会相当性标准"[4] 以限定先行行为。"义务违反标准"认为先行行为必须是违反义务的行为,实际上是对鲁道菲"违法性标准"的接纳,因为判例并未在违反义务与违法之间作出区分,一方面肯定违反义务行为的先行行为性,另一方面认为合法的行为即使包含致人损害的危险,也不能成为先行行为,实际上将违反义务行为与合法行为相对而言,等于承认违反义务即违法,只是将紧急避险为先行行为引发作为义务等情形视为义务违反标准的例外。该判例观点也受到众多学者的肯定,成为

---

[1] Vgl. Rudolphi, Die Gleichstellungsproblematik der unechten Unterlassungsdelikte und der Gedanke der Ingerenz, 1966, S. 160 f.
[2] Vgl. Rudolphi, Die Gleichstellungsproblematik der unechten Unterlassungsdelikte und der Gedanke der Ingerenz, 1966, S. 153 ff., 163 ff.
[3] Vgl. BGHSt 37, 106; 43, 381 (397).
[4] Vgl. BayObLG NJW 1953, 556; BGHSt 26, 35.

学界通说。[1] 后来判例又提出"结果发生的紧密危险标准"对"义务违反标准"进行补充，认为一个行为要成为先行行为，除了违反义务以外，还须引起了具体构成要件结果发生的紧密危险，即要求构成要件结果的发生与先行行为之间具有紧密的关联，以防止先行行为的无限回溯。[2]

义务违反标准虽然成为德国判例与学界界定先行行为范围的通说，但却一直存在着义务违反标准的确定问题。如何提供具有可操作性的"义务违反标准"，值得研究。例如，德国联邦最高法院在一则皮革护理剂致人健康受损的案例中曾试图以先行行为论证缺陷产品生产商的产品召回义务，进而确定其不作为的刑事责任时，指出义务违反并非就违反谨慎义务而言，因而先行行为也不一定是过失行为，但该见解受到大多数学者的批判。[3] 如果此处义务违反不是指谨慎义务违反，那么是指何种义务的违反？如果是指法律或者合同义务的违反，那么先行行为与其他的形式法律义务区别何在？

而社会相当性标准将先行行为限定在非正常的不具有社会相当性的行为之上，在社会普遍认可的行为导致危险的场合否定先行行为的存在。德国联邦最高法院以此标准在一则判决中否定了饭店老板向顾客售卖含酒精饮料的行为成立先行行为，判决其不对顾客酒后驾车发生交通事故承担不作为责任。[4] 但是，与义务违反标准说

---

[1] Vgl. BGHSt 23, 327; 25, 218 (220 ff.); 34, 82 (84); 众多德国刑法教科书也采此说，例如 Gropp, Strafrecht Allgemeiner Teil, 4. Aufl., 2015, § 11 Rn. 34 ff.; Fischer, in: Tröndle/Fischer, StGB, 52. Aufl., 2004, § 13 Rn. 11a; Wessels/Beulke, Strafrecht Allgemeiner Teil, 40. Aufl., 2010, § 16 Rn. 725。

[2] Vgl. BGH NStZ 2000, 414.

[3] 例如罗克辛指出，客观的义务违反即谨慎义务违反，二者是一回事。Vgl. Roxin, Strafrecht Allgemeiner Teil, Band II, 2003, § 32 Rn. 199. 其余的批评意见，参见 Roxin, Strafrecht Allgemeiner Teil, Band II, 2003, § 32 Rn. 338。

[4] Vgl. BGHSt 19, 152 ff.; Schünemann, Grund und Grenzen der unechten Unterlassungsdelikte: zugleich ein Beitrag zur strafrechtlichen Methodenlehre, 1971, S. 310.

相同,社会相当性标准也面临着判断标准过于模糊的问题。

但是,在笔者看来,义务违反标准与社会相当性标准的问题不仅仅是判断标准不够精确或者缺乏可操作性的问题。从规范的角度来看,所有的标准本身都是不"精确"的,需要用价值判断与规范的理解才能够运作。如客观归责理论的"法所不容许的风险"也是如此,但这并不影响该标准在规范意义上的适用。实际上,义务违反标准与社会相当性标准最大的问题在于,二者都不是一个完整的标准,因而不能为先行行为的范围提供合理的界定。无论是义务违反标准,还是社会相当性标准,都仅仅解决了行为本身是否具有某种意义上的"缺陷",即在法律或社会经验上来说本身是否存在问题,这仅仅是先行行为成立的前提条件——法律不应要求行为人为一个本身(在行为当时来看)没有任何问题的行为承担责任,包括作为与不作为的责任。但是,这个条件并非充要条件,也就是说,不能从行为本身存在缺陷就要求行为人与对这个行为有关的损害承担不作为的责任(当然也包括作为的责任)。在此基础上,我们还须判定损害与这个缺陷是否存在某种关联,否则就有违反罪责原则和纯粹结果归责之嫌。因而,德国判例又借助"结果发生的紧密危险标准"对义务违反标准进行补充,也正说明了这一点。但是,"结果发生的紧密危险标准"并无法从实质上揭示损害与行为缺陷之间的关联。对此下文将有进一步的论述。

综上所述,如果不对先行行为设定任何条件加以限定,当出现损害无法处罚直接致害行为时即追溯到在先的行为,径直追究在先行为人不作为的责任的做法,尚停留在原始的形式法律义务理论阶段。这种不作为犯的理念又堕入自然主义因果论的泥淖,混淆了归因与归责的区别。从上述先行行为理论的发端我们可以看到,先行行为的作为义务与其他形式法律义务具有体系上的差别,先行行为保证人与因法律或合同等规定产生的保证人地位不同,先行行为人与被害人之间并不存在一种相对固定的法律、合同或业务关系,而是因其实施了先行行为而与被害人产生的一种偶然的特定关系,因其先行行为而负担阻止该行为的继续发展、损害被害人利益的义务。因而,这种作为义务的原因也必然只能够在先行行为之中去寻找。那么,先行行为须具有什么样的品质,才能够使得实施了这种行为的人应为其继续发展的损害后果负责?首先,先行行为与损害结果之间必须具有联系,或者说,先行行为必须包含着结果生长的"种子",即对于结果所损害的法益来说,必须具有侵害的风险。其次,这颗危险的种子必须是顺乎自然地生长与发展,没有其他异常的因素介入(例如异常发展、被害人或他人的行为介入等)导致原来先行行为所创设的风险被替换,形成新的风险,否则对结果发生而承担责任的人就不再是原先行行为人,而是制造新风险的人。所以,这样一来,先行行为的特殊品质就昭然若揭:对于损害结果来说,先行行为必须具有可归责性。

我们之所以承认因先行行为而推导出来的保证人地位,并非由于行为人实施了任何一种在先的行为客观上导致结果的发展,而是因为在先行为对于构成要件的结果而言具有可归责性(zurechenbar),因而具有了探讨其不作为可罚性的基础。如果在先行为根本就不具有客观可归责性,即结果的发生与在先行为之间根本没有刑法上的相关性,我们为何还要因为行为人实施了所谓"先行行为"而处罚他?此时处罚实施了所谓"先行行为"的人,与处罚任意的与结果发生无关的第三人何异?[1]

---

[1] 此处我们可以以一个极端的例子加以说明:甲与其妻在饭店因琐事相争,甲怒称要与其离婚,坐在邻座的乙女刚好正在向其友丙哭诉其夫有外遇、夫妻失和之事,听到甲叫嚷离婚,触动前情,即要自寻短见,从甲身后的饭店窗户跳下。丙速向甲说明原委,请甲出手拉住正欲跳楼的乙,甲甚觉讶异,虽看见身旁乙爬窗欲跳仍不加阻拦,乙遂从窗户跳下摔伤。在这个例子中,虽然乙女确实是听闻甲叫嚷离婚而采取不理智行为,但如果将甲与其妻吵架叫嚷离婚的行为视为先行行为,要求其承担阻止乙女跳楼致伤的义务,恐怕很难令人接受。

从上述先行行为理论演进之中,我们可大致追踪到这样一条线索:先行行为范围的界定经历了从自然主义因果论到规范的因果论或者说归责的发展历程。因此,对先行行为进行合理的界定,也可以从客观归责理论之中寻找方法论资源。因而,客观归责理论的创立者罗克辛将该理论推行到不作为犯领域,主张以客观归责的标准来判定某在先行为是否为"先行行为",从而对不作为人进行归责,是有着深刻的教义学根基的。

1. 先行行为必须是风险创设或升高行为

如上文所述,在交往安全义务从先行行为义务之中分离之后,先行行为作为义务不再包括来自侵权法上的作为义务,先行行为不再包括民法上的所有与占有等适法的行为,对先行行为的考察必须从刑法的角度,寻找先行行为保证人地位的根据。而在刑法内部,从先行行为的界定从自然主义的归因到规范的归责的发展历程之中,我们发现,并非行为人实施了任何一种在先的行为客观上导致结果的发展就可以成立先行行为保证人地位,在先行为对于构成要件的结果而言必须具有可归责性,即先行行为人如果实施相应的作为能够降低自己创设的风险,则其不作为具有可归责性。因而,先行行为必须是风险创设或升高行为,如果一个先行行为没有创设或升高结果发生的风险,而是与结果的发生仅仅具有偶然的事实上的联系,则该风险降低或防止的义务应由与被害人具有某种特定稳固社会关系的保护保证人或与该风险来源有关的危险源监管人这一监管保证人来承担,实施该行为的人没有作为的义务。

按照罗克辛的观点,如果在先的行为虽然引起了结果发生的风险,但是如果该风险对于结果来说并非升高的风险或者尚在可容许的范围之内,则该在先行为不能成为先行行为引出作为义务。[1] 例

---

[1] 此处及下文案例,参见 Roxin, Strafrecht Allgemeiner Teil, Band II, 2003, §32 Rn. 160 f.。

如,改变与他人去剧院看戏剧的计划而建议一同去看电影,他人在看电影的路上遭遇交通事故不实施救助的,其不作为不可罚。在看电影的途中遭遇风险并非升高的风险,因为他人如果不是去看电影而是去看戏剧,也可能在前往剧院的路上发生交通事故。再如,甲借给乙刀具,乙突然超乎预料地用该刀具刺伤他人,甲目睹他人受伤生命垂危而不予救助,他人流血过多死亡,甲是否承担不作为故意杀人的刑事责任?因乙用刀具伤人是甲所不能预见到的,甲出借刀具的风险是可容许的风险,不构成先行行为而引出作为义务,因此甲不承担不作为的刑事责任。

  以创设法所不容许的风险标准限定先行行为的范围,在处理交通领域的不作为犯时也能够得出妥当的结论。例如,如果驾车人遵守交通规则正常行驶,而他人无可避免地撞上机动车受伤,此时驾车人不具有保证人地位,因为行为人未违反交通规则,机动车本身因高速运动而具有的致人损害的风险本身是可容许的风险。无论是碰撞行为,还是往前追溯他人的正常驾车行为,本身都不是先行行为,不产生作为义务。[1]

（1）关于犯罪行为是否可为先行行为的争论[2]

  在我国关于先行行为范围的讨论中,存在着先行行为是否可为合法行为或者犯罪行为的争论。[3] 其实,如果认识到先行行为是

---

[1] Vgl. BGHSt 25, 221. 该判例指出:"在各个方面都合义务性的、符合交通规则的机动车驾驶人,在受害人因自己责任导致交通事故时,不负保证人义务。"

[2] 对该问题更详尽的分析,参见本节"二、论犯罪行为人的先行行为保证人地位"。

[3] 例如蒋晗华:《浅析犯罪行为可否成为先行行为》,载《当代法学》2002年第2期;刘士心:《不纯正不作为犯罪中先行行为引起的义务研究》,载《北方法学》2007年第6期。学者在探讨这一问题时,往往区分故意犯罪与过失犯罪,大多数观点同意过失犯罪可以成为先行行为引发作为义务,而否定故意犯罪构成先行行为的可能性。之所以进行这种区分,主要原因在于:承认过失犯罪的先行行为性,较易解决由此引出的罪数问题,得出过失犯罪与其后的不作为犯罪数罪并罚的结论;而承认故意犯罪的先行行为性,则会导致复杂的罪数问题,因为表面上看来,作为故意犯罪的先行行为本身与故意的不作为犯罪之间存在着故意、损害后果上的重叠关系。但罪名适用的问题与先行行为范围界定的问题是两个问题,详见下文论述。

一种风险创设或升高的行为,诸如此类的争论就可以轻易地得到解答。法秩序要求法规范对象不得介入他人的法益领域对他人的法益创设风险,因而创设风险或升高风险的行为一般来说也是一种违法的行为。但是如果该创设风险的行为本身是刑法所禁止的构成要件行为,即先行行为客观上符合构成要件而且行为人对损害结果具有故意或过失的情况下,则在先行为本身也构成作为的犯罪,如果行为人在已构成作为犯罪的先行行为实施完毕之后,对进一步发展的更重的损害后果能够阻止而故意或过失地不加阻止,则对于该加重的损害后果而言,行为人理论上也存在承担故意或过失的不作为事责任的可能性。至于是否构成不作为犯罪,还须视该更重结果与在先行为之间是否存在风险关联而定。如果能够肯定风险关联,那么该在先行为就能够推导出行为人的保证人地位,则行为人针对更重的损害后果成立不作为犯罪。不可否认,如果承认在先行为可为犯罪行为,就会出现在先行为本身所构成的犯罪与其后的不作为犯罪两个罪名,加之如果在先行为所构成的犯罪已包含了不作为所造成的加重结果,即在先行为本身构成犯罪为结果加重犯的情况,罪名适用可能更为错综复杂。但这并不能成为反对先行行为可以为犯罪行为的理由。因为如何确定最终适用的罪名是罪数的问题。罪数的问题,从某种程度上来说,是解决待评价的数个罪名所对应的行为或行为后果之间的需罚性的(Strafbarbedürfnis)问题,而根据先行行为风险创设与风险关联标准进行先行行为范围界定问题,是可罚性的问题(Strafbarkeit)。可罚性问题通常是一个须经受严谨的逻辑检验的教义学问题,而需罚性的问题则是在可罚性的基础上结合刑事政策因素予以考量的问题。二者不应混为一谈,更不能够以需罚性考量对可罚性问题进行论证。

因而,试图从需罚性角度对可罚性问题进行论证,其所得出的结论必难以经受教义学上的检验。例如,如果否定犯罪行为可以成为先行行为,会导致共犯场合的刑事可罚性漏洞。例如在他人实施了犯罪行为之后,第三人帮助或教唆该行为人不救助被害人,如果否定实施犯罪行为人因其犯罪行为产生保证人地位,则其不成立不作为犯罪,相应地,第三人的帮助行为或教唆行为也因正犯行为不可罚而无法受到追究。[1] 另外,在承认犯罪行为可以成为先行行为的前提下,才不致得出对故意伤害他人后故意不救助致被害人死亡时的刑法评价(否定先行行为可为犯罪行为则仅成立故意杀害致人死亡罪)反而轻于行为人无罪责地意外引起他人伤害而故意不救助致被害人死亡的评价(成立不作为故意杀人罪)这样明显不合理的结论;最后,承认先行行为包括犯罪行为可以为针对不作为的正当防卫问题提供更为合理的解释。[2]

(2)关于合法行为是否可为先行行为的争论

我国关于先行行为的通说认为合法行为也可以成为先行行为引发作为义务,例如我国关于先行行为的文献通常将带邻居孩子去游泳,当孩子在河中遇险时有救助能力而不救助视为因先行行为引发不作为刑事责任的一种情形。[3] 学者在论证这种"先行行为"时指出:"带孩子出去玩,不管到哪里玩,都使孩子脱离了监护人的监管,处于一种危险的状态,当这种危险状态具有转化为现实危险的紧

---

[1] Vgl. Roxin, Strafrecht Allgemeiner Teil, Band II, 2003, § 32 Rn. 194. 对将犯罪行为排除在先行行为之外可能导致的共犯场合的刑事可罚性漏洞问题,张明楷教授也表示赞同,参见张明楷:《刑法学》(第6版),法律出版社2021年版,第202页。

[2] 参见张明楷:《不作为犯中的先前行为》,载《法学研究》2011年第6期。关于故意不法前行为作为先行行为的探讨,详见蔡圣伟:《论故意不法前行为所建构之保证人义务》,载蔡圣伟:《刑法问题研究(一)》,元照出版有限公司2008年版,第221—236页。

[3] 参见杨阳、黄晓帆:《不作为犯之先行行为范围浅析》,载《法制与社会》2011年第29期;刘冬明:《不作为犯中先行行为的再认识》,载《法制与社会》2011年第4期;杨晓娜:《先行行为研究》,载《法制与社会》2008年第28期。

迫的可能性时,行为人就负有阻止危险结果发生的义务。"[1]但是带邻居的孩子去游泳,虽然与带孩子逛街或者不带孩子做任何事情相比,具有更大的风险[2],但是这种风险并非法所不容许的风险。只要行为人对该风险进行合理的管控,该风险就不会实现。因此将此种行为视为先行行为,无疑会导致不纯正不作为犯范围的无限扩张。如果合法的或具有社会相当性的行为也能够为先行行为推导出作为义务,要求实施上述行为者作为保证人负有损害防止义务,将会使得本就具有开放性的不作为犯构成要件更加无边无际。而保证人地位、不作为犯与作为犯的等价性等理论的提出即是为不纯正不作为犯的构成要件划定边界,发挥不作为犯构成要件的保障功能,防止不纯正不作为犯的可罚性扩张而导致对公民自由的侵害。如果以此种宽泛的先行行为概念证得保证人地位,实质上又将保证人地位的内容形式化,使得保证人理论形同虚设。

实际上上述情形属于自愿承担导致的保护保证人情形,即邻居自愿承担了父母对未成年子女的保护保证人地位,自当归入保护保证人范畴予以探讨,对此上文已有论述。而我国学者却将其视为属于监管保证人地位范畴的先行行为,由此证得保证人地位。这种对先行行为保证人地位类型的混乱认识,也带来了先行行为界定的混乱。

缺乏对先行行为风险创设标准的认识,使得我国司法实践对先行行为的界定过于形式化,导致不纯正不作为犯刑事责任认定过于宽泛。例如,甲男与乙女在网上相识,二人相约在某旅馆发生一夜情,事后乙女对甲男产生感情欲与其发展为恋爱关系,遭甲男拒绝后

---

[1] 杨晓娜:《先行行为研究》,载《法制与社会》2008年第28期。
[2] 带孩子逛街有发生交通事故的风险,不带孩子做任何事情也不可能排除任何风险,孩子也可能在家中遭遇火灾。但这种假设因果关系不能免除现实因果关系导致损害的可归责性,参见Gropp, Strafrecht Allgemeiner Teil, 4. Aufl., 2015, § 4 Rn. 68 ff.。

伤心欲绝。某日乙女找到甲男，威胁说如果甲男不答应与其建立恋爱关系就割腕自杀，甲男仍不应允，说："你要死就死，与我何干？"乙女怒而割腕，甲男目睹乙女流血倒地而不实施救助，最终乙女因血流过多而死亡。甲男是否因不作为的间接故意杀人而承担责任？如果采取肯定回答，就必须论证甲男的作为义务。甲男与乙女并非夫妻也未长期同居，无论从法律规定还是从生活共同体的角度都无法推导出其保证人地位，二人之间当然也无合同关系，可以考虑的似乎只有因先行行为获得保证人地位的可能性。但是此处何为先行行为？是甲男不答应与乙女建立恋爱关系的行为，还是与乙女发生一夜情的行为，甚或再往前追溯——二人网聊行为？如果以风险创设或升高的理论审视，上述任何一种行为都未创设法所不容许的风险，如果将这些行为视为先行行为，势必大大限制公民行动自由的范围。以此种不加限制的先行行为概念追究不作为刑事责任，也会损害构成要件的保障功能，违反罪刑法定原则。

当然否定本案行为人的刑事责任，还可以根据客观归责理论从另外一个角度展开，即将乙女的行为视为自我答责的行为，从而否定该行为对甲的可归责性。此种解答路径是首先肯定甲男因先行行为具有保证人地位，负有作为义务而不作为，再根据损害发生在他人自我答责领域这一例外规则来否定不作为的可归责性。但是这种论证思路虽然得出的结果与前述论证结果相同，却过于烦琐、低效：如果我们能够对先行行为进行合理的界定，根据合理的先行行为概念否定甲的行为属于先行行为继而否定其保证人地位，那么就可以径直得出其行为不符合不作为的构成要件的结论，毋须再通过以自我答责例外规则排除客观归责来否定甲的刑事责任。可见，合理确定先行行为的概念与范围，在不作为犯论证方面，具有重要的意义。同样，上文所举的出借刀具案也可以直接通过否定先行行为的存在得出出借人不构成不作为犯的结论,无须再通过以他人负责的例外归责排除可归责性的方式推导出这一结论。[1]

综上所述,先行行为可以是犯罪行为,也可以是一般违法行为,我国学界对其相关的争论并不能为先行行为范围的界定提供实质性的标准,对先行行为的界定必须跳出这种形式主义的窠臼。先行行为必须是可归责的行为,首先必须是创设法所不容许的风险的行为,因此一般来说也是违法行为。风险创设标准是界定先行行为的第一个标准,接下来必须进行第二个标准的检验,即审查先行行为所创设的风险与不作为所造成的损害结果之间是否存在风险关联。

2. 风险关联:不作为的风险实现须在先行行为违反的规范保护目的范围之内

如果在先行为创设或升高了风险,但是损害结果的发生却并不是在先行为所直接导致的,即在先行为与损害结果发生之间不具有风险关联时,是否应当要求实施了在先行为的行为人承担不作为的刑事责任?仍以交通领域的不作为犯问题为例,被告人违反时速100公里的限制,以120公里的时速驾驶,撞上摩托车驾驶人K,将其甩到一边。德国某州法院不能排除K在察觉到被告人的汽车时向右驾驶试图避开,但在相撞之前却向左侧偏向一至两米。根据罪疑从无原则,应当认定被告人对该交通事故的发生并无责任,由被害人K对事故负全责。被告人下车看到受伤大量流血的K躺在路上,却未实施救助行为而驾车离开,被害人K因未得到及时救助而死亡。[2] 该案中被告人虽然违反了限速规定,存在违反谨慎义务的行为,但是损害结果的发生却不是由谨慎义务违反所导致的,即与谨慎义务违反

---

[1] 当然,此案还可通过以信赖原则否定预见义务,从而否定谨慎义务违反的方式得出行为人不具有过失的结论。但这种论证并不影响先行行为概念界定的意义。

[2] Vgl. BGHSt 34, 82 = NJW 1986, 2516.

之间不具有关联性,因而根据关于过失的通说即谨慎义务违反标准说[1],被告人不因超速驾车承担过失的(作为的)刑事责任。但是此处值得探讨的是,在交通事故发生后被告人有能力救助被害人而不予救助,是否因其不作为可罚？德国联邦最高法院认为虽然被告人即使不违反交通规则交通事故也无法避免,但是仍然认为"被告人违反交通规则行为可能对事故的发生有所贡献,因而与损害发生具有直接的联系"为由肯定了被告人不作为的刑事责任。[2] 该观点受到通说的批判。[3] 罗克辛指出,成立先行行为引发的不纯正不作为犯罪要求先行行为与损害结果之间存在风险关联。虽然在先行为创设了风险,但如果该风险的防御超出了先行行为所违反的规范的保护目的范围,该在先行为也不能成为先行行为产生保证人义务。[4] 金德霍伊泽尔以事故发生的危险并非来自超速行为为由否定驾车人的保证人地位,认为判例针对同一风险一方面因缺乏谨慎义务关联否定了作为的过失责任,另一方面却肯定不作为的责任,存在矛盾。[5] 即使是采取义务违反标准的判例,也赞成违反义务的先行行为与损害结果之间须存在义务违反关联。例如德国联邦最高法院在皮革清洁剂一案中肯定了以往判例和学界主张义务违反关联(Pflichtwidrigkeitszusammenhang)的观点,重申先行行为所违反的命令必须具有保护被侵害的法益这一规范目的。[6]

---

[1] Vgl. Gropp, Strafrecht Allgemeiner Teil, 4. Aufl., 2015, § 12 Rn. 79 ff.
[2] Vgl. BGHSt 34, 82 (84) = NJW 1986, 2516.
[3] Vgl. Stein, in: Systematischer Kommentar zum StGB, Band I, 9. Aufl., 2017, § 13 Rn. 50 f.; Roxin, Strafrecht Allgemeiner Teil, Band II, 2003, § 32 Rn. 170 ff.; Kindhäuser, Strafrecht Allgemeiner Teil, 4. Aufl., 2009, § 36 Rn. 71.
[4] a. a. O. (Roxin), § 32 Rn. 171.
[5] Vgl. Kindhäuser, Strafrecht Allgemeiner Teil, 4. Aufl., 2009, § 36 Rn. 71.
[6] Vgl. BGH NStZ 1990, 587 (590). 学界持相同观点的,参见 Weigend, in: Leipziger Kommentar zum StGB, 13. Aufl., 2020, § 13 Rn. 42 ff.。

这种风险关联思想是与客观归责理论中的规范保护目的理论（Schutzzweckslehre）一脉相承的。以规范保护目的理论对先行行为保证人范围进行限制，能够防止不纯正不作为可罚性的不当泛滥。例如盗窃犯潜入他人家中实施盗窃惊动主人，主人察看情况时不慎滚落楼梯受伤，在作为犯刑事责任的检验中我们根据规范保护目的理论可以得出主人受伤的损害结果不可以归责给盗窃犯的结论，因为盗窃罪规范的保护对象是他人的财产权而不是生命、健康权。同样，如果盗窃犯看见主人受伤流血而不采取救助行为，主人因得不到救助而重伤或死亡的，也可以因损害超出了先行行为所违反的规范保护目的范围否定先行行为的存在，从而得出行为人不承担不纯正不作为刑事责任的结论。[1] 同理，被害人被盗走贵重财产而悲痛欲绝欲撞车自伤、自杀，在场的行为人并不因其盗窃行为而产生阻止被害人自杀或自伤的义务。

近年我国学者也主张先行行为的实质根据在于使刑法保护的具体法益面临紧迫的危险，即赞同将先行行为限制在制造紧迫危险的范围内[2]，可以说是对上文所提到的德国判例"结果发生的紧密危险标准"的接纳。但是危险的紧迫标准主要是从事实的层面根据危险发生与不作为之间的时间、空间间隔角度进行判断，如伤害被害人致其手指骨折，不会产生死亡的危险，如果不对被害人救助，并不成立不作为的故意杀人罪。[3] 但在一些场合，行为人的行为即使引起了从时空间隔角度来看具有紧迫性的危险，也不应将该行为视为先行行为而要求行为人承担不作为的责任。

例如，甲违反交通规则撞翻乙的货车致乙昏迷，周围群众见状立

---

[1] Vgl. Stree, Ingerenzprobleme, FS-Klug, 1983, S. 399. 当然，根据《德国刑法典》第323c 条见危不救罪的规定，行为人纯正不作为的刑事责任并不受影响。
[2] 参见张明楷：《不作为犯中的先前行为》，载《法学研究》2011 年第 6 期。
[3] 同上注。

即一哄而上,将乙货车上装载的货物一抢而空,甲旁观整个过程而不加阻止。甲对乙的财产损失是否负有防止义务?根据紧迫危险标准说,甲的行为在客观上制造了乙财产损失的紧迫危险,因为无论从时间还是空间的角度来看,其财产被转移的风险都是现实的、紧迫的,因而应当对乙的财产损失承担不作为的责任,即构成不作为的盗窃或侵占罪(根据是否承认丧失意识的人或死者的占有而有不同)。但这种结论显然令人难以接受。而如果采取风险关联标准则可以得出妥当的结论:甲违反交通规则对乙的生命、健康权创设了风险,应当因为这种先行行为承担对乙的救助义务,如果乙未得到及时救助而死亡,甲在满足其他条件(如具有救助可能性、明知其不救助行为会导致死亡结果)的情况下承担不作为故意杀人的刑事责任。但是甲先行行为违反的义务规范保护对象主要是被害人的生命、健康权,不包括其财产权,因而对其财产损害不承担不作为的(盗窃或侵占)责任。因此,风险关联标准相对于紧迫危险标准更加合理,后者从事实的角度根据危险发生与在先行为之间的时空间隔试图限定先行行为范围,而前者则是从规范的角度判断实现的风险与在先行为创设的风险之间在规范上的同一性问题,更加精确合理。实际上,强调危险发生与在先行为之间时空间隔的紧迫危险标准所探讨的并非先行行为成立范围的问题,而往往是作为的必要性与作为的客观可能性的问题。如上文手指骨折的案例,由于致人手指骨折的伤害行为一般不会造成死亡结果,如果手指感染而果真导致被害人死亡,则实施伤害行为的人或者在行为时因感染未发生而没有实施作为的必要性,或者在感染发生时不在现场而缺乏作为的可能性。另外,伤害结合感染因素是否还能视为原先伤害风险的实现(是否属于异常的介入因素而阻断了原先伤害行为的风险实现),也颇值得疑问。所以,紧迫危险标准难以为先行行为范围提供合理的界定。

由于缺乏基于规范保护目的理论的风险关联的思考,我国司法实践中存在先行行为认定过于宽泛,从而不当地扩大不纯正不作为犯罪的刑事责任问题。而先行行为所创设或升高的风险与损害结果之间的风险关联要求,为我们合理限制先行行为的范围提供了可资借鉴的思路。参见如下案例[1]:

> 2004年4月5日,犯罪嫌疑人平某驾车在巩义市免费搭载陌生人青年李某、张某二人由高速公路去郑州。车辆行驶中,平某对二人进行语言挑逗,并抚摸坐在副驾驶座位的张某的手和大腿,遭到张某和坐在后排的李某的呵斥,二女青年要求平某停车,否则即跳车。平某不予理睬,继续对张某搂抱,李某随即从高速行驶的车上跳下,造成重伤。

该案在审理过程中引起较大争议,争点主要在于被告人平某是否因其先行行为负有防止被害人受重伤的作为义务。第一种意见认为,平某对李某并未实施强制猥亵行为,李某跳车是因为精神上受到平某对张某强制猥亵行为的威胁,由于平某的强制猥亵行为是犯罪行为,犯罪行为不能构成先行行为推导出作为义务,因而平某不构成不作为的故意伤害。反对犯罪行为可以成为先行行为的理由如下:其一,实施犯罪行为者本身没有减轻或避免犯罪行为造成的负面影响的义务;其二,犯罪行为本身就包含了对被害人的侵害,就创设了对被害人的风险,因此不能由犯罪行为推导出对被害人救助的义务,否则对故意伤害致死的行为人都可能定故意伤害罪与间接故意的不作为杀人两罪,对一个犯罪行为进行刑法上的两次评价,违反了禁止重复评价原则。第二种意见认为平某的强制猥亵行为属于先行

---

[1] 参见郑志军、常玉峰:《从一个案例谈不纯正不作为犯罪问题》,载谢望原、赫兴旺主编:《中国刑法案例评论》(第2辑),法制出版社2008年版,第25—26页。

行为,因先行行为负有损害防止义务。其中又分为主张犯罪行为一概可为先行行为的观点与区分的观点。区分的观点认为,根据罪责刑相适应原则,先行行为是否可为犯罪行为,应以行为人所放任发生的危害结果是否能为前罪的犯罪构成(包括加重的犯罪构成所)包括进行区分:能包括的,直接根据相应法定刑幅度定罪量刑,没有作为义务;不能包括的,则产生作为义务。《刑法》第237条规定的强制猥亵罪是指以暴力、胁迫或者其他方法强制猥亵他人或者侮辱妇女,不包括致人重伤、死亡的结果,所以应认为平某有作为义务,构成强制猥亵罪与故意伤害罪(不作为的间接故意)。[1]

  本案中要判断平某的行为是否属于先行行为,首先要明确判断的对象。本案中我们要判定的先行行为是平某的哪种行为?平某分别针对张某、李某实施了不同的侵害行为。平某对张某进行语言挑逗,并违反张某的意志抚摸其手和大腿,其行为可以构成强制猥亵。但是跳车的并非直接受到强制猥亵侵害的张某而是坐在后排的李某,针对他人的侵害行为是否可以构成先行行为,从而产生对被侵害人以外的第三人的损害防止义务,值得商榷。笔者以为应当对此持否定态度。因为,根据先行行为风险判断标准,平某针对张某所实施的强制猥亵行为只是针对张某的风险创设行为,并未对李某造成(具体)风险,因而不宜将该行为视为针对李某重伤这一损害结果的先行行为。否则,实施侵害行为者对于被害人以外的第三人都要承担防止其因受到侵害行为精神刺激而受伤害、甚至是自伤、自杀的义务,过大地扩展了保证人的范围,显然不妥。另外,从客观归责的角度来看,对于平某强制猥亵张某来说,李某的跳车行为虽是由平某的行为引起,但是平某的行为只是一种事实上的条件,这种事实上的因

---

[1] 参见郑志军、常玉峰:《从一个案例谈不纯正不作为犯罪问题》,载谢望原、赫兴旺主编:《中国刑法案例评论》(第2辑),法制出版社2008年版,第26—32页。

果关系并不具有可归责性——因为平某的侵害行为对李某而言并未严重到跳车是唯一自救手段的程度,而李某在认识到跳车风险的情况下实施了跳车这一自我危害的行为,应当自己承担该风险。因而以李某精神上受到平某对张某强制猥亵行为的威胁为由,即肯定平某对张某强制猥亵行为构成先行行为,应当承担防止李某跳车受伤的义务的观点不可采。平某针对张某实施的强制猥亵行为无法成为李某身受重伤的先行行为。

再看平某对于李某的行为是否属于先行行为。平某经李某要求停车而不停车,并对李某进行语言挑逗,按照前述判定先行行为的风险创设或升高标准,平某的语言挑逗行为侵犯了李某性的自由与尊严,创设了其性方面的权利被侵害的风险,可以视为风险创设行为,符合先行行为判断的第一个标准。但是李某受到平某语言侵犯以及在平某对张某猥亵行为的影响下跳车而身受重伤这一损害结果是对生命健康法益的侵害,而平某在先行为所违反的是性的自由保护方面的规范(强制猥亵罪一般来说不会对被害人的生命权与健康权造成重大的侵害,故强制猥亵罪也不是结果加重犯,其中不包括致人重伤、死亡的结果),这一规范保护目的并不包含防止(严重的)身体健康法益的损害,因此先行行为所创设的风险与损害结果之间不存在风险关联,从而根据风险关联规则可以判定平某的挑逗行为并不是李某受重伤这一损害后果的先行行为,平某不具有防止李某受重伤的作为义务。

但是,此案中否定了先行行为的存在,并不等于否定平某对李某重伤结果承担刑事责任的可能。实际上,平某对于李某重伤的结果仍应承担不作为的刑事责任,但作为义务并非来源于所谓先行行为,而是来源于平某的危险源监管保证人地位。如上文所述,高速运动的机动车属于危险源,平某作为机动车驾驶人,应对该危险源进行合理的管控,负有保障搭乘其车辆的乘客张某、李某二人与车辆行驶相关的安全的义务,遇有紧急情况应刹车或减速。此种义务与张、李二人是否支付搭乘车辆的相应对价无关。在平某认识到李某欲跳车时,无论李某是因为何种原因欲下车,在认识到李某可能跳车的一刹那,平某都负有停止车辆或者将车速减至可以安全下车的义务,因为如若不然,则高速运行的车辆即会给李某造成伤害。故对平某应当按照强制猥亵罪(针对张某而言)与不作为的故意伤害罪(针对李某而言,至于是间接故意还是直接故意,尚有待于主观方面的查明)数罪并罚。上述分析得出的结论虽然与肯定先行行为所得出的结论相同,论证过程却殊异。法律论证并非只以结果是否可以令人接受为衡量标准,更重要的是论证过程是否具有教义学上的严谨性。

对于这种论证的教义学严谨性,我们还可以用一个变形案例予以进一步的证明:假设平某没有驾车,平某对张某的猥亵行为不是发生在高速运转的机动车内,而是发生在多层或高层建筑的房屋内,平某对张某进行猥亵并对李某进行语言挑逗,李某因而跳楼,显然难以要求平某对李某的伤害承担不作为的责任。针对张某的不法行为与针对李某的挑逗行为,没有对李某的法益造成重大威胁,李某选择跳楼这一不理性的行为,属于自我危险的行为。平某对他人的自我危险行为没有损害防止的义务。在我们替换了平某驾驶机动车这个变量而保留平某的猥亵与语言挑逗行为的情况下,就会得出截然不同的结论。可见,对于结论具有影响意义的因素不在于平某的猥亵与语言挑逗行为这一所谓"先行行为",而在于机动车这一危险设备的控制,后者才是引发作为义务的真正根据。

3. 行为创设或升高风险,但是风险实现为被害人自我危险行为所导致

如果行为人实施的在先行为虽然创设或升高了风险,但是因介入了被害人自我危险行为,被害人创设的自我危险阻断了在先行为

的风险实现,在先行为人不因之承担保证人义务,由被害人自负其责。这一规则属于客观归责理论例外规则之一,同样也适用于对先行行为的论证。例如向吸毒者贩售毒品,在吸毒者吸食毒品后陷入昏迷时不对其进行救助,如果吸毒者死亡的,不承担不作为故意杀人或不作为过失致人死亡的刑事责任。[1] 对此罗克辛并未给予进一步的论证。实际上,吸毒者在对吸食毒品的风险有足够认识的前提下仍然实施吸毒行为,应当对自己的行为负担责任的理由如下:之所以要求行为人对自己的先行行为创设的风险负责,是因为每个人都有管理自己行为不导致他人损害的义务,如果该行为直接导致他人损害,则行为人对损害结果承担作为的刑事责任;如果该行为虽然不直接导致损害,但是结合其他因素间接导致损害,行为人也有防止其行为所包含的风险实现的义务,否则对损害后果承担不纯正不作为的刑事责任。如果行为人虽然创设了风险,但是该风险实现是他人在完全的风险认识情况下由他行为导致的,那么在先行为所包含的风险为他人的风险行为所阻断,在先行为不构成先行行为,在先行为人不具有保证人地位。

这一由罗克辛创立并主要适用于吸毒、参与他人危险飙车等情形的规则[2],可以被扩展到所有存在被害人自我危害行为的案例之中,为此种类型的先行行为界定提供合理的解决方案。参见下例:

> 甲与乙因谈恋爱产生矛盾,甲购买硫酸倒入喝水的杯中,随身携带至乙处,欲将硫酸泼到乙身上。甲与乙见面发生激烈争执,此时甲已忘记以硫酸泼乙的计划,乙见甲身上携带水杯,以为是清水,因情绪失控抓过来倒在自己头上,甲未加阻拦,导致

---

[1] Vgl. Roxin, Strafrecht Allgemeiner Teil, Band II, 2003, § 32 Rn. 175 f.
[2] Vgl. Roxin, Strafrecht Allgemeiner Teil, Band II, 2003, § 32 Rn. 175 f.

乙被硫酸重度灼伤。[1]

关于甲的刑事责任存在如下两种观点：一种观点认为乙的行为属于自伤行为，甲并未实施伤害行为故不负刑事责任；另一种观点认为甲携带硫酸的行为属于先行行为，甲因先行行为承担阻止乙以硫酸自伤的义务。如何解决本案甲的刑事责任问题，关键在于判断乙的自伤行为是否阻断了先行行为的可归责性。甲携带硫酸欲伤害乙属于伤害罪的预备行为，该行为对于乙的生命健康法益来说无疑制造了风险，而且对该法益的保护也符合先行行为违反的规范即故意伤害罪（预备）的规范保护目的，故可以肯定乙身受重伤这一损害结果与甲行为之间的风险关联。值得怀疑的是，以上述客观归责理论对先行行为进行限定的规则，是否因存在自我危险的行为而排除甲在先行为的可归责性，从而认为甲的行为不构成先行行为？如上所述，如果行为人虽然创设了风险，但是该风险实现是被害人在完全的风险认识情况下由被害人自己行为导致的，在先行为所包含的风险为被害人自己创设的风险行为所阻断，那么在先行为不构成先行行为，在先行为人不具有保证人地位。但是本案中乙在抓过杯子往自己头上倾倒时并不知道其中所装为硫酸，对自己行为的风险没有认识，因而甲行为的风险结合乙的行为发展成最终的损害结果，在先行为所包含的风险未被害人自己创设的风险行为阻断。因为在客观归责理论中，被害人对自我危险行为自负其责的前提是行为人与被害人相比，对风险没有更好的认识与掌控。假设本案中甲已（以乙相信

---

[1] 此案例由河南省洛阳市中级人民法院审理的一起案件改编而来，参见刘京川：《杨某某故意伤害案——明知先行行为会引发危害后果而不予以防止的行为构成故意犯罪》，载最高人民法院刑事审判第一、二、三、四、五庭主编：《中国刑事审判指导案例（3）：侵犯公民人身权利、民主权利罪》（最新增补版），法律出版社2012年版，第414页。

或应该相信的方式)告知乙杯子所装液体为硫酸,但被害人仍将硫酸倒在自己头上,则甲的行为就不再是可归责的先行行为,不承担阻止损害结果的作为义务。

在行为人针对被害人实施了在先的风险行为,同时又介入被害人自我危害行为导致损害结果时,究竟是认定存在因先行行为引发的作为义务,追究行为人的不作为责任,还是认定被害人因自陷风险的行为而自己对损害承担责任,在司法实践中易于引起争议。而以客观归责的标准对先行行为进行界定,在先行行为与自我危害行为之间进行正确的归责选择,可为妥当解决此类案件提供具有可操作性的方案。

因而,被害人是否具有对先行行为风险的认识,以及被害人与在先行为人二者谁对风险具有更大的控制力,是在存在被害人介入行为时判断行为人在先行为是否构成先行行为引发作为义务的关键,也为此类案件中自我危险或自我答责原则的适用划定了边界。

(三)小结

综上所述,通过对先行行为理论谱系的整理可以看到,先行行为发端于自然主义的因果关系思想,经历了形式法律义务理论、功能二分理论与实质法律义务理论的发展,完成了从归因到归责的发展历程。来自先行行为的作为义务与其他的形式法律义务存在体系上的差异,是刑法内部的一种作为义务,因此对先行行为必须以刑法特殊的规则进行审查。对先行行为的认定,应当在功能二分说的框架下,明确其与其他作为义务来源的区别,继而根据客观归责理论进行审查。在我国刑法中,应明确只有对损害结果具有可归责性的行为,才能构成先行行为引发阻止该损害的义务这一原则,以防止对先行行为进行过于形式化的认定以及相应不纯正不作为犯刑事可罚性的泛滥。

二、论犯罪行为人的先行行为保证人地位

犯罪行为是否可以成为先行行为引发行为人的不纯正不作为刑事责任,是不作为犯罪问题中最具争议性的话题之一。笔者借鉴德国学者以客观归责理论对先行行为进行界定的研究成果,认为应以风险创设与风险关联标准对先行行为进行审查,并据此认为,过失犯罪行为具有构成先行行为的可能性,故意犯罪是否可以成为先行行为,应视故意犯罪所创设的风险是否由其先前故意犯罪的基本犯所用尽而定。

在我国,犯罪行为是否可以成为先行行为引发行为人的不作为刑事责任,历来都是争议的焦点所在。对此,学界形成了以下三种观点:一为肯定说,主张先行行为包括违法行为与犯罪行为,犯罪行为人对其行为造成的法益侵害负有防止义务。[1] 二为否定说,主张行为人不对其犯罪行为造成的损害承担防止义务,如果行为人没有防止更严重的结果发生,则负结果加重犯的责任,而不能另外再构成一个不作为的故意或过失犯罪。[2] 三为区别说,主张应视具体情况判断犯罪行为是否可以构成先行行为;其中又分为故意、过失犯罪区别说与犯罪行为是否存在对应的结果加重犯区别说。前者否定故意犯罪的先行行为性质而肯定过失犯罪可以成为先行行为,例如主张交通肇事罪的行为人对被害人负有救助的义务,不履行救助义务者可能构成不作为的故意杀人罪,而否定故意伤害的行为人对面临死亡危险的被害人的救助义务,认为应当直接认定行为人构成故意伤

---

[1] 参见蔡墩铭:《刑法总则争议问题研究》,五南图书出版公司1988年版,第60—61页;陈兴良:《刑法适用总论(上卷)》(第3版),中国人民大学出版社2017年版,第236页。

[2] 参见于改之:《不作为犯罪中"先行行为"的本质及其产生作为义务的条件——兼论刑法第133条"因逃逸致人死亡"的立法意蕴》,载《中国刑事法杂志》2000年第5期。

害致人死亡。[1] 后者认为,如果针对先前犯罪行为规定了结果加重犯,或者因发生严重结果而成立重罪时,可将加重结果评价在相应的结果加重犯或者另一重罪中,先前的犯罪行为并不导致行为人具有防止严重结果发生的义务;在刑法针对该先前犯罪行为未规定相应的结果加重犯或发生某种严重结果而成立其他严重犯罪的情况下,如果先前的犯罪行为导致另一法益处于危险状态,则宜肯定先前犯罪行为人具有保证人地位。[2] 区别说中也有同时赞同故意、过失犯罪区别说与犯罪行为是否存在对应的结果加重犯区别说者。[3]

犯罪行为是否可以作为先行行为或者在何种情形下可以成为先行行为,涉及先行行为本身的界定问题。随着不纯正不作为犯实质义务理论的兴起,对先行行为的界定标准也朝向实质化发展。唯有在探明不纯正不作为犯理论框架下的先行行为的实质性标准的基础上,才能对这一问题作出妥当的回答。

(一)先行行为保证人地位的界定

如何对先行行为进行妥当的界定,防止因先行行为产生的保证人地位的范围不当扩大,在刑法理论上素来是一个难题。德国司法判例与学界的通说是"义务违反标准"。[4] 该说历经判例的调整与补充,发展出了以下三个界定先行行为的条件:首先,先行行为必须首先是违反义务的行为,适法行为不能成为先行行为产生作为义务;其次,该违法义务行为须引起了具体构成要件结果发生的紧密危险

---

[1] 参见侯国云、张豫生:《交通肇事能否引起救助义务辨析》,载《人民检察》2002年第9期。
[2] 参见张明楷:《刑法学》(第3版),法律出版社2007年版,第145页。张明楷教授在其第4版教科书中似又转向过失犯罪与故意犯罪区别说,参见张明楷:《刑法学》(第4版),法律出版社2011年版,第157—158页。
[3] 参见刘士心:《不纯正不作为犯罪中先行行为引起的义务研究》,载《北方法学》2007年第6期。
[4] Vgl. BGHSt 37, 106; 43, 381 (397).

（结果发生的紧密危险标准），即要求构成要件结果的发生与先行行为之间具有紧密的关联，以防止先行行为的无限回溯。[1] 最后，要求违反义务的先行行为与不作为的损害结果之间须存在义务违反关联，即先行行为所违反的规范命令必须具有保护（损害后果中所反映的）被侵害的法益这一规范目的。[2]

义务违反标准虽然成为德国判例与学界界定先行行为范围的通说，但如何提供具有可操作性的"义务违反标准"，该说一直未提供令人满意的答案。德国刑法学者罗克辛将客观归责的原理扩展至不作为领域，试图为先行行为的界定提供更具有教义学精确性的标准。

先行行为保证人与因法律或合同等规定产生的保证人地位不同，先行行为人与被害人之间并不存在一种相对固定的法律、合同或业务关系，而是因其实施了先行行为而与被害人产生了一种偶然的特定的关系，因其先行行为而负担阻止该行为继续发展以免损害被害人利益的义务。其他形式作为义务是来自民法等刑法以外法律领域的义务，而先行行为类型的作为义务是来自刑法上的义务。因而，这种作为义务的原因，也必然只能够在刑法的意义上——即在先行行为本身之中去寻找。如果认为任何一种与后续损害有关的在先行为都可以引发作为义务，显然就落入了自然意义上的条件因果关系的窠臼。例如，假设他人在马路上与妻子吵架，路人听闻后联想到自己婚姻上的不幸，撞车自杀的，无论是吵架者还是驾车人不实施救助的，都不因所谓先行行为构成不作为的故意杀人，否则就有纯粹条件因果关系下的结果归责之嫌。因而必须对先行行为的范围进行限制，只有那些与后续损害具有刑法上的因果关系的人，才应对该损害

---

[1] Vgl. BGH NStZ 2000, 414.
[2] Vgl. BGH NStZ 1990, 587 (590). 学界持相同观点的，参见 Weigend, in: Leipziger Kommentar zum StGB, 13. Aufl., 2020, § 13 Rn. 42 ff.; Stein, in: Systematischer Kommentar zum StGB, Band I, 9. Aufl., 2017, § 13 Rn. 50。

负责。由此罗克辛发现,要求实施在先行为的行为人对与该行为有关的后续损害负责,并不是因为在先行为对后续损害具有自然意义上的因果关系,而是因为二者之间具有刑法意义上的归责关系,因此应以客观归责的标准审视先行行为。[1] 首先,先行为必须具有引起损害结果的潜在风险。其次,这种潜在风险继续发展,在损害结果中实现,即在先行为包括的潜在风险发展过程中没有其他异常的因素介入(例如异常发展、被害人或他人的行为介入等)导致原来先行行为所创设的风险被替换,形成新的风险,否则对结果发生而承担责任的人就不再是原先行行为人,而是制造新风险的人。只有这样,所未阻止的损害结果才能归责给先行行为人。

罗克辛从客观归责理论之中推导的先行行为界定标准可概括为以下几点:

1. 先行行为必须是风险创设或升高行为。按照罗克辛的观点,在先的行为虽然引起了结果发生的风险,但是如果该风险对于结果来说并非升高的风险或者尚在可容许的范围之内,则该在先行为不构成先行行为。例如,改变与他人去剧院看戏剧的计划而建议一同去看电影,他人在看电影的路上遭遇交通事故不实施救助的,不承担不纯正不作为的刑事责任。邀约他人看电影并未创设法所不容许的风险,因为他人如果不是去看电影而是去看戏剧,也可能在前往剧院的路上发生交通事故。[2]

2. 风险关联,即不作为的风险实现须在先行为违反的规范保护目的范围之内。如果在先行为创设了不被容许的风险或升高了风险,但是这种风险却未在损害结果之中实现,这时也不应要求实施在先行为的人对该损害后果承担防止义务。只有在先行为创设的风险

---

[1] Vgl. Roxin, Strafrecht Allgemeiner Teil, Band II, 2003, § 32 Rn. 155 ff.
[2] a.a.O., § 32 Rn. 160 f.。

与损害之间存在关联,才有理由将此在先行为视为先行行为,要求实施该行为者承担不作为责任。与客观归责理论中的规范保护目的理论相联系,学者提出了界定先行行为的风险关联标准。例如,盗窃犯潜入他人家中实施盗窃惊动主人,主人察看情况时不慎滚落楼梯受伤,根据规范保护目的理论,主人受伤的损害结果超出了盗窃所违反的规范的目的——保护财产法益的目的,因此该结果不可归责给盗窃罪的行为人。这一理论在不作为犯罪中同样适用:如果盗窃罪的行为人看见主人受伤流血而不采取救助行为,主人因得不到救助而重伤或死亡的,由于损害超出了先前的盗窃行为所违反的规范的保护目的范围,行为人不承担因先行行为产生的不纯正不作为的刑事责任。[1] 同理,如果被害人被盗走贵重财产而悲痛欲绝欲撞车自杀,在场的行为人并不因其盗窃行为而产生阻止被害人自杀或自伤的义务。

3. 其他客观归责的排除规则。行为人虽然创设了风险,但是该风险实现是他人在完全的风险认识情况下由他人行为导致的,因而在先行为所包含的风险为他人的风险行为所阻断,在先行为不构成先行行为,在先行为人不具有保证人地位。此种情形通常是在先行为实施后介入被害人自我危险行为或第三人的行为,被害人创设的自我危险或第三人的行为阻断了在先行为的风险实现,在先行为人不因之承担保证人义务,由被害人自负其责或第三人承担责任。这一规则属于客观归责理论例外规则之一,同样也适用于对先行行为的论证。例如向吸毒者贩售毒品,在吸毒者吸食毒品后陷入昏迷时不对其进行救助,如果吸毒者死亡的,不承担不作为故意杀人或不作

---

[1] Vgl. Stree, Ingerenzprobleme, FS-Klug, 1983, S. 399. 当然,根据《德国刑法典》第323c条见危不救罪的规定,行为人纯正不作为的刑事责任并不受影响。

为过失致人死亡的刑事责任。[1]

(二)关于过失犯罪构成先行行为的可能性

上文厘清了先行行为界定标准,下文将在此基础上阐述犯罪行为构成先行行为引发不纯正不作为刑事责任的可能性。如上所述,先行行为首先必须是风险创设行为,实施适法行为者,不因其行为承担不作为刑事责任,否则就会因不作为刑事责任的无限扩张而导致国民行动自由受到限制。例如,德国联邦最高法院曾作出判决,认为按照酒精饮料售卖规定向顾客售卖酒精饮料的酒店老板,虽然明知顾客在离去时已经没有正常的驾驶控制能力,但仍不应因该行为对顾客酒后驾车发生交通事故承担不作为的责任。[2]

以风险创设标准衡量,犯罪行为无疑也是一种风险创设行为。与其他类型的先行行为相比,这种风险创设与实现只不过因其严重性或典型性已被刑法直接规定为构成要件而已。二者在风险创设方面并无不同。针对这种风险创设与实现本身已经存在刑事责任,之所以探讨其作为先行行为的可能性,是因为这种风险虽然在其对应的构成要件之中实现,但是又进一步发展,引起了其他的通常是更为严重的损害。那么,究竟有没有必要将后续损害与先前的犯罪行为之间建立联系,将犯罪行为视为先行行为,追究不纯正不作为的刑事责任呢?笔者以为,犯罪行为能否作为先行行为,首先要看其所创设的风险是否能够为该犯罪行为本身所完全评价。如果该风险的实现能够完全为在先犯罪行为的行为不法与结果不法所包括,则可以认

---

[1] Vgl. Roxin, Strafrecht Allgemeiner Teil, Band II, 2003, §32 Rn. 175. 相反的观点,参见 BGH NStZ 1984, 452; BGH NStZ 1985, 319。
[2] Vgl. BGHSt 19, 152 ff, zitert nach Schünemann, Zur Garantenstellung beim unechten Unterlassungsdelikt: Dogmenhistorische, rechtsvergleichende und sachlogische Auswegweiser aus einem Chaos, in: Grundlagen des Straf- und Strafverfahrensrechts, FS-Amelung, 2009, S. 310. 该判决所依据的是判定先行行为的所谓"社会相当性标准"。

为风险已被在先犯罪行为的构成要件所"用尽",没有必要再将该犯罪行为视为先行行为评价相应的不作为。

在这方面,区分过失犯罪与故意犯罪是具有意义的。过失的先前犯罪行为所制造的风险与该风险的后续发展之间具有较为明显的界限,过失的先前犯罪行为对风险的制造在主观上表现为过失,而风险发展的后续损害(这种损害往往超出了先前过失犯罪的结果不法)所对应的主观方面是故意,二者在行为不法(包括主观不法与客观不法)与结果不法上均上存在较大差别,仅处罚先前的过失犯罪行为,则后续损害以及行为人对后续损害的故意无法获得评价,因此有将过失犯罪视为先行行为处罚不作为的必要。因此,过失犯罪可以成为先行行为引发作为义务的观点是值得肯定的。实施过失犯罪的行为人,因违反谨慎义务而创设了法所不容许的风险,如果该风险进一步发展为更加严重的损害后果,行为人在具备作为能力的前提下有义务防止该后果的发生。例如重大责任事故罪的行为人在发生责任事故后,故意隐匿重伤的被害人以防止其被救治或阻止他人救助被害人致其死亡的,应对死亡后果承担不作为故意杀人的责任。如果否定过失犯罪行为人的保证人地位,仅处罚过失的犯罪行为,则行为人对严重后果的故意就无法获得刑法上的评价。

但是,过失犯罪行为人的作为义务也并不是毫无限制的。根据上述先行行为的客观归责标准,先行行为不仅是风险创设行为,而且必须是与损害具有风险关联的行为。如果过失犯罪行为虽然创设了风险,但该过失行为所违反的规范的保护目的并不在于防止其后发生的损害结果(待定的不作为所未防止的损害结果),即过失犯罪行为所创设的风险与损害结果中的实现的风险不是同一种风险或者同一类型的风险(或者也可以说是同一种或同一类型法益),就不能在过失行为与损害结果之间建立风险关联。此时也不应要求行为人承担阻止该损害结果发生的作为义务,否则就会导致不纯正不作为的刑事责任范围不当扩张,构成对国民行动自由的不当限制。

例1:看守所工作人员甲在上班期间未遵守看守所定时对收押犯人进行查巡的规定,而是沉迷于玩手机电脑游戏,在押犯人乙、丙二人见有机可乘,即采用搓绳索拉、撬等手段,将通风窗的两根钢筋拉弯,从通风窗中钻出,并从关押房所在的三楼跳下。乙顺利跳楼逃走,而丙跳楼时被钢筋挂住摔伤。甲听见动静出来查看,看见丙躺倒在地,出于幸灾乐祸的心理故意不对其救助,丙左腿流血过多而遭截肢。

此案中甲严重不负责任,致使在押的罪犯脱逃并且造成严重后果,按照《刑法》第400条第2款的规定构成失职致使在押人员脱逃罪。值得疑问的是,甲是否因其过失犯罪行为承担未救助在押人员丙的责任,构成不作为的故意伤害罪?笔者持否定态度。因为立法者在《刑法》第九章渎职罪中设立失职致使在押人员脱逃罪的目的在于维持司法监管秩序与维护司法判决的有效执行,以保证国家司法机关公务的有效性,其所保护的是抽象的国家法益,而不是个别公民的具体法益(例如此案中的身体健康法益),因此甲的过失犯罪行为与丙的重伤损害之间不具有风险关联,对于丙的重伤甲不因其过失犯罪行为成立先行行为的保证人地位。[1]

以上探讨了过失犯罪作为先行行为的可能性及其限制。如果先前犯罪为故意犯罪,则先前犯罪的不法内容与后续损害的不法内容

---

[1] 至于甲作为看守所工作人员是否对被监管的在押人员具有保护保证人地位,即对被监管人员在押期间的法益侵害负有防止义务,是另外一个问题(根据德国关于保证人地位的功能二分法,先行行为属于监督保证人地位,并列于保护保证人地位。Vgl. Roxin, Strafrecht Allgemeiner Teil, Band II, 2003, §32 Rn. 6; Wessels/Beulke, Strafrecht Allgemeiner Teil, 40. Aufl., 2010, §16 Rn. 716. 鉴于篇幅所限,此处不作进一步的探讨。

之间往往存在一定的重叠,即行为人对风险的实现本就具有故意,如果该风险进一步恶化、行为人故意不阻止的,是否仅追究前罪的加重犯即可,还是将先前犯罪行为视为先行行为考虑不作为犯罪的可罚性的问题,值得研究。

(三)故意犯罪构成先行行为的可能性探讨

故意犯罪行为相对于其所侵害的被害人的法益来说当然是一种风险创设行为,在已构成作为犯罪的先行行为实施完毕之后,该风险的继续发展可能有两种结局,在这两种结局中先前犯罪行为与后续损害后果之间具有不同的关系:第一种结局,该风险所实现的损害后果完全可以涵盖在先前犯罪行为的故意之内,即先前犯罪故意以后续损害后果为内容,先前犯罪故意的内容刚好是后续损害后果;第二种结局,该风险继续发展所实现的损害后果超出了先前故意犯罪行为构成的范围,行为人在此过程中坐视该损害后果的发生而不实施相应的作为。下文将针对这两种不同的情形进行详细的论述。

需要说明的是,在一般情况下,在先犯罪的行为人故意引起某特定损害后果,如果该特定损害后果按照行为人所预计的那样立即发生,则不存在防止该损害结果的问题(不存在作为的可能性),因此不会为探讨不作为犯罪留下空间。此处探讨的情形主要是在发生在损害后果与行为之间存在一定的时间间隔,甚至发生(不重要的)因果进程偏离的情况下,例如行为人打算在楼顶将被害人击毙,但被害人躲避子弹时失足,一手抓住楼顶边缘,行为人不实施救助,最终被害人摔死的,行为人是否成立不作为犯。

1. 先前犯罪的故意以后续损害后果为内容

如果先前犯罪行为人故意引起某特定损害后果而该特定损害后果最终发生,即如果先前犯罪行为制造的风险所实现的损害后果完全可以被先前犯罪的故意范围涵盖,情况看起来仿佛很简单,几乎没有过多探讨的必要。例如,甲以杀人的故意向乙的饮料中投放了足量的毒药,乙饮后躺在地上呻吟不已,此时甲看见乙的惨状不实施救助,乙在饱经折磨后死亡。乍一看来,此时仅追究先行行为构成的作为犯罪即可完整地对行为人的行为不法与结果不法进行评价,自然不产生将犯罪行为作为先行行为再探讨不作为犯罪的问题。事实上在此例中,一个理性的法律制度往往都会选择惩罚作为的故意杀人行为,而不会同时追究甲的作为的故意杀人与其后的不作为故意杀人的刑事责任。但是,通向这个一致结论却存在截然不同的两条教义学路径:路径一(以下简称"否定说"),否定这种情况下先前的犯罪行为可构成先行行为,因为最终发生的结果与行为人故意犯罪所追求或放任的结果一致,认定一个故意的作为犯罪即可。路径二(以下简称"肯定说"),肯定先前的犯罪行为可构成先行行为,针对同一损害结果行为人构成故意的作为与不作为犯罪,但是根据罪数理论,认为此种情形属于法条竞合(针对同一法益损害后果既存在作为的规定也存在不作为的规定)之一种,按照特殊法优于一般法的规则仅处罚作为犯罪[1],或者将不作为犯罪视为不可罚的事后行为,仅评价故意的作为犯罪[2]。

　　在德国关于先行行为保证人地位的探讨中,遵循上述两条教义学路径的学者之间展开了争论,因为除了论证方法上的分歧以外,这两条看似殊途同归的路径在某些情况下却可能指向迥异的方向——路径一(否定说)由于否定先前犯罪行为人的保证人地位,被采纳路

---

[1] Vgl. Wessels/Beulke, Strafrecht Allgemeiner Teil, 40. Aufl., 2010, § 16 Rn. 725. 由于作为犯罪是刑法分则明确规定的犯罪,而不纯正不作为犯罪是刑法总则中确定的原则,在大多数结果犯中都可能存在,因此可以把针对某一损害结果的作为犯罪理解为特殊法,而相应的不作为犯罪理解成一般法。

[2] Vgl. Roxin, Strafrecht Allgemeiner Teil, Band II, 2003, § 32 Rn. 193.

径二(肯定说)的学者批判为易于引起可罚性漏洞,因为根据路径一(否定说)不具有可罚性的行为根据路径二(肯定说)则可能成立刑事责任。具体分述如下:

(1)共犯场合的可罚性漏洞。肯定说认为,只有肯定此时先前犯罪行为人的保证人地位,才能使得惩罚在先前犯罪行为人实施行为后教唆或帮助其不对被害人进行救助的共犯成为可能。例如:

> 甲以杀人故意朝乙开枪,乙身体要害部分中枪倒地后,甲又欲将乙送往医院抢救(假设乙可因此得救),此时第三人丙劝说甲放弃救助行为,甲听从劝告未采取救助措施,乙最终死亡。

否定说否定甲的保证人地位,甲不构成不作为的故意杀人,仅成立作为的故意杀人。那么根据共犯从属性理论,丙对不作为故意杀人的教唆行为因缺少正犯行为无法受到惩罚。[1] 对于这种批判,否定说进行了如下反驳[2]:肯定说所说的可罚性漏洞的观点是基于犯罪支配理论,认为实施先前犯罪行为后又不履行损害防止义务的人,对事件的进程具有支配地位,因而是正犯。而帮助者或教唆者因缺乏对不作为的支配而不具有正犯地位,在不存在可罚的正犯行为的前提下,帮助者或教唆者的行为无法得到追究。而根据德国判例中通行的主观正犯理论则不存在此种所谓的可罚性漏洞。主观正犯理论以行为人的意志与利益作为判断正犯的标准,如果教唆者或帮助者具有强烈的不作为的意志而使得先前犯罪行为人服从于自己的意志,或对不作为具有自己独立的利益(例如发现被害人是自己的仇人),则也可以单独作为正犯受罚。

---

[1] Vgl. Roxin, Strafrecht Allgemeiner Teil, Band II, 2003, § 32 Rn. 194; Wessels/Beulke, Strafrecht Allgemeiner Teil, 40. Aufl., 2010, § 16 Rn. 725.

[2] Vgl. Hillenkamp, Garantenpflichtwidriges Unterlassen nach vorsätzlichem Tatbeginn?, FS-Otto, 2007, S. 304.

(2)行为人因罪责能力产生的可罚性漏洞。假设先前犯罪行为人在实施作为犯罪时丧失罪责能力而在该作为实施完毕后又恢复了罪责能力,例如间歇性精神病人在精神病发作期实施故意杀人行为后又恢复神智,意识到自己行为后仍对血流不止的被害人不实施救助,致被害人死亡,如果否定先前故意行为可以成为先行行为,则行为人不具有保证人地位,既无法追究其作为的故意杀人的责任,也无法追究其不作为的故意杀人的责任。[1] 而此种情况被否定说认为在实践中极为罕见。如果先前犯罪行为人在实施作为时不具有罪责,这种状态一般会延续至不作为阶段。在实施不作为时又恢复罪责能力的情况,在判例中从未出现。[2]

(3)针对不作为的正当防卫难题。在先前犯罪行为人实施作为的不法侵害之后,在论证针对该不法侵害造成的危险状态进行正当防卫方面,否定说可能会遇到困难。[3] 而如果无法论证正当防卫的合理性,势必放纵不法侵害人,对被侵害的法益保护不利。此处通常举的例子是针对在飞机上安置定时炸弹的案例。在行为人安装定时炸弹完毕之后,不法侵害行为已经结束,再针对其实施"正当防卫"逼迫其拆除炸弹或者说出炸弹的位置,可能不符合正当防卫的"不法行为正在实施"这一时间性要件。而肯定说认为,如果将安装炸弹的犯罪行为视为先行行为,因此产生行为人排除爆炸危险的损害防止义务,则其拒不拆除炸弹或者说出炸弹位置的行为可被视为"正在进行的不作为",针对这一不作为可以实施正当防卫。对于这一问题,否

---

[1] Vgl. Welp, Vorangegangenes Tun als Grundlage einer Handlungsäquivalenz der Unterlassung, 1968, S. 331.

[2] Vgl. Hillenkamp, Garantenpflichtwidriges Unterlassen nach vorsätzlichem Tatbeginn?, FS-Otto, 2007, S. 304.

[3] Vgl. Welp, Vorangegangenes Tun als Grundlage einer Handlungsäquivalenz der Unterlassung, 1968, S. 336.

定说则认为所谓论证上的难题即使在否定先前犯罪行为人保证人地位的情况下也可以得到解决[1]：其一，炸弹安装完毕而尚未爆炸的情形在实践上属于"危险持续存在，危害行为尚未结束"。其二，即使认为危害行为已经结束，此时仍可认定行为人负有危险排除的作为义务，针对其不作为同样可以实施正当防卫。即该危险排除的作为义务并非只能通过认定先前犯罪行为构成先行行为推导出来，将行为人视为危险设备的管控人，也可证立其监管保证人（Überwachungsgarant）地位。

从否定说与肯定说的对峙中可以看到，肯定说对否定说倾向于引起刑事可罚性漏洞的质疑，经否定说的驳斥确实受到了一定程度的削弱。表面上看来，肯定说通过法条竞合排除对不作为犯罪的处罚而仅保留对作为犯罪的处罚，未雨绸缪地降低了可罚性漏洞的风险，似乎所虑更深。但是，从规范逻辑的角度审视，否定说则具有更强的说服力：

其一，否定说更符合此种情形下的不法结构。行为人不阻止的损害后果本就包含在其先前作为的加害行为之中，仅评价先前的作为犯罪可以涵盖全部的行为不法与结果不法，没有再考虑不作为的必要。例如奥托（Otto）也指出，肯定说导致对不法的重复评价。[2]

其二，肯定说与犯罪中止的规定存在矛盾。先前犯罪行为人在故意支配下实施加害行为之后，心生悔意，主动防止损害后果发生的，构成犯罪中止。犯罪中止的法律效果是减轻或免除处罚，实际上是对行为人制止损害后果的一种奖赏。法律设立中止制度，是给行为人提供奖赏的机会，而不是向其施加不利用这一奖赏机会即承担

---

[1] Vgl. Jürgen Welp, Vorangegangenes Tun als Grundlage einer Handlungsäquivalenz der Unterlassung, 1968, S. 305.

[2] Vgl. Otto, BGH, 15.10.2003-2 StR 283/03: Verknüpfung von Gegengewalt und Wegnahme Beim Raub, JZ 2004, S. 364 f.

不作为否定评价的义务。[1]

其三,肯定说违背期待可能性理论。基于期待可能性理论,不应苛求先前犯罪行为人在实施加害行为后再防止该行为后果的发生。行为人实施行为意欲引起某一损害后果,在该损害后果即将发生之前不应再要求其撤销该行为,否则就等于要求行为人自我否定。由于法律即将对其行为进行否定(科以刑事惩罚),这种自我否定就显得多余了。"故意违反规范引起损害后果的人,应被排除在遵守这一规范的规范对象范围之外。"[2]

不可否认,肯定说确实具有规范逻辑上的优点。一个在规定作为的可罚性之外要求故意造成某种损害后果的犯罪人再去防止该损害结果发生的法律制度,多少显得有些牵强。然而,尽管否定说针对肯定说对自己易于导致刑事可罚性漏洞进行了有力反驳,但这种反驳并不能彻底消除这种顾虑。例如,在上述共犯可罚性漏洞的场合,虽然正犯标准主观说在判例中比较通行,但也不完全排除行为支配标准的适用,判例往往采取二者结合的主、客观标准,因此否定说认为依照主观说即可以排除可罚性漏洞的反驳并不完全站得住脚。此外,在行为人因罪责能力产生的可罚性漏洞方面,以这种情形在实践中比较罕见为理由进行回应,显然有些苍白。既然上述肯定说与否定说都存在一定缺陷,笔者尝试遵循上述界定先行行为的客观归责标准,同时考虑该标准适用的法律后果,以"风险是否被先前犯罪行为所用尽"这一标准对此种情形下的先行行为保证人地位进行妥当的判定。

---

[1] Vgl. Jürgen Welp, Vorangegangenes Tun als Grundlage einer Handlungsäquivalenz der Unterlassung, 1968, S. 295, m. w. N.
[2] Jürgen Welp, Vorangegangenes Tun als Grundlage einer Handlungsäquivalenz der Unterlassung, 1968, S. 295.

一般说来,如果先前犯罪行为人故意引起某特定损害后果,该特定损害后果也最终发生,则先前犯罪行为所创设的风险完全实现在其结果不法之中,该风险实现完全能够为先前犯罪行为的行为不法(包括主观不法即故意)与结果不法所评价,此时没有再探讨针对该结果不法的不作为可罚性的必要。也就是说,如果先前犯罪行为所创设的风险已被其所构成的作为犯罪"用尽",就没有再评价相应不作为犯罪的必要。但是在特殊情况下,该风险实现可能也无法为先前犯罪本身的行为不法与结果不法所涵盖,即该风险也可能未被用尽,例如在共犯场合或者在先前犯罪行为因无罪责能力而无法被评价为作为犯罪的情况下。针对参与到先前犯罪行为创设的风险实现过程中的共犯来说,如果不评价不作为,该风险实现的不法无法获得评价,此时也应该认为该风险未被作为犯罪所用尽,此时就有追究该共犯人不作为刑事责任的必要。而对于实施完作为加害行为才恢复罪责能力的行为人来说,也是如此:先前加害行为所创设的风险实现因缺乏罪责无法被评价为作为犯罪,因此未被用尽,所以应当将该风险实现置于行为人恢复罪责能力后的不作为之中进行评价。

2. 后续损害后果超出了先前故意犯罪的内容范围

如果先前犯罪行为创设的风险继续发展,所实现的损害后果超出了先行行为构成的犯罪范围,无法为该犯罪的行为不法与结果不法所包括,则这种风险无疑未被先行行为所构成的作为犯罪所用尽,那么就存在对这种"剩余"风险评价的必要。此时又存在两种可能性:

(1)可能性一,该损害后果可为先行行为构成的犯罪的结果加重犯所包含,例如故意伤害他人后任其流血死亡,死亡结果可以为故意伤害致人死亡所包含,或抢劫过程中伤害被害人后不进行救助致其死亡,可为抢劫致人死亡所包含。这种情况可能产生处罚结果加重犯还是不作为犯罪的问题,导致罪名选择上的困难。但是,如果仅以结果加重犯追究行为人刑事责任,无法完整地评价此种情形的行为不法与结果不法:行为人在实施伤害行为以后,对可能出现的死亡结果在明知的心理态度下能够阻止而不阻止,对结果的发生持故意的态度,此时产生了一个独立于先前的伤害行为的新的主观不法与客观不法,即一个新的针对死亡结果的不作为。[1] 肯定了这种情况下不作为犯罪的可罚性问题,并不意味着就一定要将先前故意犯罪与对加重结果的不作为犯罪数罪并罚。如上所述,在这种情形下,先前犯罪的不法内容与后续损害的不法内容之间往往存在一定的重叠,简单的数罪并罚可能导致对这部分重叠的不法内容重复评价。笔者以为,可以根据我国的罪数理论将此种情形视为法条竞合,即针对同一损害结果既存在作为的规定,又存在不作为的规定,可以将作为犯罪视为特殊法,按照特殊法优于一般法或重法优于轻法的规则处理,即以仅以相应作为犯罪的加重犯处罚,而不再论以不作为犯罪。

(2)可能性二,针对该损害后果不存在先行行为构成的犯罪的结果加重犯。更常见的情况是,先前犯罪行为的风险进一步发展引起损害后果,而针对该损害不存在先前犯罪的结果加重犯,例如实施妨害公务罪、强迫交易罪等致被害人受伤后故意不进行救助致使被害

---

[1] 另外,与上述故意伤害他人后故意不实施救助行为致被害人死亡情形相比,在故意伤害致人死亡案例中,伤害行为与加重结果之间往往不存在清晰的时间间隔,可能行为未实施完毕加重结果已经发生,行为人对结果的发生持有的心理态度往往是过失(不排除故意的可能)。正是因为故意伤害致人死亡中伤害行为与过失致死(少数情况下也包括对死亡结果持有故意的态度)是以一种非常紧密的形式存在,为了减少主观方面证明上的难度,立法者将这种结合状态以结果加重犯的形式加以规定。而在故意伤害他人后故意不实施救助行为致被害人死亡情形之中,行为人故意的加害行为与对死亡结果故意不救助行为之间存在明显的界限,这种界限体现在加害行为手段的严重性、死亡结果出现的时间以及加害行为结束之后行为人的反应(如犹豫不决、在现场停留等)之中,从中我们也可以看到上述情形与一般的故意伤害致人死亡之间存在一定的结构区别。

人重伤或死亡,或者实施侮辱罪的行为人不救助羞愤之下自伤或自杀的被害人,致被害人重伤或死亡。此种情形下先前的犯罪行为是否可以作为先行行为,应根据上文所述的先行行为风险关联标准进行判断。如果行为人不阻止的损害后果属于其先前犯罪行为所违反的规范保护目的范围,也就是说,如果损害后果是先前的犯罪行为所创设的法益侵害风险进一步恶化的结果,二者是同一种风险或者同一类型的风险(或者也可以说是同一种或同一类型法益),则可以肯定犯罪行为与损害后果之间具有风险关联,行为人对后来的损害后果具有防止的义务——因为,创设风险者须为风险实现担责,无论是以作为的形式,还是以不作为的形式。此时该犯罪行为可以成为先行行为引发作为义务。

例2:甲针对烟草稽查人员乙实施暴力殴打以阻止其实施公务,乙躲避中不慎跌倒,一只手抓住三楼走道护栏,身体吊在半空中,甲能够采取措施防止乙跌落而故意不作为,致乙摔成重伤。

妨害公务罪的规范保护目的是他人的身体健康法益与公务的执行,乙跌落身受重伤这一损害后果属于妨害公务罪的规范保护目的范围之内。虽然一般来说妨害公务行为所包含的是轻度损害身体健康法益的风险,但鉴于生命有机体的特性,该风险的进一步发展可能是重度的身体健康权益的损害,甚至是死亡的结果,因此可以认定风险关联的存在。根据客观归责的原理,如果其间没有介入异常的因素或被害人、第三人的行为,则该风险的自然后续发展结果仍可以归责给先前的妨害公务行为,行为人对该结果负有防止义务,否则应承担不作为的刑事责任。在罪名确定方面,此种情形与上述损害后果可为先行行为构成的犯罪的结果加重犯所包含的情形不同:后者的先前犯罪行为与不作为犯罪的不法内容上存在交叉,而此种情形下先前犯罪行为不包括针对重结果的结果加重犯规定,因此无论从行为不法还是从结果不法上来看,二者都不存在重叠关系,因此应将先前犯罪行为与针对重结果的不作为的犯罪数罪并罚,即对甲以妨害公务罪与不作为的故意伤害罪数罪并罚。

但是,如果先前的犯罪行为实施之后造成法益侵害,由于某种因素的介入又发生了另外一种法益侵害,如实施侮辱行为的行为人不救助羞愤之下自伤或自杀的被害人,被害人重伤或死亡的情形,或者被害人情绪激动之下心脏病发作,此时损害后果是被害人的生命权益与身体健康权益,而先前犯罪行为所违反的规范所保护的是他人的名誉权,二者之间不存在关联。无论是被害人羞愤之下自伤、自杀还是被害人情绪激动之下心脏病发作,对于最终损害后果来说,先前犯罪行为都不具有可归责性。因此,行为人的侮辱行为不构成先行行为还引发对被害人伤害或死亡结果的防止义务。

我国肯定故意犯罪先行行为性质的观点中,由于未将客观归责的思想引入先行行为理论,不以风险创设与风险关联标准对先行行为进行审查,倾向于扩大故意犯罪行为人的不作为责任范围,要求故意犯罪行为人对与该行为具有联系的任何后续损害都承担不作为责任,这显然过于苛刻。

例3:甲夜间遵守交通规则驾车正常行驶经过某段机动车道,在该道路中央农民铺满麦秸秆晾晒,但不料醉酒者乙在道路中央的麦秆下睡觉,甲经过该路段时尽管放慢了速度还是将乙轧伤。如果甲发觉乙被轧伤而故意不实施救助致乙死亡,甲是否应承担不作为故意杀人的责任?

按照一些学者的观点,行为人无罪责地意外引起他人伤害而故意不救助致被害人死亡,也应成立不作为故意杀人罪[1],笔者对此不能苟同。因为无论是根据德国传统上关于先行行为的义务违反标准,还是根据晚近的客观归责标准,案例中甲的行为都不构成先行行为。甲遵守交通规则正常行驶,并未违反任何义务,也未创设风险(驾驶机动车的风险属于正常的生活风险),因此要求其对于意外事件(往往因对他人的过错行为)承担故意杀人这一不纯正不作为的责任,有失公允。当然值得注意的是,德国刑法中对先行行为的这种实质性审查所导致的先行行为类型不纯正不作为责任范围的缩小,并不会导致可罚性漏洞。因为在此类案件中虽然行为人不承担不作为故意杀人的刑事责任,但仍承担纯正的不作为的刑事责任,即应按照《德国刑法典》第 323c 条规定的见危不救罪处罚。我国没有关于见危不救罪的规定,应增设这一罪名或者在否定先行行为保证人地位的同时扩大《刑法》第 261 条遗弃罪的适用范围[2],以避免要么适用故意杀人这一重罪,要么不科以任何处罚的两极化的解决方式。

另外,在适用风险关联标准时,须注意在发生想象竞合时一行为创设两种风险或者违反两种规范目的的情况。有学者主张,将他人汽车推入水中故意损毁他人汽车,如果汽车内有一儿童,行为人坐视

---

[1] 例如张明楷教授曾指出,如果否定故意伤害可以成为先行行为引发行为人对死亡后果的不作为刑事责任,就会得出对故意伤害他人后故意不救助致被害人死亡时的刑法评价(否定先行行为可为犯罪行为则仅成立故意伤害致人死亡罪)反而轻于行为人无罪责地意外引起他人伤害而故意不救助致被害人死亡的评价(成立不作为故意杀人罪)这样的结论。参见张明楷:《不作为犯中的先前行为》,载《法学研究》2011年第 6 期。在笔者看来,该结论的荒谬之处不仅在于否定故意伤害可以成为先行行为,也在于错误地将不可归责的意外伤害行为视为先行行为。

[2] 国内近年的司法判例有扩大遗弃罪适用范围的倾向,开始将遗弃罪的行为主体向家庭成员以外的人扩展,正反映了现实生活存在着对介于不作为故意杀人(或伤害)与无罪处理之间的(一个中间梯度的)刑事责任的真实需要。

儿童随车沉入水中而不救助的,则行为人构成不作为的故意杀人罪。[1] 对此种情形行为人的犯罪行为是否构成先行行为,应根据上述标准进行检验。如果行为人对汽车中有儿童具有预见可能性(例如汽车属使用中的汽车,汽车上有最近使用的痕迹,儿童处在显而易见的位置等),在推汽车入水时没有尽到应有的谨慎义务检查汽车内是否有人,则其行为构成故意毁坏财物罪与过失伤害的想象竞合,过失伤害的规范保护目的是他人的身体健康权,而对儿童死亡后果的防止符合该规范的保护目的,因此行为人过失伤害的行为可以作为先行行为引发其阻止死亡后果发生的作为义务。而如果行为人对汽车中有儿童不具有预见可能性(例如儿童偷爬入车并躲藏在后备箱等不易被发现的位置),则对儿童随车沉溺不具有过失,仅构成故意毁坏财物罪。而故意毁坏财物罪保护的是他人的财产,并不保护他人的生命健康,所以行为人对儿童死亡的结果不承担因先行行为产生的保证人义务,应承担纯正的不作为(在尚不存在见危不救罪的立法现状之下考虑遗弃罪的适用)的刑事责任。同理,针对我国学者提出的非法采伐珍贵树木的行为人对被倒下的树木砸伤的被害人负有先行行为保证人义务,不履行这一义务导致被害人死亡的构成危害国家重点保护植物罪与不作为的故意杀人罪或过失致人死亡罪的观点,[2]笔者以为也应视先前犯罪行为与后续损害之间是否存在风险关联进行判断。

(四)小结

综上所述,犯罪行为原则上可以成为先行行为引发保证人地位,具体界定应像其他类型的先行行为一样,根据客观归责理论的相

---

[1] 参见刘士心:《不纯正不作为犯罪中先行行为引起的义务研究》,载《北方法学》2007年第6期。
[2] 参见张明楷:《刑法学》(第6版),法律出版社2021年版,第201—203页。

关标准进行界定。过失犯罪行为具有构成先行行为的可能性。

而故意犯罪是否可以成为先行行为,应视故意犯罪所创设的风险实现是否已经由行为人的先前的故意不法所包含,即该风险是否由其先前故意犯罪的基本犯所用尽而定。

第三章 财产犯罪教义学的本土维度

中国刑法教义学构建不能回避的一个问题是法教义学的中国性与本土化问题。较早批评法教义学与中国法律制度文化脱节的是邓正来教授:"'法条主义'论者实际上是在西方尤其是欧洲大陆法的结构安排下展开其逻辑分析活动的,因而他们的智性活动在强化西方尤其是欧洲大陆法的结构安排这一前提的同时,还在间接地引入这种结构安排所内含的各种西方理想要素——这种活动实际上也应合了中国法学在'移植'西方法律的同时展现出来的'复制'西方理想图景的趋势。"[1]晚近丁胜明博士也犀利地指出,我国刑法教义学研究存在"不加区分地引进国外教义学知识将其当作中国的教义学知识","视中国法律的具体规定为无物"的"反教义学"现象。[2]

既然传统中华法文化中没有生长出适合现代社会生产方式与治理模式的现代法律制度,更没有以此为基础发展出本土法教义学,我国刑法教义学发展的现实方案仍然是对德日刑法教义学理论的移植并进行本土化调适。德日刑法教义学理论的移植并非如自然科学领域的技术引进那样顺理成章,社会政治制度框架、实定法框架、民族文化及民族语言习惯等都为教义学理论的移植设定了障碍与陷阱。

---

[1] 类似以"中国法律文化图景"为题的探讨涉及现代性问题、所谓西方经验与思维定式问题,这显然已经超出了本书所探讨的刑法教义学的范畴,触及当下中国法学甚至整个人文科学领域的痛点。参见邓正来:《中国法学向何处去(上)——建构"中国法律理想图景"时代的论纲》,载《政法论坛(中国政法大学学报)》2005年第1期。

[2] 参见丁胜明:《刑法教义学研究的中国主体性》,载《法学研究》2015年第2期。

正如国内学者车浩教授所倡导的那样,有必要区分教义学方法与教义学知识[1],对于主要依赖形式逻辑运作的法律解释规则一般可以完全移植,对于依赖逻辑推论和法哲学的教义学理论中具有高度抽象性的一般理论也可以引入,但对于高度依赖实体法具体规定与语言习惯的教义学理论需要保持足够的审慎。对于本国实体法规定及民族语言习惯具有高度依赖性的教义学理论,主要是涉及个罪构成要件构造及解释的教义学理论。例如我国学界对德日诈骗罪教义学理论的移植在笔者看来就是一个不甚成功的案例。《德国刑法典》第263条将诈骗罪规定为"以为自己或第三人非法获得财产利益的目的,通过编造虚假事实或者通过歪曲或者隐瞒事实真相引起或维持错误的行为损害他人财产",这一历史形成的构成要件表述并非是教义学上的完美之作,其"表述互相矛盾、残缺不全"及"具有误导性",也为德国学者所诟病。[2] 虽然我国《刑法》第266条对诈骗罪采取简单罪状的规定方式,并无对诈骗罪构成要件的立法描述,但基于对德国刑法中诈骗罪理论的全盘继受,我国刑法诈骗罪的研究也围绕实定法上并不存在的构成要件要素如认识错误、财产处分、财产损失等的解释争议展开,在具体怀疑说与可能性说、处分意识不要说与必要说、个别财产损失说与整体财产损失说等旷日持久的争论中泥足深陷。[3] 上述对德国刑法诈骗罪教义学的过分倚重使我国诈骗罪研究存在严重的路径依赖与术语捆绑现象,重蹈德国诈骗罪教义学内部观点冲突、学派林立的覆辙而无法进行我国诈骗罪理论的

---

[1] 车浩教授正确地指出:"刑法教义学的引入不意味着学术主体性的丧失,应当区分法教义学知识与法教义学方法。要仔细甄别域外教义学知识与中国刑法语境的兼容性,积极引入没有语境障碍的教义学知识,并运用教义学的一般方法创造立足本土的新教义。"车浩:《理解当代中国刑法教义学》,载《中外法学》2017年第6期。

[2] Vgl. Tiedemann, in: Leipziger Kommentar zum StGB, 12. Aufl., 2012, § 263 Rn. 7; Hilgendorf, Tatsachenaussagen und Werturteile im Strafrecht, 1998, S. 133 ff.

[3] 参见王莹:《诈骗罪重构:交易信息操纵理论之提倡》,载《中国法学》2019年第3期。

创新,是一种不必要的教义学研究奢侈,值得反思。

故笔者在本章尝试将本土刑法教义学研究方法延续到分论的个罪研究中,引入德国盗窃罪教义学关于非法占有目的之对象的"物的价值说""物的存在形式说"等理论,解析中国刑法中盗窃罪非法占有对象的理论争议,厘清盗窃罪与诈骗罪、敲诈勒索罪等其他财产犯罪的不法构成要件边界,为我国司法实务中财产犯罪的界分提供具有可操作性的理论工具。针对传统诈骗罪教义学逻辑混乱,财产处分理论、财产损失理论、社会目的落空理论等理论支离破碎的乱象,笔者在解构诈骗罪不法内核的基础上,针对中国刑法诈骗罪简单罪状的规定,对诈骗罪的不法本质及构成要件进行中国语境下的重构。

第一节 盗窃罪之"非法占有目的"之辨

德日刑法判例与学说均否认盗窃罪的非法占有必须是永久或长久的占有。在不以长久占有为目的拿走物品的情形下,行为人所意图非法占有的究竟是什么?尤其是在以返还意图取得财物的占有的情形下,例如拿走被害人财物隐瞒财物来源向其售卖或者向其勒索赎金,可否认定非法占有目的,颇具争议。关于非法占有的对象,德国刑法的通说是以物的存在形式为主、(狭义的)物的价值说为辅的"综合说"。笔者倡导利用这一理论对盗窃罪的非法占有目的所针对的对象进行界定,并针对上述情形提出以盗窃罪的规范保护目的思想认定狭义的物的价值说中的"特殊价值",以维护盗窃罪构成要件轮廓的清晰。

引导案例: 2009年3月9日晚,被告人徐某在象山县丹东街道文韵路文韵茶馆楼下欲盗窃车内财物。用砖头砸碎车窗进入戴某的牌号为浙BFD×××号中华骏捷汽车内后,发现汽车钥匙插在车上,即将汽车开走并摘下车牌,汽车价值人民币65100元,后将车开至象山县第一人民医院住院部后花坛处藏匿。同年3月11日,被告人徐某电话联系车主戴某,以帮戴某找回汽车为由索要人民币20000元。3月15日,被告人徐某再次电话联系戴某索要钱财时,被公安民警抓获。案发后,汽车及车内物品均被追回并归还被害人。[1]

对本案被告人徐某行为的定性,可以考虑的是盗窃罪与敲诈勒索罪。而盗窃罪成立与否的关键是被告人"非法占有目的"的认定。[2] 被告人徐某将被害人汽车开走藏匿,两天后又打电话以帮助被害人找车为由向其索要20000元,是否对于汽车具有非法占有的目的?

与上述问题紧密相关的是,非法占有是否要求必须是永久或长久的占有?取得财物的占有并利用后以某种形式(合法或者非法)再将原物返还给被害人,是否属于非法占有?

日本刑法中对非法占有的目的有如下三种不同的理解:一是排除权利者的意思说,非法占有的目的是指排除权利者行使所有权的

---

[1] 参见王林:《盗窃罪中非法占有目的的推定》,载《人民司法》2011年第8期。
[2] 传统上盗窃罪的主观方面要求"非法占有目的",以与故意毁坏财物罪以及拿走他人之物加以使用后归还的行为(后者在我国是不具有刑事可罚性的行为)相区分。非法占有目的译自德文盗窃罪、侵占罪等取得型犯罪(Zueignungsdelikte)主观构成要件中的"rechtswidrige Zueignungsabsicht"之要求。客观要件要求"Gewahrsamswechsel",国内多译为占有转移。Gewahrsam一词是指人对物的"管领或者控制状态",这种"占有"是指状态而言。而Zueignungsabsicht是由Zueignung(占为己有)+Absicht(目的、意图)合成而来,这里的Zueignung是指动作,即从"非己占有"变成"为己占有"的过程,可以翻译成"取得",例如日本文献就将"rechtswidrige Zueignungsabsicht"译成"不法领得"。但是由于Zueignung又分为Enteignung与Aneignung两个要素,前者是指剥夺(被害人的)占有,后者是指取得占有。如果将Zueignung译为"取得",则无法涵盖其下位概念剥夺占有与取得占有,故笔者认为沿用"非法占有目的"的传统概念,将Zueignung译为"占有",作为后两者的上位概念是合适的。如此亦可避免术语更迭带来的诸多不便。

内容,自己作为财物的所有者而行动的意思;二是利用意思说,认为非法占有的目的,是指按财物经济的(本来的)用法利用的意思;三是排除意思与利用意思说,即排除权利者对财物的占有并按其经济的用法利用或处分的意思,才是非法占有目的。处于通说地位的是排除意思与利用意思说。[1] 日本盗窃罪的判例也经历了从最初以是否具有返还意思作为判断非法占有目的的标准到即使具有返还意思拿走他人财物加以利用也认定为具有非法占有目的的发展阶段。[2]

在德国刑法上,对非法占有目的中的占有也不要求是永久性的,短暂的占有即为已足。因为德国刑法仅处罚针对特定物品(如机动车与自行车)的无权使用行为(《德国刑法典》第248b条),如果要求占有的永久性,就无法规制以使用意图拿走他人之物并因使用导致财物价值贬损或者丧失的行为,无疑这种行为是对被害人的财物所有权的侵害。

由于非法占有反映了行为人的贪利性,即行为人拿走财物是因为财物本身具有功用,这种功用在商品社会中就蕴含着经济价值。因而对物的使用首先体现在对物在经济意义上的使用,即体现行为人经济利益的对物的处置。因此,德国刑法主流通说与判例都强调经济意义上的使用。德国刑法通说认为,只要是具有经济意义的使用,都可以视为非法占有。[3]

但是,是否任何一种对财物的经济意义上的利用都属于非法占有,还是只有对财物符合其性质的使用才是非法占有? 例如,将他人家中的贵重家具拿走摆放在自己家中储存是"使用",而将家具当作柴火取暖或者烧饭是不是"使用"? 德国主流观点认为,将家具烧毁

---

[1] 参见刘明祥:《刑法中的非法占有目的》,载《法学研究》2000年第2期;张明楷:《论财产罪的非法占有目的》,载《法商研究》2005年第5期。
[2] 同上注。
[3] Vgl. Otto, Struktur des strafrechtlichen Vermögensschutzes, 1970, S. 200 ff., 332.

取暖,节省了行为人的经济开支,增加了其整体财物价值,也是一种经济意义上的利用,即使不符合财物的属性,也可视为符合取得占有的要求。[1] 德国判例认定,患有恋物癖的行为人以欣赏为目的拿走女士内衣也属于盗窃。[2]

沿着这个思路继续追问,接下来的问题是:是否任何一种使用都可能构成非法占有? 如果不符合财物属性的其他经济意义的使用也可以视为非法占有,那么将财物窃取后用作其他合法或非法的用途,例如拿走债务人的财物迫使其还债,或者拿走财物之后再以返还财物作为对价要求被害人支付金钱,如本节的引导案例那样,也可以理解成将财物作为敲诈勒索的工具使用,是否可以就此肯定这种情形下的非法占有目的?

上述问题的解答,需要明确如下问题:非法占有目的到底是一个什么样的概念? 非法占有目的中占有的对象到底是什么? 下文将从德国刑法理论出发,在对非法占有目的进行教义学分析的过程中尝试对以上问题作出回答。

一、非法占有目的之概念

盗窃罪属于取得型财产犯罪(Zueignungsdelikte),要求行为人对于财物具有非法占有的目的(Zueignungsabsicht)。如果行为人取走他人财物时不具有这种目的,而是打算使用后立即归还或者毁坏,则不成立盗窃罪。非法占有目的在取得型财产犯罪中,具有与其他类型的财产犯罪相区别的功能,因而是重要的不法要素。[3] 主流观点

---

[1] Vgl. Wessels/Hillenkamp, Strafrecht Besonderer Teil 2, 33. Aufl., 2010, Rn. 139.
[2] Vgl. OLG Hamburg MDR 1954, 697.
[3] 德国主流观点认为,非法占有目的具有划定犯罪轮廓的作用,是征表盗窃罪不法类型的要素,因而是不法要素。仅有极为个别的观点认为,非法占有目的作为表明行为人犯罪动机的要素属于罪责阶层。参见 Schmidhäuser: Über die Zueignungsabsicht als Merkmal der Eigentumsdelikte, FS-Bruns, 1978, S. 348 f.,这是与其关于罪责的观点紧密相连的。

将其视为"超过的内心倾向"(überschiessende Innentendenz),仅要求行为人主观上具有非法占有的目的,而不需要客观上真正完成了占有行为。[1]

根据德国主流观点,非法占有目的是与盗窃故意并存的一种主观要素,其内容包括行为人剥夺被害人占有要素与取得占有要素。剥夺被害人占有要素是指长久地剥夺被害人的支配地位的意思,即要求行为人意图长期将被害人从对财物的支配关系之中排除出去。[2] 剥夺占有要素使得盗窃罪与打算使用后立即归还的擅自使用行为(GebrauchsanmaBung)相区别。取得占有要素是指行为人除了事实上排除权利人对财物的支配,还要有积极地获得的要素,即行为人还需要有对财物积极地持有或者使用的意图,以与毁坏财物罪与单纯的剥夺财物行为(Sachentziehung)[3]相区别。关于非法占有目的的这两个要素,有学者尝试进行如下诠释:盗窃罪中发生的是一个财物转移占有的过程,即行为人取得的东西恰恰是被害人丧失的东西,因此将非法占有从行为人与被害人角度进行解读就是:被害人的被剥夺占有与行为人的取得占有。[4] 针对剥夺占有要素行为人具有间接故意即可,而针对取得占有要素要求行为人具有直接故意并且具有这种意图[Absicht 在德国刑法上是第一级的直接故意(dolus directus ersten Grades)],即要求行为人具有通过占有财物获

---

[1] Vgl. Schmitz, in: Münchener Kommentar zum StGB, 4. Aufl., 2021, § 242 Rn. 121; Wittig, in: BeckOK StGB, § 242 Rn. 30.
[2] Vgl. Schmitz, in: Münchener Kommentar zum StGB, 4. Aufl., 2021, § 242 Rn. 132.
[3] 剥夺财物行为(Sachentziehung)是指没有非法占有目的拿走物品,使得物品与行为人脱离,该行为不构成犯罪,除非这种行为导致了财物功能的丧失,构成毁坏财物罪。例如把别人的香烟拿走藏到墙角是不可罚的剥夺财物行为,而把香烟扔到水或其他液体里就是毁坏财物罪。
[4] Vgl. Mikolajczyk, Das Aneignungselement der Zueignung, ZJS 2008, S. 18.

得类似于所有权人的地位对财物进行利用的目的。[1]

　　德国刑法通说认为,只要是具有经济意义的使用,都可以视为非法占有。德国联邦最高法院的判例也肯定了学说的观点,只要行为人对财物具有直接或间接的经济利益,即视为满足取得占有要素。[2] 如果行为人仅仅是想剥夺权利人对于财物的事实上的支配,就仅仅满足剥夺占有要素,而不具有取得占有要素。

　　在联邦最高法院的一则案例中,被告人误以为前女友的项链是其现任男友赠送的礼物,出于嫉妒与愤怒将其拿走,回到家中把项链放在与前女友合照的镜框背后,而后就将其遗忘在那里。一直到其搬家后,新的租户才发现项链的存在。庭审中,被告人声称自己拿走项链是希望二人因此产生矛盾而分手,让女友回到自己身边,然后再把项链归还给她,或者希望女友到自己的住处寻找项链而与其再续前缘,至少是因此创造见面的机会而增加二人复合的可能性。但是,前女友对项链的丢失并未在意,也一直未来寻找。[3]

　　首先值得探讨的是行为人针对项链的剥夺占有意图:行为人通过此举想重新赢得女友的欢心,然后归还项链,是否满足非法占有目的中的剥夺占有要素? 也就是说,是否剥夺被害人的占有取决于被害人是否回到行为人身边这样一个条件,而这个条件是不受行为人控制的,因此行为人就对剥夺占有具有放任的态度。如上所述,德国主流观点认为针对剥夺占有要素行为人具有间接故意即可,因此这

---

[1] Vgl. RG v. 3. 1. 1911–V 836/10, RGSt 44, 209; RG v. 8. 1. 1915–IV 593/14, RGSt 49, 142; Ranft, Grundfälle aus dem Bereich der Vermögensdelikte, JA 1984, 277(279); Schmitz, in: Münchener Kommentar zum StGB, 4. Aufl., 2021, § 242 Rn. 129; Kindhäuser, in: Nomos-Kommentar zum StGB, 5. Aufl., 2017, § 242 Rn. 123, m. w. N.

[2] Vgl. BGH v. 12. 5. 1987–1 StR 206/87, wistra 1987, 253; BGH v. 18. 2. 1988–1 StR 35/88, wistra 1988, 186; BGH v. 26. 9. 1984–3 StR 367/84, NJW 1985, 812.

[3] Vgl. OLG Köln NJW 1997, 2611.

里可具备以肯定剥夺占有要素。而针对取得占有要素要求行为人具有直接故意并且具有这种意图(Absicht),即要求行为人通过占有财物获得类似于所有权人的地位,对财物进行利用。再来看行为人的取得占有意图:联邦最高法院认为,即使不能证明被告人对于自己内心想法的辩称,从被告人的动机与被告人拿走项链后对项链的处置来看(即束之高阁、将其遗忘),被告人对财物没有任何经济上的利益。由于这里行为人并不想对项链进行经济意义上的使用,而是想通过拿走项链达到其他的目的,因此不具备取得占有要素。[1]

上述典型性的情形,是德国刑法判例与学说从盗窃罪的司法判例之中进行的经验性的归纳,是判断非法占有目的的经验性知识。从比较法的角度上来看,我们需要追问的是,在这些经验性知识背后是否隐藏着某种一以贯之的逻辑？如果答案是否定的,那么上述经验性知识对于我们来说就不是一种知识,而仅仅是彼国法律适用者与法规范对象们杂乱无章的法感觉的堆砌,即使能够被重复与延续,也不过是一种"法律惯例"。而这种不理性的法律惯例在比较法上来说是毫无意义的。所以,接下来我们的任务是去揭示上述关于非法占有目的的经验性知识背后的逻辑。上述不同情形对于非法占有目的的认定其实指向一个问题:在不以长久占有为目的拿走物品的情形下,行为人所意图非法占有的究竟是什么？在我们能够清楚地回答"在某些情况下行为人具有非法占有目的,而在另外一些情形下行为人不具有非法占有目的"之前,首先就必须明确的问题是,非法占有目的所针对的对象到底是什么？

---

[1] Vgl. Kudlich/Oğlakcıoğlu, „Auf die inneren Werte kommt es an" – Die Zueignungsabsicht in der Fallbearbeitung, JA 2012, S. 324.

二、非法占有的对象:物的存在形式说、物的价值说与综合说

如果按照日本刑法理论对非法占有目的采取排除意思说与利用意思说,就会认为以对物利用后返还或者丢弃的意思拿走物品也成立盗窃。那么,与之相连的问题是,非法占有的对象到底是什么,是物的存在形式,还是物的价值?因为在不以长久占有为目的拿走物品的情形下,行为人占有的不过是物品本身的价值,而不是物品本身。就中国学者所引介日本文献的情况来看[1],好像日本刑法理论并没有对此问题作专门的探讨。

关于非法占有的对象,德国刑法形成了物的存在形式说、物的价值说以及以物的存在形式说为主、物的价值说为辅的综合说三种理论。

(一)物的存在形式说

该说主张,盗窃罪行为人所占有的对象必须是财物本身(包括全部或其一部分)。[2] 该说符合对盗窃罪的传统理解,因为一般情况下盗窃罪转移占有的对象都是财物本身。行为人窃取财物,被害人丧失财物,财物的物质形式发生了从被害人控制领域到行为人控制领域的位移。但是该说无法适用于行为人取走财物对其进行某种利用再返还的情形。例如,行为人以取走存折上的存款后返还的意图窃取存折等权利凭证的情形,以及行为人以出卖的意图窃取财物的情形,上述情形中行为人对财物本身并没有非法占有目的。但是如果否定非法占有目的,从而否定盗窃罪的成立,明显存在可罚性漏

---

[1] 参见刘明祥:《刑法中的非法占有目的》,载《法学研究》2000年第2期;张明楷:《论财产罪的非法占有目的》,载《法商研究》2005年第5期。
[2] Vgl. Otto, Struktur des strafrechtlichen Vermögensschutzes, 1970, S. 167 ff.; Gössel, Über den Gegenstand der strafbaren Zueignung und die Beeinträchtigung von Forderungsrechten, FS-140 Jahre GA, 1993, S. 47 ff.

洞。故纯粹的物的存在形式说目前已经基本无人主张。

目前仍然有较多支持者的是修正的物的存在形式说(或称广义的物的存在形式说),认为从法条的字面含义(窃取他人"财物")以及盗窃罪所保护的法益(财产法益)来看,非法占有的对象只能是物本身,只有占有物才使得对物权的行使成为可能。以返还的意思拿走物并使用,即使返还时物的价值有所贬损,仍然体现了对所有权的尊重,被害人的对物的支配可能性并未长久丧失,因而不是非法占有。但如果利用财物导致其价值贬损到一定程度,例如使其丧失了特定的功能与使用可能性,就是改变了物的存在形式。例如拿走他人电池将电使用完再返还,所返还的就不再是原来的电池,因为电池的特性——提供电能——不存在了。同理,根据该说,将书店的新书拿走翻看后再返还,也改变了其物质形式:书店里的书都是作为新书来售卖的,旧书与新书的价格大相径庭,因此阅读后再返还,就改变了物的存在形式。书商所得到的不再是原来的那本书,而是另外一本书。[1]

(二)物的价值说

针对物的存在形式说的上述漏洞,物的价值说被提出。该说主张,由于盗窃罪不要求行为人长期保有窃取的财物,因而占有的对象是财物所蕴含着的价值[2],行为人取走财物并利用物品全部或者部分价值,就可以视为对该财物具有非法占有目的,成立盗窃罪。根据该说,即使拿走存折取走上面的存款后再将存折返还,也是盗窃罪,因为非法占有了存折所蕴含的价值即存折上的存款。确立物的价值说的是帝国法院的如下判例:行为人在酒馆中从侍者处窃取啤

---

[1] Vgl. Schmitz, in: Münchener Kommentar zum StGB, 4. Aufl., 2021, § 242 Rn. 142.
[2] Vgl. Sauer, Der Zueignungsbegriff, GA 1917, S. 284 ff.; Schmitz, in: Münchener Kommentar zum StGB, 4. Aufl., 2021, § 242 Rn., § 242 Rn. 76, m. w. N.

酒牌(酒馆用以标记顾客购买啤酒数量的牌子),再拿啤酒牌去领取啤酒,虽然行为人对啤酒牌没有占有的目的,但是判例认为行为人意图非法占有啤酒牌的价值,即它所标记的啤酒,因而肯定了非法占有目的。[1]

物的价值说扩展了非法占有的对象,因而扩展了盗窃罪的可罚性范围,但是该说内部对于物的价值范围的认定却并非一致,又分为狭义的物的价值说与广义的物的价值说。前者将物的价值限定于物的功能属性所决定的内在价值、特殊价值(lucrum ex re),认为只有针对这种价值的占有才是盗窃罪的占有。而后者则将任何一种通过物来获得的价值(lucrum ex negotio cum re)都视为非法占有的对象,例如将物的交换价值、被作为其他行为工具使用的价值(例如债权人拿走债务人财物促使其履行债务,打算在其履行债务时返还的情形)也作为盗窃罪非法占有的物的价值。[2] 但是广义的物的价值说受到了主流学说与判例的批判。例如在联邦最高法院的一则案例中,被害人甲悬赏寻找走失的宠物狗,行为人乙从找到狗的人丙那里窃取了狗,然后假装找到了狗并还给甲,以领取悬赏的奖金。[3] 联邦最高法院认为,行为人这里非法占有的是悬赏奖金,而悬赏奖金并非是狗这种财物所内含的特殊价值,而是被害人设置的,因此,不能认定行为人对狗(的价值)具有非法占有目的。行为人其实是虚构了自己作为拾得宠物狗的人的身份,意图非法占有悬赏奖金,而不是占有狗的价值,因而是诈骗罪而非盗窃罪。而如果对物的价值不加限定,就

---

[1] Vgl. RGSt 40, 10 Biermarken-Fall.
[2] Vgl. Kindhäuser, in: Nomos-Kommentar zum StGB, 5. Aufl., 2007, § 242 Rn.76, m. w. N.; Ensenbach, Reichweite und Grenzen der Sachwerttheorie in §§ 242, 246 StGB, ZStW 124 (2012), S. 344.
[3] Vgl. RGSt 55, 59 (60). 该判例被认为是拒绝广义物的价值理论的重要判例。Vgl. Schmitz, in: Münchener Kommentar zum StGB, 4. Aufl., 2021, 138.

会消弭盗窃罪这种取得型财产犯罪与诈骗罪、敲诈勒索罪等获利型财产犯罪的区别(对此下文还有进一步论述)。[1]

(三)综合说

处于通说地位的该说认为,非法占有财物的存在形式或者财物所蕴含的价值,皆成立盗窃罪。[2] 鉴于广义的物的价值说存在消弭取得型财产犯罪与获利型财产犯罪之间区别的危险,综合说统一狭义的物的价值说与物的形式说,将物的价值的一面限定在与物的功能属性相关的价值,即其本来的用途,或者物客观上固有的使用可能性。少数派意见认为综合说只是机械地将两个本质上互相冲突的理论生硬地拼凑在一起,可以说是综合了物的价值说与物的存在形式说的缺点,被批判为"苹果与梨的混合体"。[3]

笔者以为,上述对于综合说的批判有失公允。由于财物的价值与其形式无法分离,占有物的形式时就排除了被害人对物的使用,也就剥夺了因而占有了物的使用价值。因此物的形式说与物的价值说都不否认在非法占有物的形式时行为人的非法占有目的,从这个意义上来说,综合说实际上就是(狭义的)物的价值说,并不存在所谓互相排斥的问题——在以物的形式为占有对象时,可以将其理解为对物的价值的全部占有。另外从结论上来说,综合说与广义的物的形式说、狭义的物的价值说对于非法占有目的的认定并不会得出不同结论。因而针对上述批判,综合说尝试以"财物的功能"作为物的价

---

[1] Schmitz, in: Münchener Kommentar zum StGB, 4. Aufl., 2021, § 242 Rn. 139; Kindhäuser, in: Nomos-Kommentar zum StGB, 5. Aufl., 2017, § 242 Rn. 78.
[2] Eser/Bosch, in: Schönke/Schröder, StGB, 30. Aufl., 2019, § 242, Rn. 47 ff.; Kühl, in: Lackner/Kühl, StGB, 29. Aufl., 2018, §242 Rn. 21f.; Wessels/Hillenkamp, Strafrecht Besonderer Teil II, 1. Aufl., 2010, Rn. 133 ff.
[3] Maiwald, Der Zueignungsbegriff im System der Eigentumsdelikte, 1970, S. 79.

值说与物的存在形式说共同的基础,证立二者逻辑上的统一性[1],因为无论是物的存在形式还是其内在价值都指向财物的功能——财物的用益可能性。

从通说综合说出发,可以对上述项链案例进行分析:首先从物的形式角度,行为人并不打算拥有项链,因为按照行为人的认识,项链是其情敌所赠,虽然客观上行为人一直保有项链,但这是因为行为人将它遗忘在某处,因此可以否定非法占有目的。从物的价值角度,行为人拿走项链是为了达到泄愤的目的,同时希望以此举重新赢得被害人的欢心,但是这种被作为泄愤工具激怒权利人使用的可能性并不是项链所固有的特殊的功能与价值,因而不是取得占有的对象,由此可以否定非法占有目的。这种用途由于完全是消极意义上的,即使是在广义的物的价值说看来也很难被认定为物的价值。因此,利用综合说可以得出行为人既未占有被盗物品本身,也未占有其中的价值的结论。

三、物的存在形式说、物的价值说与综合说的检验与适用

（一）行为人在窃取财物时计划将其作为实施其他行为的工具来利用的情形

行为人在窃取财物时计划将其作为实施其他行为的工具来利用,并不想长久留存该财物,尤其是如果行为人在取得财物时打算把财物通过向被害人索要赎金或者向其出售的方式返还给被害人时,是否具有非法占有目的?

德国主流观点认为,只要这种利用体现了对原权利人所有权的

---

[1] Vgl. Kindhäuser, in: Nomos-Kommentar zum StGB, 5. Aufl., 2007, § 242 Rn. 78, m. w. N.

否定，就可以认定剥夺占有和取得占有的意图，从而认定行为人具有非法占有目的。[1] 例如，如果行为人告知被害人其财物在自己手上，需要支付一定的对价才将财物返还，即勒索财物的赎金的情形，行为人仍然承认被害人的财产所有权，就没有排除被害人占有的意思，因而对财物也没有剥夺占有的意图，行为人打算被害人支付对价后返还财物，表明其对财物没有取得占有的意图，因此不存在非法占有目的。而如果行为人窃取财物后，假装偶然地向被害人出售该财物，并向其隐瞒财物的来源，就否定了被害人对财物的所有权，就表明其具有剥夺占有和取得占有的意图。因此，是否僭越所有权人的地位(AnmaBung der Eigentümerstellung)是判断是否存在非法占有目的的标准。虽然财物通过向被害人售卖最终回到被害人手中，但是"僭越所有权人的地位标准"并不是要求在法律上取代所有权人地位，而是在经济上像所有权人那样行为(此处是指出售所窃取的财物)。[2] 所谓剥夺占有不能被在纯粹事实的意义上理解，而是必须规范地来理解：原权利人在事实上不能再决定原属于自己的财物的命运，虽然原权利人事实上将其购回，但在规范的意义上来说这就是一种剥夺占有。[3] 少数派观点对此提出反驳：在不告知被告人财物的权属向其出售的情形下，行为人虽然通过欺骗行为否定了被害人的所有权，但是被害人并未因此丧失来源于所有权的使用可能性，他——尽管对此毫不知情——继续对财物行使着支配权。行为人的这种行为因不具有非法占有目的而不构成盗窃，但是他的欺骗行为使被害人通过支付对价遭受了财产损失，构成诈骗罪。在少数派观

---

[1] Vgl. Kindhäuser, in: Nomos-Kommentar zum StGB, 5. Aufl., 2007, § 242 Rn. 83; Wittig, in: BeckOK zum StGB, § 242 Rn. 33.

[2] Vgl. Tenckhoff, Der Zueignungsbegriff bei Diebstahl und Unterschlagung, JuS 1980, S. 723.

[3] Vgl. Ranft, Grundfälle aus dem Bereich der Vermögensdelikte, JA 1984, 277, 282.

点看来,这里权利人最终重新获得了财物,并未丧失事实上对财物的支配可能性,因此财物所有权并没有受到侵害,受到侵害的仅仅是整体财产。盗窃罪作为取得型犯罪(Zueignungsdelikte)是针对具体财物的犯罪(Eigentumsdelikt),要求针对具体财物的占有目的与转移占有行为(即从被害人的控制领域转移至行为人的控制领域),而诈骗罪作为一种获利型犯罪(Bereicherungsdelikt)是一种针对整体财产的犯罪(Vermögensdelikt),即通过欺骗行为使他人整体财产减少,因而上述行为应该被评价为诈骗罪。[1]

下文将尝试分别从物的存在形式说与物的价值说的角度对此种情形进行分析,以论证综合说的合理性。

在此同样区分以下两种情形分别探讨:第一种情形是行为人不否定被害人的所有权而向其勒索赎金;第二种情形是行为人否定被害人的所有权,即不告诉被害人财物是从其处窃来而向其"售卖"。

1. 物的存在形式说

对于情形一,行为人将财物原物返还,物的存在形式没有改变,因而不存在非法占有。勒索赎金的行为构成敲诈勒索罪(Erpressung)。对于情形二,广义的物的存在形式说认为,虽然被害人最终获得了财物,但他通过支付对价"购买"的这个财物是一个新的财物,原来的财物——无论是从行为人角度还是从被害人角度——都"彻底丢失了",因此存在非法占有目的。之所以是一个新的财物,是因为从法益角度来看,被害人必须通过把它买回来才能够行使所有权,针对原来的财物被害人丧失了事实上的所有权行使可能性。[2]

---

[1] Rönnau, Grundwissen – Strafrecht: Die Zueignungsabsicht, JuS 2007, S. 806.
[2] Schmitz, in: Münchener Kommentar zum StGB, 4. Aufl., 2021, § 242 Rn. 143. 上述"僭越所有权人的地位标准"也被一些学者纳入广义(修正)物的存在形式说的框架,认为实际也属于广义(修正)物的存在形式说的观点。Vgl. Grunewald, Die Rückveräußerung an den Eigentümer als Zueignungsproblem, GA 2005, S. 522.

显然这种解释过于牵强。广义的物的存在形式说将利用财物导致财物价值贬损视为物的存在形式的改变,以扩展原来纯粹的物的形式说的适用范围,其实已与物的价值说没有什么区别。该说的优点在于将非法占有始终与财物的占有转移相联系,维护了盗窃罪作为取得型财产犯罪的不法类型,使得盗窃罪与诈骗罪、敲诈勒索罪等获利型财产犯罪之间能够清晰界分,这一点是值得肯定的。但不足之处在于,将物的价值贬损与物的存在形式改变画等号,在某些情形下解释起来未免过于牵强。如果认为新书被翻阅后就不再是原来那本书,其物质形式发生了改变,理由就只能是新书被翻阅后纸质组织松散、存在细小折痕等这种物理存在形式的细微改变。但是这种理解与国民的日常生活观念不符。在物的形式说的框架下吸纳物的价值说,生硬地将物的价值贬损与物的存在形式画等号,以扩大其适用范围,倒不如像综合说那样,放弃以一种理论统摄另一种理论的努力,将二者并列互为补充。因此,笔者以为通说综合说是恰当的。

2. 物的价值说

虽然德国通说从是否承认所有权角度切入,但是仍然可以从物的价值说角度进行如下解析:

(1)对于情形一,行为人利用占有财物达到勒索赎金的目的,是否利用了物的某种价值?如果作肯定回答的话,只能认为利用了被害人对于物的情感,具体表现为持有物的积极的情感(安全感、富足感)与失去物的消极的情感(不安感、忧惧感)。但是,这种利用是否可以理解为取得占有?显然不能。因为行为人本人并不想产生对财物的这种情感,即对这种情感并没有转移占有的意图。在取得型财产犯罪中,一般来说行为人取得的应是被害人丧失的。此处行为人取得的、被害人丧失的其实是财物被作为勒索工具使用的可能性。因此,关键的问题在于能否将财物被作为勒索工具使用的可能性视为财物的一种价值？如果答案是肯定的，就可以认为行为人对这种价值具有非法占有目的；如果答案是否定的，就可以否定非法占有目的。

　　狭义的价值说将物的价值限定在物的功能属性所决定的内在价值，而被作为勒索工具使用的可能性显然超出了这种范围，因而可以否定非法占有目的。广义的物的价值说认为物的价值并不局限于财物所蕴含的的特殊的内在价值，任何一种物的使用可能性都可以被视为物的价值，财物被作为勒索工具使用的可能性当然也可以视为财物的一种价值，因而可以肯定非法占有目的，根据该说上述行为可以成立盗窃罪。但是如上文所述，广义的物的价值说倾向于将任何一种物的使用可能性都视为物的价值，过分扩张了盗窃罪的边界。如果脱离物的存在形式谈论物的价值，非法占有的对象就不再是与占有有关的使用可能性，而是被害人的整体财产利益，而这正是诈骗罪或敲诈勒索罪等诈骗类型的犯罪的特征。诈骗类型的犯罪作为一种获利型财产犯罪，行为人以欺诈的方式使得他人陷入错误并基于该错误处分财物，被害人放弃对具体财物的所有权，实际上是为了获得相应的对价，在被害人看来，其整体的财产并未因失去财物而减少。而行为人通过欺骗使得其没能得到相应的对价，因此减少了其整体财产，侵害的是整体财产权益，而非个别财物的所有权。而盗窃罪作为取得型财产犯罪的不法类型是违背被害人的意愿转移财物，其核心是财物占有的移转。与这种不法类型相连，盗窃罪中的非法占有必须针对特定财物本身，因此必须对物的价值理论进行必要的限定。如果像广义的物的价值理论那样将任何一种物的使用可能性都认作非法占有的对象，就有可能将行为人把财物作为实施其他行为的手段的情形作为盗窃罪处理，此处行为人占有的不再是财物的价值，而是利用被害人对财物的情感迫使被害人交出赎金，从其整体财产之中获利,因而是敲诈勒索罪。可见,脱离了物的存在形式而谈论物的价值,势必会模糊盗窃罪这种取得型财产犯罪与诈骗罪、敲诈勒索罪等获利型财产犯罪的界限。正是基于这种原因,德国通说拒绝了广义的物的价值说。[1]

(2)对于情形二,行为人假装自己具有对财物的处分权向被害人出售所窃取的财物,占有的是处分财物所获得的价值,其实是一种财物出售的价值或者说交换价值。[2] 在商业社会,财物的交换价值作为财物的经济价值当然是财物固有的一种内在价值,因而可以认定行为人的非法占有目的。

从上述分析可知,广义的物的形式说与广义的物的价值说皆不可取,通说综合说是妥当的。

再回到本节开首的引导案例:由于非法占有目的属于主观的超过要素,判断的依据应是行为时的主观状态,即被告人在开走汽车时内心的想法,而非事后的行为。被告人在开走汽车时并不打算立即返还,因此存在剥夺占有的意图。至于取得占有的意图,则要进一步细分:第一,被告人开车时即打算将汽车据为己有,只是后来因汽车不好变现处理才转而向被害人勒索钱财,无疑可以肯定其取得占有意图,被告人对汽车具有非法占有目的;如果事后才产生向被害人勒索钱财的故意,又成立敲诈勒索罪,应与盗窃罪数罪并罚。第二,被告人开车时即具有以返还为对价向被害人勒索钱财的意图,则属于上述第一种情形。被告人要求被害人支付对价作为返还车辆的条件,而该条件是不受被告人所控制的——被害人可能支付赎金,也可能不支付赎金,因而对于被害人失去车辆具有间接故意,而剥夺占有

---

[1] Vgl. Schmitz, in: Münchener Kommentar zum StGB, 4. Aufl., 2021, § 242 Rn. 139; Kindhäuser, in: Nomos-Kommentar zum StGB, 5. Aufl., 2007, § 242 Rn. 78; RGSt 55, 59 (60).

[2] Vgl. RGSt 57, 199.

的间接故意即为已足,因此满足剥夺占有的要素。至于取得占有要素的分析,根据上述情形一的分析,财物被作为勒索工具使用的可能性并非财物之中所蕴含的特殊的内在的价值,因而根据狭义的物的价值说不能将其视为财物的一种价值,因而可以否定行为人非法占有的目的。行为人仅成立敲诈勒索罪。

而将这种使用可能性解释为财物的价值认为成立盗窃罪的观点,因为消弭了盗窃罪作为取得型财产犯罪与诈骗罪、敲诈勒索罪作为获利型财产犯罪的界限,就会将我们引向如下不必要的法条适用的繁复情境,即认定盗窃罪成立,如何来评价后续的财物使用行为?在此有两种选择可能性。可能性一,将后行为视为类似于一种盗窃后销赃的行为,作为不可罚的行为处理。一般来说,不可罚的行为在性质上要轻于构成犯罪的前行为,例如掩饰、隐瞒犯罪所得或所得收益罪要轻于之前的盗窃罪等财产犯罪,杀人后碎尸的侮辱尸体行为要轻于故意杀人罪,因而才不予评价,但是上述使用行为如敲诈勒索罪涉及财产法益与人身法益两种法益,一般来说要重于所认定的盗窃罪。可能性二,认定成立后行为所构成的犯罪与盗窃罪。此时所面临的难题是,如何认定盗窃罪与敲诈勒索罪的数额,并在此基础上进行正确的量刑?如果认定成立非法占有,由于本案存在两个客观行为,因此不属于一行为的罪数不典型情形,即不能按照想象竞合从一重罪论处或者根据法条竞合以特殊法优于普通法论处。又由于这两个客观行为的主观方面存在重合(行为人窃取汽车时并无占有其全部价值即 65100 元的故意,而是打算利用汽车去勒索 20000 元)而无法被视为两个故意两个行为,因此按照牵连犯从一重罪处罚也不妥当。此时剩下的可能性只有数罪并罚:如果认定盗窃罪数额 65100元与敲诈勒索罪数额 20000 元,势必造成一部分的重复评价,因为被告人毕竟没有打算占有汽车的全部经济价值,即使按照广义的物的价值说肯定非法占有目的,所占有的不过是汽车作为向被害人勒索工具的使用可能性这一价值。

虽然德国学界与判例对狭义的物的价值所倡导的特殊价值如何界定并未提供细化的标准,但该学说的适用并未受到影响。例如,联邦最高法院在判例中使用了关键功能说和功能价值说的说法。[1] 根据关键功能说,特殊价值是体现物的关键功能的价值,即通过物能够确定地实现的内含于物之中的价值。功能价值说认为,如果物仅仅是为了实现某一价值而存在,那么这种价值就是狭义说的价值。近年来学者提出的损失价值说则主张,如果物的目的就是为了赋予某种支配可能性或者功能,物的损失必然带来这种功能的损失,这种价值就是狭义说的价值。[2] 这些观点无非是强调价值与物的存在形式之间的紧密联系:它或者是内含于物的存在形式之中,或者是物存在的原因。狭义的物的价值说的"特殊价值"这一概念在盗窃罪中是一种特殊的教义学构造,它一方面扩展了盗窃罪的行为对象,满足了刑事政策上扩张盗窃罪构成要件的需求,将侵犯财物的特殊功能的行为纳入刑法的视野;另一方面也为这种扩张设定了教义学的边界,将那些脱离物的存在形式的价值排除在非法占有对象之外,维护盗窃罪不法类型轮廓的清晰,防止盗窃罪构成要件对其他财产犯罪构成要件的侵蚀与消解。

特殊价值这一教义学构造旨在确定合理的盗窃罪非法占有对象范围,从而合理地界定盗窃罪构成要件边界。而确定合理的盗窃罪构成要件边界,是一个盗窃罪构成要件的解释问题,这个解释问题取决于盗窃罪规范本身存在的目的。由此笔者设想从盗窃罪规范保护目的角度对狭义的物的价值说之中的特殊价值进行界定。盗窃罪规

---

[1] Vgl. BGHSt 35, 152 (156).
[2] Vgl. Schnabel, Telefon-, Geld-, Prepaid-Karte und Sparcard, NStZ 2005, S. 18 f.

范所保护的是与占有相关的财物的所有权,如果物的某种价值,确切地说,即与物相连的或者借由物获得的某种利益,属于所有权保护范围之内,则这种价值就是财物的特殊价值,应当属于非法占有目的所针对的对象,对这种特殊价值的非法占有,成立盗窃罪。如果这种价值超出了所有权规范保护目的,则不应视为盗窃罪的非法占有对象,可以考虑是否可成为其他财产犯罪的对象,例如是否成立诈骗罪、敲诈勒索罪等其他财产犯罪。

仍然回到我们的引导案例,在拿走被害人财物勒索被害人支付赎金的场合,所"占有"的是财物被作为勒索工具的可能性,而盗窃罪旨在维护被害人对财物的所有权,上述使用可能性超出了所有权的规范保护目的范围。财产所有权所保护的是根据财物本身属性进行使用的可能性,包括符合财物正常用途的使用,例如以(长期)阅读的目的拿走他人的珍贵线装古籍;不符合其用途但是在商业社会中具有经济意义的使用,例如拿走上述书籍当作废纸卖掉。而作为勒索工具使用不是根据财物本身属性使用的可能性。这一标准也能合理地解答上文以获取悬赏金为目的牵走他人的狗的例子:行为人的行为并未侵犯狗这种财物的所有权,这里狗仅仅被作为骗取悬赏金的工具,而这不属于所有权行使的范围。反之,拿走他人的贵重铜质刀具杀人,打算使用后返还,虽然所有权制度不鼓励用财物伤害他人,但是这种对财物的使用由于符合财物本身属性,即刀具这种财物的特殊功能就在于切割,哪怕切割的是他人的身体,仍然是属于财物的特殊价值,因此仍然可以视为占有了财物的价值,肯定非法占有目的。

(二)盗窃存折、信用卡的情形

如果被拿走的仅仅是行为人目的物的容器或者其他的承载体,事后将其丢弃的,不认为行为人对该容器或者承载体具有取得占有意图，从而否定非法占有目的。如为寻找衣服内值钱的物品而拿走衣服后将其抛弃，或者为了窃取现金而拿走钱包后丢弃。以取得占有某种特定物品的意图拿走其容器或其他承载体而后又丢弃的，说明行为人对容器等本身没有利益，行为人虽然暂时利用了容器或载体，但是并未造成它们的价值减损。但是比较成问题的是拿走存折取走上面存款而后返还的情形。如上所述，根据物的存在形式说，此时存折回归到被害人处，存折这种物的存在形式并未被占有。而根据物的价值说，存折上面的存款被取走，其蕴含的价值被占有。根据综合说，无论物的存在形式或者物的价值都是占有的对象，因而也可以肯定非法占有。更加复杂的是盗窃信用卡、有价证券、储值卡等使用后返还的情形，对此下文将进一步论述。

　　行为人窃取存折、有价证券取走存款或者兑现后返还，按照物的价值说把占有的对象视为存款、有价证券的货币价值，认定非法占有目的就不存在障碍。（广义的或者修正的）物的存在形式说也认为此时存在非法占有目的，理由是从存折上取款或者将有价证券兑现后，剥夺了其独特的功能，物的形式也发生了实质性的改变。[1]

　　通说认为在行为人以返还意图窃取信用卡使用的情形下，并不存在非法占有目的。因为行为人使用信用卡不过是为了获得进入卡主账户的可能性，信用卡在这里不过是某种合法性的证书，好比是进入账户的钥匙。信用卡作为进入账户门钥匙的这种独特功能就是其价值所在，但是这种价值并不会因行为人使用而丧失。行为人使用信用卡返还的，就像是使用钥匙再返还，是一种擅自使用的行为，不

---

[1] 判例与学界通说采此说，参见 BGHSt 35, 152 (157) = NJW 1988, 979 (980); Wessels/Hillenkamp, Strafrecht Besonderer Teil 2, 33. Aufl., 2010, Rn. 160; Bosch, in: Schönke/Schröder, StGB, 30. Aufl., 2019, Rn. 50, m. w. N. 但个别学者认为此时也应当否定非法占有目的，参见 Schmitz, in: Münchener Kommentar zum StGB, 4. Aufl., 2021, § 242 Rn. 145.

是盗窃。但是以返还的意图窃取电话卡等储值卡就另当别论。电话卡等储值卡上的芯片中存储着其货币价值信息,直接插入使用就可以消耗其价值,这就相当于窃取有价证券的情形,无论按照物的价值说还是物的存在形式说,都可以得出肯定非法占有目的的结论。

我国《刑法》第 196 条第 3 款规定,盗窃信用卡并使用构成盗窃罪,在我国普通盗窃罪是数额犯,盗窃价值微小的信用卡不构成盗窃罪的实在法框架下,其背后的逻辑是把信用卡所对应的账户上的存款视为信用卡的价值,再把针对这种价值的转移占有认定为盗窃罪。即使认为我国盗窃罪的行为对象包括财物与财产性利益,此种规定也存在问题。盗窃信用卡并使用,应当分别针对行为人的主观方面进行分析:

1. 行为人以使用后返还或者丢弃的意图拿走他人信用卡并使用该卡取款的情形

行为人打算窃取信用卡取款后将卡丢弃或者返还被害人,此时针对信用卡无法认定盗窃罪。德国曾对此类案例排除了行为人的非法占有目的[1]:

> 被告人 1985 年 11 月以提款后返还的意图窃取其兄弟的带有磁条编码的信用卡,并在 12 月 2 日至 21 日期间多次使用信用卡取走共 5100 马克。

地方法院判决被告人构成盗窃罪(盗窃信用卡)与侵占罪的想象竞合(Tateinheit)。最后德国联邦最高法院以侵占罪作出判决。联邦最高法院驳斥了州高等法院认为行为人具有取得占有信用卡特殊功能价值意图的观点,认为该观点不符合盗窃罪的教义学构造。其主要理由在于,行为人并未通过占有物品取得内含于该物品之中的经济价值。行为人使用信用卡从自动取款机上取款,没有剥夺这种特

---

[1] Vgl. BGHSt 35, 152 (157) = NJW 1988, 979.

殊功能:权利人不使用信用卡也可以支配其账户。由于信用卡的使用条款规定密码不可记录在卡上并且必须对第三人保密,没有密码的辅助行为人不可能获得存款,因此它本身并不包含着对于账户存款的事实上的支配可能性。根据上文提到的"损失价值说",如果物的目的就是为了赋予某种支配可能性或者功能,物的损失必然带来这种功能的损失,这种价值就是狭义说的价值,显然丧失信用卡未必会损失账户上的现金,持卡人仍然可以通过挂失补办等方式进入其账户。另外,借助信用卡和密码从自动取款机取款是对取款机的符合其功能的使用,也不构成盗窃罪所要求的中断权利人的占有和建立自己的占有。通过自动化的金钱交付作为权利人的银行将对存款的占有转移给了行为人,从外部过程来看,行为人并没有中断银行的占有。

因此,把存款视为信用卡的价值,认为行为人非法占有了信用卡的价值而认定盗窃罪,存在解释上的困难。

2. 行为人并无使用后返还的意图窃取信用卡并使用该卡取款的情形

如果行为人窃取信用卡取款后仍然保留信用卡,则针对信用卡具有非法占有目的,但卡本身价值微小,不构成针对信用卡的盗窃罪。行为人虽然针对取出的存款(现金)无疑也有非法占有的目的,但是能否视为针对现金的盗窃,存在疑问。第一,从行为对象上来看,如上所述,必须配合使用密码才能从 ATM 机上取款,而密码根据信用卡的使用规定应当与信用卡分开保存,另外信用卡也不是进入账户取款的唯一可能性,因而信用卡与其对应账户上的存款是互相独立的,不能将存款视为信用卡的价值,对信用卡的转移占有不能视为对信用卡价值——存款的转移占有。第二,从行为本身来看,盗窃信用卡与从 ATM 机上取款是两个不同的行为,针对信用卡的转移占有并不是针对存款的转移占有。第一个行为是以非法占有的目的中断了原权利人对信用卡的占有而建立了一个新的占有,第二个行为是使用(即使是无权使用)信用卡与密码操作ATM机启动自动化的现金交付并接受现金的行为,这个行为并未中断银行对现金的占有(此时存款的占有人是银行而不是被害人),即并非违反银行的意志擅自破坏银行对现金的控制。正如德国联邦最高法院所认定的那样,"发卡人应当将金钱交付给使用其签发的信用卡和有效的密码的人,不能因为其无权取得卡与密码就认为是中断占有。取款机的设置目就是通过有效的信用卡和密码防止他人通过物理的破坏手段从取款机里窃取金钱,同时将金钱自动交付给持有有效信用卡和密码正确地对机器进行操作的人手中。这种自动化的金钱交付与用钥匙打开他人的箱子取走其中的财物不同,后者是未经允许将财物从原处拿走,而前者是将钱币从防盗的保护区自动传输到向行为人开放的出币口"。可见,使用有效的信用卡和密码取钱这种符合ATM机设置程序的行为,是经银行同意的自动交付,与破坏ATM机从中取钱的行为不能作相同评价。[1] 行为人通过使用有效的信用卡与输入正确的密码,相当于虚构了自己的卡主身份,欺骗银行通过ATM机进行自动化交付,因而在性质上更加接近于诈骗行为。正是认识到这种自动化的交付行为的性质是一种诈骗行为,而《德国刑法典》第263条诈骗罪仅承认对人的欺骗而不承认对机器的欺骗,因此德国《第二部打击经济犯罪法》新增了第263a条,将这种对电脑的滥用行为规定为电脑诈骗罪。[2]

根据上述分析,在我国的法律框架下,由于普通盗窃罪数额的限制,"盗窃信用卡并使用的"行为在刑法上能够获得评价的只是盗窃

---

[1] 对于这种交付行为的性质,刘明祥教授也有正确的认识,参见刘明祥:《用拾得的信用卡在ATM机上取款行为之定性》,载《清华法学》2007年第4期。
[2] BT-Dr 10/5058 S. 30, vgl. Heger, in: Lackner/Kühl, StGB, 29. Aufl., 2018, § 263a, Rn. 2.

后的使用行为。加之我国对侵占罪的行为对象限定在行为人代被害人保管的财物、被害人的遗忘物、埋藏物之上，上述行为显然也不能按照侵占罪来处理。排除了侵占罪、盗窃罪的适用之后，较为合理的解决方案就是将上述行为定性为信用卡诈骗罪。使用有效信用卡与密码欺骗银行通过 ATM 机进行自动化交付，在性质上就是一种诈骗行为。此时或者对"机器不能被欺骗"这一原则进行变通理解，像国内学者所主张的那样把陷入错误并因错误交付者解释为机器背后的人[1]，以此绕过该原则对上述行为进行定性，或者像德国法那样，在传统的诈骗罪中坚守这一原则，将上述行为视为针对电脑的诈骗，另外增设电脑诈骗罪。但这样的做法实际上仍是对"机器不能被欺骗"这一原则的突破。我国《刑法》虽未明确规定"电脑诈骗罪"这一罪名，但是如果将第 196 条信用卡诈骗罪中的"冒用他人信用卡"解释为包括在银行柜台上和在 ATM 机上冒用，就可以包括针对人和电脑的欺骗，完全可以涵摄上述情形。有鉴于此，从道理上来说，就没有必要在存在信用卡诈骗罪法条的情况下，以普通诈骗罪仅指对人的欺骗为由，认为此条不包括对机器使用的情形，再将信用卡诈骗罪严格限定在对人的欺骗行为上，最后舍近求远地适用盗窃罪的条文。[2] 从这个意义上来说，《刑法》第 196 条第 3 款的规定存在问

---

[1] 参见刘明祥：《用拾得的信用卡在 ATM 机上取款行为之定性》，载《清华法学》2007 年第 4 期。

[2] 例如张明楷教授对使用拾得的信用卡在 ATM 机上取款的行为即作如此理解，参见张明楷：《也论用拾得的信用卡在 ATM 机上取款的行为性质——与刘明祥教授商榷》，载《清华法学》2008 年第 1 期。使用拾得的信用卡在 ATM 机上取款的行为定性问题在我国学界也引发激烈的论战，形成两派对峙的观点：一种观点将此类行为视为对机器背后的人的间接的欺骗，因而认为成立诈骗罪（上注刘明祥文）；一种观点主张机器不能被欺骗而将其视为盗窃罪（本注张明楷文）。由于此行为可以分解为两个行为，行为一是拾得信用卡的行为，行为二是使用该信用卡及匹配的密码取款的行为，行为二与此处讨论的盗窃信用卡并使用的使用行为相同，因此此处的论述也部分地适用于这场著名的论战。囿于篇幅，此处不再展开讨论。

题。在保留该条款的前提下,只能将其理解为拟制规定,而非注意规定。

四、财产性利益是否可以成为盗窃罪的行为对象?

上文所获得的结论也有助于我们理解我国学界与盗窃罪非法占有对象相关的另一场争论,即是否承认针对财产性利益的盗窃罪。对此学界也形成两派见解:

一是肯定说,此说主要是从填补可罚性漏洞角度出发,认为《刑法》第92条规定的财产包括财物与财产性利益,将第265条理解为注意规定,认为盗窃罪非法占有的对象可以为财产性利益。[1]

二是相对处于通说地位的否定说,该说虽然主要是从诈骗罪与盗窃罪相区别的意义上采取这一见解,但是却未能给予有说服力的论证。例如,张明楷教授指出:诈骗罪对象宽于盗窃罪对象,即盗窃罪对象仅限于财物,而诈骗罪对象包含财物与财产性利益。而诈骗罪对象之所以宽于盗窃罪对象,主要原因有以下两点:其一,财产性利益的移转一般需要被害人同意,而存在被害人同意时不可能成立盗窃,只可能成立诈骗;其二,即使未经被害人同意某些情形下转移了不动产或财产性利益,也难以产生实际效果,况且很容易通过民事手段恢复原状,因此无处罚必要。但在诈骗罪场合较难通过民事手段补救。[2]

在没有被害人同意时是否可以发生财产性权益的移转,实际上是将这种行为理解为诈骗罪的交付行为还是理解为盗窃罪的转移占

---

[1] 参见黎宏:《论盗窃财产性利益》,载《清华法学》2013年第6期;王骏:《抢劫、盗窃利益行为探究》,载《中国刑事法杂志》2009年第2期;肖松平:《刑法第265条探究——兼论我国财产犯罪的犯罪对象》,载《政治与法律》2007年第5期。

[2] 参见张明楷:《财产性利益是诈骗罪的对象》,载《法律科学(西北政法学院学报)》2005年第3期。

有行为的问题,这恰恰是争议的问题本身,而不是对该问题的论证,径直以"没有被害人同意时不能发生财产性权益的移转"否定可以针对财产性利益成立盗窃罪,犯了循环论证的逻辑错误。如张明楷教授认为行为人事先打算付账,但在吃完后发现没钱付账而采用欺骗性手段使得对方免除自己债务的行为,成立针对付款请求权这一财产性利益的诈骗。对此须细分不同情形:如行为人欺骗酒店老板说自己是酒店所在辖区的派出所所长,而使得对方免除债务的,成立诈骗罪;如行为人欺骗对方说自己回家拿钱而一去不复返的,或者偷偷溜走逃避付账的,就付款请求权的放弃而言并不存在被害人同意,因此并没有诈骗罪所要求的交付行为,此时到底是诈骗罪还是盗窃罪,恰恰是争论的问题所在。

而较早采取否定说立场的刘明祥教授,虽然正确地认识到"由于盗窃等财产罪的性质决定了财产性利益不可能成为其侵害对象",但正像黎宏教授批评的那样,对于"盗窃罪的什么性质决定了财产性利益不能成为盗窃罪的侵害对象"这一问题,刘明祥教授语焉不详。[1]

由上文的论述可知,为何诈骗罪行为对象可以是财产性利益而盗窃罪的行为对象仅包括财物,是由二者的不法类型的性质所决定的。诈骗罪属于财产犯罪(Vermögensdelikt)、获利型犯罪,侵害的是被害人的整体财产。而盗窃罪属于财物犯罪(Eigentumsdelikt)、取得型犯罪,侵害的是被害人的个别财物的所有权。在诈骗罪中,行为人通过虚构事实、隐瞒真相令被害人陷入错误并基于错误处分财产,而这种错误导致了被害人整体财产的减损,而非个别财物所有权的丧失——实际上,被害人往往是基于获得对价的期望而自愿放弃财物或者财产性利益,即所谓的处分行为。由于其保护法益是整体财产,处分的财产既可以包括财物,也可以包括财产性利益。而盗窃罪

---

〔1〕 参见黎宏:《论盗窃财产性利益》,载《清华法学》2013年第6期。

作为财物犯罪、取得型犯罪，其不法类型是取得占有他人财物，因此要发生物理上的占有转移过程，行为对象始终不能脱离财物的物理存在。即使德国判例与学说通过物的价值说与综合说扩展了非法占有的对象，也是始终围绕着财物本身而展开的，如果完全脱离物的存在形式论证物的价值，将其作为非法占有的对象扩展盗窃罪的适用范围，就侵入了诈骗罪的不法类型，使得二者发生混淆，导致法条适用的重叠。因此，应当仅以狭义的物的价值说对行为人非法占有的对象进行限定，超出这个范围的经济性利益，不应认为盗窃罪的对象，在符合诈骗罪的其他构成要件的情况下，可以把它评价为诈骗罪的对象。构成要件的核心意义即在于划定不同的不法类型，以实现其呼吁功能。因此维护构成要件不法类型轮廓的清晰，是解释论的一大任务与义务，否则就会造成不必要的构成要件之间的叠复融合。从某种意义上来说，吸纳物的价值思想对非法占有的对象进行扩充，就已经大大扩展了盗窃罪的构成要件，从严格的意义上来说本就是一种扩张解释。在物与人之间的动态关系在物权法律制度中的比重逐渐加大，用益价值与流通价值的实现甚至优于占有本身的商品经济时代，这种扩张解释是司法判例与学理应对转变的社会经济条件对传统的盗窃罪构成要件所作出的一种调整，从刑事政策上来说具有合理性。但是必须对这种扩张解释设定边界，将任意一种物的使用可能性都解释为物的价值的广义说，势必使得盗窃罪的构成要件进一步扩张，从而消融盗窃罪与其他类型的财产犯罪之间的界限。在最极端的意义上，如果可以不考虑构成要件的不法类型进行无限度的扩张解释，就没有必要制定不同的构成要件。如上文所述，如果在行为人窃取财物时计划将其作为实施某种（通常是针对财产的）犯罪的工具来利用后返还的场合，将财物的这种作为其他犯罪行为工具的使用可能性解释为财物的价值，认为存在针对财物的非法占有目的,认定盗窃罪,就会或者将后行为视为不可罚的行为,或者认定成立后行为所构成的犯罪与盗窃罪,造成不必要的法条适用的困难。或者在盗窃或拾得信用卡并使用的场合,将信用卡所对应账户的存款解释为非法占有对象,导致非法占有对象无限制的扩大,将该行为作为盗窃罪处理,而放弃对后续使用行为刑法上的评价,使得盗窃罪的法条无限膨胀,而其他的财产犯罪法条不断萎缩,甚至形同虚设。

但是否定财产性利益可以成为盗窃罪的对象,并不意味着盗窃罪的行为对象仅仅是财物的物质存在本身。如果在非法占有的对象上采取吸纳了物的价值思想的综合说,就会将针对财物的价值的非法占有行为也作为盗窃罪处罚。但是,这种价值却不是任意定义的,而是根据盗窃罪作为取得型财产犯罪的性质围绕着物本身进行界定。因此,根据狭义的物的价值说可以被视为物所蕴含的特殊内在价值的财产性利益,例如物品的使用可能性这种物权性质的价值[1],以及某些债权性质的价值,例如不记名的有价证券的价值,购物卡、电话卡的面值,邮票的价值,车票、飞机票的价值,都可以被作为这些财物所蕴含的价值,成为非法占有的对象;而另外一些财产性利益,主要是指特定当事人之间的债权,则不能成为盗窃罪非法占有的对象。一般来说,与物结合比较紧密的物权化的债权成为非法占有对象的可能性比较大,而其他的债权成为非法占有对象的可能比较小。

例如,对于债务人以免除债务的意图从债权人处窃取自己出具的借条的行为应如何定性,学界众说纷纭。由于我国普通盗窃罪有数额要求,针对借条这一物品的非法占有无法成立盗窃罪,因此争点

---

[1] 例如黎宏教授将擅自使用他人房屋或者汽车等的非法占有其使用价值的行为界定为针对财产性利益的盗窃罪,这种行为实际上仍然是非法占有财物价值的针对财物的盗窃罪。参见黎宏:《论盗窃财产性利益》,载《清华法学》2013年第6期。

在于针对借条上所证明的债的非法占有是否可以解释为盗窃罪。一部分持肯定意见的学者认为可将借条视为财产性利益,而盗窃罪的非法占有对象可以为财产性利益,上述行为成立盗窃罪。[1] 根据吸纳了狭义的物的价值说的综合说,只有物所蕴含的特殊的内在价值才能被视为非法占有的对象,而借条所体现的债权关系并非是通过借条能够确定地实现的内含于借条之中的价值(关键功能说),而借条丧失也不必然带来债权的丧失,因此无论根据关键功能说还是损失价值说,债权都不能被视为借条的价值。财物的特殊价值作为财物的使用可能性,大多数情形下是就物的用益权而言,因而是一种物权;少数情形下也可以是债权,例如上文所列举的有价证券、购物卡、飞机票等。但是借条所证明的是一种有因之债,只针对特定的当事人,不具有流通价值与交换价值,其功用主要在于作为主张债权,这种功用不能被视为物的价值。因而,上述行为不能被视为非法占有借条的价值的行为,不能被视为构成盗窃罪。

持反对意见的学者认为应成立侵占罪。[2] 例如黎宏教授认为,行为人起先以借贷这种合法手段获得他人财物,后又产生了非法占有自己已经合法占有的他人财物的目的,并且以"偷回欠据或者借条,毁灭证据"的行为来实现该目的,属于典型的意图不返还已经合法占有的他人财物的行为,符合《刑法》第270条规定的"将代为保管的他人财物非法占为己有,数额较大,拒不退还"的侵占罪的行为特征,因此主张对这种情形按照侵占罪处理。[3] 对此笔者不能苟同。由于侵占罪也是针对具体财物的取得型犯罪,构成要件中也包括

---

[1] 参见武良军:《论借据能否作为财产犯罪的对象》,载《政治与法律》2011年第2期。
[2] 参见曾芬芬、曾芳芳:《论盗窃借条、欠条行为的刑法性质——兼论其他涉债权凭证行为的性质》,载《江西公安专科学校学报》2010年第6期;黎宏:《论盗窃财产性利益》,载《清华法学》2013年第6期。
[3] 同上注,黎宏文。

非法占有的主观要件,非法占有的对象也必须按照上述理论围绕具体的财物予以认定,侵占罪说也面临上述盗窃罪说的解释上的困境。因此侵占罪的非法占有也无法涵摄这种行为。基于上述关于取得型财产犯罪非法占有对象的理论,笔者赞同无罪说。[1] 在我国现行刑法框架下,对于这种行为只能作无罪处理。由于在一般情形下,借条并非是证明债权债务关系的唯一证据,证人证言、视听资料等也可以证明债权债务关系的存在,所以并不会产生严重的可罚性漏洞。[2] 鉴于借条具有证明作用,因而是一种文件,而我国仅存在针对公文类型的文书盗窃、伪造、抢夺、毁灭罪,未来可以考虑增设针对证明私人之间某种关系的文书的犯罪,以规制该行为。例如,在德国刑法上,类似行为可能构成消灭、毁损、截留文书罪(Urkundeunterdrückung)。[3]

---

[1] 无罪说的观点参见南明法、郭宏伟:《以借据为侵害对象的犯罪行为定性研究》,载《中国刑事法杂志》2003年第4期。

[2] 浙江省高级人民法院、浙江省人民检察院、浙江省公安厅2002年1月9日联合发布的《关于抢劫、盗窃、诈骗、抢夺借据、欠条等借款凭证是否构成犯罪的意见》中规定,债务人以消灭债务为目的,抢劫、盗窃、诈骗、抢夺合法、有效的借据、欠条等借款凭证,并且该借款凭证是确认债权债务关系存在的唯一证明的,可以抢劫罪、盗窃罪、诈骗罪、抢夺罪论处。

[3] 该罪规定于《德国刑法典》第274条第1款第1项:"将不属于自己所有或者不完全属于自己所有的文书或技术性记录,消灭、毁损或者截留,意图给他人带来不利的",对该行为"处5年以下自由刑或者罚金"。例如,在一则德国联邦最高法院的判例中,某夜被告人试图进入基层法院盗窃法院的刑事裁判档案(Strafbefehlsakten)被发觉,被告人被基层法院判处罚金8天、日罚金30马克的罚金刑(共240马克罚金)。联邦最高法院认为,如果被告人打算将档案销毁、抛弃或者损毁,则不具有取得占有的目的,成立消灭、毁损、截留文书罪,如果行为人打算保留档案,则成立盗窃罪与消灭、毁损、截留文书罪。虽然刑事裁判档案不具有经济价值(暗含的前提是联邦最高法院否定把罚金额作为档案所包含的价值肯定非法占有的思路),但是德国刑法对盗窃罪没有数额要求,并不要求盗窃的物品必须具有一定数额的经济价值,因此成立针对刑事裁判档案的盗窃罪并无问题。而由于我国刑法上的普通盗窃罪是数额犯,在上例中无法认定针对借条的盗窃罪。Vgl. BGH 10. 5. 1977-1 StR 167/77, NJW 1977, 1460.

五、结论:关于使用盗窃问题

综上所述,在盗窃罪中非法占有目的之认定,在逻辑上首先须明确的问题是非法占有目的的对象,即行为人所欲占有的是什么?日本刑法将非法占有目的分解为排除意思与利用意思,并围绕这两个方面进行认定,此种做法类似于德国将刑法中非法占有理解为剥夺占有与取得占有的思路。但是仅仅停留在这个层面,仍无法解决"排除与利用的到底是什么"或者"剥夺与取得的是什么"问题。对于经典的盗窃行为,即以永久或者长久的占有的意思拿走他人之物的行为,这一缺陷尚不明显,因为排除与利用的、剥夺与取得的皆是物本身。但是在行为人无永久或长久的占有意思取得财物时,如本节所讨论的种种情形,排除意思与利用意思说未免显得有些含糊其词。

德国刑法上物的价值说与物的存在形式说的争端实际上正是指向如下问题:盗窃罪所保护的究竟是事实上的占有本身,还是与事实上的占有相连的经济权利?以向被害人出售或者向其勒索赎金的意图拿走被害人财物的案例,实际上考察的即是这个问题。通过合法转让返还即通过合法交易的形式转让,还是通过违法甚至犯罪形式返还,是认定是否具有非法占有目的的关键。因为前者行为人不承认被害人所有权,而后者承认所有权。如果认为盗窃罪保护事实上的占有本身,在上述两种情形下,都可以得出不具有非法占有目的的结论,因为最终财物被返还给被害人,被害人重新获得了对物的控制与支配。而如果认为保护的是与占有有关的权益,针对两种情形就会得出不同的结论:因为行为人虽然事实上未丧失对物的支配,但在勒赎的情形下,勒赎不是与占有相连的对物的用益权的行使,即被害人即使在占有物品的情况下,也不可能用该物品去勒索(向自己勒索根本就不可能,向他人勒索的现实性也微乎其微——因他人缺乏与物的情感联系)而只可能向他人合法地让渡用益权(以出租的形式)或者所有权(以出卖的形式)。行为人侵害的这种权益并不是财物内在的价值或交换价值,而是纯粹作为一种犯罪的手段的工具价值。如果将这种工具价值作为财物的价值肯定非法占有目的,就会混淆盗窃罪与其他财产犯罪的界限。

在商品经济时代,物的价值越来越多地体现在其使用价值与流通价值上,因而物对人的意义越来越体现在动态的使用可能性(包括自己使用或者让他人使用)之上。纯粹对物的事实上的占有,固然是重要的,因为它是其他物权行使的基础,但不再是盗窃罪非法占有中的唯一可能性。德国作为工业革命发端的国家之一,商品经济制度发展历史悠久,从对盗窃罪的非法占有的理解经历的物的存在形式说到物的价值说与综合说的发展过程之中,可以看到盗窃罪从保护占有这种静态关系到保护与占有相联系的权益的动态关系的演变。

事实上的占有是一种静态的人对物的关系,强调的是"它在我这儿"或者"它最终还是回到了我这儿"这样一种状态。只要物在权利人支配领域之内或者最终回到权利人支配领域之内,这种人对物的关系就得到了维护。而与占有相联系的对物的使用可能性(用益权)是一种以物为媒介所发生的人与人之间的关系,是一种动态的关系。它所关注的是物在权利人控制下的使用可能性,即民法意义上的用益权。它所强调的是"我可以用它来做什么"。虽然拿走他人财物使用并打算返还,但是这种物的物理转移即使没有被最终剥夺,也妨碍了财物所有人或其他权利人对物的使用——即使他本人不使用,也可以让他人使用,并因此获得利益——从而使得物的价值遭受了贬损。这个时候就可以将盗窃的行为对象借由"非法占有"这一术语指向的对象解释为"物的价值",而非物本身。

而我国脱离计划经济确立商品经济制度不过几十年,国民对于盗窃罪非法占有对象(转移占有所针对的与非法占有目的所针对的事实上是同一种东西,因此也可以理解为行为对象)的认识仍然局限在财物本身,即纯粹的物的存在形式说的观点。但是随着商品经济的繁荣与市场经济的推进,财物的用益权将越来越受到重视。近年来司法实务上也出现了将行为人不具有永久占有财物的意图,拿走他人财物使用后返还的行为判定为盗窃罪的判例。[1] 学界也不断出现增设使用盗窃罪的声音。[2] 如果像德国刑法那样放弃纯粹的物的存在形式说,采用吸纳了物的价值说的综合说来界定盗窃罪非法占有目的的对象,在盗窃罪的认定上就不需要要求行为人对财物具有永久或长久占有的意思,具有对物的特殊内在价值占有的意思即为已足。这就扩张了盗窃罪的构成要件,但是这种扩张并不是通过放弃非法占有目的这一主观要件来实现的,而是通过扩张解释非法占有目的对象来完成。作为盗窃罪构成要件扩张的结果,那些不以永久或长久占有财物而是以利用物的特定价值的意图拿走他人之物的行为也被囊括进来。[3] 因此,拿走他人财物使用后返还的行为可以通过扩张解释非法占有目的对象的途径被纳入盗窃罪,在这个意义上,就没有必要另外增设使用盗窃罪。

综上,社会经济条件的变革在刑事政策上要求扩大盗窃罪非法占有对象的范围,盗窃罪经历了从传统的占有物的形式到占有物的价值的扩张。在这种语境转换下,需要明确的问题是,非法占有目的所针对的对象到底是什么?如果像日本刑法那样对非法占有目的的

---

[1] 参见王礼仁:《使用盗窃可以构成盗窃罪》,载《人民司法》1995 年第 6 期;王林:《盗窃罪中非法占有目的的推定》,载《人民司法》2011 年第 8 期。
[2] 参见李晓欧:《使用盗窃的若干问题探析》,载《法制与社会》2008 年第 32 期;刘明祥:《刑法中的非法占有目的》,载《法学研究》2000 年第 2 期。也有学者认为不必对使用盗窃单独设罪,但是有必要对使用盗窃设立专门的处罚规定,参见张红昌:《论可罚的使用盗窃》,载《中国刑事法杂志》2009 年第 5 期。
[3] 近年来国内一些学者倡导增设使用盗窃罪,其实主要是针对这些行为。

探讨仅停留在排除意思与利用意思的层面,而不追问非法占有所针对的对象即进行非法占有目的对象的认定,在逻辑上难言周全清晰。另外,引入德国刑法中非法占有目的对象的理论,不仅便于解决非法占有目的认定的问题,也为界定盗窃犯罪与其他一些新型的边缘财产犯罪问题提供了基准。

如何在非法占有对象经历了传统的占有物的形式到占有物的价值的扩张后维持盗窃罪的特有不法类型?盗窃罪作为一种取得型犯罪的不法类型,这种扩张并非没有边界。在综合说中采用狭义的物的价值说,利用物的"特殊价值"这一教义学构造可以为盗窃罪设定合理的边界。特殊价值的认定路径如下:其一,不能脱离物的形式认定物的价值,将特殊价值限定在那些与物的形式结合紧密的价值之上,例如根据物的特殊功能、财物与价值的不可分割性来界定物的价值,如此可以将信用卡与其所对应账户的存款剥离、借条与其所对应的债权债务关系剥离,从而将拿走信用卡并在自动取款机上使用的行为与以赖账为目的拿走自己出具的借条的行为排除在盗窃罪之外;其二,在以实施其他犯罪行为如勒索赎金或者获取悬赏金为目的而拿走他人财物的情形下,引入盗窃罪规范保护目的思考,将超出所有权保护范围的使用可能性排除在盗窃罪非法占有目的对象之外,以避免盗窃罪的过度扩张对其他财产犯罪构成要件的侵蚀。

第二节 诈骗罪不法之困:错误理论、处分理论与交易基础信息操纵理论

传统诈骗罪理论中,被害人视角与行为人视角交织重叠,不仅带来相关构成要件要素的解释难题,也破坏了诈骗罪归责关联的完整

性与连续性。本节尝试在解构诈骗罪关系犯特征的基础上提倡诈骗罪的不法本质是交易基础信息的操纵,并对其构成要件进行中国语境下的重构:行为人在财产交易沟通过程中操纵交易基础信息—对被害人施加影响使其作出有利于行为人的财产交易或安排—行为人非法获利(或被害人遭受财产交易损失)。这一理论重构将被害人角度的构成要件要素如错误认识、财产处分等剔除出构成要件,能够凸显行为人信息操纵的归责链条、清晰勾勒诈骗罪的归责路线,并通过信息错误风险管辖思想替代争议颇多的被害人过错、被害人过于轻信等被害人教义学思维限制诈骗罪的可罚性范围。

  我国刑法对诈骗罪采取简单罪状的规定方式,并无对诈骗罪构成要件的立法描述。我国刑法理论借鉴德国刑法诈骗罪理论,将诈骗罪的构成要件行为描述为"以非法占有为目的,用虚构事实或者隐瞒真相的方法,骗取公私财物,数额较大的行为"[1],并借鉴德国刑法中诈骗罪的构成要件构造,即行为人欺骗—引起或维持错误—因错误而处分财产—被害人遭受财产损害及行为人获得财产利益[2];并在引入德日刑法诈骗罪理论话语的基础上围绕上述构成要件构造展开对诈骗罪的研究,例如关于构成要件要素方面的理论,如错误理论、财产处分理论、财产损失理论、社会目的落空理论的探讨,以及晚

---

[1] 参见高铭暄、马克昌主编:《刑法学》(第 10 版),北京大学出版社 2022 年版,第 509 页;张明楷:《刑法学》(第 6 版),法律出版社 2021 年版,第 1303 页。

[2] 限于篇幅与主题,本书无意对我国上述诈骗罪的刑法理论通说进行学术史上的追根溯源,但可以肯定的是,我国刑法理论对于诈骗罪的构成要件解释与《德国刑法典》第 263 条的构成要件实在法规定在语言表述上具有高度吻合性。《德国刑法典》第 263 条将诈骗罪规定为"以为自己或第三人非法获得财产利益的目的,通过编造虚假事实或者通过歪曲或者隐瞒事实真相引起或维持错误的行为损害他人财产"。我国刑法理论通说"虚构事实、隐瞒真相取得他人财物的行为",其实就是对《德国刑法典》关于诈骗罪的法定构成要件"通过编造虚假事实或者通过歪曲或者隐瞒事实真相引起或维持错误的行为损害他人财产"进行的符合汉语习惯的精炼表述:编造虚假事实是指对事实全部进行虚构,而歪曲事实是指对部分事实进行虚构,二者都可以统摄在"虚构事实"这一概念之下。

近关于欺骗行为的不法本质的意思表述价值理论,关于欺骗行为形式的默示欺骗理论的探讨等。以上探讨无疑为中国刑法诈骗罪研究提供了重要的术语工具与理论滋养,推动着我国诈骗罪研究从实在法上的简单罪状出发朝向教义学的纵深发展。但对德国刑法诈骗罪教义学的过分倚重也形成了对其的路径依赖与术语捆绑,无法摆脱德国教义学内部观点冲突、学派林立的困境进行我国诈骗罪理论的创新,例如在行为人将贵重物品混入便宜物品的鱼目混珠类型案件中,深陷财产处分必要性之争而无法提供合理的解答方案。

晚近以来,德日诈骗罪教义学各种理论层出不穷、竞相争鸣,除上述已为我国学界所关注的理论外,还有关于欺骗行为的默示型欺骗的交易群体共识理论及信息错误风险分配理论、关于不法本质的真相权利侵害或真相义务违反理论,等等。由于默示型欺骗的存在,诈骗罪作为与不作为区分问题也成为旷日持久的无解难题。诈骗罪教义学虚假繁荣的另一面却是诈骗罪教义学的真实匮乏:诈骗罪外观巍峨的教义学大厦缺乏坚实的、统一的教义学基石,以至于这座大厦内部不同理论互相掣肘、支离破碎,面临分崩离析的危险。本节将在对诈骗罪传统教义学全景式描述中揭示传统诈骗罪教义学内部的困境,解构诈骗罪不法内核,并在此基础上尝试对诈骗罪的不法本质及构成要件进行中国语境下的重构。

一、描述:被害人与行为人视角叠加中的诈骗罪教义学图景

(一)诈骗罪构成要件:被害人视角的诈骗罪教义学图景

传统理论认为诈骗罪属于关系犯(Beziehungsdelikt)。[1] 以关系犯概念为基点,被害人教义学在诈骗罪领域获得广泛而深入的发

---

[1] Vgl. Hefendehl, in: Münchener Kommentar zum StGB, 4. Aufl., 2022, § 263 Rn. 36.

展。关系犯概念由被害人教义学的领军人物之一德国学者哈塞默（Hassemer）首倡。哈塞默认为：行为的可罚性一方面取决于以法益侵害与法益危险为前提的行为人的需罚性，另一方面取决于被害人的需保护性（Schutzbedürftigkeit）。而当具体的法益侵害危险情势很大程度上是由被害人自己的决定所引起时，就不再符合法定构成要件所预设的法益危险程度，就不再具有需保护性。在需保护性考量上应将犯罪分为干预犯与关系犯，前者是指从概念上来说行为实施前后都不需要以行为人与被害人之间的互动为前提的犯罪，后者是指行为人必须将法益享有者调动起来实施某种有利于其犯罪计划的行为才能够完成的犯罪。在关系犯中，被害人以其对犯罪行为的参与表明了对自我保护的忽视，不具有刑法上的需保护性；而在干预犯中，只要被害人自己不对危险源答责，就一般性地承认刑法上的需保护性。如果被害人对行为人虚构的事实产生怀疑，却不采取可能的措施消除怀疑继续处分财物的，因具有充分的自我保护可能性而不具有诈骗罪的需保护性。[1] 此外，德国学者库尔特（Kurth）借鉴客观归责理论，认为在一些被害人存在典型过错的情形中，对被害人的保护已经超出了诈骗罪的规范保护目的范围。[2] 德国学者埃尔默（Ellmer）也指出，诈骗罪旨在保护为交易所必要的信赖，如果被害人过于轻率地（严重过失）相信行为人提供的信息作为自己作财产决定的基础，不属于诈骗罪的欺诈行为，不成立诈骗罪。[3] 我国学者近年也尝试从被害人教义学或自我答责原则视角探讨被害人怀疑对诈

---

[1] Vgl. R. Hassemer, Schutzbedürftigkeit des Opfers und Strafrechtsdogmatik, 1981, S. 54 f., 63 ff., 97 f., 152 ff.

[2] Vgl. Kurth, Das Mitverschulden des Opfers beim Betrug, 1984, S. 169 ff.

[3] Vgl. Ellmer, Betrug und Opfermitverantwortung, 1986, S. 93 f., S 97.

骗罪成立的影响。[1] 实际上,被害人教义学不仅主导了诈骗罪构成要件整体层面关于被害人过错是否排除对行为人归责的讨论,也侵入了构成要件层面,在认识错误、财产处分构成要件要素上开展被害人视角的考察。

1. 认识错误理论

根据诈骗罪的传统构成要件结构,即"行为人虚构事实或隐瞒真相—被害人陷入错误—因错误交付财物或财产性利益—行为人取得财产同时被害人遭受财产性损失",错误作为行为人欺骗行为与被害人交付财产行为之间的连接环节,就自然而然地将被害人推向诈骗罪教义学的前台。我国《刑法》虽未如《德国刑法典》那样将错误规定为构成要件要素,但我国刑法理论也采纳上述诈骗罪的构成要件结构,错误理论以及与之相连的被害人教义学也成为我国学界探讨诈骗罪的重要理论资源。

然而错误理论在错误认识内容、错误认识的必要强度、错误判断的标准、欺骗与错误之间的关联等问题上都存在争议[2],尤以被害人错误认识的界定为甚。例如,可能性理论认为,被害人认为行为人所表述的事实是可能的或者具有极大可能性时即满足认识错误的要求。[3] 德国学者阿梅隆(Amelung)首次将被害人教义学引入诈骗罪错误领域,基于刑法补充性原则认为在被害人存在其他保护可能时对刑法构成要件进行目的性限缩解释,认为在被害人产生具体疑点时就有可能采取预防措施防止受骗,此时就应否定存在诈骗罪的错

---

[1] 参见缑泽昆:《诈骗罪中被害人的怀疑与错误——基于被害人解释学的研究》,载《清华法学》2009年第5期;王骏:《论被害人的自陷风险——以诈骗罪为中心》,载《中国法学》2014年第5期;黎宏、刘军强《被害人怀疑对诈骗罪认定影响研究》,载《中国刑事法杂志》2015年第6期。

[2] Vgl. Hoyer, in: Systematischer Kommentar zum StGB, 8. Aufl., § 263 Rn. 62.

[3] Vgl. Giehring, Prozeßbetrug im Versäumnis- und Mahnverfahren – zugleich ein Beitrag zur Auslegung des Irrtumsbegriffs in § 263 StGB, GA 1973, S. 10 ff., 16 ff.

误。阿梅隆认为,在错误问题上,因果关系理论将犯罪仅视为一个行为人给被害人造成损害的单线的过程,忽视了在诈骗罪和其他互动型犯罪中被害人也积极参与到犯罪中的现实。[1]"诈骗罪中包含了特定的被害人行为……诈骗罪的构成要件只有人们将受欺骗威胁的财产所有人作为共同行为人才能理解。"[2]但是,对于排除错误来说,具体的怀疑显然仍然不够"具体",故学者曾尝试对怀疑进行"明显是—很可能—较弱的很可能—较弱的不可能—不可能—明显不是"的等级划分。[3]

关于被害人怀疑对于认识错误的影响,我国有学者指出,在存在论上"怀疑"与"信任"是互斥的,被害人存在怀疑时就不可能再发生认识错误,从而认为被害人怀疑阻隔了欺诈行为的法益侵害风险,能够排除欺骗行为与财产损失之间的归责关联。[4]但亦有学者质疑这种理论不具有理论和实务上的可操作性,而且损害刑法的安定性机能。[5]笔者认为这一质疑是有道理的。对同一种欺骗行为,不同的被害人根据其自身的受教育程度、经济状况及利益观会产生不同的心理反应,而认识错误构成要件要素要求对被害人心理事实层面进行检验,就使得诈骗罪的构成要件符合性判断成为一个取决于被害人主观方面的问题。可见,事实的心理学意义上的错误概念损害诈骗罪构成要件不法定型化机能。而如果采取所谓规范的错误概念,认为被害人事实上的怀疑程度并不重要,关键是处分行为与欺骗

---

[1] Vgl. Amelung, Irrtum und Zweifel des Getäuschten beim Betrug, GA 1977, S. 17.
[2] Vgl. Amelung, Irrtum und Zweifel des Getäuschten beim Betrug, GA 1977, 1, 17.
[3] Vgl. Giehring, Prozessberug im Versäumnis und Mahnverfahren – Zugleich ein Beitrag zur Auslegung des Irrtumsbegriffs in § 263 StGB, GA 1973, S. 19.
[4] 参见绫泽昆:《诈骗罪中被害人的怀疑与错误——基于被害人解释学的研究》,载《清华法学》2009年第5期。
[5] 参见王骏:《论被害人的自陷风险——以诈骗罪为中心》,载《中国法学》2014年第5期;参见张明楷:《诈骗罪犯罪论》,法律出版社2021年版,第113页。

行为之间具有归责关联[1],则错误认识作为诈骗罪构成要件要素本身的必要性就成为疑问。

2.财产处分理论

通说将诈骗罪理解为自我损害的犯罪,自我损害的特征体现于被害人交付财产行为,因此德国刑法认为财产处分行为属于不成文的构成要件要素。[2] 我国传统刑法理论也认为,构成诈骗罪要求被害人"自觉地"或者"自愿"交付财物[3],晚近学说更是在沿袭德国诈骗罪的构造基础上将财产处分行为视为诈骗罪的构成要件要素。[4]

财产处分是指被害人积极引起财产减损的行为,或对该行为的容忍或者不作为。[5] 关于处分行为的界定以及与盗窃罪转移占有的区别同样众说纷纭。[6] 处分行为仅是客观上引起财产减损的被害人的行为或其对财产减损的容忍,还是要求其在实施上述行为时具有指向财产减损或变动的意识即财产处分意识?对此分别有财产处分意识必要说、区别说与财产处分意识不要说:

(1)财产处分意识必要说[7]:诈骗罪的行为画像就是对被害人作出经济决定的信息基础进行操控;在这一错误基础上被害人自由地作出决定,因此被害人是作为人这一决定主体,而非仅仅作为(错

---

[1] Vgl. Pawlik, Das unerlaubte Verhalten beim Betrug, 1999, S. 227 ff.
[2] RGSt 47, 151 (152 f.); 49, 16 (19); 64, 226 (228); 70, 225; 76, 82; BGHSt 14, 170 (171 f.); Tiedemann, in: Leipziger Kommentar zum StGB, 12. Aufl., 2012, § 263 Rn. 96; Kindhäuser, in: Nomos-Kommentar zum StGB, 5. Aufl., 2017, § 263 Rn. 195 f.
[3] 参见高铭暄、马克昌主编:《刑法学》(第10版),北京大学出版社2022年版,第509页。
[4] 参见张明楷:《刑法学》(第6版),法律出版社2021年版,第1303页以下。
[5] Vgl. Tiedemann, in: Leipziger Kommentar zum StGB, 12. Aufl., 2012, § 263 Rn. 97; Kindhäuser, in: Nomos-Kommentar zum StGB, 5. Aufl., 2017, § 263 Rn. 197.
[6] 日本刑法关于处分行为及处分意识必要性的争论可参见刘明祥:《财产罪比较研究》,中国政法大学出版社2001年版,第221—237页。
[7] Vgl. Tiedemann, in: Leipziger Kommentar zum StGB, 12. Aufl., 2012, § 263 Rn. 5.

误与财产处分的)因果连接点参与到诈骗罪构成要件之中。在这种对诈骗罪构成要件结构的理解中,被害人作为自由决定的主体当然需要具有处分意识。(2)区别说[1]:该说在针对实物的诈骗罪中要求被害人具有处分意识,在针对财产性利益的诈骗罪(债务诈骗)中则不要求被害人的处分意识。因为在实物诈骗中,处分意识是区分财产转移属于诈骗罪的处分还是盗窃罪的占有转移的关键;而在债务诈骗中,被害人往往对自己的债权或财产性利益的放弃并没有现实的认识,因而不存在交付意识和行为。(3)财产处分意识不要说[2]:该说认为,处分行为仅仅是错误与财产损失之间的连接构造,只要能够将被害人的处分行为归责给欺骗行为即可,因此不须被害人具有处分意识。例如行为人对被害人谎称商品订购单是"商品购物目录"而让其在上面签字,被害人虽然没有处分意识,但仍成立诈骗。[3]

针对在一种商品包装中塞入更贵的另一种商品,例如普通酒箱中塞入茅台酒的情形,处分意识必要说认为,此时成立诈骗还是盗窃,即被害人是基于行为人的欺骗行为处分财物还是因为欺骗行为容认转移占有发生,取决于被害人的内心意思指向,即是否具有处分意识。柜台收款员的处分意识仅针对其在柜台能够通过扫码等方式识别出的商品,因此对暗藏的茅台并无处分意识,故成立盗窃而非诈骗。区别说要求对实物诈骗具有处分意识,因此结论同上述处分意识必要说;对于债务诈骗不要求处分意识,若在普通酒箱中塞入茅台酒在柜台结账作为债务诈骗讨论则不需要处分意识,即可否认为被

---

[1] Vgl. BGH v. 11. 3. 1960-4 StR 588/59, BGHSt 14, 170 (172); Hefendehl, in: Münchener Kommentar zum StGB, 4. Aufl., 2022, § 263 Rn. 36.

[2] Kindhäuser, in: Nomos-Kommentar zum StGB, 5. Aufl., 2017, § 263 Rn. 223 f.

[3] Vgl. BGH 22, 88, Hamm NJW 1965, 702; Kindhäuser, in: Nomos-Kommentar zum StGB, 5. Aufl., 2017, § 263 Rn. 223; Perron, in: Schönke/Schröder StGB, 30. Aufl., 2019, § 263 Rn. 60.

害人基于行为人的欺骗免除了其对茅台的应支付的价款？但由于此处行为人与被害人之间并未针对茅台订立买卖合同，因此也不存在针对债务的诈骗。针对该案，处分意识不要说内部又分化为严格的处分意识不要说与宽缓的处分意识不要说。严格的处分意识不要说认为上述收柜员的行为属于处分，而行为人在普通酒箱中塞入茅台酒并未取得对茅台酒的占有，因而属于诈骗。而宽缓的处分意识不要说则认为虽然不要求处分行为必须在处分意识下作出，但上述收款员的行为本身不属于处分行为，处分行为针对的仅是在柜台能够被识别出的商品，对未识别出的商品并不涉及所有权或占有的转移。可见，处分意识不要说在实物诈骗中面对诈骗罪与盗窃罪的界分显得有些力不从心。若彻底贯彻其立场，就必然在茅台案中得出诈骗罪的结论，但显然该案因缺乏行为人与被害人就隐藏的茅台酒的信息沟通，不符合诈骗罪沟通犯的特征，认定为盗窃罪更为合理。为了避免这一结论，宽缓的处分意识不要说只能跳过处分意识直接否定处分行为，但这恰恰是等于放弃了该说的立场转向处分意识必要说：若认为收柜员的处分行为针对的仅是在柜台能够被识别出的商品，实际上就是对处分意识提出了要求。

但若坚持处分意识必要说，在债务诈骗中寻找被害人的处分意识就成为一个无法完成的任务。例如，在行为人对被害人谎称商品订购单是"商品广告目录"而让其在上面签字的案例中，被害人根本未认识到其签字的文件涉及财产处分（误以为是商品广告目录订购单），当然不存在处分意识，很难认定存在诈骗罪的处分行为，而根据德国刑法盗窃罪的行为对象不包括财产性利益，本案也不成立盗窃罪，导致可罚性漏洞。为此，处分意识必要说中也出现对处分意识作宽缓化理解的声音[1]，提出实现欺骗与财产损失之间的归责，受骗的

---

[1] Vgl. Hefendehl, in: Münchener Kommentar zum StGB, 4. Aufl., 2022, § 263 Rn. 414 f.

被害人不需要认识到其处分行为具有财产变动的相关性,只要认识到自己实施或未实施任一客观上导致财产减损的行为即可,即作为行为人欺骗行为的配合行为来理解;行为人通过欺骗使得被害人作出不同寻常的行为。但这实际上等于放弃了处分意识必要说的立场。

前述左支右绌的财产处分要件理论以及甚嚣尘上的财产处分意识必要性的争论也经由日本学界传至我国。针对实物诈骗,我国多数说持处分意识必要说,认为在茅台案中不存在对茅台酒的处分意识,成立盗窃而非诈骗。[1] 必要说中个别学者采取种类与数量处分区别说,认为对于行为人混入同种商品的(如在普通酒中塞入同种酒),被害人具有处分意识,成立诈骗;对于混入不同种商品则无处分意识(如在方便面箱中塞入照相机则对照相机无处分意识),成立盗窃。[2] 另有学者认为处分行为等同于转移占有行为,重点是对占有状态的改变或对财物的支配,而财物的价值、数量、种类等特征与支配力无关,属于民法上的交易内容,不是刑法上"转移占有"的内容,并据此认为财物的价值、数量、种类等特征不是处分意识的内容。在照相机案中,店员只要认识到自己要转移占有的是眼前的包装盒及其中的财物即具有处分意识,因此构成诈骗罪。[3] 但该观点与上述德国处分意识必要说中的宽缓化说一样,实际上是对处分意识必要说的放弃。针对债务诈骗,我国学者以必要说不会导致德国刑法上的处罚漏洞为由倾向于采纳处分意识必要说。[4]

虽然通说区别说能够得出相对合理的结论,但针对实物诈骗要

---

[1] 参见王作富主编:《刑法分则实务研究》(第5版),中国方正出版社2013年版,第958—959页;周光权:《刑法各论》(第4版),中国人民大学出版社2021年版,第143—144页。
[2] 参见张明楷:《刑法学》(第6版),法律出版社2021年版,第1308页;柏浪涛:《论诈骗罪的处分意识》,载《东方法学》2017年第2期。
[3] 同上注,柏浪涛文。
[4] 参见张明楷:《刑法学》(第6版),法律出版社2021年版,第1307—1308页。

求处分意识而针对债务诈骗则不要求处分意识,等于在诈骗罪中贯彻两个财产处分行为概念,或者说在诈骗罪中缺乏一个具有教义学逻辑一致性的财产处分概念。遗憾的是,仅有个别学者感受到传统学说中财产处分要件的教义学困境,如施密特霍伊泽尔(Schmidhäuser)[1]的诈骗罪的构成要件构造放弃了财产处分要件,仅由欺骗行为、错误及评价为财产减损的被害人行为三个环节组成。帕夫利克(Pawlik)[2]也认为对于诈骗罪真相义务违反与财产放弃之间的归责关联来说,并不需要将财产处分行为作为单独的归责要素,仅需对错误要件进行规范理解。然而令人诧异的是,上述学说并未引起德国学界重视,围绕着财产处分要件的教义学机会主义在德国诈骗罪教义学中不仅得以产生,而且能够长期得以维系。可见,作为传统诈骗罪构成要件中连接错误与财产损失的一个环节,财产处分的概念亟待教义学的反思与重构。

(二)诈骗罪不法本质:行为人视角的诈骗罪教义学图景

《德国刑法典》第263条将诈骗罪规定为"以为自己或第三人非法获得财产利益的目的,通过编造虚假事实或者通过歪曲或者隐瞒事实真相引起或维持错误的行为损害他人财产"。[3] 德国通说将诈骗罪的构成要件行为浓缩为欺骗行为(Täuschen)。而对于欺骗行为不法本质的理解,代表性的见解有意思表述价值说(也称"虚假意思

---

[1] Vgl. Schmidhäuser, Der Zusammenhang von Vermögensverfügung und Vermögensschaden beim Betrug (§ 263 StGB), FS-Tröndle zum 70. , 1989, 309 f.
[2] Vgl. Pawlik, Das unerlaubte Verhalten beim Betrug, 1999, S. 221 f.
[3] 德国学界对《德国刑法典》第263条诈骗罪构成要件规定也时有批判,认为该构成要件描述不够完整,逻辑上存在重叠并且互相矛盾。Vgl. Tiedemann, in: Leipziger Kommentar zum StGB, 12. Aufl. , 2012, § 263 Rn. 7. 例如,希尔根多夫教授指出"事实"这一构成要件要素的误导性:事实本身不可能真实或者虚假,只有对于事实的说明才可以是真实或虚假,因此并非事实而是对事实的说明才是构成要件要素。Vgl. Hilgendorf, Tatsachenaussagen und Werturteile im Strafrecht, 1998, S. 133 ff.

表述说")、真相权利侵害或真相义务违反说。由于欺骗行为不法本质主要解决如何看待诈骗罪的行为不法问题,上述学说自然也是从行为人角度进行其理论建构。

1. 意思表述价值说

该说基于对诈骗罪沟通犯实质的理解,认为所谓欺骗行为就是撒谎,即表述或者传达虚假信息的行为。欺骗行为的不法本质是违背事实的意思表述(即谎言),并通过意思表述对被害人的认识施加影响。欺骗是指表述某种错误的不符合事实的信息,即具有意思表述价值(Erklärungswert)的行为。[1] 意思表述价值说将欺骗分为明示型欺骗与默示型欺骗。[2] 前者指以言辞、书面材料或表意性、符号性的行为如某种手势、点头或者摇头进行虚假意思表述,而后者是指虽不存在积极的虚假意思表述,但根据特定交易情境,从行为人的行为之中推导出虚假意思表述。缄默也可以被认为是一种虚假意思表述(默示的欺骗)。积极的虚假意思表述认定较为简单,而如何在行为人的缄默或其他非表意行为之中发现意思表述价值,需要规范地判断。通说的判断标准是交易群体共识说(Verkehrsanschauung):在交易对方没有作出明示的意思表述时,根据交易惯例或者规定该交易类型的法律,应当如何进行理解。[3] 交易群体共识说的理论根据是错误风险分配(Irrtumsrisikoverteilung)理论,即在不同交易类型中如果发生错误信息理解或对行为进行了错误解读,根据交易惯例

---

[1] Vgl. Herzberg, Die Unterlassung im Strafrecht und das Garantenprinzip, 1972, S. 72; Kühl, in: Lackner/Kühl, StGB, 29. Auf., 2018, § 263 Rn. 6.

[2] 我国学者在引入意思表述价值理论时曾译作明确性欺诈与作出事实性说明的欺诈,参见赵书鸿:《论诈骗罪中作出事实性说明的欺诈》,载《中国法学》2012年第4期。

[3] Vgl. Lackner, in: Leipziger Kommentar zum StGB, 10. Aufl., § 263 Rn. 29.

应该由谁来承担错误的风险。[1] 例如,买卖交易中,卖方大大超出市场价格向买方要高价,就使得对方产生该价格符合市场价格的错误认识,满足了默示欺骗的事实上的前提条件,但是否属于符合构成要件的欺骗行为,则要视该交易关于价格市场合理性的风险分配规则而定。由于一般来说这一风险在买卖合同中由买方来承担,因而不属于诈骗罪的欺骗行为。[2]

意思表述价值说虽然是关于诈骗罪不法本质的通说,但笔者以为存在以下缺陷:

第一,将诈骗罪欺骗行为界定为虚假意思表述,简单来说就是撒谎,是一种现象的描述,是对诈骗罪存在主义的界定而非规范的界定。显然,虚假意思表述或者撒谎本身并不包含刑事不法内容,本身并非犯罪行为。这种存在主义的概念无法为区分一般的谎言与诈骗罪的谎言提供标准。

第二,意思表述价值说对欺骗行为的规范界定体现于默示的欺骗理论,即认为在缺乏积极的虚假意思表述时也可以根据交易惯例推导出来虚假意思表述,根据民事交易中的错误风险分配规则认定欺骗。对此学界提出质疑,来源于民事交易中的错误风险分配规则是否能够作为界定诈骗罪刑事不法的标准?根据不同商业交易类型特有的信息风险分配来确定的交易群体共识是一种民法上的构造,民法上的风险分配旨在在交易双方之间妥当地分摊经济风险,而刑法的任务在于将具有社会危害性的行为界定或解释为刑法上的特

---

[1] Vgl. Lackner, in: Leipziger Kommentar zum StGB, 10. Aufl., § 263 Rn. 29; Hoyer, in: Systematischer Kommentar zum StGB, 8. Aufl., § 263 Rn. 42.
[2] a. a. O.

定构成要件。[1] 在法定犯领域,刑法之外的法律规范对于刑法上的空白构成要件有填充的作用,可以为刑法法定犯的判定提供标准,但在诈骗罪这种自然犯中,可否从民法上的错误信息风险分配推导出诈骗罪的刑事不法,值得思考。首先,民法上的错误信息风险分配与刑法上的欺骗不法,何者是先在的,即到底是谁决定谁? 其次,即使认为民法上的错误信息风险分配是先在的规则,也未必就可以从中推导出刑法上的欺骗行为:风险分配的后果首先是民事上的后果如违约赔偿责任,为何此外还要求刑事责任的承担? 行为人在交易信息沟通中并未积极传递虚假信息,交易对方从行为人的缄默或其他行为之中推导出错误信息,因而导致损失的,为何需要缄默方来承担错误信息的刑事风险? 从客观归责角度来看,行为人并未主动创设错误信息的风险(如通过言辞或者表意性动作进行虚假意思表述),只是在交易中未揭示该错误风险,由于行为人并非像在背信罪那样对被害人的财产损失负有保证人地位从而负有揭示错误风险的义务,因此被害人应当自己承担信息错误的风险;而实际上被害人完全可以通过补充追问轻易排除该错误风险。

2. 真相权利侵害或真相义务违反说

与上述通说关于欺骗行为的不法实质在于违背事实真相的意思表述这种存在主义的理解不同,一些德国学者尝试从规范主义的路径对诈骗罪进行建构。例如金德霍伊泽尔提出诈骗罪的不法实质在于对与财产决定相关的真相权利的侵犯;同样遵循这一规范建构路径的帕夫利克主张,诈骗罪的不法实质在于对财产管理相关的真相义务的违反。

---

[1] Vgl. Hoyer, in: Systematischer Kommentar zum StGB, 8. Aufl., § 263 Rn. 43; Kasiske, Die konkludente Täuschung bei § 263 StGB zwischen Informationsrisiko und Informationsherrschaft, GA 2009, S. 364 f.

金德霍伊泽尔认为：诈骗罪是导致财产损害的人身自由犯罪。诈骗罪的行为不法在于被迫的自我损害，即受到行为人的影响而丧失财产处分自由，按照其意愿处分财产。而行为人对此行为不法负责的原因在于，其通过侵入他人财产自由行动空间而获得了对该行动结果的管辖（Zuständigkeit）。但该管辖并非仅来自于纯粹事实上的行为人的认知优势，这种认知优势及对认知优势的利用必须在规范上是不被允许的，即来源于对被害人真相权利的侵害。[1] 被害人的真相权利根据对信息风险的责任可以分成两类：一类权利是要求禁止对信息情况作不利于被害人的变动（即禁止信息伪造或误导），另一类权利是要求对被害人的知识状况进行改善（即存在说明义务时主动进行更充分的告知说明）。[2] 但是，何时认知优势及其利用不被法律规范所允许呢？显然并不存在普遍的要求真相的权利，撒谎本身并不导致刑事责任。为此，该说进行了如下的所谓真相权利的建构：真相权利产生于作为交易双方的行为人与被害人的沟通关系，即通过沟通形成对特定信息通告或者错误纠正的信赖。[3] 它并不是一种像人身自由与生命权那样的绝对权利，后者是一种消极合作的利益，即不允许他人侵犯的法益，而前者是一种积极合作的利益，即要求他人提供真相的权利。

帕夫利克从纯粹规范角度的自由理论出发，将诈骗罪理解为广义上的侵害人身自由的犯罪。诈骗罪的不法内容与可罚根据是损害被害人要求尊重其财产管理自由的权利。这种自由权利是一种与财产管理有关的知情权——真相权利（Wahrheitsrecht）。在此基础上，帕夫利克对真相权利进行了保证人地位角度的重构：诈骗罪的行为人相对于被害人处

---

[1] Vgl. Kindhäuser, Täuschung und Wahrheitsanspruch beim Betrug, in ders.: Abhandlungen zum Vermögensstrafrecht, 1. Aufl., 2018, S. 171.
[2] Vgl. Kindhäuser, in: Nomos-Kommentar zum StGB, 5. Aufl., 2017, § 263 Rn. 64.
[3] Vgl. Kindhäuser, in: Nomos-Kommentar zum StGB, 5. Aufl., 2017, § 263 Rn. 93.

于防止错误信息的保证人地位。该保证人地位分为两类:一类是组织的保证人地位,即行为人通过与被害人沟通产生消除沟通中的错误信息的义务、交易中的交往安全义务,以及引起错误认识的先行行为产生的义务;一类是体制的保证人地位,即行为人接受社会福利或诉讼服务等产生的对国家的防止错误信息的保证人地位。[1]

帕夫利克沿用雅各布斯的纯粹规范主义的组织管辖与体制管辖的术语,从自由理论出发对真相义务进行了抽象而牵强的构造,将欺骗的本质视为真相义务的违反,认为诈骗罪的行为人具有真相义务或者说明义务这种保证人地位,违反之则成立诈骗罪,无论是以明示的方式还是以默示抑或不作为的方式。有学者质疑该说不当地扩大了保证人地位的范围,混淆了诈骗罪作为与不作为的界限。[2] 这一批判并未触及真相义务违反说的核心,因为对保证人地位进行自由理论与纯粹规范主义的建构将诈骗罪改造成义务犯恰恰是该说的一大理论特色。关键是这种理论特色即义务犯改造是否具有合理性。由于不存在行为人对于被害人的绝对的真相义务(例如刑事诉讼程序参与人对于证言存在绝对的真相义务),这种真相义务始终来源于行为人自己的信息沟通行为,因此诈骗罪从本质上来说并非义务犯,而是支配犯。

以上两说在批判传统诈骗罪教义学基础上尝试引入全新的视角理解诈骗罪的不法本质,但其教义学缺陷也同样明显:

第一,真相权利的来源不明。与计划经济不同,去中央化结构的市场经济中,频繁的商品交换需要社会关系的匿名化,因此在交易双方中存在一个基本的不信任关系,而非信任关系。故而无论传统意思表述价值说还是真相权利侵害说都同意原则上交易双方有必要各自搜集尽量充分的交易信息,各自承担信息错误的风险。因此,何以从这种普遍的

---

[1] Vgl. Pawlik, Das unerlaubte Verhalten beim Betrug, 1999, S. 139 ff.
[2] Vgl. Tiedemann, in: Leipziger Kommentar zum StGB, 12. Aufl., 2012, vor § 263, Rn. 25.

不信任关系基础中推导出一种对真相的特别的信赖,即要求真相的权利从何而来[1],这是该说的真正难题。蒂德曼(Tiedemann)质疑真相权利有循环论证之嫌:要求真相的权利是从诈骗罪中推导出来的,是诈骗罪在社会文化的意义上界定了交易双方要求真相的权利,如果再试图从这种真相权利侵害中尝试界定诈骗罪的欺骗行为,显然只会走入一个死循环。根据该说,真相权利是一种相对权利,不像人们对生命或身体法益所享有的绝对权利,这种权利在被侵害之前并不存在,在被侵害时才产生。然而这种真相权利建构恰恰是对真相权利的否定:法律上的权利从来都是一种制度化的相对稳定而抽象的构造,是先于侵害它的行为而存在的。如果一种"权利"必须依赖于每一次侵害才得以证成,那么它就不是权利。

第二,真相权利侵害说不过是交易群体共识理论与错误信息风险分配理论的重新表述,并未实现理论上的超越。虽然真相权利侵害说认为,欺诈的内容与时点并非从行为人偶然的表述或沉默之中推导出来,而是从来自于沟通关系的信息义务之中推导出来,但这种所谓依存于特定沟通关系的信息义务在金德霍伊泽尔看来仍来源于特定商业交易的期待。这与意思表述价值说的交易群体共识说实质上并没有区别。真相义务违反说存在与其理论近亲真相权利侵害说类似的困境,即无法令人信服地证立真相义务的来源。就像不存在一个类似于绝对生命权、健康权的真相权利,也不存在脱离具体交易沟通情境的真相义务。除了个人对于国家的体制的真相保证人地

---

[1] 金德霍伊泽尔本人也承认现代商业交易的基调是不信任的:"在一个去中心化的商品交换关系中,信息知识在商业竞争中具有重要意义,甚至本身是一种资本,在商业交易中双方都可以运用自己的信息优势。"但另一方面又认为:"没有一定程度的信任社会关系不可能得到发展,不依赖他人提供的信息人们无法行使通过财产赋予他们的自由。"(Kindhäuser, in: Nomos-Kommentar zum StGB, 5. Aufl., 2017, § 263 Rn. 6.)因此法律必须保护符合利益的对真实信息的信任,但并不施加普遍的真相义务。

位,其余的保证人地位皆产生于特定的信息沟通情境,取决于行为人的沟通行为(例如是否从其沟通行为中产生错误信息风险)。

如果真相权利或义务始终必须根据交易类型中的信息沟通情境加以决定,则真相权利侵害说或真相义务违反说就成为多余的理论构造——法律意义上的权利或者义务显然是一种制度化的相对稳定而抽象的构造,而不是根据具体交易情境来确定的具体行动指南。人们并不是根据前在的相对定型化的权利与义务确定诈骗罪的不法;换句话说,诈骗罪的不法本质并非是对真相权利的侵犯或者真相义务的违反,应当有更加直接的、构成性的因素决定着诈骗罪的不法。因此,应该放弃从一个先于财产交易信息沟通行为的权利义务构造中发现诈骗罪不法的努力,将目光集中在财产交易信息沟通行为本身。

二、解构:关系犯与自我损害概念误区

诈骗罪传统教义学认为,与盗窃罪这种他人损害财产的财产犯罪不同,诈骗罪是被害人自我损害的财产犯罪,被害人因发生认识错误而成为被行为人利用的工具。[1] 行为人通过与被害人之间的信息沟通与被害人发生互动关系,被害人积极地参与到诈骗罪之中。因此,诈骗罪属于关系犯或者沟通犯。[2] 然而自我损害型犯罪是一个具有歧义的概念。虽然表面上看,诈骗罪被害人通过财产处分进行了自我损害,但是从规范上来说该处分行为应当归责给行为人的欺骗行为,因而并非是自我损害型犯罪,而是如同其他犯罪那样是

---

[1] Kindhäuser, in: Nomos-Kommentar zum StGB, 5. Aufl., 2017, § 263 Rn. 45 ff.; Kargl, Die Bedeutung der Entsprechungsklausel beim Betrug durch Schweigen, ZStW 119 (2007), S. 255 f.

[2] Vgl. Tiedemann, in: Leipziger Kommentar zum StGB, 12. Aufl., 2012, § 263 Rn. 4; Hefendehl, in: Münchener Kommentar zum StGB, 4. Aufl., 2022, § 263 Rn. 36.

一种他人损害型犯罪。[1]

（一）关系犯概念之谬误

类似地，关系犯概念也是具有误导性的概念。首先，干预犯与关系犯区分的思想基础是作为被害人教义学基石的被害人需保护性概念，二者的区分缘于其在被害人需保护性上存在重大差别：关系犯的被害人以其对犯罪行为的参与表明了对自我保护的忽视，不具有刑法上的需保护性；而干预犯的被害人一般性地具有刑法上的需保护性，除非其自己对危险源答责。然而，这一思想基础本身就是存在疑问的。学界在对被害人教义学进行反思时质疑，可罚性（部分）取决于被害人需保护性的观点有违刑事立法精神。[2] 或者说，被害人需保护性是一个立法问题，而不是一个法律解释的问题。既然立法者创制了某种构成要件，就一般性地肯定了所有被害人的需保护性，除非存在自我答责情形。其次，所谓关系犯与干预犯概念，不过是构成要件现象类型层面的一种区分，在归责的意义上二者之间并没有区别：实际上任何一种有被害人的犯罪都存在行为人与被害人之间的交互关系，只不过这种交互关系在通常情形下表现为行为人主动行为和被害人被动接受（例如故意杀人罪中被砍杀）这样一种关系，被害人一般不加功于构成要件实现的过程，只有在例外情形下如被害人实施自我危险行为或者被行为人逼迫或诱骗进行自我危害时加功于构成要件实现过程（例如故意杀人罪中被害人在行为人逼迫或诱骗下自杀）。在上述通常情形下不考虑被害人对归责的影响，而在例外情形下则须考虑被害人行为对归责的影响，即根据客观归责中自我答责规则考虑此时是否阻断对行为人的归责而由被害人自我答

---

[1] Vgl. Pawlik, Das unerlaubte Verhalten beim Betrug, 1999, S. 241 f.
[2] Vgl. Roxin/Greco, Strafrecht Allgemeiner Teil, Band I, 5. Aufl., 2020, § 14, Rn. 19.

责。即使在所谓关系犯中,行为人将被害人按照其犯罪计划调动起来加入其犯罪过程,被害人的行为仍然可以一般性地归责给行为人。尽管其忽视了自我保护,但在客观归责理论的意义上忽视自我保护并不等于自我答责。显然没有理由认为关系犯不适用客观归责理论,或者在关系犯中对行为人与被害人之间的风险分配进行完全不同的考量。因此,只有当被害人因其参与应对法益侵害危险源自我答责时,即对风险具有更好的认知或支配时,才可以排除归责。在这一点上关系犯与干预犯并无也不应有所不同。

如上文所述,将诈骗罪理解为关系犯的传统观点,认为传统的因果关系理论将犯罪仅视为一个行为人给被害人造成损害的单线的过程,这种单线的因果进程不符合诈骗罪和其他关系犯中被害人也积极参与到犯罪中的现实,倡导将被害人教义学引入诈骗罪错误理论、财产处分理论,甚至主张诈骗罪的行为必然包含被害人的行为,将被害人与行为人并列视为诈骗罪的共同行为人。[1] 相应地,诈骗罪被害人教义学视角下的传统通说将被害人角色带入构成要件,从而将被害人的错误认识、财产处分行为纳入构成要件检验的范围。

然而为何需要在构成要件中考察被害人的行为及行为主观方面,仅以诈骗罪属于关系犯为由试图给予解释并不能令人信服。严格说来,所有存在被害人的犯罪都是关系犯。在这些犯罪中,被害人作为构成要件行为指向的对象或对象的权益享有者都需要被考虑,例如在故意杀人罪中,要将被害人作为杀人这一构成要件行为之对象(即人)来加以考察,在盗窃罪中要将被害人作为盗窃这一构成要件行为之对象(即财物)的所有者或占有者来加以考察。这种考察都是附属于行为人视角的考察,即以被害人作为行为对象这种被动维度的考察,而不是在主动的归责环节上加以考察。而传统诈骗罪

---

[1] Vgl. Amelung, Irrtum und Zweifel des Getäuschten beim Betrug, GA 1977, S. 17.

教义学则对被害人进行主动维度的考察,将被害人财产处分作为诈骗罪客观构成要件中的独立一环,即不是像其他犯罪在构成要件中嵌入行为对象这样一个名词,而是嵌入被害人行为这样一个动词,造成了必须将被害人置于"行为人动作+被害人动作"这样的归责关联中审查的假象。但是,诈骗罪与其他关系犯相比并不存在足以支撑这种不同归责路径的特殊之处。诈骗罪的特殊之处不过在于,普通犯罪中的被害人参与归责进程的例外情形在诈骗罪中成为常态,即行为人实现构成要件结果必须通过对被害人施加影响使其同意财产情况的变动,被害人作为被利用的工具将财产交付给行为人或者对财产的变动进行容忍。但诈骗罪中,被害人对损害因果进程的参与只是诈骗罪事实层面因果进程中的特有环节,仅此而已,这种特有环节作为事实因果关系的表象并不会改变规范层面归责的本质与宗旨:归责是将行为结果作为行为人的作品归属给他,始终是对行为人的归责,而非对被害人的归责,在诈骗罪中也不能例外,即使在该犯罪中,这一作品的最终完成需要被害人的配合(而这恰恰也是诈骗罪行为人作品中的一部分)。尽管被害人一般性地参与了诈骗罪的行为过程,但只要其对风险(即可能造成被害人财产损害或行为人非法获利的错误信息)的认知与支配并不优于行为人,就不能视为自我答责排除对行为人的归责。也就是说,除非被害人根本就没有受到行为人所制造的错误信息风险的影响(即按照传统术语来说没有发生错误认识),否则行为人始终具有更强的风险认知与支配。被害人在诈骗罪中必不可少的参与正是行为人信息操纵的中间结果,是对行为人进行归责的中间环节。被害人在诈骗罪中所扮演的角色只能是一个客体,而非共同主体。

(二)被害人角色还原

迄今为止,诈骗罪教义学在构成要件中嵌入被害人的错误认识、处分行为(以及与之相关的处分意识)要素并对该要素进行构成要件符合性审查,是对被害人角色的严重误解,也破坏了对行为人归责的完整性、连续性,并冲淡了对行为人因信息操纵而归责的主旨。具体分析如下:

第一,关于错误认识理论。错误认识理论将被害人认识错误视为构成要件要素,就需要考察被害人对行为人表述或其他表意性行为以及缄默的理解情况,以判断其是否属于"认识错误"。但是,如上文所述,对同一种欺骗行为,不同的被害人根据其自身的受教育程度、经济状况及利益观会产生不同的心理反应,而认识错误构成要件要素要求对被害人心理事实层面进行检验,就使得诈骗罪的构成要件符合性判断偏离了以行为人为中心的轨道,在很大程度上依赖对被害人主观方面的认定。例如:甲分别向乙、丙、丁虚构对交易来说具有基础性的信息,乙完全相信甲表述的信息,丙对甲表述的信息将信将疑,丁对甲表述的信息大多持怀疑态度,三人都与甲进行交易并遭受财产损失。不论乙、丙、丁具体相信度或怀疑度的差异,甲以相同方式虚构相同信息,三人在甲对交易基础信息的虚假表述影响操纵下进行交易,皆可对甲进行归责。只有当行为人对交易基础信息的操纵完全未影响被害人的交易决定,被害人出于其他原因进行财产交易时才可以排除归责。

第二,关于财产处分理论。体现诈骗罪自我损害特征的被害人财产处分同样被传统通说作为不成文的构成要件要素,这就产生了关于财产处分概念与财产处分意识必要与否的种种纷争与乱象。被害人将财物交给行为人的行为,究竟属于诈骗罪的处分财产的行为,还是盗窃罪转移占有行为的间接正犯行为(被害人作为帮助行为人完成转移占有行为的被利用的工具),在外观上很难予以区分,因此必须转而求诸被害人的内心是否具有让与所有权或转移占有的意思。处分行为似乎必然要求处分意识的存在,但是这样一来,就必然干扰了对行为人归责的完整性与连续性,使得诈骗罪的成立与否变成一个受制于被害人内心想法的问题。诈骗罪因而成为一个在行为人与被害人两极之间徘徊不定的犯罪建构。

三、重构:作为交易基础信息操纵的诈骗罪

如上所述,传统诈骗罪教义学的构成要件构造受到德国诈骗罪实在法规定与拘泥于实在法规定的诈骗罪教义学影响,被害人视角与行为人视角交织重叠,不仅带来相关构成要件要素的解释困境,也破坏了诈骗罪归责关联的完整性与连续性。而传统诈骗罪不法本质的理论却是如同其他犯罪那样以行为人为视角展开的。如果将意思表述价值说、真相权利侵害或真相义务违反说视为诈骗罪底层理论,将客观构成要件构造及认识错误、财产处分理论视为表层理论,显然行为人维度的底层理论与被害人维度的表层理论之间存在理论裂缝,这使得传统诈骗罪教义学陷入在行为人、被害人之间跳跃失焦的困境。而这一理论裂缝不仅长期为德国学界所忽视,也不得不因法定构成要件通过错误要素、财产处分要素对被害人角色的捆绑而被忽视。我国《刑法》第266条对诈骗罪仅规定了"诈骗公私财物,数额较大"的简单罪状,却因全盘移植德日诈骗罪理论而继受上述重大的理论瑕疵。因此,有必要摆脱传统诈骗罪教义学的理论与术语桎梏,重构我国的诈骗罪不法本质理论及重塑诈骗罪构成要件。

(一)"交易基础信息操纵说"之提倡

如上所述,诈骗罪的不法本质理论意思表述价值说属于存在主义角度的现象描述,未能从规范角度刻画诈骗罪的不法核心。其在默示型欺骗方面的错误信息风险分配规则也无法证立。真相权利侵害或真相义务违反说试图构建一种类似生命权、财产权的真相权利或者针对真相权利的保证人义务即真相义务的努力也被证明是失败的。只要不存在类似于生命权、财产权那样的绝对的真相权利，就不存在真相义务，也不存在针对真相的保证人地位。人们不应从一个先于财产交易信息沟通行为的权利义务构造中寻找诈骗罪不法，而应该从财产交易信息沟通行为本身发现诈骗罪的可罚性根据。

真相权利侵害与真相义务违反说的理论贡献在于，将财产法益理解为财产管理自由，该自由的行使以财产处分的事实基础的真相（真实性）为前提，因此欺骗就成为对与财产相关的自由的侵害或者对财产自由行使前提的侵害。[1] 诈骗罪既非单纯的财产犯罪，也非纯粹的自由犯罪。如果在财产交易中具有基础性的信息真实客观，则被害人就是自由地作出财产决定，无论是否从该交易中获利，都必须承担该交易的后果。但如果财产交易中具有基础性的信息是不真实的错误信息，被害人依此作出财产决定就是不自由的，由此产生的财产减损将引发两个法律上的后果：第一个后果是民事上的后果，即由谁来承担财产减损，这是民事合同中的缔约过失或违约赔偿责任所要解决的问题；第二个后果是在第一个法律后果的基础上所引发的刑事责任问题，即可将该财产减损的法益侵害后果归责给谁，对其按照诈骗罪定罪处罚。

关于民事上的法律后果，在合同订立、履行过程中作虚假信息表述、制造错误信息，因此引起对方损失的，或者虽然未积极进行虚假信息表述，但违反交易惯例期待，例如在现货交易中未支付价款即取货（通过取货行为假装已付款）、在高档场所消费而无支付意愿与能力，因此违反合同义务（上述交易惯例上的期待一般会被合同法定型化为合同上的义务）或违背诚实信用原则（在没有定型化为合同义务

---

[1] Vgl. Vogel, Betrug durch konkludente Täuschung: „Recht auf Wahrheit" oder kommunikative Verkehrssicherungspflichten?, GS-Keller, 2003, S. 319.

时则可以根据商业交易惯例主张该原则)的,应当承担缔约过失责任或违约责任。[1]

对于第二个法律后果即刑法上的归责问题,需要分两种情形加以探讨。第一种情形,错误信息是交易一方即行为人所制造,包括以言辞、动作的方式(点头、摇头、作 OK 的手势或者摆手)表述,也包括利用交易中的计量工具来加以表述(例如操纵秤、电表等计量工具),行为人就创设了一个交易中可能导致交易财产损失的错误风险,交易对方即被害人在该错误信息影响下实施的财产交易即是不自由的,因而不属于财产处分,而是错误信息在交易过程中的风险实现。第二种情形即德国刑法中的默示型欺骗情形,错误信息并非交易一方所制造,而是交易对方根据交易情境推导出来,例如在现货交易中根据对方取货行为推导出其已付款,在高档消费场所从对方正常消费而推导出其具有支付意愿与能力,则这种错误风险就不应由行为人一方承担。

我国有学者尝试在"赎表案"中引入默示型欺骗理论[2]:甲和友人乙到当铺赎回自己典当的手表,店员错将他人典当的名表取出欲交给甲。甲欲如实相告时乙向甲使眼色,并佯装说还有要事办理,催促店员快些处理。甲会意即拿走名表。该学者认为,若甲的错误认识尚未定型,准备进一步核查,乙声称"还有要事待办,快点吧"加上甲的配合性缄默,让对方得到了"整个交易没有错误"的信息,由此导致店员不再怀疑,真正陷入认识错误。甲、乙共同成立默示型的作为诈骗罪。在质押典当合同中,承典人在典当期间有对质押物进行保管的权利和义务,在出典人赎回时具有返还质押物的义务。承典人未对质押物进行核对将他人的质押物返还给出典人甲,甲、乙并未对

---

[1] 参见《民法典》第 7 条关于诚信原则,第 147 条、第 148 条、第 149 条、第 150 条和第 151 条关于因重大误解、欺诈、胁迫、显失公平的民事法律行为的效力,第 500 条关于缔约过失的责任及第 577 条关于违约责任的规定。
[2] 参见蔡桂生:《缄默形式诈骗罪的表现及其本质》,载《政治与法律》2018 年第 2 期。

承典人虚构对交易具有决定或基础性意义的信息,乙声称"有要事待办"虽属信息虚构,但该信息与交易本身无关。承典人从这一信息之中并不能当然地推导出整个交易没有错误的信息,即便可以推断出该信息,该信息错误属于承典人的风险管辖范围,不应由甲、乙承担该错误信息的风险。因此,甲、乙不成立默示型欺骗的作为诈骗罪。由于不能一般化地从民法中的诚信原则推导出保证人地位,二人也不成立不作为诈骗罪,二人行为属于民事上的不当得利,在符合侵占罪的其他构成要件要求时成立侵占罪。

类似地,在"捷安特自行车案"[1]中,卖方误以为买方已付款而容忍其拿走货物的情形中,买方的行为也不成立默示型欺骗的诈骗罪。根据《合同法》以及现货交易商业惯例,在买卖合同中买方接受标的物时应当支付对价。如果买方仅接受标的物而不支付对价,而对方仅从接受标的物这一行为之中推导出其已支付对价的错误信息,由于是未付款的买方违反了交易惯例中的付款期待,而卖方基于对该期待的信赖从接受标的物行为之中推导出错误信息,因此,这种错误信息的风险应当由买方来承担,即卖方得以以不当得利要求返还标的物或者在提出支付请求被对方拒绝时主张违约赔偿责任。这也是民法上的错误信息风险分配规则。但是,卖方在交付标的物时也应当要求对方给予对价,因卖方疏忽未要求支付,卖方也违反了现货交易(一手交钱一手交货)商业惯例要求支付对价的期待,但为何这种对角色信赖的违反不会对风险分配产生影响?如果错误信息风险分配说认为既然卖方遭受了损失,而对方并未遭受损失,卖方就应当为该损失承担风险,那么这种风险也就只能是纯粹的损失填补的经济风险,如果以此作为归责的根据就是一种纯粹的结果责任。从

---

[1] 参见李方政、张理恒:《不作为诈骗罪的认定》,载《人民法院报》2011年12月29日,第07版。

买方接受标的物这一交易情境之中推导出买方已付款的错误信息,属于卖方的风险管辖范围,并不属于买方。在买卖双方都违反交易规则的期待时,仅仅因为卖方遭受损失而对买方进行归责,是一种违反罪责原则和普遍的归责原理的结果责任。可见,民事上的错误风险分配与刑法上的风险管辖和归责是两个不同的范畴。前者是基于损失填补与公平原则思想进行经济风险的分担,而后者是基于风险创设或者风险源管理追究刑事责任以达到一般预防与特殊预防的目的。因而仅根据民事上的错误信息风险分配规则与诚信原则对诈骗罪进行刑事归责是错误的。民事交易中错误信息风险分配与诈骗罪的错误信息风险分配所分配的是不同的风险,默示型欺骗的错误信息风险分配规则说犯了偷换概念的逻辑错误,因而是一个"错误的"理论。因此,甲的行为不属于所谓默示型诈骗罪,但在乙、丙夫妇要求返还而拒不返还的,可以成立侵占罪,并不会导致可罚性漏洞的产生。

综上,笔者得出如下关于诈骗罪不法本质的结论:理解诈骗罪及其本质,需要与其他财产犯罪结合起来加以考虑。在既定的财产权制度中,个体对其财产享有物权或者债权。欲突破现有的财产权利格局取得他人的财产,可能的方式有三种,分别对应于三种不同类型的财产犯罪构成要件:①抢劫罪、抢夺罪这种以暴力方式夺取财物的"夺取型"财产犯罪,该类型的财产犯罪中被害人与行为人是对抗的关系,即行为人以暴力压制的方式取得财物,而被害人为保护财物需要对这种暴力予以反抗,此处姑且称之为积极的负相关关系;②盗窃罪这种以和平的方式拿走财物的"拿取型"财产犯罪,此时被害人或者对行为发生没有认识或者虽然认识但容忍行为发生,可以认为行为人与被害人是消极相关关系;③诈骗罪这种"骗取型"财产犯罪,行为人向被害人施加影响使其交付财产,二者之间是积极的正相关关系。第一种与第二种类型的财产犯罪违背产权让渡的常态,积极的负相关关系与消极的相关关系都不是正常的产权让渡关系。而在第三种类型的财产犯罪中,行为人向被害人施加影响使其交付财产则至少在表面上属于正常的产权让渡关系,即行为人支付对价,取得被害人的财物或财产性利益。因此,诈骗罪是发生在正常的产权让渡,即交易背景下的财产犯罪。以上三种类型财产犯罪皆发生于行为人与被害人关系之中,所谓诈骗罪"关系犯"特征,不过是指涉行为人与被害人之间积极的正相关关系,即诈骗罪有异于其他财产犯罪的财产交易背景。因此,理解诈骗罪并不必然通过关系犯概念,只要将其在财产交易背景下进行场景还原,就可以把握其不同于其他类型财产犯罪的不法实质。

由于财产分属于不同的交易主体,欲达成财产交易,交易双方必须进行有关交易对象即财产的信息沟通。[1] 信息作为一种合目的性的知识,是理性选择的前提条件,也是交易的前提条件。[2] 标的物种类与特性、交易类型、价格及其构成等基础性信息对于成功的财产交易来说至关重要。在正常的财产交易中,交易双方在对交易标的物特性、交易目的设定、交易类型等信息进行充分沟通的基础上确定交易价格这一关键性交易因素。实际上,价格确定本身就是一个信息交流与以此为基础的谈判过程。价格不是根据交易双方完全主观的因素,也不是完全根据市场价格,而是以该交易类型的市场价格为基点根据双方议价能力来确定的。

但在现实世界中,交易双方掌握的信息并不是对称的。[3] 信息

---

[1] 在此意义上,笔者赞同传统诈骗罪教义学将诈骗罪理解为沟通犯的观点,这也是诈骗罪教义学的真正理论内核,但将其更加具体情境化为交易信息沟通。

[2] Vgl. Rock, Ökonomische Analyse des Betrugs in gegenseitigen Vertragsverhältnissen, 2013, S. 23 f., m. w. N.

[3] a. a. O., S. 26 ff.

不对称催生了诈骗罪,但显然并非所有的信息不对称都是诈骗罪。只有上述对交易具有基础性意义的信息(标的物种类与特性、交易类型、价格及其构成)不对称或信息错误可能导致交易失败。也就是说,由于对交易基础信息发生错误认识意味着交易失败的风险,即一方获得不应获得的利益(即非法获利),而另一方失去该利益(即财产损失),因此,上述信息错误对于诈骗罪的构成要件结果即通说中的财产损失来说就是一种风险因素。如果交易一方在交易沟通中操纵交易基础性信息,即对这些信息进行虚假表述,积极引起错误信息,就创设了交易失败及财产损失的风险即诈骗罪的风险,而交易对方在该信息操纵影响下进行财产交易、让与财产,就实现了诈骗罪的典型风险。此时,应将信息错误的风险归责给创设该风险的人,即对信息进行虚假呈现的操纵信息、弄虚作假的一方(包括以言辞或者动作的方式"虚构事实")。而如果交易一方未进行积极的信息操纵,交易对方根据特定的交易情境推导出错误的信息,即在所谓默示型欺骗的场合,并不能将该错误信息的风险归责给对方。从刑法上的归责原理来看,原因有二:一是此时行为人没有创设风险行为——未进行信息操纵或曰制造错误信息,进入一个交易本身并非法所不允许的风险创设行为,虽然"任何交易都有风险",但显然这种风险是日常生活的风险;二是此时行为人仅仅保持缄默或者"隐瞒真相"并无法对被害人进行支配,即使他发现被害人发生了错误认识,并希望其在该错误影响下作出对他有利的财产安排,这也仅仅是行为人的一种主观上的愿望,而不是刑法上有意义的目的设定及其实现。此时错误信息完全产生于被害人自己,其以此错误信息为基础进行的财产决定甚至在某种意义上来说是自由的,是其财产管理自由的行使——自由地犯了错误,自由地进行了错误推导。虽然财产决定的结果看上去仿佛是不自由的,但财产决定的过程却是自由的。因此财产决定的不利后果在刑法上的归责只能是归责给被害人自己,而非行为人。

因此,诈骗罪的不法本质是交易基础信息操纵,即创设导致交易失败的错误信息风险,并使得该风险实现。被害人在其中的角色仅仅是信息操纵的对象和配合风险实现的工具,是信息操纵归责中的被动一环。从这一诈骗罪不法本质的理解中,可以推导出两个关于传统诈骗罪构成要件要素的关键性认识:

第一,关于错误要素。只要被害人受信息操纵影响实施财产交易导致财产损失,即已实现诈骗罪的典型风险,而无论在事实的意义上被害人是否对该信息产生怀疑,以及该怀疑是否达到排除"错误认识"的程度。

第二,关于处分行为及处分意识要素。被害人在信息操纵影响下实施财产交易行为,即将该财产交易导致的损失归责给行为人,无须考虑被害人实施财产交易时是否具有"处分意识",也无须将此种交易行为界定为"处分行为"。被害人受到信息操纵,其进行财产交易的意思基础是不客观的、有瑕疵的,因此,该财产交易就是不自由的。不自由的财产安排不是民法上的"财产处分"。作为派生于民法的概念,传统构成要件"财产处分"要素本质上是一个悖论:一方面认为被害人陷入错误即意思表示基础存在瑕疵,一方面又认为基于错误的财产安排是"财产处分"。

传统诈骗罪构成要件构造"行为人虚构—事实、隐瞒真相—被害人发生错误认识—被害人处分财产"是一种对诈骗罪心理事实意义上的描述,而非规范的建构。诈骗罪不法本质的交易基础信息操纵理论凸显行为人制造错误信息风险及风险实现的归责链条,排除了被害人视角的干扰。诈骗罪的欺骗行为仅限于以积极的言辞或表意性动作进行虚假信息表述,即明示型欺骗才是交易基础信息操纵。

德日刑法上的所谓默示型欺骗并不是对交易基础信息的操纵,不符合诈骗罪的不法本质。因此,笔者不接受德日刑法中的默示型欺骗理论。缄默或非表意的行为不可能成立默示型的作为诈骗罪,仅在具有保证人地位时可能成立不作为诈骗罪。如此一来,德国刑法中默示型欺骗的作为诈骗与不作为诈骗罪之间近乎徒劳的界分难题也就迎刃而解了。

(二)新诈骗罪不法本质说之理论优势

诈骗罪的不法本质是在交易沟通过程中对交易基础信息进行操纵,影响被害人进行财产交易从而非法获利。根据这一对诈骗罪不法本质的认识,笔者尝试对诈骗罪的构成要件进行重构:诈骗罪是指以非法获利为目的,操纵交易基础信息促使被害人进行财产交易或其他财产安排从而非法获利的行为。上述构成要件从结构上删除了被害人角度的构成要件要素如错误认识、财产处分,对被害人进行如下角色还原:其并非诈骗罪被害人教义学所声称的属于诈骗罪构成要件结果的共同主体,并非规范意义上的因果关系之一环,而仅是信息操纵所影响的对象,被害人进行财产交易或其他财产安排仅是构成要件结果发生的事实意义上的条件。"交易基础信息操纵说"具有以下理论上的优势:

1. 勾勒更加清晰、完整的归责路线

"交易基础信息操纵说"重构以行为人为中心的诈骗罪不法本质,对诈骗罪构成要件进行如下改造:行为人操纵交易基础信息—影响被害人进行财产安排—行为人非法获利(或被害人遭受财产损失)。重构后的构成要件删除被害人角度的构成要件要素错误认识、财产处分等要件,更为清晰地勾勒诈骗罪归责路线。只要行为人对交易基础信息进行操纵,改变被害人的财产交易决定所依据的信息基础,就可以将被害人在此信息基础上实施的财产交易、安排归责给行为人,而无须考虑被害人的主观心理状态,例如是暂时的财产占有的移交,还是永久性的财产所有权的转让,是否存在对被害人所操纵的信息的怀疑以及怀疑的具体程度。这种诈骗罪的不法建构可以跳过认识错误、处分行为等被害人视角的构成要件要素,无须从被害人角度去进行构成要件符合性的认定,而是从行为人角度将被害人的参与作为信息操纵的中间结果与行为人获利(或作为伴随结果的被害人财产损失)这一最终结果联系起来,从信息操纵引起的客观归责的意义上对行为人进行归责。

2. 强化归责关联

由于"交易基础信息操纵说"凸显归责关联,能够克服司法实践中对诈骗罪仅作"虚构事实、隐瞒真相"的形式化审查的弊端。传统诈骗罪理论建立在诈骗罪不法本质"虚假意思表述说"之上,关注存在主义层面的诸如虚构事实、隐瞒真相、被害人认识错误、处分财产等现象而淡化规范层面的归责关联,易于将行为人虚假信息表述都视为诈骗罪构成要件行为,只要行为人有虚构事实、隐瞒真相行为,被害人遭受财产损害,就形式化地认定成立诈骗罪,而不审查二者之间的归责关联。例如上述"赎表案"中,在承典人误将他人的贵重手表当作出典人的手表返还时,出典人的朋友乙称有事待办虽属信息虚构,但该信息显然不属于交易信息,承典人从这一信息之中并不当然能够推导出"整个交易没有错误"的信息,甲、乙不存在对交易信息的隐瞒或者操纵,因而承典人的财产损害并不能归责于甲、乙的行为。

3. 凸显诈骗罪交易信息沟通犯特征

如前所述,笔者在解构诈骗罪"关系犯"概念基础上认同诈骗罪"沟通犯"特征,但将其具化为"财产交易过程中的交易基础信息沟通"。"交易基础信息操纵理论"将诈骗罪理解成财产交易基础信息沟通中对被害人进行信息操纵,将非信息沟通与操纵的行为排除出构成要件范围,能够合理解决"鱼目混珠""攀比诈捐"等类型案件的定性问题。如"茅台案"中,行为人在普通酒箱中塞入茅台酒,并不是对交易基础信息的操纵,售货员对此一无所知,二者之间也没有信息沟通。因此,传统理论认为本案属于对物的操纵而非对信息的操纵,不成立诈骗罪。同样,在行为人谎称被害人邻居捐赠高额捐款、被害人出于攀比心理也进行高额捐赠的案例(简称"攀比诈捐案")[1]中,运用笔者所倡导的理论将沟通犯所沟通、操纵的信息限定在交易基础信息范围,也可以得出妥当结论。在针对捐款慈善使用目的的捐款诈骗案(简称"普通诈捐案")中,捐赠款物的使用目的即慈善目的,属于捐赠交易类型的基础性信息,行为人对此进行信息虚构,如对被害人谎称用于希望小学建设,但实际上却将善款偿还个人借款,无疑成立诈骗罪。但在"攀比诈捐案"中,行为人谎称被害人邻居捐助高额款项,被害人信以为真,因而捐赠比原本计划金额高出数倍善款的,不成立诈骗罪。这并非是由于传统理论所认为的不存在财产损害,而是因为在捐赠交易中,捐赠的数额并非交易基础性信息,行为人并未进行交易基础信息操纵。标的物价格或对价在如买卖合同、租赁合同等普通合同类型中属于交易基础信息,但在并不期待交易对方支付对价的捐赠合同或赠予合同中,因而例外地不属于交易基础信息。[2] 传统理论试图引入"社会目的落空理论"[3]解决上述案件,认为在"普通诈捐案"中被害人的交易目的即慈善目的属于符合社会正义的目的,该目的未达成可以视为诈骗罪的财产损

---

[1] Vgl. BayObLG, NJW 1952, 798.
[2] 因此,捐赠交易的基础理念是:"善款无论数额,皆是爱心表现。"
[3] Vgl. Hefendehl, in: Münchener Kommentar zum StGB, 4. Aufl., 2022, § 263 Rn. 1042f.; Perron, in: Schönke/Schröder StGB, 30. Aufl., 2019, § 263 Rn. 102; BGH 10. 11. 1994-4 StR 331/94, NJW 1995, 539.

害,成立诈骗罪;而在"攀比诈捐案"中被害人的交易目的即虚荣心的满足不属于符合社会正义的目的,该目的不达成则不属于诈骗罪的财产损害,不成立诈骗罪。但是,社会目的落空理论在客观经济财产损失与主观个人财产损失概念之间徘徊不定,如果采客观财产损失说,则无法说明为何在无对价的捐赠合同中被害人也遭受了财产损害;而如果采个人财产损失说,则无法说明为何虚荣心的满足不属于个人财产的使用目的。而根据"交易基础信息操纵理论"对沟通犯进行沟通信息的限定,可以避免传统理论中财产损失概念的前后矛盾,化解传统理论在"普通诈捐案"与"攀比诈捐案"中面临的窘境。

4. 超越诈骗罪被害人教义学以信息错误风险管辖思想限制刑事诈骗的可罚性范围

如上所述,传统理论进行了从诈骗罪被害人教义学角度区分民事欺诈与刑事欺诈从而限制刑事诈骗可罚性范围的种种尝试。但是,无论是从被害人需保护性、规范保护目的、一般性的自我答责等总论角度,还是从错误认识与被害人怀疑程度等分论角度都无法令人信服地说明,在被害人受行为人信息操纵影响进行交易因而受损时,为何被害人的轻信与不审慎能够阻止对行为人信息操纵的归责。被害人无论是否过于轻信及是否发生怀疑,只要在行为人信息操纵下进行财产交易都属于诈骗罪的典型情形,都可以将其归责给信息操纵。除非被害人完全未受到该信息操纵的影响,否则不同被害人的不同心理反应并不影响对信息操纵的归责。

"交易基础信息操纵说"可以摆脱诈骗罪被害人教义学的困境,以信息错误风险管辖思想进行民事欺诈与刑事诈骗罪的界分,限制刑事诈骗的可罚性范围。由于交易基础性信息的错误对于诈骗罪来说是一个风险因素,创设错误信息风险并使得该风险在交易过程中实现的人才应当被归责,才成立刑法上的诈骗罪。基于经济损失填补的民事错误信息风险分配思想不能作为刑事诈骗罪的归责根据,因而默示型欺骗应被排除出刑事诈骗罪的范围。例如,在上述"赎表案"中,出典人甲及其朋友乙不成立诈骗罪并非是从被害人教义学角度抽象地、程式化地以"被害人(承典人)存在过错"或"被害人过于轻信"排除归责,而是从行为人角度论证行为人并未创设交易基础性信息的错误,承典人从"有要事待办"这一信息之中推导出"整个交易没有错误"的信息属于其自己的风险管辖范围,不应对甲、乙归责。

四、结语

传统诈骗罪教义学的构成要件构造叠加了被害人视角与行为人视角,错误认识、处分财产等被害人角度的构成要件要素的嵌入,不仅造成构成要件解释上的困局,也破坏了诈骗罪归责关联的完整性与连续性。我国诈骗罪教义学应当对表面繁荣的德日诈骗罪理论进行整体性反思,避免研究的片段化与理论割据,并逐步摆脱对德国刑法诈骗罪教义学的路径依赖与术语捆绑。本节在解构诈骗罪"关系犯"概念的基础上,将诈骗罪构成要件进行如下重构:行为人在财产交易沟通过程中操纵交易基础信息——对被害人施加影响使其作出有利于行为人的财产交易或安排——行为人非法获利(或被害人遭受财产交易损失)。鉴于我国《刑法》第266条诈骗罪简单罪状的立法留白,进行上述重构并不会产生诸如牵强解释法条甚至修法的高昂成本,需要的只是学界在比较法研究中去伪存真,并不断进行本土化理论创新与开拓的勇气。

第三节 隐瞒真相型社保诈骗案之教义学解析

隐瞒领取社会保险金条件发生改变的真相继续领取社会保险金

的案例近年不断发生,司法实践中一般以诈骗罪定罪处罚。隐瞒真相型社保诈骗涉及诈骗罪教义学中诸多复杂问题,该行为是属于默示型欺骗行为从而成立作为的诈骗罪,抑或成立以不作为方式实施的诈骗罪?本节引入德国默示型欺骗理论对我国相关司法判例展开探讨,通过行为表象相悖说、交易群体共识说等默示型欺骗行为认定标准的检验,认为上述情形并不属于默示型欺骗行为,主张社保参保人员或其家属对涉及社会保险基础性信息存在支配时具有信息说明的作为义务,成立不作为的诈骗罪。引入信息支配说,根据行为人对领取社保金条件变化的信息是否具有支配地位,对诈骗罪的信息说明义务进行实质化的论证,可以为隐瞒真相型社保诈骗案提供妥当的教义学解释方案,合理限制此类案件的刑事可罚性范围。

我国于 2010 年颁布《社会保险法》,逐步形成了以该法为中心,以《失业保险条例》《工伤保险条例》等一系列法规政策为依托的社会保险法律制度体系。随着社会保险基本实现全民覆盖,社会保险基金的规模持续发展扩大,社会保险基金监管制度及实践方面的漏洞也不断凸显。近年来,司法实践中骗取社会保险金的案件大量涌现。2014 年第十二届全国人大常委会第八次会议审议通过了立法解释,规定"以欺诈、伪造证明材料或者其他手段骗取养老、医疗、工伤、失业、生育等社会保险金或者其他社会保障待遇的,属于刑法第二百六十六条规定的诈骗公私财物的行为"。该立法解释颁布后,司法实践中享受养老金、失业保险金、基本医疗保险待遇等社会保险待遇的人员及其家属伪造证明材料、隐瞒参保人不再具有享受保险的条件等领取保险金的行为,达到诈骗罪数额要求的,一般均以《刑法》第 266 条诈骗罪定罪处刑。

从司法实践发生的案例来看,参保人员或其家属诈骗社会保险金,主要有以下三种情形:第一种情形是不具备享受某种社会保险金待遇的条件,提交虚假的申请材料,在申请材料中虚构自己符合享受某种社会保险待遇条件的事实或者隐瞒自己不符合享受保险待遇的事实;第二种情形是原本具备享受某种社会保险待遇的条件,但条件发生变化后伪造材料,虚构其仍符合条件的事实或隐瞒其不符合条件的事实;第三种情形是原本具备享受某种社会保险金待遇的条件,但条件发生变化后隐瞒该条件变化即不再符合条件的真相,继续领取社会保险金。

诈骗罪的构成要件是以非法占有为目的,虚构事实或者隐瞒真相,使被害人陷入错误认识,并基于错误认识处分财产。根据《社会保险法》及相关保险条例,国家支付社会保险待遇,参保人员享受社会保险待遇需符合相应的条件。社会保险基金的管理部门是社会保险经办部门,各地区社会保险经办部门负责审核参保人条件,向符合条件的参保人员支付社会保险待遇。无论是自始不符合相应条件,还是原来符合条件但条件发生变化,行为人通过伪造材料虚构自己符合或继续符合这些条件的事实,使得社会保险经办部门的工作人员发生错误认识,将社会保险金等交付给行为人,致使国家公共财产遭受损失,均符合诈骗罪的构成要件,即上述第一种与第二种情形,成立诈骗罪,一般说来并无疑问。但第三种情形单纯隐瞒领受条件变化即不再符合条件的真相,继续领取社会保险待遇的,在司法实践中一般也以诈骗罪定罪处罚。隐瞒真相型社保诈骗涉及诈骗罪教义学中的诸多复杂问题,而且近年判例也呈不断上升的趋势,本节尝试以此为题展开教义学分析。

一、问题的引出

案例1:被告人刘某某从2009年11月至2011年2月期间,在明知其公公刘某甲在2009年10月死亡后,需要及时到户籍地注销户口,到当地社保局进行死亡申报的情况下未去注销和申报,并故意隐瞒事实继续使用刘某甲的社保卡领取卡内的养老金 17341.40 元,除去应拨付丧葬费、一次性救济补助金和个人账户余额累计 10069.00 元外,被告人刘某某冒领刘某甲的养老金累计 7272.40 元。据刘某某供述,其公公自 1984 年 10 月开始享受养老保险待遇至 2009 年 10 月 10 日过世,公公过世后于 2009 年 10 月 12 日火化,被告人未向社保局申报,继续支取工资卡里银行代发的养老金。2011 年 2 月停发养老金后其将工资卡抛弃。案发后,被告人刘某某将赃款返还至四平市社会保险事业管理局。[1]

案例 2:2014 年 11 月,佛山市顺德区社会保险基金管理局勒流社保办事处依法受理被告人郭某提出领取失业保险金的申请,并于 2014 年 12 月开始向郭某发放失业保险金。2015 年 4 月,被告人郭某入职顺德区"日顺皇鞋业有限公司",为骗取社会保险待遇,仍以失业为由继续每月领取失业保险待遇至 2016 年 8 月。经佛山市顺德区民政和人力资源社会保障局调查核准,被告人郭某隐瞒已就业的事实,骗领失业保险待遇合计人民币 22781.97 元。2016 年 11 月 21 日,被告人郭某家属已代为退还上述款项。[2]

案例 1 中,被告人刘某某在其享受养老保险待遇的亲属死亡后,不向亲属所在单位或者经办部门告知,隐瞒其死亡真相继续从发放养老金的储蓄卡中支取养老金。从案情描述及被告人供述来看,刘某某并没有伪造生存认证材料的行为。法庭并没有查明刘某

---

[1] 参见吉林省双辽市人民法院(2016)吉 0382 刑初 77 号刑事判决书。
[2] 参见广东省佛山市顺德区人民法院(2016)粤 0606 刑初 4691 号刑事判决书。

某是如何支取养老金的事实,此处需进一步补充假设:假设刘某某以其死去的公公刘某甲的名义,伪造其签名支取养老金,则属于伪造材料虚构刘某甲仍在世的事实,成立以明示型欺骗(关于明示型欺骗与默示型欺骗,参见下文论述)方式实施的诈骗罪;假设刘某某以自己的名义代为支取或者在取款机上支取,则问题就变得更为复杂。而这种并未以伪造生存证明或签名或其他积极的明示的方式实施的支取社会保险金行为,即被动接受社会保险金的行为是否成立诈骗罪,正是本节欲展开探讨的问题。案例2中,被告人郭某在领取失业保险金期间找到工作而隐瞒这一真相,继续领取失业保险金。由于失业保险金的领取更为简单,不存在以去世的参保人员名义冒领或者伪造生存证明等情形,不需对案例2描述的案情进行过多假设与补充,可以认为郭某的行为也属于上述第三种情形。对于上述第三种情形,原本具备享受某种社会保险待遇的条件,但条件发生变化后为了能够继续领取社会保险金而单纯隐瞒该条件变化即不再符合条件的真相的,是否成立诈骗罪?根据笔者案例检索的情况,上述情形一般以诈骗罪定罪处罚。但判决书多以"被告人以非法占有为目的,隐瞒事实真相,骗取社会保险待遇,数额较大,侵犯了公私的财产权利,其行为已构成诈骗罪"进行简单粗疏的论证。[1] 行为人未主动虚构事实,仅仅在社保条件发生变化时单纯利用被害人误以为该条件继续存在的错误而领取社保待遇,是否属于"隐瞒真相型"的诈骗罪?"隐瞒真相型"的诈骗罪是否属于不作为的诈骗罪?上述问题

---

[1] 以骗领养老保险金为例,笔者以"养老金、诈骗、死亡、隐瞒真相"为关键词在无讼、北大法宝等案例库中粗略检索出2010年以后判决的案例大约130件。其中明确出现办理虚假参保人员生存认证或模仿已去世的参保人员签名取款的情节的仅有20件,而其余案例则未明确记载伪造材料情形,判决书一般以"隐瞒真相"型的诈骗罪定罪处刑。在这剩余110件案例中,不排除事实情况未查明或案情叙述过于简略而实际上也包含以伪造材料虚构事实实施的骗取养老保险待遇的情形。

涉及诈骗罪教义学中诈骗罪的不法本质、诈骗罪不同行为实施方式以及诈骗罪不作为等理论问题。隐瞒真相型的社保诈骗案在我国近年司法实践中发案率较高,涉及面广泛,各地法院往往以简易程序批量作业审判,即使在普通程序审理中也未予以充分说理,缺乏严谨的构成要件的检验,其中的法理学问题有待学界进一步发掘与展开。

二、默示型欺骗理论适用性检讨

我国《刑法》第 266 条对诈骗罪的规定采取简单罪状的方式(即"诈骗公私财物,数额较大的"),并没有详细描述诈骗罪的构成要件。根据刑法理论通说,诈骗罪是"以非法占有为目的,用虚构事实或者隐瞒真相的方法,骗取公私财物,数额较大的行为",进而认为诈骗罪的核心构成要件行为是欺骗行为。[1] 这一刑法通说在司法实践中也得到了贯彻,诈骗罪的司法判决通常以"……以非法占有为目的,虚构事实、隐瞒真相,构成《刑法》第 266 条诈骗罪"作总结。可见,获得学界与司法判例承认的"虚构事实、隐瞒真相"行为作为诈骗罪的构成要件行为,俨然成为不成文的构成要件要素。诈骗罪行为人虚构事实或者隐瞒真相,即虚构对于财产交易来说重要的信息或者隐瞒这一信息,使得被害人在不真实的或不充分的信息基础上进行财产处分决定从而遭受财产减损。

(一)默示型欺骗行为概念

德国刑法通说认为欺骗行为的不法本质是违背事实的意思表述(即谎言),并通过意思表述对被害人的认识施加影响。欺骗是指表述某种错误的不符合事实的信息,即具有意思表述价值(Erklärungswert)的

---

[1] 参见高铭暄、马克昌主编:《刑法学》(第 10 版),北京大学出版社 2022 年版,第 509 页;张明楷:《刑法学》(第 6 版),法律出版社 2021 年版,第 1303 页。

行为。[1] 虚假信息表述可以是言词形式的违背事实的描述,也可以是表达态度的符号性的行为如某种手势、点头或者摇头(明示型欺骗),也可以通过某种情景化的其他行为或者缄默来表达(默示型欺骗)。这一区分不仅是根据事实现象即是否存在积极的言词、手势等的划分,在某种程度上也具有规范的意义:即根据欺骗行为虚假信息意思表述价值的强弱程度进行划分。

行为人以口头、书面、手势或者其他表态性的动作明确表述、传达虚假信息的,属明示型欺骗的诈骗罪。例如,行为人向被害人编造所出售商品并不具有的性质诱使被害人购买商品或者支付高价,或者向被害人虚构对其不利的信息而诱使被害人向其支付金钱为其消除这种不利影响,或者向其编造并不存在的损坏而与其签订修理合同骗取修理费用等。

此外,即使行为人没有直接以口头、书面、手势或者其他表态性的动作明确表述、传达与事实相悖的信息,但是在具体交易情境之中,如果根据交易群体的共识或者法律规范,能够从行为人沉默的反应或其他行为之中推导出来上述信息,这种缄默本身也可以视为一种欺骗,此即默示型欺骗(konkludentes Täuschen)。例如,德国判例与文献[2]认为,签订合同的行为人默示地表达了其履行合同的意愿与能力,例如在餐馆点餐的行为人默示地表达了为餐饮付费的能力与意愿,即使他决定在享用完美食后不付账就消失;参与竞技体育博彩的行为人,默示地表达了对体育结果不进行人为干预的意愿;向明星的粉丝售卖物品的行为人默示地表达了该物品是明星真正用过的物品。

---

[1] Vgl. Herzberg, Die Unterlassung im Strafrecht und das Garantenprinzip, 1972, S. 72; Kühl, in: Lackner/Kühl, StGB, 29. Aufl., 2018, § 263 Rn. 6.
[2] Vgl. Kühl, in: Lackner/Kühl, StGB, 29. Aufl., 2018, § 263 Rn. 9; Maaß, Die Abgrenzung von Tun und Unterlassen beim Betrug, Eine kristische Analyse von Rechtsprechung und Literatur, GA 1984, S. 283.

此外,如果交易双方存在关于信息传达的特别约定,则未按约定的方式传达也可以视为虚假的信息传达。例如,A 向 B 承诺,如果股票 X 价格跌到某个约定的值时,B 就至迟早上 8 点通知 A。结果当股票价格下跌到该值,A 并未如约通知。A 的沉默包含一个积极的意思表述价值,即表达了一个股票价格并未下跌的错误信息,因此导致了 B 的错误认识。[1] 反之,下例中的行为不具有意思表述价值,不属于欺骗:秘书 P 在公司经理 C 处发现一张他打算付款的账单,P 知道该账单已经支付,由于他与账单的债权人相熟而且知道后者正陷入财务危机,选择了保持沉默。德国学者赫茨贝格(Herzberg)认为由于 P 的沉默并不是一种告知,不具有意思表述的特征,因而不是默示型欺骗。[2]

我国刑法通说及判例所主张的诈骗罪构成要件行为即虚构事实、隐瞒真相的行为,似乎也涵盖了两种形式的诈骗行为:主动虚构、编造信息即虚构事实,属于明示的诈骗;而隐瞒真相则似乎可以理解为在特定的交易情境下保持缄默、隐瞒信息,这种行为根据交易情境也可以视为是一种以默示方式传达的虚假信息,即默示型欺骗。我国学者近年引入默示型欺骗理论,将默示型欺骗这种作为形式的诈骗与不作为的诈骗划归为缄默形式的诈骗,此处姑且称为缄默形式诈骗说。[3] 对于该说,笔者认为还存在以下可商榷之处:其一,缄默形式诈骗说实际上是继受德国学者金德霍伊泽尔的真相权利说[4],该说认为明示、默示型欺骗及不作为诈骗均侵犯了被害人与财产有关的要求真相的权利,皆是对真相义务的违反[5]。金德霍伊

---

[1] Vgl. Kugelmann, Der strafbare Betrug durch Unterlassung, 1925, S. 67.
[2] Vgl. Pawlik, Das unerlaubte Verhalten beim Betrug, 1999, S. 111, m. w. N. 该例子也参见张明楷:《论诈骗罪的欺骗行为》,载《甘肃政法学院学报》2005 年第 3 期。
[3] 参见蔡桂生:《缄默形式诈骗罪的表现及其本质》,载《政治与法律》2018 年第 2 期。
[4] Vgl. Kindhäuser, Täuschung und Wahrheitsanspruch beim Betrug, in ders.: Abhandlungen zum Vermögensstrafrecht, 1. Aufl., 2018, S. 171.
[5] 参见蔡桂生:《缄默形式诈骗罪的表现及其本质》,载《政治与法律》2018 年第 2 期。

泽尔将被害人的真相权利划分为两类:一类权利是要求禁止对信息情况作不利于被害人的变动(即禁止信息伪造或误导);一类权利是要求对被害人的知识状况进行改善(即存在说明义务时主动进行更充分的告知说明)。[1] 前者概指明示型欺骗,而后者则指默示型欺骗的作为诈骗与不作为诈骗。但是,财产交易中的真相权利来源于何处,该说并不能给予令人信服的说明。在一个交易中,交易双方存在信息差是正常现象,只要没有以虚构财产交易信息的方式积极制造信息差,利用信息差获利也是商业上允许的行为。原则上交易双方都应各自搜集尽量充分的交易信息,各自承担信息错误的风险。只要没有积极制造虚假信息或错误信息风险,一方对另一方并没有所谓真相权利或真相义务。因此,该说并不能证立何以在默示型欺骗与不作为诈骗中存在真相权利或真相义务。

其二,所谓缄默形式的诈骗,仅仅是一种表象的划分。默示型欺骗是作为的诈骗罪的一种类型,进行这种划分的意义何在,值得进一步思考。缄默形式的诈骗说也认为,"明示和默示诈骗是从被告人的言行本身即可直接得出或明确推导出相应的错误信息,而不作为诈骗则无法从其言语、行为本身直接得出或明确推导出相应的错误信息,只有结合其保证人的义务,才可以(间接地)'拟制'出错误信息"[2]。可见默示型与明示型欺骗行为都具有德国通说所谓的意思表述价值,即虚假信息表述内容。只不过前者是从言行推导出来,后者是言行明确表达。而不作为诈骗罪本身则并不具有意思表述价值,需要结合保证人地位或作为义务将这种情形等同于具有意思表述价值处理(此时不作为具有等同于相应作为的等价性),即拟制出虚假信息。如果需要进行进一步划分,默示型欺骗与明示型欺骗相

---

[1] Vgl. Kindhäuser, in: Nomos-Kommentar zum StGB, 5. Aufl., 2017, § 263 Rn. 64.
[2] 参见蔡桂生:《缄默形式诈骗罪的表现及其本质》,载《政治与法律》2018年第2期。

较于默示型欺骗与不作为欺骗有更多的相似性。后两者的共同点仅是行为表现为缄默方式,因而所谓缄默形式的诈骗,仅仅是一种表象的划分。这种表象划分的意义何在,值得进一步思考。

回到本节开首所引案例,保持缄默继续领取失业保险金或养老金的行为是否属于通说的"隐瞒真相"型的默示型欺骗?行为人原本具备享受某种社会保险待遇的条件,但领受条件发生变化后单纯隐瞒其不再符合领受条件的真相继续领受社保待遇的,表面上来看仿佛是以其行为向被害人表述了虚假信息,即继续符合享受失业保险金(仍然失业)或者养老金条件(尚处于生存状态)的信息,因而属于默示型欺骗行为。但根据诈骗罪构成要件的构造,问题并不是这么简单。通说认为诈骗罪属于沟通犯[1],行为人不仅要向被害人表达虚假信息,而且要通过该虚假信息向被害人施加影响,使之产生或者维持错误认识,即二者之间要存在虚假信息的交流,无论是明示型欺骗还是默示型欺骗行为都是如此。对于明示型欺骗而言,虚假信息是以言词、书面或手势动作等表意行为的方式向被害人表述或传达,二者之间的信息交流更加直接而紧密;对于默示型欺骗而言,虚假信息是通过沉默或者其他非表意行为的方式传达,二者之间的信息交流相对来说更加间接和隐晦。在案例1、2中,行为人领受条件发生变化后,单纯隐瞒其不再符合领受条件的真相继续领受社保待遇。虽然从逻辑上来看,这种行为蕴含着一种与事实相悖的信息(即仍失业或尚处于生存状态),但只要社保经办机构未主动查询参保人员情况,该信息并未对社保经办机构施加影响,社保经办机构只是根

---

[1] Vgl. Tiedermann, in: Leipziger Kommenar zum StGB, 12. Aufl., 2012, § 263 Rn. 4; Hefendehl, in: Münchener Kommentar zum StGB, 4. Aufl., 2022, § 263 Rn. 26; Kargl, Die Bedeutung der Entsprechungsklausel beim Betrug durch Schweigen, ZStW 119 (2007), S. 256.

据社保基金的拨付流程按月汇入参保人员的个人储蓄账户。[1] 例如,德国通说否定行为人在银行多付现金时保持缄默属于默示型欺骗,认为:被告人虽然接受了多支付的现金,但这种被动接受并非隐瞒真相的(积极的)行为,仅仅是对业已存在的错误认识的利用。由于错误认识在交付现金之前就存在,行为人的接受与缄默无法再对被害人的错误认识产生影响。[2] 因此,通过被动接受保险金而"隐瞒"其不再符合领受条件的"真相",未必一定属于诈骗罪的构成要件行为之"隐瞒真相",未必成立默示型欺骗。

(二)默示型欺骗行为的认定

德国通说将默示型欺骗作为诈骗罪欺骗行为两大类型之一,赋予诈骗罪教义学中默示型欺骗概念以重要意义,认为它决定着与不作为诈骗罪的边界以及诈骗罪构成要件的明确性,即为合理界定刑法上的诈骗罪与民法上的机巧的交易手腕提供标准。[3] 但耐人寻味的是,默示型欺骗行为的认定一直以来是文献与判例中比较棘手的问题。因此,德国刑法诈骗罪教义学研究的热点之一,是揭示默示型欺骗行为的判断标准。下文将简要介绍德国学界关于默示型欺骗行为认定的学说,并结合这些学说对本节开首提出的案例是否属于默示欺骗类型的诈骗罪展开分析:

---

[1] 以养老金为例,2001年《关于进一步规范基本养老金社会化发放工作的通知》(劳社厅发[2001]8号)第3条规定:"……社会保险经办机构要在基本养老金发放日的2个工作日以前,将基本养老金发放数据传至代理发放业务的银行、邮局,同时汇入相应的资金。社会保险经办机构要督促银行、邮局等社会服务机构在资金汇入以后2日内,将资金划入离退休人员的个人储蓄账户。"

[2] Vgl. BGH NJW 1953, 1924; OLG Köln NJW 1961, 1735; OLG Köln, NJW 1980, 2366.

[3] Vgl. Kasiske, Die konkludente Täuschung bei § 263 StGB zwischen Informationsrisiko und Informationsherrschaft, GA 2009, 361.

1. 行为表象相悖说

德国学者金德霍伊泽尔认为,如果行为人的行为表象与事实情况相悖,即如果否定这些事实行为人就会陷入具体的矛盾之中,针对该事实就存在默示型欺骗。如果行为表象与人们根据逻辑、经验、法律得出的判断相悖,这种行为就具有虚假的意思表述价值。[1] 以餐馆客人吃白食为例,点餐的客人如果同时表示不愿意付账,就会陷入无法自圆其说的矛盾。

行为表象相悖说实际上并非默示型欺骗所表述价值的判断标准,而是对这一判断过程的描述。如果行为人的行为表象与事实情况相悖,即如果否定这些事实行为人就会陷入具体的矛盾之中,针对该事实就存在默示型欺骗。在默示型欺骗中,关键的并非是行为是否表现出与事实不同的信息,而是如何从该行为之中推导出与该事实不同的信息。关键的不是行为的自我矛盾这种现象,而是从行为之中可以推导出哪些关键的影响交易的信息。表面上来看,领受条件发生变化后,单纯隐瞒其不再符合领受条件的继续领受社保金的行为,仿佛表述了参保人员仍然健在或仍然失业的信息,否则行为人的行为从逻辑上、经验上和法律上就是矛盾的。但深入分析却未必如此。首先,根据社保金发放的操作实践,社保金由社保经办机构按月汇入参保人员经社保机构指定的个人储蓄账户,如果未被支取,则从逻辑上与经验上并不能得出参保人员已不健在或者再就业的结论。其次,即使社保金被支取也未必表达了上述信息。失业保险参保人员重新就业、养老保险的参保人员死亡后其社保金仍被支取,在逻辑上虽然自相矛盾,但并非在经验上就是矛盾的:大量冒领行为存在甚至在司法实践中被判定为诈骗罪,恰恰就是对这一行为并非具

---

[1] Vgl. Kindhäuser, Täuschung und Wahrheitsanspruch beim Betrug, in ders.: Abhandlungen zum Vermögensstrafrecht, 1. Aufl., 2018, § 263 Rn. 110.

有虚假信息表述的经验层面的支持。这一行为不但未表述出虚假信息,实际上反而表述了经验层面的真实信息。但这种行为是违法的,或者说在法律上来看是矛盾的,并不能说明行为人的行为就是一种虚假信息表述的欺骗,因为这恰恰是需要论证的对象:该行为为什么在法律上来看是欺骗行为,即具有虚假信息表述价值。

2. 交易群体共识说(通说)

基于对诈骗罪沟通犯本质的理解,德国通说认为,默示型欺骗行为之中的意思表述价值不是存在于言词或书面文本之中,而是从具体情境的整体衡量之中推导得出。这种非言词的沟通内容,主要是由信息表达方所知悉的信息及接受方的理解视界所决定,同时也是由沟通参与方对彼此行为的期待所决定。这种期待很大程度上取决于具体交易群体的共识以及该情境下的法律规范——默示的沟通内容通常从交易惯例的理解以及法律规定之中推导出来,探求意思表述价值需要考虑事实与规范的双重因素。[1]

德国学者拉克纳(Lackner)[2]认为,商业交易及交易对方是否可以从行为人的行为之中推导出意思表述价值,需要根据交易群体的普遍共识对于不同商业类型中典型的信息风险分配的理解确定。所谓特定交易类型的信息风险分配,事实上不可能在每个具体的交易中加以验证,而是依赖于人们是否被允许在特定交易类型中期待对方表达真实信息。也就是说,默示型欺骗的行为人虽然没有主动表达虚假信息,但是其行为不符合惯常的交易惯例(例如进入餐馆消费而不付账即溜走),而遵守交易惯例的交易对方依据交易惯例期待其会实施符合交易惯例的行为,因此产生了错误认识(即误以为消费的食客已付账)。这种错误信息的风险(Irrtumsrisiko)应当由违反交

---

[1] Vgl. BGH NJW 2007, 784.
[2] Vgl. Lackner, in: Leipziger Kommentar zum StGB, 10. Aufl., § 263 Rn. 29.

易惯例的一方承担,即由其对因错误信息所导致的交易财产损失承担诈骗罪的刑事责任。在民商领域的合同关系中,长期的交易实践形成了一定的交易惯例与符合该惯例的关于信息传达的期待。例如,现货买卖双方议定交易价格后卖方误以为买方已支付价款而交付货物,买方默不作声拿走货物,就违反了现货交易中"一手交钱一手交货"的现场支付价款的期待,卖方产生信息错误的风险由违反期待的买方承担,买方的行为属于默示型欺骗;乘客乘坐出租车或顾客在餐馆点餐消费后偷偷溜走,就违反了"享受服务需要付费"的期待,出租车司机或餐馆服务员误以为其享受服务会付费因而提供服务,这种错误信息的风险应由违反期待一方即乘客或顾客承担,构成默示型欺骗。

而上述关于默示型欺骗错误信息风险分配的原理并不能当然适用于社会保险合同关系之中。首先,失业保险、养老保险的被保险人与社会保险机构之间订立失业保险、养老保险合同,被保险人在工作时缴纳社会保险费,在退休或者失业时享受社会保险待遇。这种关系具有公法上的色彩。不同于民事合同当事人之间的平等关系,代表国家发放社保金的社保经办机构具有更强势的法律地位与更强大的资源优势。相比个人而言,社保经办机构拥有更多的信息收集渠道,可以采取更强的信息审查措施。例如,2001年《关于进一步规范基本养老金社会化发放工作的通知》(劳社厅发〔2001〕8号)第9条规定:"各级社会保险经办机构应认真开展基本养老金社会化发放的查询服务,建立监督举报制度,向社会公布查询服务和举报电话。对群众举报的问题,社会保险经办机构应当及时调查处理。"《机关事业单位工作人员基本养老保险经办规程》(人社部发〔2015〕32号)也引入了养老金领取资格认证制度。其第46条规定:"社保经办机构每年对退休人员开展基本养老金领取资格认证工作。社保经办机构在核发待遇时,主动告知退休人员应每年参加资格认证。"第 47 条规定:"社保经办机构要与公安、卫计、民政部门及殡葬管理机构、街道(乡镇)、社区(村)、退休人员原工作单位等建立工作联系机制,全面掌握退休人员待遇领取资格的变化情况。"第 48 条规定,社保经办机构可以直接组织,依托街道、社区劳动就业和社会保障平台以及原工作单位协助进行资格认证,对于异地居住或境外居住的参保人员可以异地、境外协助认证。鉴于社保经办机构具有强大的信息资源优势,具有较大的信息错误风险防御的可能性,在信息风险分配上需要特别谨慎,不加区别地要求信息错误或瑕疵风险完全由参保人承担的做法似乎欠妥当。

其次,进行错误信息风险分配时也需要对该风险防御成本与风险后果进行衡量,对二者进行权衡似乎也不支持将错误信息风险完全分配给参保人员的方案。社保金享受条件变化未及时反馈的瑕疵信息风险后果对于国家来说不过是财产损失,这种财产损失还可能通过行政程序予以追回;而这种瑕疵信息风险防御的成本对于行为人来说可能是诈骗罪的刑事责任承担,二者相较,显然后者(风险防御的成本)要大于前者(风险后果)。从风险防御的成本与风险后果对比来看,风险分配效益似乎过低。这种成本效益分析方法虽属法经济学的思维,但在新型案例中面对开放型的法律解释问题引入法经济学思维与法教义学分析并不矛盾。它提示我们,类似案件中国家财产保护与作为刑罚后果的个人人身自由剥夺之间的紧张关系值得关注,有必要对诈骗罪默示型欺骗行为采取限缩解释的路径。

尽管依据上述参保人员信息审查规定我国养老金发放相继推行资格认证制度,每年对参保人员进行生存认证,但各地具体操作严格程度不同,参保人员死亡后亲属隐瞒死亡信息继续领受保险金的情况仍屡屡发生。例如,在潘某某诈骗一案[1]中,被告人潘某某的父亲潘某甲于2011年3月死亡,被告人未及时到户籍地注销户口,并到当地社保局进行死亡申报,从2011年4月份至2012年11月期间,继续使用潘某甲的社保卡领取卡内的养老金21656.58元,2011年10月当地社保局给被告人打电话让参保人员按指纹进行生存认证,被告人逃避认证直接将电话挂掉。根据《机关事业单位工作人员基本养老保险经办规程》规定,退休人员在规定期限内未认证的,社保经办机构应暂停发放基本养老金(第49条第2项规定),但社保经办机构并未及时进行信息更正,一直发放养老金至2012年11月。上述案例中,社保经办机构自身也存在工作疏忽,在被告人逃避认证时就应该产生对参保人员资格变化的具体怀疑。如果严格执行资格认证制度,及时进行信息跟进,则可以排除认识错误。一种诈骗罪被害人教义学的观点认为,在被害人产生具体疑点时就有可能采取预防措施防止受骗,此时就不存在诈骗罪意义上的认识错误。[2] 此外,诈骗罪被害人教义学基于刑法的补充性原则,也倡导在被害人具有较多自我保护可能性时应排除国家刑罚权的干预,否定刑法介入的必要性。[3] 笔者并不赞同在诈骗罪中全面贯彻被害人教义学的立场,以被害人过错等理由排除对行为人的归责。但认为默示型欺骗中行为人并未主动创立错误信息风险时,需要对信息风险分配以及错误信息归责进行不同的考量。

综上,关于隐瞒丧失领受条件的真相继续领受社保金的行为是否属于默示型欺骗,交易群体共识说似乎并不能给予支持的理由。

---

[1] 参见吉林省双辽市人民法院(2016)吉0382刑初91号刑事判决书。
[2] Vgl. Amelung, Irrtum und Zweifel des Getaeuschten beim Betrug, GA 1977, S. 17.
[3] Vgl. Schünemann, Zur Stellung des Opfers im System der Strafrechtspflege, NStZ 1986, S. 195.

3.沟通交易安全义务说

福格尔(Vogel)[1]从客观归责理论出发,提出沟通交易安全义务说,主张默示型欺骗行为是创造不容许的即违反交易安全义务的错误危险,并导致或者可能导致损害财产的处分的行为。行为人在财产交易中的行为传递有歧义或不完整的信息引起错误的风险,如果这种风险对于财产保护来说是不可接受的,就属于欺骗。该说实际上不过是从客观归责角度对通说交易群体共识的注解,与通说并无本质的差别。因此,是否创造了不容许的诈骗罪相关的风险,需要结合具体交易类型的交易群体共识来判断。交易安全义务来自特定的交易之中,因此一般来说,交易中对于信息表述的理解也就是法律上可以接受的义务。故交易群体共识说与沟通交易安全义务说实质上属于一种学说的两个不同版本。因此,根据沟通交易安全义务说也无法得出案例1、2中行为人的行为属于默示型欺骗行为的结论。

三、不作为诈骗罪的探讨

德国刑法通说以交易群体共识说及错误信息风险分配理论证立默示型欺骗理论,认为即使行为人没有积极表达虚假信息,但根据交易惯例也可以从其行为之中推导出虚假信息。但是,交易群体共识、交易安全义务、特定交易类型的风险分配等概念作为来自刑法之外的民法上的价值判断与制度性构造,是否可以作为判断刑法上欺骗行为的标准？诚然,在法定犯领域,刑法之外的法律规范对于刑法上的空白构成要件有填充的作用,为法定犯的判定提供标准,但是在诈骗罪中,对于民法等法律规范的过分依赖可能存在问题。第一,民法上的风险分配是通过刑法对于欺骗的定义来实现的,并不存在一个

---

[1] Vgl. Vogel, Betrug durch konkludente Täuschung: „Recht auf Wahrheit" oder kommunikative Verkehrssicherungspflichten?, GS-Keller, 2003, S. 322.

前刑法的民法上的风险分配标准,该标准恰恰是刑法通过本身的价值判断来塑造的;第二,民法上的风险分配旨在交易双方之间妥当地分摊经济风险,而刑法的任务在于将具有社会危害性的行为界定或解释为刑法上的特定构成要件。因此,德国学者也提出质疑,将民法上的风险分配思维直接作为界定刑法犯罪行为的标准缺乏妥当性。[1] 默示型欺骗理论本身存在证立上的疑问。鉴于此,下文将对本节开首所引案例是否成立诈骗罪展开另一个方向上的探讨——不作为诈骗罪的探讨。

(一)不作为诈骗形式的作为义务:报告义务

作为社会福利国家的德国多年推行失业保险金与养老金制度,相关制度较为完善,但司法实践中仍不乏社会保险金诈骗的案例。试举一例:被告人的母亲于 1985 年即已去世,但被告人未及时通知养老保险经办机构,致使后者继续向被告人母亲的账户发放养老金约 20288 欧元,被告人在 2003 年至 2006 年期间每月从上述账户中支取 650 欧元用于生活开支。一审法院对被告人以诈骗罪定罪处罚,二审法院维持原判。[2] 法院判决认为,被告人不报告母亲去世的消息,养老保险经办机构误以为参保人仍然在世,继续发放养老金。被告人取用养老金属于对养老保险经办机构的错误的故意利用。但是仅仅利用被害人业已存在的错误或疏忽,并不能被视为诈骗罪的欺骗行为。根据德国判例及学界通说[3],仅仅利用业已存在的错误,如在错误汇款的场合,支取汇款本身一般来说并不属于对汇款者的默示型欺骗;丧失领取条件后领取失业救济金、养老金等社会

---

[1] Kasiske, Die konkludente Täuschung bei § 263 StGB zwischen Informationsrisiko und Informationsherrschaft, GA 2009, S. 364 f.
[2] Vgl. OLG Düsseldorf NStZ 2012, 703.
[3] Vgl. BGH NJW 1994, 950; Kühl, in: Lackner/Kühl, StGB, 29. Aufl., 2018, § 263 Rn. 9.

保险金也不构成默示型欺骗，领取本身并不代表就包含了领取者符合领取条件的虚假信息表述。因此被动接受银行支付的多出提款申请数额的现金，例如填写 1000 元的支取申请单，但银行职员错误地支付 10000 元现金，即仅仅利用被害人的错误的情形，并未表述其应当接受 10000 元现金的虚假信息。依照此说，领受条件发生变化后，单纯隐瞒其不再符合领受条件的真相继续领受社保金的，并未默示表达其实际上符合领受条件的意思表述内容，但在具有保证人地位的情形下成立不作为的诈骗。

德国大多数判例与文献认为，社会福利金或保险金参保人或其家属的保证人地位来自《德国社会法典（第一编）》第 60 条第 1 款规定的报告义务。[1] 该款第 1 句第 1 项规定："申请或享受社会福利保险待遇者，应当说明所有对保险待遇具有重要意义的事实，在主管的社会福利机关要求时同意对第三者进行必要的信息收集。"第 2 项规定："申请或接受社会福利保险待遇者对于社会福利保险待遇重要的情况变化，或者那些与社会福利保险相关的已说明的情况的变化，应当立即通知。"该款第 2 句规定，对于社会保险金负有返还义务者，也适用上述规定。据此，对于失业保险金或盲人补助金等，在领取条件丧失时，申请者或享受者根据上述法律的规定或者其与社会福利部门的合同关系，负有通知的作为义务。但对于养老金等待遇，享受待遇者死亡时，其与社会福利部门的合同关系终止，其亲属是否具有报告义务？德国主流观点持肯定说，认为这是上述第 60 条第 1 款第 2 句规定的含义，申请或享受社会福利保险待遇者死亡时或因其他原因丧失福利保险待遇领取条件及无法履行报告义务的，其亲属或其他继续领受福利保险待遇者负有返还及通知的义务。

---

[1] Vgl. OLG München NStZ 2009, 156; Tiedermann, in: Leipziger Kommentar zum StGB, 12. Aufl., 2012, § 263 Rn. 55.

在我国,2019 年人力资源社会保障部发布的《城乡居民基本养老保险经办规程》(人社部发〔2019〕84 号)第 38 条第 2 款规定:"参保人员死亡的,社保机构应允许其指定受益人或法定继承人通过互联网服务渠道,上传指定受益人或法定继承人的有效身份证件,填写《城乡居民基本养老保险注销登记表》(以下简称《注销表》)作出承诺,办理注销登记,或携带其指定受益人或法定继承人本人有效身份证件,通过线下服务渠道,填写《注销表》作出承诺,现场办理。"2015 年发布的《机关事业单位工作人员基本养老保险经办规程》(人社部发〔2015〕32 号)第 40 条规定:"参保人员因病或非因工死亡后,参保单位向社保经办机构申请办理领取丧葬补助金、抚恤金手续,填报《机关事业单位基本养老保险参保人员一次性支付申报表》"。据此,对于参保人员死亡的消息,城乡居民参保人员指定受益人或法定继承人有向社保经办机构报告的义务,机关事业单位参保人员所在单位也有向社保经办机构申报的义务。但上述部门规章设定的义务是否能够推导出上述人员的保证人地位,成为作为义务的来源,尚须进一步探讨。

关于社会福利或保险合同上的义务与刑法上的作为义务的关系,德国少数派观点认为,社会福利或者保险合同是具有高度个人性的合同,即随着社会保险待遇享受者的死亡而终止,其相应的权利义务关系不能转移给他人,包括其继承人。[1] 因此,其亲属或其他领受人虽然在民法上具有返还义务,但从中并不能当然推导出领受条件变化的报告义务。另外,从民法上的诚信原则也无法得出实际领受人的报告义务,因为德国判例对诚信原则推导出诈骗罪的说明义务采取日渐严格的立场,仅承认在行为人与被害人之间存在一种特

---

[1] Hefendehl, in: Münchener Kommentar zum StGB, 4. Aufl., 2022, § 263 Rn. 285; OLG Düsseldorf NJW 1987, 853; OLG Köln NJW 1979, 278.

殊的个人间的信赖关系时的说明义务。[1] 因此,前述第 60 条第 1款第 2 句应该作为例外条款予以限制性解释:亲属或其他实际领受人的实体法上的返还义务并不足以推导出其报告义务及保证人地位,必须启动审查返还义务的行政程序,实际领受人在该程序启动之后才负有报告义务,如果仍然保持沉默不通知领受条件变化的情况,才具有保证人地位,成立不作为的诈骗。[2]

　　从社会法的规定之中推导出作为的说明义务,属于被主流学说抛弃的形式法律义务理论。在一般的犯罪中,保证人地位的证立都采取功能二分法的通说,为何唯独对于诈骗罪就可以跳出通说的框架,求助于原始的形式法律义务理论,从社会法的规定之中寻找诈骗罪作为义务的来源?[3] 如何从公法上的义务推导出刑法上的义务?如何摆脱形式法律义务理论的悖论对其进行实质论证,是上述多数派说所无法回答的问题。为何在其他犯罪中被否定的形式法律义务理论,在社保诈骗中却能够成立?上述德国判例及文献的多数派说对这种形式法律义务理论的回潮并不能给予合理的说明。在社会国家的意义上,社会保险基金管理机构与社会保险待遇享有者组成社会国家稳定的责任共同体,共同为社会国家的正常功能行使与财政正常运转承担责任。因此,二者在社会保险待遇的发放及其他社会权利的行使方面有义务互相配合与支持。但是,这种社会保险待遇享有者的社会法意义上的配合义务并不等于就给其施加了财产法上的对社会保险基金管理机构的财产保护义务,即从中推导出前者的保证人地位,要求前者在社

---

[1] Vgl. KG Berlin NZS 2013, S. 186.
[2] Vgl. Hefendehl, in: Münchener Kommentar zum StGB, 4. Aufl., 2022, § 263 Rn. 279.
[3] 关于形式法律义务理论的式微,参见王莹:《先行行为作为义务之理论谱系归整及其界定》,载《中外法学》2013 年第 2 期。

保险金享受条件改变的情况下及时通知以防止后者的财产损害,违反这种义务者构成不作为的诈骗。[1] 因此,从社会法意义上的报告义务或者配合义务中推导出刑法上的作为义务,证立诈骗罪的保证人地位的努力并不成功。

(二)不作为诈骗实质的作为义务:信息支配说

如何从行政法上的报告义务推导出刑法上诈骗罪的信息说明义务,摆脱形式法律义务理论的悖论对其进行实质论证,恐怕还必须回到诈骗罪属于沟通犯这一本质特征上来。诈骗罪作为沟通犯,是通过财产交易中的信息沟通与交流来构造的。行为人利用自己的信息优势地位,操纵与被害人的信息沟通,制造错误信息风险,并使得该风险实现,即利用错误信息促使被害人实施对行为人有利的财产处分行为。因此,对交易具有基础性意义的信息(信息标的物种类与特性、交易类型、价格及其构成)错误可能导致交易失败,是诈骗罪的风险因素或曰风险源。根据关于保证人地位的功能二分法通说,对于危险源具有监管或支配地位者,对该风险引起的损害结果负有监督保证人地位。[2] 因此,在不作为的诈骗罪中,对上述交易基础性信息具有支配地位者,对该信息负有向交易对方说明或澄清的义务。不满于关于默示型欺骗的传统学说的上述缺陷,尤其是困扰于通说无力提供一个具有可操作性的默示欺骗的判断标准,德国学者卡西斯克(Kasiske)提出了信息支配说,主张具有信息支配地位的行为人保持缄默隐瞒该信息,使得被害人基于信息瑕疵产生错误,并在该错误下处分财产,就成立默示型欺骗。[3] 但在笔者看来,信息支配说

---

[1] Vgl. Bringewat, Sozialrechtliche Mitwirkungs „pflichten" und Sozial (leistungs) betrug, NStZ 2011, S. 132.
[2] Vgl. Kaufmann, Die Dogmatik der Unterlassungsdelikte, 1959, S. 282 ff.
[3] Vgl. Kasiske, Die konkludente Täuschung bei § 263 StGB zwischen Informationsrisiko und Informationsherrschaft, GA 2009, S. 365.

实际上更适合于证立不作为诈骗罪保证人地位来源,而非默示型欺骗。默示型的作为诈骗罪与不作为的诈骗罪之间的区别在于,前者是可以从行为人的行为中推导出错误信息,而后者是行为人的行为本身并未表达错误信息,但是其对错误信息负有说明的义务。显然,行为人对交易基础性信息具有支配地位并保持缄默这一情况并不能推导出错误信息,而只能说明其负有信息说明的作为义务;对错误信息具有支配地位者,其不对该错误信息进行说明与澄清,与积极制造这种错误信息引起交易对方财产损失可以被等同归责,或者说二者之间具有归责上的等价性。因此,对交易基础性信息具有支配地位的行为人应负有对该信息进行说明的作为义务,违反该作为义务使得交易对方基于该信息的错误进行财产交易,因而遭受损失的,应成立不作为的诈骗罪,而非默示型的作为诈骗罪。

针对本节探讨的情形,社保金享受条件丧失的信息对于社会保险合同关系以及社保经办机构的义务履行即发放社保金来说,当然属于交易基础性信息。该信息对于合同关系的存续以及社保金的发放与领取来说具有决定性意义。如果参保人员及其家属对上述信息具有支配地位,则其故意隐瞒该信息,使得被害人即社保经办机构产生其仍然符合社保金享受条件的错误认识,并继续发放社保金,就成立不作为的诈骗罪。关键的是,案例1、2中行为人对其隐瞒或者未告知的丧失社保金享受条件的信息,是否具有支配地位?如上所述,一般而言,一方面社保经办机构可以调用多种信息渠道对参保人员的信息进行收集,例如从参保人员的单位、所在社区、就医的医院、再就业的单位等进行信息汇聚,建立数据库并对其进行动态管理。在社保合同信息收集与管理方面,社保经办机构并不处于劣势。相应地,参保人员及其家属也不处于优势地位。但是另一方面,须考虑的是上述影响社保合同关系的基础性信息往往属于行为人的个人信息,来自排除外人干扰的私生活领域。因此,在判断信息支配地位时需要在社保经办机构的信息收集资源与信息的私密性、垄断性之间进行衡量。

首先来看养老保险参保人员死亡信息。如果参保人员就医后病故,则医院会有死亡信息记录;若因交通意外等其他意外原因死亡,则交通部门或者公安部门会有记录并注销其户口。此外,在推行尸体火化的地区,殡仪馆也会留存死亡信息记录。因此理想的情形是上述机构的数据库与社保部门的数据库进行信息共享,这样一来,就不会产生信息不对称与认识错误的问题。[1] 在尚未实现信息共享时,参保人员亲属对上述信息一般来说也不具有支配地位。因为社保经办机构可以通过查询或者及时的信息收集从行为人以外的渠道获得信息。而社保经办机构疏于信息收集的,属于被害人自身的过错。对于被害人自身过错产生的错误认识,在行为人并未积极地制造错误信息风险时,一概不加区分地要求行为人承担错误信息风险、追究其诈骗罪刑事责任的司法实践,似乎欠妥。但也应当认识到司法实践中确实存在行为人对死亡信息具有支配甚至是垄断地位的情形:在上述情形之外,如参保人员在家中病故或者意外身故,或者如行为人为了继续领取家中老人的养老金在老人弥留之际选择出院在家中死亡,事后又封锁消息选择土葬,使得外人或通过其他渠道无法查知参保人员死亡的,则因对死亡信

---

[1] 2018年7月5日人力资源和社会保障部召开新闻发布会称,我国将取消领取社会保险待遇资格集中认证,推进资格认证措施科技化、人性化,提出将充分运用全面参保登记库、持卡人员数据库、就医结算数据库等已有监测数据,按月比对,分析判断领取人资格。同时和公安、民政、卫生健康等部门联系,在人口管理、就医、殡葬信息等方面进行合作,以及乘坐飞机、高铁的实名场景共享,通过大数据分析进行资格认证。参见《养老金认证全面取消,终于不用再证明自己活着了!》,载搜狐网(https://www.sohu.com/a/240097833_733935),访问日期:2018年10月6日。

息具有支配甚至垄断地位,其应向社保经办机构进行该信息的说明,否则成立不作为的诈骗罪。

其次来看再就业信息。一般来说,就业不可能发生在仅有行为人控制的领域(如家庭内部),就业信息必然产生在行为人个人的生活空间以外,具有公开性。根据《就业促进法》第 35 条、第 43 条的规定,国家建立就业、失业登记制度,由县级以上人民政府设立公共就业服务机构为劳动者办理就业登记、失业登记事务。根据《劳动法》第 72 条和《社会保险法》第 4 条的规定,再就业单位应当依法为劳动者继续缴纳社会保险费。据此,就业信息一般会自动更新。如果已登记就业信息,但社保经办机构未能及时更新而行为人继续领取失业保险金,同样不能因为被害人自身的过错而苛责行为人,要求其承担诈骗罪的刑事责任。但是,如果行为人要求再就业单位不进行就业登记并缴纳社保费,或者明知其未登记而继续领取失业保险金,则其因对就业信息的支配地位而负有信息说明义务,不履行该作为义务因而造成国家财产损失的,成立不作为的诈骗罪。

四、结语

综上,隐瞒丧失领取社保金条件的真相继续领取社保金的行为人虽然负有行政法上的报告义务,但这种行政法上的报告义务却不等同于刑法上的信息说明的作为义务,只有当其对上述信息具有支配地位时,才负有信息说明的作为义务。不履行该作为义务因而造成国家财产损失的,成立不作为的诈骗罪。引入信息支配说根据行为人对领取社保金条件变化的信息是否具有支配地位对诈骗罪的信息说明义务进行实质化的论证,可以为隐瞒真相型社保诈骗案提供妥当的教义学解释方案,以避免司法实践中对此类犯罪笼统以诈骗罪定性,过于扩大诈骗罪的可罚性范围。

第四章　网络刑法教义学的中国方案

在互联网2.0时代,"谁应当为网络信息犯罪导致的法益侵害负责"成为数字时代向传统刑法提出的极具现实性与挑战性的问题。结合网络技术传播原理对我国《刑法修正案(九)》的刑事责任条款进行教义学注疏,理顺其内部逻辑脉络,有助于厘清我国网络服务提供者刑事责任的妥当边界。第一,《刑法》第287条之一规定的是网络服务提供者对自己发布信息的刑事责任,为上述行为提供帮助者应以第287条之二论处,否则会使得第287条之二虚置并产生繁复的竞合问题。第二,第287条之二规定的是因他人发布信息而产生的网络服务提供者责任,应抛开共犯框架下中立的帮助犯理论而根据一般的归责原理予以解读,即归责依据在于网络服务提供者对所传输涉罪信息的特殊认知;如此主观不法便会成为归责的唯一依据与本罪的不法重点,因此应对行为人的主观方面采取限制解释,以缓和因客观方面限制的缺乏而带来的责任过度扩张。第三,关于网络服务提供者为他人发布的网络涉罪信息所承担的不纯正不作为犯刑事责任,应当从传统刑法危险源监管保证人地位的教义学资源出发,结合网络传播技术特征,合理界定保证人地位。

第一节　网络信息涉罪归责的逻辑

互联网 2.0 时代,用户从信息的被动接受对象转变为主动的内容发布者,传统物理生活空间不断向网络虚拟空间延伸。与之相伴,网络虚拟空间也日益充斥着涉嫌违法犯罪的不良信息。谁应当为这些信息导致的法益侵害负责？网络服务提供者作为网络信息的来源者或者网络信息传输连接者,是否需要对网络信息所导致的法益侵害承担刑事责任呢？我国 2015 年颁布的《刑法修正案(九)》专设三条对网络服务提供者的刑事责任进行规定,分别是第 286 条之一拒不履行信息网络安全管理义务罪、第 287 条之一非法利用信息网络罪与第 287 条之二帮助信息网络犯罪活动罪。[1] 该如何对上述专门针对网络服务提供者创设的刑事责任条款作出符合网络技术特性与传统刑法教义学原理的解释,是《刑法修正案(九)》向当前刑法解释学提出的严峻挑战。

一、归责的逻辑起点：信息网络传播服务行为

在刑法上,探讨刑事责任问题的起点是,存在一个可能被作为犯罪来论处的、具有可罚性的行为,例如盗窃行为、故意伤害行为等,互联网环境下,网络服务提供者的刑事责任问题也必须从行为这个起

---

[1] 其中第 286 条之一与第 287 条之二的行为主体主要是网络服务提供者,而第 287 条之一的行为主体可以为网络服务提供者,也可以为用户个人。鉴于第 286 条之一拒不履行信息网络安全管理义务罪是对网络服务提供者不履行行政法上的信息安全管理义务而导致的安全管理事故所承担的责任,并非对网络传播的信息所致法益侵害的责任,从性质上来说是一种行政犯及纯正不作为犯,而本节仅探讨网络涉罪信息的归责问题,故仅涉及第 287 条之一与第 287 条之二。

点出发。互联网作为虚拟空间,其仅仅是信息或者数据的生成与传播空间,因此引发刑事责任问题的行为不是传统犯罪中的物理有形行为,而是仅局限于在网络空间进行信息传播或者提供信息传播服务的行为。故而,信息网络传播服务行为是探讨网络服务提供者刑事责任的起点。除第286条之一拒不履行信息网络安全管理义务罪这一纯正的不作为犯罪以外,无论是按照共同犯罪原理对用户的犯罪行为成立帮助犯,还是按照第287条之二成立帮助信息网络犯罪活动罪,以及第287条之一的非法利用信息网络罪,皆离不开信息的发布、传输与存储行为。此外,除第287条之一第(二)、(三)项涉及的信息发布行为,第(一)项所规定的"设立用于实施诈骗、传授犯罪方法、制作或者销售违禁物品、管制物品等违法犯罪活动的网站、通讯群组"行为,从网络技术上来讲显然也应归结为信息发布、传输与存储等网络传播服务行为。鉴于网络传播服务行为具有虚拟性与较强的技术性,与现实空间的传统物理行为相比更加不可感知,因此若要将基于传统物理世界的经验法则建立起来的教义学原理运用到网络空间,就有必要了解其技术实质与功能,探寻其与现实世界传统犯罪行为的连接点并据此对传统教义学予以演绎、细化。

根据网络传播技术的功能特征,可以对信息网络传播服务行为进行如下五种最基本的分类,即信息的发布或上传、网络存储、系统缓存、网络接入(也称为纯粹的信息传输)以及信息定位(或搜索)。而提供上述网络传播服务的网络服务主体则分别被称为网络内容服务提供者、网络存储服务提供者、系统缓存服务提供者、网络接入服务提供者以及信息定位服务者(或搜索引擎)。具体而言,网络内容服务提供者(Internet Content Provider)以发布信息为主要网络服务内容,例如互联网新闻服务提供者、企业门户网站等。在个人用户设立的个人主页、博客、微博或者在BBS上发布信息时,用户也可以成为广义上的网络内容服务提供者。网络存储服务提供者(Host Service Provider)是为他人信息提供网络存储空间,例如电子论坛、留言簿运营者,购物网站运营者,以及提供服务器为他人网站提供存储空间的服务提供者。系统缓存服务提供者(Cache-Service Provider)是指为了有效进行数据传输和节省传输时间而将频繁传输的信息暂时存储在服务器上的服务提供者,以免该信息被访问时每次都需从初始服务器传输到用户所在服务器上。[1] 网络接入服务提供者(Internet Access Provider)则指向终端用户提供网络接入服务的网络服务提供者,如无线局域网(WLAN)提供者。[2]

这种以技术功能为基础的分类广为国际网络立法所采纳,例如美国于1998年10月通过《数字千年版权法》(简称"DMCA")对网络服务进行了暂时网络传输、系统缓存、根据用户指示在系统或网络中存储信息、信息搜索工具的分类。[3] 欧盟2000年也通过了《关于共同体内部市场的信息社会服务,尤其是电子商务的若干法律方面的第2000/3l/EC号指令》(以下简称《电子商务指令》),其第12—14条将网络服务分为单纯的网络传输、缓存服务、信息存储服务。德国2007年颁布的《电信媒体法》第8—10条也贯彻了欧盟《电子商务指令》的上述分类。[4] 而与欧盟《电子商务指令》和美国《数字千年版

---

[1] Vgl. Hoffmann, in: Spindler/Schuster (Hrsg.), Recht der elektronischen Medien, 3. Aufl., 2015, § 9 Rn. 1 f.; Sieber/Höfinger, in: Hoeren/Sieber /Holznagel(Hrsg.), Handbuch Multimedia-Recht, 43. Ergänzungslieferung, 2016, Teil 18.1, Rn. 73.

[2] 德国《远程媒体法》第8条规定的纯粹提供信息传输服务的网络服务提供者包括提供基础设施服务的主干网络服务提供者和网络接入服务者。Vgl. Sieber/Höfinger, in: Hoeren/Sieber/Holznagel (Hrsg.), Handbuch Multimedia-Recht, 43. Ergänzungslieferung, 2016, Teil 18.1, Rn. 64; Hilgendorf/Valerius, Computer- und Internetstrafrecht: Ein Grundriss, 2. Aufl., 2012, S. 57 f.

[3] 17 U.S. Code § 512.

[4] Sieber/Höfinger, in: Hoeren/Sieber/Holznagel (Hrsg.), Handbuch Multimedia-Recht, 43. Ergänzungslieferung, 2016, Teil 18.1, Rn. 10. 关于网络服务提供者类型区分也可参见王华伟:《网络服务提供者的刑法责任比较研究》,载《环球法律评论》2016年第4期。

权法》不同的是，德国《电信媒体法》第 7 条还规定了内容服务提供者的责任。因此，网络服务类型因其具有的不同传播技术特征而直接影响并制约着对网络传播信息的控制支配程度，上述几部法律均根据不同的服务类型对不同的服务提供者规定了免责条件，也即在符合这些免责条件的情况下，网络服务提供者不对用户利用其网络服务传播的信息承担责任。

我国《刑法》第 287 条之二规定的网络服务包括互联网接入、服务器托管、网络存储、通讯传输等技术支持以及提供网络广告推广、支付结算等服务，其中"互联网接入、服务器托管、网络存储、通讯传输等技术支持"从网络技术功能角度来看，实际上也可归结为上述五种服务。服务器托管与网络存储皆属于信息存储，而互联通讯传输服务属于概括式规定，其部分可以归入互联网接入服务，部分可以归入搜索引擎等信息定位服务；至于网络广告推广、支付结算等服务则超出了纯粹网络传播技术服务的范围，并非单纯的网络信息传播，具有附加的服务内容。其中"广告推广"是在中性的网络信息传播之外再加上积极的宣传，而"支付结算"则属于典型的财产或经济类犯罪的帮助行为，鉴于本节仅探讨网络服务提供者对其通过网络路径传播的信息的归责机制问题，故仅限于上述典型的网络传播技术服务，而对上述两种附加功能的网络服务不予探讨。[1]

然而值得注意的是，一个网络平台可能同时提供一种以上服务，例如大型网络平台腾讯、搜狐等门户网站都有自己的服务器，因此对于自己发布的信息来说其既是内容服务提供者，又是存储服务

---

[1] 实际上，广告推广与支付结算服务的提供者往往与被帮助者之间存在意思沟通，运用传统的共同犯罪原理即可解决其责任问题，即应根据第 287 条之二第 3 款以被帮助者构成的犯罪的共犯处罚。故本条对上述两种服务的规定实无必要。

提供者;同时,这些网站又运营电子论坛供他人发布信息,针对此种服务其又是存储服务提供者。因此,所谓某种类型的服务提供者,总是针对具体的信息提供服务而言。例如在颇具争议的快播案中,一审判决书认定:"快播公司是一家流媒体应用开发和服务供应企业,其免费发布快播资源服务器程序和播放器程序,使快播资源服务器、用户播放器、中心调度服务器、缓存调度服务器和上千台缓存服务器共同构建起了一个庞大的基于 P2P 技术提供视频信息服务的网络平台。"[1] 从网络技术功能上来看,快播服务应当包括 P2P 缓存服务与信息定位服务(根据用户的指令搜寻视频文件)。

二、信息网络传播服务行为法益侵害的类型:交流犯与非交流犯

信息网络传播服务行为导致法益侵害进入刑法的视野可能有两种方式。

第一种方式是,该信息传播行为本身即是刑法所禁止的构成要件行为或构成要件行为的一部分,如传播淫秽物品罪、煽动分裂国家罪、侵犯著作权罪、侮辱罪、诽谤罪等。这类信息本身就是非法的、禁止传播的(如传播淫秽物品罪),或者是禁止向公众表达的(如侮辱罪、诽谤罪),前者在德国刑法上也被称为传播犯(Verbreitungsdelikt),后者被称为表达犯(ÄuBerungsdelikt),二者的区别在于后者需要行为人内心对所传播内容的认同,而前者则不需要。但其不法构成的实质均是在不特定多数人之间交换或者沟通非法信息,因此二者也被统摄在"交流犯"(Kommunikationsdelikt)这个上位概念之下。[2] 例如德

---

[1] 北京市海淀区人民法院(2015)海刑初字第 512 号刑事判决书。
[2] Vgl. Altenhain, Die strafrechtliche Verantwortung für die Verbreitung missbilligter Inhalte in Computernetzen, CR 1997, S. 485; Boese, Strafrechtliche Verantwortlichkeit für Verweisungen durch Links im Internet, 2000, S. 2, m. w. N.

国刑法学者希尔根多夫教授认为,鉴于互联网作为现代信息交流与沟通的媒介这一首要功能,大多数网络犯罪都涉及传播法律禁止传播的信息内容。[1] 在交流犯场合,特定信息的传播本身即是构成要件行为,故信息传播行为本身即可造成法益侵害,且其法益侵害有以下两种情形:交流犯中的表达犯侵犯名誉权这种具体法益;而传播犯中除侵犯著作权和商标权的犯罪以外,一般都不直接侵犯具体法益,往往只涉及对抽象法益的侵犯。例如传播淫秽物品罪、煽动分裂国家罪分别侵犯社会风化与国家安全这种抽象法益。细言之,我国《刑法》中规定的交流犯包括第103条第2款煽动分裂国家罪,第105条第2款煽动颠覆国家政权罪,第120条之三宣扬恐怖主义、极端主义、煽动实施恐怖活动罪,第181条编造并传播证券、期货交易虚假信息罪,第217条侵犯著作权罪,第249条煽动民族仇恨、民族歧视罪,第278条煽动暴力抗拒法律实施罪,第291条之一第2款编造、故意传播虚假信息罪,363条第1款传播淫秽物品牟利罪以及第364条传播淫秽物品罪。

第二种方式是,发布或传播不法信息本身并非构成要件的实行行为,这类信息本身往往也并不会直接造成法益侵害,而是需要与行为人自己或他人在现实世界的行为结合才能造成法益侵害。例如 A 运营某电子论坛,B 为该电子论坛提供网络接入服务,网络用户甲在 A 的电子论坛上发布诈骗信息,若无现实世界中的进一步行为(例如诈骗账户的开设、被害人的汇款行为等),该信息本身并不会造成财

---

[1] 只是在术语上希尔根多夫教授使用广义的表达犯或内容犯概念(Inhaltsdelikt)代替交流犯,涵盖上文中狭义的传播犯与狭义的表达犯(Vgl. Hilgendorf/Valerius, Computer- und Internetstrafrecht: Ein Grundriss, 2. Aufl., 2012, S. 79),但由于传统上的表达犯还包含内心倾向要素,故以表达犯作为传播犯的上位概念不甚妥当。内容犯的概念虽然比表达犯的概念更加广泛,但未能体现出这类犯罪信息交流与沟通的不法本质,故笔者更赞同交流犯的概念。

产法益的侵害。再如,用户乙在该电子论坛上发布信息号召他人绑架本地富豪丙,若没有他人在该信息的影响下在现实世界中实施绑架行为,则乙发布的信息本身并不会造成现实物理世界中生命与财产法益的侵害。[1]

从理论上讲,第二种不法信息可以指向现实世界中第三人实施的所有传统犯罪行为,从而与后者相结合导致现实世界的法益侵害,因此这种类型的网络服务提供者刑事责任范围比第一种形式更加广泛。故而,我们可以将第一种网络传播服务行为致损的方式称为交流犯方式,此时非法信息的交流、传播本身是构成要件的实行行为;第二种网络传播服务行为致损的方式为非交流犯方式,此时非法信息的传播本身并非构成要件的实行行为,必须结合信息传播者本人或他人的线下行为才可能造成法益侵害(往往是某种具体的个人法益)。而单纯的信息网络传播,至多是法益侵害的预备,并不会造成法益的现实侵害。显然,因信息网络传播造成法益侵害对网络服务提供者的归责,在交流犯与非交流犯中存在显著区别。在交流犯中,法益侵害是非法信息流通或传播所直接导致的,网络服务提供者或者发起了这种信息传播(正犯),或者参与了他人发布的信息的传播过程(共犯);在非交流犯中,他人的线下行为才是直接的法益侵害行为,一般来说是正犯,网络服务提供者的网络传播服务行为一般来说仅仅是共犯或不作为犯(但此时其是否具有保证人地位,值得探讨,详见下文)。可以说,德国传统刑法中的交流犯与非交流犯概念,为解决网络服务提供者因网络信息而承担的刑事责任问题提供了重要的分析工具,对此将在下文予以详细展开。

---

[1]《刑法修正案(九)》新增的第287条之一以预备犯正犯化的形式将这种行为规定为犯罪,该条实质上是抽象的危险犯,因此该条的构成要件行为仍然仅是一个法益危险而非法益侵害行为。

三、谁发布的信息？——以非法信息来源进行区分的二分法归责逻辑

信息网络传播服务行为本身是技术中立的行为，引起责任的关键问题是其所传播的对象：信息。传播合法信息一般不会引起传播者责任，信息的违法性是引起网络传播服务行为责任的前提。基于互联网信息共享的原理，互联网上的信息是开放的、自由流通的，其信息来源与权属往往被淡化。但是，对于一个科学、合理的责任归属设计来说，确定信息的来源与归属却是十分必要的。在现实物理世界，以过错责任为中心的责任归属体系（包括侵权法与刑法）首先会追问"这是谁实施的行为？"，而在虚拟的网络世界，这个体系则首先应该追问"这是谁发布的信息？"故而，根据信息是由谁发布到网络这一标准对网络服务与网络服务提供者进行区分，也是互联网领域一个最基本的区分。据此可将网络服务提供者分为网络内容提供者（Internet Content Provider，简称ICP）与其他类型网络服务提供者。

从网络传播技术角度来看，网络内容提供者对其提供的信息具有直接的支配，可以对发布的信息内容进行选择、编辑、删除，也正是基于这种完全的技术上、权限上的控制，网络内容服务提供者才应对其发布的信息承担完全责任。这一原则也为美国法和德国法所承认。例如美国《通讯端正法》第230条（c）（1）中规定"交互式计算机服务的提供者或使用者不应被视为其他信息内容提供者所提供信息的出版者或发表者"，这奠定了网络内容服务提供者与其他类型网络服务提供者的责任区分制，并以此理念为基础对后

者进行责任限制。[1] 在 2009 年 People v. Gourlay 一案[2]中,被告人 Berry 是一名未成年人,其自创网站发布色情图片,Gourlay 经营的网络公司为这个网站提供网络存储服务。Berry 和 Gourlay 就该网站及其内容进行过几次交流,并合作建立了另外两家包含相似内容的网站。一审法院根据该州三部关于儿童色情的法律判决其构成相应犯罪,Gourlay 上诉称其作为服务提供者并未参与发布儿童色情内容,因而不应被视为该内容的发布者。上诉审法院则首先肯定《通讯端正法》第 230 条免责条款也包括对州法律所规定的刑事责任的豁免,继而认为 Gourlay 的行为并非仅仅提供网络存储空间,而是在知情的情况下积极地参与了网站及其内容的创设,因此是内容服务提供者而非存储服务提供者。由于《通讯端正法》第 230 条仅对被动的网络存储服务提供者免责,因此对 Gourlay 定罪并不违反该条规定。而德国《远程媒体法》第 7 条第 1 款则开宗明义地规定:"对自己的信息即它所提供用户使用的信息按照一般的法律承担责任。"其后的第 8—10 条分别对网络接入、系统缓存及网络存储服务提供者进行相应的责任限制规定。

无论在侵权法领域还是在刑法领域,个人为自己的行为(在此是自己的信息和信息传播行为)负责是一个基本原则,因此探讨网络服务提供者的责任首先需要确定信息来源,即该信息是网络服务提供者发布的还是用户发布的。

---

[1] 美国国会 1996 年通过了《通讯端正法》(Communication Decency Act)作为《电讯法》的一部分。作为第一部规范网络色情信息的法律,该法第 230 条(c)规定了广泛的网络服务提供者免责条款:(1)交互式计算机服务的提供者或使用者不应被视为其他信息内容提供者所提供信息的出版者或发表者。(2)交互式计算机服务的提供者或使用者不因下述事由承担民事责任:(A)自愿且善意地限制访问或限制获取其所认定的淫秽、猥亵、色情、下流、暴力、骚扰或其他不当信息。此等材料是否受宪法保护,在所不论。(B)向信息内容提供者或他人提供技术手段,以便其限制访问(A)所规定的材料。

[2] People v. Gourlay, No. 278214, 2009 WL 529216, at *1 (Mich. App. Ct. 2009).

一方面,网络内容提供者对自己发布的信息独立负责原则在我国侵权法领域得到了体现。比如,2005年《互联网著作权行政保护办法》中根据信息来源区分互联网内容提供与互联网信息服务提供行为,规定直接提供互联网内容的行为适用《著作权法》,即构成著作权侵权的完全按照《著作权法》的一般规定进行责任承担;而提供信息服务的行为则适用《互联网著作权行政保护办法》,并对其责任进行了限制规定。2009年《侵权责任法》第36条也分别为网络用户、网络服务提供者对自己的信息造成侵权与对他人的信息造成侵权确立了不同的责任类型。网络用户、网络服务提供者利用网络侵害他人民事权益的,应当承担完全的侵权责任(第1款);网络服务提供者在接到网络用户利用其网络服务实施侵权行为的通知或知道该情形未及时采取必要措施时,与网络用户承担连带责任(第2、3款)。[1] 2020年公布的《民法典》第1194条、第1195条第1—2款、第1197条吸收了《侵权责任法》的相关规定。另外,我国2016年修订的《电信条例》第62条第1款也规定:"使用电信网络传输信息的内容及其后果由电信用户负责。"

另一方面,在刑事责任上也是如此。网络内容服务提供者对于自己所发布信息构成的犯罪承担完全的责任,符合传统犯罪中的一般归责原理;可将发布信息、信息传播、信息导致法益侵害结果视为完整的因果链条,再对网络服务提供者进行主观与客观归责。例如企业门户网站、个人主页、博客博主等在其网站、主页或博客上发布信息,如果发布侵权、侮辱、诽谤或者淫秽信息成立侮辱罪、诽谤罪、传播淫秽物品罪等相应犯罪,则根据个人行为个人负责原理,自

---

[1] 参见张新宝、任鸿雁:《互联网上的侵权责任:〈侵权责任法〉第36条解读》,载《中国人民大学学报》2010年第4期;杨立新:《〈侵权责任法〉规定的网络侵权责任的理解与解释》,载《国家检察官学院学报》2010年第2期。

应对其所传播的信息承担完全的刑事责任。然而其他类型的网络服务提供者为他人发布的信息提供网络存储、网络接入、缓存等服务时,对该信息导致的法益侵害原则上按照共同犯罪的帮助犯或不纯正不作为犯承担责任。

值得注意的是快播案中快播公司的行为认定。快播 P2P 缓存技术涉及 P2P+CDN 技术,即通过快播调度服务器拉拽视频文件存储在缓存服务器中并向客户端提供,这种传输并非限于帮助传输,而是积极地参与了传输过程,即所谓参与传输模式[1],因而周光权教授倾向于在"作为的传播"意义上界定快播公司行为,且法官也不否认其中的作为因素。[2] 但是,上述五种信息网络传播服务分类中的系统缓存是指一般意义上的 Web 缓存,与快播的网络服务行为不同,其并不主动参与信息传输,而仅是对他人的信息进行以加速访问为目的的存储,因此不符合刑法意义上的"传播"这一概念,不能单独成为传播淫秽物品罪、煽动分裂国家罪等交流犯的正犯行为。而 CDN 技术的全称 Content Delivery Network(内容分发网络)则表明其内容服务提供的身份,可以独立为自己的信息发布行为承担完全责任,因而可以成立传播淫秽物品牟利罪的(作为的)正犯。

因此,即使我国 2005 年《互联网著作权行政保护办法》中使用的"互联网内容提供与互联网信息服务提供行为"这一概念及其区分并未在其后的立法中得到贯彻,我国网络立法术语也未明确区分网络内容服务提供者与其他类型的网络服务提供者;但这并不妨碍我们在互联网法领域区分自己信息与他人信息,并采用这种责任二分法

---

[1] 参见范君:《快播案犯罪构成及相关审判问题——从技术判断行为的进路》,载《中外法学》2017 年第 1 期。
[2] 参见周光权:《犯罪支配还是义务违反——快播案定罪理由之探究》,载《中外法学》2017 年第 1 期;范君:《快播案犯罪构成及相关审判问题——从技术判断行为的进路》,载《中外法学》2017 年第 1 期。

的责任归属逻辑剖析网络不法信息的归责问题。此外,理解这一归责逻辑脉络,有助于对《刑法》第287条之一与第287条之二进行妥当的教义学注疏,并透过条文规定在整个责任体系中检视网络服务提供者的刑事责任。下文试图以这一责任二分法的逻辑脉络展开对网络信息归责问题的探讨。

四、对自己发布信息的责任——网络内容提供者责任

当前互联网违法信息泛滥,电子论坛、电子商务平台上充斥大量"重金求子"等诈骗信息,枪支刀具、"听话水"和"麻醉药"等违禁品销售信息,以及"传授开锁方法""自制火药""如何进行完美绑架"等传授犯罪方法信息,非法赌博、色情网站或假冒银行官网的钓鱼网站比比皆是。上述信息为实施诈骗、故意杀人、故意伤害、强奸等暴力犯罪准备工具、制造条件,便利了上述犯罪的发生。第287条之一非法利用信息网络罪将上述传统犯罪的预备行为规定为独立的犯罪行为,从源头进行网络违法犯罪信息治理,将刑法介入上述犯罪的时点提前。从广义来说,网络用户自己发布信息,例如在他人的网站上发布关于"黑炸药制作"的帖子,或者在某狩猎网站上设立QQ群进行枪支交易等,本身也属于网络内容服务提供者。因此,第287条之一规定的行为可以分为以下两种情形:

一是设立用于实施诈骗、传授犯罪方法、制作或者销售违禁物品、管制物品等违法犯罪活动的网站、通讯群组的(第1款第1项)。如果这些违法犯罪网站、通讯群组的设立主要是供自己发布上述违法犯罪信息或进行相关信息交流,则属于信息内容服务提供者;如果除自己发布违法犯罪信息以外,还设置论坛、BBS等版块供他人发布信息,则还属于网络存储服务提供者。由于第287条之二规定了明知他人利用信息网络实施犯罪,为其犯罪提供网络存储的情形,因而

在认定上可以包含两种可能,即同时成立第287条之一与之二的犯罪。对此,按照处罚较重者定罪处罚,但若两罪的法定刑相同,则会带来罪名适用上的困难。因此从信息网络传播技术的角度来看,应对本条进行限制解释,认为仅包括内容服务提供者的情形。这种解释也符合司法实践的情况,如行为人设立名为"××锁业"的网站出售开锁工具和学习光盘传授盗窃犯罪方法,或设立"如何进行完美绑架"的网站传授绑架方法,或设立某银行的钓鱼网站诈骗,往往是自己发布的信息内容占据网站或通讯群组中内容的大部分。

二是发布有关制作或者销售毒品、枪支、淫秽物品等违禁物品、管制物品或者其他违法犯罪信息以及为实施诈骗等违法犯罪活动发布信息的(第1款第2、3项)。此种情形涉及直接发布违法犯罪信息,行为人既属于网络用户,同时也属于内容服务提供者。而网络服务提供者发布非法信息构成犯罪的,根据个人行为个人负责的原理,应为自己的行为或发布的信息承担完全的责任。在《刑法修正案(九)》出台之前,网络服务提供者承担刑事责任的情况如下:对于交流犯来说,其成立传播淫秽物品罪、煽动分裂国家罪、侮辱罪等交流犯的正犯;对于非交流犯来说,其发布涉嫌诈骗,传授犯罪方法,非法制造、销售枪支、弹药、爆炸物,生产、销售伪劣产品等信息,一般来说成立上述犯罪的犯罪预备或者未遂。而《刑法修正案(九)》增修的第287条之一非法利用信息网络罪,实际上是在上述一般的网络内容服务提供者刑事责任之外,又扩展了其责任范围。此后,对于与线下行为配合而发展到既遂阶段的,成立诈骗罪、传授犯罪方法罪等的既遂与本条之罪,并根据第287条之一第3款的规定,依照处罚较重的规定即一般来说按照上述犯罪的既遂来定罪处罚。而对于线下行为未发展到既遂阶段的,则成立本罪和前述犯罪的预备、未遂,以较重的犯罪定罪处罚。

综上，本条规定是对网络内容服务提供者为自己发布的信息承担刑事责任的兜底条款，如果不属于发布信息、设立网站等内容服务，而是为这种内容服务提供接入、存储等服务的，则其属于内容服务的帮助行为，原则上成立本罪的帮助犯，但是因第287条之二同时也为上述网络接入、存储等服务行为专门设立了帮助信息网络犯罪活动罪，故而按法条竞合时特殊法优于普通法的原理，应以第287条之二规定的罪名论处。国内有学者认为，为他人设立上述网站、通讯群组提供互联网接入、服务器托管、网络存储、通讯传输等帮助的，也属于设立网站、通讯群组、发布信息的一个环节，也应以本罪论处。[1] 笔者认为，此种理解模糊了为自己发布的信息和为他人发布的信息承担责任的归责界限，使得第287条之二形同虚设。因此，设立网站、通讯群组、发布信息应当是针对本人行为而言的，为上述行为提供帮助者，则成立第287条之二帮助利用信息网络犯罪活动罪。

2015年11月1日起施行的《刑法修正案（九）》增设了拒不履行信息网络安全管理义务罪、非法利用信息网络罪和帮助信息网络犯罪活动罪三个罪名，以期严密网络犯罪刑事法网、打击网络犯罪。但由于对上述网络犯罪条文某些规定的理解存在一些争议，导致其适用情况不太理想，近年来理论界及司法实务界要求出台司法解释以激活上述罪名条款的呼声越来越高。2019年10月21日，两高发布《关于办理非法利用信息网络、帮助信息网络犯罪活动等刑事案件适用法律若干问题的解释》（以下简称《网络犯罪案件解释》）。《网络犯罪案件解释》回应了社会关切和群众期待，明确了刑法规定的拒不履行信息网络安全管理义务罪、非法利用信息网络罪及帮助信息网络犯罪活动罪三个罪名的入罪标准，增加了这些罪名的可操作性及适用率。

---

[1] 参见喻海松：《网络犯罪的立法扩张与司法适用》，载《法律适用》2016年第9期。

对于第 287 条之一而言,《网络犯罪案件解释》进一步明确非法利用信息网络罪的主观目的、入罪标准及"发布信息"的含义。《网络犯罪案件解释》第 8 条规定:"以实施违法犯罪活动为目的而设立或者设立后主要用于实施违法犯罪活动的网站、通讯群组,应当认定为刑法第二百八十七条之一第一款第一项规定的'用于实施诈骗、传授犯罪方法、制作或者销售违禁物品、管制物品等违法犯罪活动的网站、通讯群组'。"第 9 条规定:"利用信息网络提供信息的链接、截屏、二维码、访问账号密码及其他指引访问服务的,应当认定为刑法第二百八十七条之一第一款第二项、第三项规定的'发布信息'。"针对实践中不法犯罪分子为了规避信息审查及屏蔽,不发布直接违法信息内容,而是发布信息链接、截屏或者发布网盘的访问账号、密码等情形,司法解释将"利用信息网络提供信息的链接、截屏、二维码、访问账号密码及其他指引访问服务"也解释为"发布信息"。据此,发布信息不仅仅指发布诈骗、违禁品的文字、图片、视频等直接表述上述违法犯罪内容的信息,也包括可以导引至上述信息内容的链接、截屏、二维码、访问账号密码等间接的导引路径信息。

这种解释是否超出了《刑法》第 287 条之一"信息"的字面含义进行了扩大解释,以及这种解释是否符合罪刑法定原则的要求,还有待于学界及司法实践的探讨。据此,向群组成员数累计达到 3000 人以上的通讯群组发送包含上述信息的链接、二维码等或者在关注人员账号数达到 3 万以上的微博等社交网络上张贴包含上述信息的链接、二维码等,都可能构成本罪。该条规定无疑给人们利用社交媒体设定了发布链接、二维码等信息内容的原则与底线,即在网络上发布信息不得涉及本条所规定的违法犯罪信息,无论是直接信息内容还是间接的路径导引信息。虽然本罪不是过失犯罪而是故意犯罪,但人们如果有可能知道其所发布的链接、二维码、访问账号密码涉嫌诈骗、传授犯罪方法等信息而未点击确认,也可能构成间接故意形式的非法利用信息网络罪。

实践中设立钓鱼网站获取用户账号密码进行诈骗的案例时有发生。2015年,胡某为实施诈骗活动,为我国台湾地区居民巫某设立、维护专门用于实施违法犯罪活动的虚假的"中华人民共和国最高人民检察院网站"等非法网站,致使李某登录后遭受巨额经济损失。[1]鉴于金融机构、国家机关网站被仿冒后被害人受骗风险与损失程度极大,《网络犯罪案件解释》对假冒国家机关、金融机构名义设立网站采取零容忍态度,即使仅设立一个上述钓鱼网站也构成犯罪。

第二节 网络共同犯罪归责

如果我们仅关注网络内容服务提供者的行为,就会发现对其归责与传统犯罪领域并无太大区别。对于网络内容服务提供者利用互联网技术手段或者在互联网这个场域实施的犯罪行为,可以通过扩大解释现有犯罪的构成要件,或者通过创设新的构成要件来加以规制,这并未超越分论个罪范畴而对刑法总论的传统教义学原理带来根本性的冲击。因此,《刑法修正案(九)》出台前关于互联网犯罪的探讨,也多集中在互联网技术手段或场域特征所带来的犯罪规制的技术层面问题,例如非法获取虚拟财产、侵扰网络公共秩序、利用互联网实施著作权侵权等问题而引发的讨论。这些问题虽然借助网络的匿名性、可复制性与广泛传播性获得了新的要素,例如对犯罪损害或犯罪结果的重新定义以及行为方式的扩展理解,但仍然是对传统

---

[1] 参见《男子设虚假高检网站用于网络诈骗 获刑两年》,载中国新闻网(https://www.chinanews.com.cn/sh/2017/11-21/8382194.shtml),访问日期:2022年2月10日。

的加害与被害二元结构的教义学阐释。但是显然,《刑法修正案(九)》不再满足于这个二元结构,而是把目光转向第三方——这一通过提供技术平台而使得犯罪行为得以发生的中间角色,并开始将其纳入整个归责体系。可以说,引入网络服务提供者的刑事责任使得传统的加害与被害二元结构扩展为三角结构[网络犯罪行为人(互联网用户)—网络服务提供者—网络犯罪被害人(互联网用户)],这种结构改变给传统刑法教义学的责任理论带来了深远的影响。虽然传统教义学也在共同犯罪场合探讨第三人的刑事责任问题(例如中立的帮助犯问题),但是这在现实世界发生的犯罪中显然仅是一个边缘化的问题。在网络犯罪环境下,内容服务提供者以外的其他类型网络服务提供者提供了犯罪实施必不可少的客观上的条件——信息的网络传输或存储等网络服务,是否或者如何对这种网络服务行为进行归责就成为网络犯罪的一个中心议题。这不仅对传统的共同犯罪理论、不作为犯理论提出了挑战,也对传统罪责原则中的个人责任模式造成了冲击。故而德国刑法学者齐白(Sieber)将其称之为一种新的责任文化。[1]

一、对他人发布信息的两种归责路径

如果说传统的物理生活空间是传统犯罪发生的原生空间,随着人类生活空间向网络空间的拓展,犯罪也开始出现在网络空间这一犯罪发生的次生空间。社会生活规则的生成总是来自人类行为的经验,因而面对网络犯罪问题,我们最初的反应就是将从犯罪发生的

---

[1] Vgl. Sieber, Aufbruch in das neue Jahrtausend – Für eine neue Kultur der Verantwortlichkeit im Internet, MMR 1999, S. 698. 齐白教授在该文中前瞻性地提出"新的责任文化"概念,但遗憾的是并未对这种"新的责任文化"予以进一步的教义学解析。可以说,将传统教义学与互联网的社会结构和技术特征予以结合的深入的"互联网刑法教义学"研究在德国也有待于展开。

原生空间中获得的犯罪规制经验运用于网络空间。在传统刑法教义学资源中,探讨一个人可能为他人的行为承担刑事责任的理论主要是共同犯罪理论与不作为犯罪理论,这也是讨论网络服务提供者为他人的信息承担刑事责任时绕不开的两条路径。首先,根据共同犯罪理论,对他人的不法信息所导致的法益侵害可能成立帮助犯或者教唆犯;其次,根据不作为犯罪理论,如果其对不法信息所造成的损害具有保证人地位,则对该损害承担不纯正不作为的刑事责任。细言之,如果在用户发布信息之时即认识到该信息是不法信息却仍然提供网络服务,则可能成立用户发布不法信息构成的犯罪的帮助犯(在对用户实施犯罪行为具有支配时成立共同正犯);如果在用户发布信息之后才认识到该信息是不法信息,则之前的服务行为不成立帮助犯,但是如果能够证立其保证人地位,则可能对损害后果具有防止义务,构成相应的(不纯正)不作为犯罪。

二、网络共同犯罪归责路径

网络空间的匿名性与扩散性使其日益成为犯罪的温床,孕育了庞大的联系松散、分工细化的黑灰产业链。产业链环节上的犯罪嫌疑人无须互相接触,信息网络技术可为犯罪的实施提供技术支持与联通。互联网的联通放大了犯罪的规模与效应,也增加了司法机关侦查与证明犯罪的难度。《刑法修正案(九)》增设第287条之二帮助信息网络犯罪活动罪,将明知他人利用信息网络实施犯罪,为其犯罪提供互联网接入、服务器托管、网络存储、广告推广等帮助行为单独规定为犯罪。但该罪在司法实践中适用混乱,司法机关对于帮助者"明知"及被帮助者"实施犯罪"的理解不一,案件在侦查、起诉、审判阶段司法机关适用罪名多不一致,定性存在较大分歧。该罪在甫一增修之时适用率较低,大多数网络帮助行为都按照处罚较重的诈骗罪、传播淫秽物品牟利罪、非法经营罪、侵犯公民个人信息罪等其他犯罪论处,仅有少部分案件以帮助信息网络犯罪活动罪论处。但在 2019 年《网络犯罪案件解释》出台后,该罪在司法适用率显著提高,2021 年仅前三个季度全国各级检察院即起诉帮助信息网络犯罪活动罪 79307 人,同比上升达 21.3 倍之多。[1]

（一）第 287 条之二的性质

网络服务提供者提供的网络服务使得用户得以在互联网发布、传播非法信息因而构成犯罪,客观上来说其为他人的犯罪行为提供了技术上的便利或条件。一方面,根据传统共犯理论可能成立对他人犯罪的帮助犯,此时需要与发布违法犯罪信息的用户具有共同故意;另一方面,根据我国《刑法》第 287 条之二,即使不存在共同故意,但单方面明知他人发布的信息涉嫌犯罪却仍然提供服务的,可成立帮助信息网络犯罪活动罪。然而,该条规定在我国学界引起极大争议,对其性质主要存在以下观点。

1. 帮助犯正犯化说

多数学者认为本条是帮助犯正犯化的规定,具有对犯罪行为单方面的明知即可成立本罪,因此该条规定扩大了网络共同犯罪成立的范围。持该说的学者又分为激进与保守两个阵营,前者基于严格网络服务提供者责任的立场赞同该立法动向,认为应当跳脱传统共同犯罪理论的框架理解本条,即以网络帮助行为具有"一对多"的严重危害性与主观意思沟通缺乏的常态化为理由,认为传统共犯理论在应对网络帮助行为方面具有滞后性,主张脱离共犯理论框架来理解第 287 条之二;甚至认为该条正犯化的规定不够彻底,而将其斥为

---

[1] 参见《最高检:前三季度检察机关起诉帮助信息网络犯罪活动罪人数同比上升 21.3 倍》,载新华网(www.news.cn/2021-10-18-c-1127969523.htm),访问日期:2022 年 2 月 10 日。

"正犯责任定位的模糊",提倡将帮助行为单独正犯化,即归责不以被帮助者成立犯罪为限。[1] 而后者则基于传统共同犯罪的中立帮助犯理论质疑该条的妥当性,反对将具有中立性与正当职业性的网络服务行为予以正犯化。[2]

2. 量刑规则说

与上述观点不同,张明楷教授认为该条规定并非为帮助犯设立的一个新罪名,即将帮助犯作为正犯加以规定,只是对特定的帮助犯规定了量刑规则,本条并不意味着对共犯从属性原则的放弃和采取扩展正犯概念。[3] 对此笔者有以下两点反驳意见:其一,如果仅是量刑规则,仍然按照帮助犯论处,应该以被帮助的罪名定罪,而不应该以本条所规定的新的罪名定罪,这一点是立法明文设定的不可逾越的解释障碍。[4] 其二,如果这种理解仅仅是为了解决被帮助者没有利用帮助者提供的网络服务或者根本没有实施犯罪时不处罚帮助者的问题,则是多余之举。因为法条规定"明知他人利用信息网络实施犯罪,为其犯罪提供……帮助",实际上就从主观与客观两个方面设定了可罚性的限制,主观上行为人要认识到他人利用其网络服务传输的信息涉嫌犯罪;客观上这种信息应当确实构成犯罪,因而须以被帮助者行为成立犯罪为前提。在此,"他人利用信息网络实施犯罪"即可以理解为本罪构成要件中所设置的客观处罚条件,旨在处罚网络服务提供者单方提供帮助的情形(片面帮助犯)。因而虽然网络

---

[1] 参见于志刚:《网络空间中犯罪帮助行为的制裁体系与完善思路》,载《中国法学》2016年第2期。
[2] 参见刘艳红:《网络犯罪帮助行为正犯化之批判》,载《法商研究》2016年第3期;车浩:《谁应为互联网时代的中立行为买单?》,载《中国法律评论》2015年第5期;周光权:《网络服务商的刑事责任范围》,载《中国法律评论》2015年第2期。
[3] 参见张明楷:《论帮助信息网络犯罪活动罪》,载《政治与法律》2016年第2期。
[4] 相同观点,参见刘艳红:《网络犯罪帮助行为正犯化之批判》,载《法商研究》2016年第3期。

服务提供者须认识到他人利用信息网络实施的行为涉嫌犯罪,但由于不存在共同故意以及共同的行为,故而该行为是否真正成立犯罪,例如是否符合相应犯罪的主体要求或满足其他构成要件符合性的要求,是否达到相应的情节严重程度等,一般来说是行为人(网络服务提供者)无法控制或施加影响的,是独立于行为人本人的行为不法与结果不法之外的,所以相对于本罪的行为人来说是客观处罚条件。但是如果被帮助者没有利用帮助者提供的网络服务,则不存在所谓的"帮助",也因不满足"帮助"这一构成要件要素而不具有构成要件符合性;如果被帮助者没有实施犯罪,即因为客观处罚条件不满足而不具有构成要件符合性,因而不成立本罪。因此,解决被帮助者没有利用帮助者提供的网络服务或者根本没有实施犯罪时不处罚帮助者的问题,并不需要回到共犯的框架下借助共犯从属性原理。

越过上述观点表面的分歧,我们可以从中提炼出第 287 条之二的两种解释路径:第一种路径是坚持共犯框架的路径,其中包括上述量刑规则说与帮助犯正犯化中的反对说,这两种观点究其实质皆是反对脱离共犯框架对帮助者归责,只是前者将第 287 条之二直接解释为量刑规则,不承认帮助犯正犯化;而后者虽然忠实于法条原意承认该条性质上是帮助犯正犯化,但却不赞同这种立法上的处理,认为其不符合中立的帮助犯原理,应坚持以传统共同犯罪理论来解决为他人信息负责的问题。第二种路径则是以于志刚教授为代表的脱离共犯框架的路径,基于网络犯罪帮助行为的特殊性要求,跳脱传统共同犯罪理论的框架来理解本条,倡导网络帮助行为的全面单独正犯化。[1] 且这两种解释路径暗含了两种不同的归责思维,分别通向不同的归责结论。第一种路径极力将第 287 条之二拉回传统共同犯

---

[1] 参见于志刚:《网络空间中犯罪帮助行为的制裁体系与完善思路》,载《中国法学》2016 年第 2 期。

罪理论，甚至不惜通过牵强解释或者否定本条妥当性的代价来达成。但是，如果完全在共犯框架下解释，那么根据共同犯罪部分行为整体归责的思路，其结果应该是他人发布的涉罪信息所对应的犯罪的帮助犯，例如为他人发布的淫秽物品信息提供网络存储或者网络接入的，成立传播淫秽物品罪的帮助犯；其行为不法是帮助，而结果不法是他人信息所构成的犯罪，即通过帮助犯实现对他人信息的归责，而非第287条之二的帮助利用信息网络犯罪活动罪。至于第二种路径则极力摆脱共犯理论的束缚，朝向单独正犯化方向发展。其背后的逻辑是赋予帮助行为以独立的行为不法与结果不法；行为不法是帮助，结果不法不是他人信息所构成的犯罪（并非将相应信息构成的犯罪归责给帮助者），而是将对这种犯罪的促进单独评价为结果不法——即帮助利用信息网络犯罪活动罪。

对于第一种解释路径，如上所述，量刑规则说与实在法规定的冲突显而易见，且帮助犯正犯化说中的反对说也由于采取完全的批判态度，根本无法也不欲为本条的解释与适用作任何贡献。相较而言，第二种解释路径似乎更加符合第287条之二的归责逻辑。显然，第287条之二将帮助行为单独规定为犯罪以后，即切断了把他人信息归责给网络服务提供者的共犯归责逻辑通路——该条不是要求网络服务提供者为他人的（涉罪）信息负责，而是为自己的（帮助）行为负责。但是，笔者却不赞成这种完全单独正犯化的主张。换句话说，笔者虽依通说承认本条的性质为帮助犯正犯化的规定，但是却认为这种被正犯化了的行为仍然是帮助行为。既然是帮助行为，那么就无法完全脱离对被帮助行为予以单独正犯的理解；他人利用其帮助行为实施的犯罪行为通过主观构成要件与客观处罚条件（他人行为成立犯罪）渗入本罪的构成要件之中，因此被帮助行为成立犯罪是本罪可罚的前提条件。于志刚教授也认识到这一点，即该帮助信息网络犯罪活动罪的构成要件行为是对他人犯罪的帮助行为,需以具体实行行为成立犯罪为前提,其显然不是完全独立的正犯规定,可将之斥为所谓的"正犯责任定位的模糊"[1]。

申言之,第287条之二帮助信息网络犯罪活动罪作为帮助行为正犯化之规定,具有以下两种性质:其一,其并非共同犯罪规定。该规定表明我国立法者对他人信息的责任采取了有别于国际上通行的共犯归责模式,而是独立的归责模式,即因他人信息为自己的帮助行为承担责任。其二,其是一种介于共犯与正犯之间的混合模式,正犯因素在于独立成罪,脱离了部分行为、整体归责的共犯归责模式;而共犯的因素则在于本罪的构成要件行为是帮助行为,原本的正犯行为"他人利用信息网络实施犯罪"即作为构成要件要素嵌入本罪的构成要件之中。因此,要求被帮助者的行为构成犯罪并非因为共犯框架下的共犯从属性原则之要求,而是因为构成要件的明文规定。

因此依据第287条之二的归责逻辑思路,可以认为,本罪放弃了对帮助行为客观上的限制,将不法重点放在主观方面,只要存在对他人犯罪行为的明知而提供服务的,即成立帮助。行为人创设法所不容许的风险是归责的前提,如果正常提供网络存储、网络接入等服务,在一般情形下并未创立法所不容许的风险,但是如果认识到某信息涉嫌犯罪却仍然提供服务,则属于具有特殊认知的情形,可以对其进行归责。

(二)关于"明知"的认定:主观方面的限制性解释

由于第287条之二将主观明知作为归责的唯一依据,因此应对行为人的主观方面采取限制解释,以缓和因客观方面限制的缺乏而带来的责任过度扩张。应将本罪的明知理解为他人利用信息网络实

---

[1] 参见于志刚:《网络空间中犯罪帮助行为的制裁体系与完善思路》,载《中国法学》2016年第2期。

施犯罪的具体的认识,即存在对他人所传播的涉罪信息内容的具体认识,并谨慎使用明知的推定。原因分述如下:

由于归责的合理化说明只有通过客观归责理论中的"特殊认知"才能实现,而"特殊认知"从来都是对法益侵害的具体现实认知。日常生活中虽然到处存在法益侵害或者犯罪行为的可能性,但对这种可能性的认识并不能使自己的行为超越法所不容许的风险。例如,仅仅怀疑可能有恐怖分子炸机而劝被害人登机,并未创设法所不容许的风险。显然,只有针对具体的恐怖分子或恐怖行动的认识才能称得上是行为人的"特殊认知";一般性的可能性,即使是较高概率的可能性(例如知道某地区局势动荡经常发生恐怖袭击),由于也可能为其他人或者被害人所知悉,因此并未超出日常生活的风险。所以,假使仅一般性地怀疑用户可能滥用其所提供的网络服务传播涉罪信息,则并不构成本罪的明知;只有在对具体涉罪信息内容具有认识而提供网络服务时,才成立本罪。例如,即使怀疑用户传播的很有可能是淫秽视频(例如点击或播放量异常等),但只要缺乏对所传播信息内容的具体认识,就不符合本罪的主观方面。

另外,也应当对本罪明知的推定进行限制。与传统犯罪不同,网络用户之间的关系是远程的,一对多或者发散型的,网络传播的信息是海量的、动态的,对用户利用信息网络实施犯罪知悉的概率也在客观上远远低于传统物理空间的犯罪。例如,当网络信息明显构成犯罪时或者在网络服务收费明显不合理时即认定为具有明知,不符合网络犯罪的现实。因此,2010年最高人民法院、最高人民检察院《关于办理利用互联网、移动通讯终端、声讯台制作、复制、出版、贩卖、传播淫秽电子信息刑事案件具体应用法律若干问题的解释(二)》第8条关于明知的认定,尤其是该条第3、4项的规定,应谨慎地适用于本条,并有必要对传统犯罪中明知的推定规则结合网络传播技术特征来加以限制。也正是基于网络传播技术与网络空间社会关系结构特征的考虑,无论国际上还是我国主流观点都否定网络服务提供者的主动审查义务;而如果不加限制地使用推定,则等同于向其施加主动审查义务。从国际上来看,欧盟《电子商务指令》第15条第1款规定:"成员国不得制定普遍的规定向其施加监控传输或存储的信息的义务,或主动寻找表明违法行为之事实的义务。"德国《远程媒体法》第7条第2款也作出了相同规定。[1] 我国相关立法也可作类似推断,比如全国人大常委会2012年颁布的《关于加强网络信息保护的决定》第5条明确规定:"应当加强对其用户发布的信息的管理,发现法律、法规禁止发布或者传输的信息的,应当立即停止传输该信息,采取消除等处置措施,保存有关记录,并向有关主管部门报告。"这一规定似乎仅设定了网络服务提供者在认识到违法信息时的行动义务,而并未向其施加主动获取这种认识的审查义务。2020年修正的最高人民法院《关于审理侵害信息网络传播权民事纠纷案件适用法律若干问题的规定》第8条规定:"未对网络用户侵害信息网络传播权的行为主动进行审查的,人民法院不应据此认定其具有过错。"该规定也等于否定了网络服务提供者的主动审查义务。

由于本条认识对象除了自己的帮助行为,还包括"他人利用信息网络实施犯罪",这原本是共犯框架下帮助犯双重故意的要求,但在第287条之二却成为正犯的故意要求,对本罪故意认识内容的界定带来了难题。"他人利用信息网络实施犯罪"作为本罪的构成要件要素必须为行为人所认识,但是这一构成要件要素显然不是纯粹的事实性要素即描述性构成要件要素,其还包含"他人利用信息网络实施的行为构成犯罪"这样一个规范的判断在内。于是形成如下嵌套结

---

[1] Vgl. Hoffmann, in: Spindler/ Schuster (Hrsg.), Recht der elektronischen Medien, 3. Aufl., 2015, § 9 Rn. 33.

构,即他人行为是否构成犯罪(A罪)这样一个关于A罪的违法性的认识成为本罪(B罪)的构成要件要素,而针对这一帮助行为是否构成犯罪的认识则是B罪的违法性认识,二者不应混淆。因此,"他人利用信息网络实施的行为构成犯罪"便成为一个特殊的规范性构成要件要素,其由事实性前提与对该事实性前提的规范判断两部分组成,规范判断建立在事实性前提认识基础之上,如认识到事实性前提就可以作出所谓"外行人所处领域的平行评价"[1],即对该规范性构成要件要素有认识。而第287条之二的规范性构成要件要素则由以下两部分内容组成:"他人利用信息网络实施了某行为"这一事实、该行为属于刑法上的犯罪[即该行为属于刑法上的构成要件行为(不法类型)并且满足情节等要求]这一规范判断。因此,只要认识到他人利用网络实施了某构成要件行为这一事实性前提,至于该行为事实是否构成犯罪,则属于对这一事实性前提的规范判断,并不需要行为人予以认识。例如,甲宽带公司认识到乙设立淫秽网站而为其提供接入服务,只要其认识到乙设立的网站涉嫌传播淫秽信息即为已足,不需要甲正确认识到乙的行为在刑法上如何定性以及是否满足传播淫秽物品牟利罪的情节要求。若甲误以为乙的网站仅传播性科普知识及性病预防而为其提供接入服务的,则因未认识到"他人利用信息网络实施的行为构成犯罪"这一规范性构成要件要素的事实性前提而不符合本罪的主观要求。此处也可以看出,必须有对涉罪信息的具体认知,才可能满足该规范性构成要件中对前提性事实的认识要求。这也从另一侧面支持了上文关于本罪主观方面的第一个论点。

令人遗憾的是,2019年《网络犯罪案件解释》对第287条之二

---

[1] Joecks/Kulhanek, in: Münchener Kommentar zum StGB, 4. Aufl., 2020, § 16 Rn. 70 ff.; Roxin/Greco, Strafrecht Allgemeiner Teil, Band I, 5. Aufl., 2020, § 12 Rn. 101 ff.

"明知"的认定,并不完全符合此处以特殊认知原理进行限制解释的观点,主观方面的认定过于宽泛,也导致该罪在司法适用中出现严重的滥用倾向。《网络犯罪案件解释》第 11 条第 1、2 项规定,网络平台等经监管部门告知、接到举报后仍不履行法定管理职责继续提供服务属于"明知",一般而言此时帮助者应当存在对被帮助的犯罪行为的具体的认知。但其第 3—6 项规定则过于模糊宽泛,可能导致本罪的扩大化适用。

《网络犯罪案件解释》第 11 条第 3 项规定"交易价格或者方式明显异常的"即属于明知,可谓是为收取高额的"佣金"或"手续费"的第四方支付平台"量身订做"。当前色情、赌博、诈骗团伙为逃避侦查,往往通过违反国家支付结算制度,未经许可、依托第三方支付平台提供的所谓"第四方平台"层层转账、转移资金,危害甚巨,为此公安机关近年加大对第四方平台的查处力度。例如 2019 年 1 月福建、北京、河北等地公安机关查处为网络犯罪提供资金通道的第四方支付平台、抓获犯罪嫌疑人 42 名。[1]

此外,根据《网络犯罪案件解释》第 11 条第 4—6 项的规定,如果网络服务提供者提供专门用于违法犯罪的程序、工具或者其他技术支持、帮助的,或提供服务时频繁采用隐蔽上网、加密通信、销毁数据等措施或者使用虚假身份,逃避监管或者规避调查的,或为他人逃避监管或者规避调查提供技术支持、帮助的,就丧失了所谓"技术中立性",无论是否对他人具体犯罪计划有认识,也视为明知情形。例如,在互联网销售"改号软件"提供"改号服务"便利他人实施犯罪活动,由于"改号软件"具有任意更改显示号码、无法查找呼叫原号码、

---

[1] 参见《公安部公布"净网 2019"行动成果 捣毁一非法"第四支付平台"》,载北京商报网(https://www.bbtnews.com.cn/2019/0613/306336.shtml),访问日期:2022 年 2 月 10 日。

隐蔽性强等特点,国家已明令禁止销售此类商品或提供此类服务的违法行为,即属于上述情形,应认定具有对他人实施犯罪的明知,构成本罪。

《网络犯罪案件解释》明确了哪些情况下可以认定或推定网络服务提供者对被帮助的犯罪行为具有明知,无疑将廓清实践中的混乱认识,提高该罪的适用率。该罪的惩治对象主要是为淫秽、赌博网站、违禁品买卖网站及个人提供信息传输支持与支付结算等帮助的不法网络服务提供者,即为网络犯罪提供帮助的黑灰产业"中间人"。但是,过于宽缓的解释及不区分网络服务提供者服务技术类型,可能导致误伤合法提供网络信息传输技术支持的网络服务提供者的后果。

网络服务提供者具有不同的技术类型,对所传输信息的控制与监管的能力也各不相同。我国《信息网络传播权保护条例》采纳了网络自动接入、自动传输、内容缓存、信息存储、搜索或链接等网络服务提供者分类并分别规定了不同的免责情形,司法实践中"微信小程序案"和"阿里云案"等也承认了并非所有网络运营者均具有相同的内容管理义务。从国际立法例上来看,美国《数字千年版权法》将网络服务提供者分为短暂的数据网络通讯提供者、系统缓存提供者、信息存储服务提供者和信息定位工具提供者,也分别规定了责任豁免情形。以德国《远程媒体法》为代表的欧盟也采取了类似阶梯式的责任限制立法例,将网络服务提供者责任根据其对所传输信息的控制支配程度从网络存储、系统缓存到网络接入依次降低。

一般来说,电信、宽带公司、域名解析等网络接入服务提供者对所传输的信息不进行存储,要求其对所有信息进行实时监控也不现实,如果因为其在服务过程中接到举报反映其传输的信息包含犯罪信息而没有及时处理或者停止服务就认为其构成帮助信息网络犯罪活动罪,可能打击面过广,过于扩大了刑事可罚圈的范围。

第三节 网络不作为犯归责路径

另一个探讨行为人对他人所实施行为负责的教义学路径是不纯正不作为犯理论。根据该理论,网络服务提供者是否应为他人的行为(即他人的不法信息)所造成的损害结果负责,关键在于其是否具有保证人地位。下文将以传统教义学早期的形式说(形式法律义务理论)与目前通说的功能二分理论为分析框架展开论述。

一、形式法律义务理论

该说认为保证人地位来源于合同、法律、职业要求以及先行行为,因该说内部的逻辑缺陷逐渐被通说所抛弃。[1] 我国晚近关于作为义务来源的主流话语也基本脱离了形式说而转向实质说。[2] 因此,单纯从网络法规定的网络服务提供者的安全管理义务推导出其保证人地位,继而认为网络服务提供者对于其网络平台上的违法内容或犯罪行为承担不作为刑事责任的观点,因其形式法律义务理论的根基本身就已经受到动摇,是站不住脚的。2000年12月全国人大常委会《关于维护互联网安全的决定》第7条规定:"……从事互联

---

[1] Vgl. Schünemamm, Zur Garantenstellung beim unechten Unterlassungsdelikt: Dogmenhistorische, rechtsvergleichende und sachlogische Ausswegweiser aus einem Chaos, in: Böse/Sternberg-Lieben (Hrsg.), Grundlagen des Straf- und Strafverfahrensrechts, FS-Amelung, 2009, S. 309.
[2] 参见王莹:《先行行为作为义务之理论谱系归整及其界定》,载《中外法学》2013年第2期;周光权:《论实质的作为义务》,载《中外法学》2005年第2期;陈兴良:《作为义务:从形式的义务论到实质的义务论》,载《国家检察官学院学报》2010年第3期;苏彩霞、肖晶:《作为义务的实质来源:规范支配论之确立与展开》,载《浙江大学学报(人文社会科学版)》2015年第4期。

网业务的单位要依法开展活动,发现互联网上出现违法犯罪行为和有害信息时,要采取措施,停止传输有害信息,并及时向有关机关报告……"2012年全国人大常委会《关于加强网络信息保护的决定》第5条规定:"应当加强对其用户发布的信息的管理,发现法律、法规禁止发布或者传输的信息的,应当立即停止传输该信息,采取消除等处置措施,保存有关记录,并向有关主管部门报告。"上述规定从法律上确立了对不法信息的停止传输义务,即删除或隔离义务,但这种义务仅是行政法上的或者民法上的义务,违反之可能导致行政责任或者民事侵权责任,而却未必导致不纯正不作为的刑事责任。在《刑法修正案(九)》增设第286条之一拒不履行信息网络安全管理义务罪之后,这种行为则刚好是本罪的实行行为。例如快播案中,一审法院以快播公司作为互联网信息服务的提供者对其网络信息服务内容负有网络安全管理义务为由,认为其成立传播淫秽物品牟利罪的不作为犯罪,实际上也反映了司法实务对第286条之一拒不履行信息网络安全管理义务罪这一纯正不作为犯之性质与对不纯正不作为犯罪保证人地位的误解。[1] 再如,用户甲在某电子论坛上发布诈骗信息,该电子论坛运营者乙发现此诈骗信息但未予以删除,用户丙发现后即与甲联系,将钱汇往甲指定的账户,如果认为乙对丙遭受的财产损失承担不纯正不作为犯罪的刑事责任,即成立不作为形式的诈骗罪,则是不可接受的形式法律义务论的结论。

二、功能二分理论

功能二分理论根据不同作为义务之间内容与功能上的区别

---

[1] 相同的观点,参见周光权:《犯罪支配还是义务违反——快播案定罪理由之探究》,载《中外法学》2017年第1期。

将作为义务的来源分为以下两大类别[1],即来源于保护保证人地位(Obhutsgarantenstellung)的作为义务与监管保证人地位(Überwachungsgarantenstellung)的作为义务。

(一)保护保证人地位

在功能二分理论框架下分析网络服务提供者的保证人地位,首先可以排除的是保护保证人地位。保护保证人地位证立的基础在于保证人与被害人之间的信赖关系。[2] 法律为何要求父母对于未成年子女的法益承担保护保证人义务,为何在夫妻之间设定这种义务,原因在于二者之间存在一种稳固的制度化信赖关系。显然在一般情形下,网络服务提供者与其用户之间不存在类似于父母对其未成年子女或者配偶之间的稳固的制度化依赖或保护关系。但除这种保护保证人地位之外,德国刑法还承认因自愿承担而产生的保护保证人。这种类型的保护保证人是否可以适用于网络服务提供者与其用户呢?对此,德国学者否认了这种可能性,认为即使是以处于弱势的特定法益群体为对象的网站,例如主要以青少年用户为服务对象的青少年娱乐或学习网站,也不能认为其具有因自愿承担而产生的保护保证人地位。[3] 理由是,因自愿承担而产生的保护保证人地位虽然不像普通保护保证人地位那样具有稳固的制度化依赖或保护

---

[1] Vgl. Kaufmann, Die Dogmatik der Unterlassungsdelikte, 1959, S. 282 ff.; Kindhäuser, Strafrecht Allgemeiner Teil, 4. Aufl., 2009, § 36 Rn. 52.

[2] Vgl. Gaede, in: Nomos-Kommentar zum StGB, 5. Aufl., 2017, § 13 Rn. 34, m. w. N.; Schünemamm, Zur Garantenstellung beim unechten Unterlassungsdelikt: Dogmenhistorische, rechtsvergleichende und sachlogische Auswegweiser aus einem Chaos, in: Grundlagen des Straf- und Strafverfahrensrechts, FS-Amelung, 2009, S. 344 ff., 350 ff.; Rudolphi, Häusliche Gemeinschaften als Entstehungsgrund für Garantenstellungen?, NStZ 1984, S. 150 f.

[3] Vgl. Boese, Strafrechtliche Verantwortlichkeit für Verweisungen durch Links im Internet, 2000, S. 157.

关系,但是也存在一种类似的信赖关系,例如保姆与其所照管的儿童、登山队领队与登山队员、游泳池救生员与游泳者之间,皆存在一种暂时的、替代性的信赖与保护关系。而青少年娱乐或学习网站服务提供者与青少年用户之间则不存在这样一种关系,但这种关系与"网络服务提供者和青少年用户间的关系"究竟是否或者存在何种质的不同呢?德国学说上却未有进一步的论证。在笔者看来,上述保姆、登山领队等因自愿承担而产生的保护保证人地位,是一种对父母与未成年子女、夫妻之间等稳固的制度化关系的拟制,在父母、夫妻一方不在场时提供一种替代性的保护。之所以设置这种替代性的保护责任,是因为上述行为人在其他保护保证人缺席时在场,而能够替代性地避免损害结果的发生。但是在网络服务提供者与用户之间的这种匿名性、远程性、松散性的关系之中,显然很难进行这种拟制。

(二)监管保证人地位

排除了保护保证人地位之后,在功能二分法框架下尚需探讨网络服务提供者是否具有监管保证人地位。首先检验先行行为引发的监管保证人地位。网络服务提供者提供网络信息服务的行为是否可以被视为先行行为呢?德国学说与判例界定先行行为范围的观点主要有"义务违反标准""社会相当性标准"以及"义务违反标准+结果发生的紧密危险标准说",而以罗克辛为代表的学者则基于客观归责理论认为先行行为必须是创设了法所不容许的风险的行为或使得一个业已存在的风险升高的行为。[1]

显然,无论按照上述哪一种理论,都无法得出网络服务提供者一般性地提供普通网络信息服务的商业行为属于先行行为的结论。在通常的商业模式中,网络服务提供者提供合法的服务行为,即一般

---

[1] 参见王莹:《先行行为作为义务之理论谱系归整及其界定》,载《中外法学》2013年第2期。

性的网络接入、网络存储或者信息定位服务；其是数字时代沟通交流所不可或缺的，属于社会普遍认可的具有社会相当性的行为，或者如互联网领域所称的"技术中立行为"，因而一般来说也未创设法所不容许的危险。即使这种服务导致不法内容或犯罪行为信息的传播，也不能据此即认为该服务是非法服务。[1] 例如网站 A 上存在他人设置的非法链接，用户点击后进入色情网站 B 或者宣扬暴力犯罪的网站 C，也不能就此认为 A 网站提供的网络存储服务不属于具有社会相当性的行为或者包含法所不容许的风险，甚至认定 A 承担因先行行为引发的不作为刑事责任。因为自互联网技术诞生之初，就难免有被滥用的风险；互联网是由无数网站、主页、链接、BBS、E-mail、搜索引擎等构建的空间，其信息路径交错纵横，难免最终会通向某个犯罪信息。但是即便如此，它带来的沟通迅捷的利益也远远超过了可能包含的被滥用之风险（传播犯罪信息），因而是法律所容许的风险。

在功能二分法框架下，接下来尚需探讨的是网络服务提供者是否具有类似危险设备运营人或者危险动物的饲主那样的危险源监管的保证人地位。网络技术提供了匿名与远程的传播可能性，P2P 平台、BBS 网站、搜索引擎等都存在被用户滥用而传输非法信息的可能。因此，可将互联网视为不法信息的危险源，探讨其危险源监管的保证人地位。德国刑法通说对网络服务提供者保证人地位的论证，也是从这个角度展开的。[2]

---

[1] Vgl. Derksen, Strafrechtliche Verantwortung für in internationalen Computernetzen verbreitete Daten mit strafbarem Inhalt, NJW 1997, S. 1883; Sieber/ Höfinger, in: Hoeren / Sieber/ Holznagel（Hrsg.）, Handbuch Multimedia - Recht, 43. Ergänzungslieferung, 2016, Teil 19. 1, Rn. 37 ff.

[2] Vgl. Sieber/ Höfinger, in: Hoeren / Sieber/ Holznagel（Hrsg.）, Handbuch Multimedia-Recht, 2016, Teil 19. 1, Rn. 43; Hörnle, in: Münchener Kommentar zum StGB, 4. Aufl., 2021, § 184 Rn. 47.

而鉴于网络传播行为的技术性,在借用传统犯罪危险源监管这一教义学资源时,应当充分考量网络技术功能以及网络社会关系结构的特殊性。成立危险源监管保证人地位的前提是对危险源具有管控或监管职责,例如在分析网络存储服务提供者对其存储信息的服务器的管控时,虽然我们可以将这种管控与现实物理空间中房屋所有人对其房屋空间的控制支配进行类比,但仍不应忽视二者之间的差别。前者的控制是在感官可触及的范围之内,因而更加直接与可感,而对服务器上的信息感知却显然不同。因此,有必要在了解网络传播服务行为的技术功能类型与特征的基础之上,对信息传输过程的管控与支配进行分析。[1]

1. 网络存储服务提供者

从技术角度来看,信息存储服务提供者可以在自己的服务器上进行数据存储和删除,因而对其所存储的信息与服务器具有技术上的控制,相应地就具有不对他人造成损害的职责。但与对物理空间的控制与支配不同,其必须结合网络信息传播技术环境来进一步予以限定。第一,由于信息不断上传与删除,其处于不断的变化更新状态,例如一个较大的信息存储服务提供者的服务器可能存储成千上万个内容服务提供者的主页,每个主页还可能提供大量网页,而这些

---

[1] 齐白教授在论证网络服务提供者危险源监管保证人地位时采取的进路是,首先探讨危险源的控制,然后在此基础上进一步予以规范视角的限制。例如,如果公众或周围环境形成了一种信任,相信不作为者将会控制可能出现的危险时,便具有保证人义务。但是正如齐白教授自己所承认的,这种规范上的信任期待需要长时间的社会生活才能形成,而网络空间作为次生生活空间恰恰缺乏这种规范期待形成所需要的时间,在这个项下他唯一想到的可能的限制就是"存在具体的明显违法信息的明知"(Vgl. Sieber/Höfinger, in: Hoeren/Sieber/Holznagel (Hrsg.), Handbuch Multimedia – Recht, 43. Ergänzungslieferung, 2016, Teil 19. 1, Rn. 43),但这一点正是信息网络传输技术环境中判断控制所需考虑的因素之一,因此是一种多余的循环论证。故笔者认为与传统上的危险源监管保证人地位不同,对网络服务提供者危险源监管保证人的论证不需要附加规范上的限制。

网页上的大量信息都处于持续的更新变化之中。第二,存储在服务器上的部分信息可能是不开放的,例如,在不开放的用户群组内部传输加密数据,或者一些不法内容提供者对网页设置密码,那么对这部分信息进行控制就会涉及个人信息保护的法律问题。第三,从网络过滤技术来看,目前的网络内容分级、URL过滤、文本内容过滤、图像过滤等技术均存在很大的限制,如存在过滤不精准、易于被规避、执行时间过长而导致无法接受的网络延时等问题。[1] 因此,要求网络存储服务提供者主动审查过滤所有的不法信息,在技术上是不现实的,国际上和我国立法者也都否定了网络存储服务提供者的主动审查义务。故而这种危险源监管是被动性的而非主动性的,只有当信息存储服务者对涉嫌违法犯罪的信息有具体的认知或者具体的怀疑时[2],才应删除或断开链接,否则即对此承担不纯正不作为责任。

2. 系统缓存服务提供者

自动化暂时性的信息缓存服务的性质,介于接入服务与信息存储服务之间,从技术角度来看类似于信息存储服务,但从功能上来看

---

[1] Vgl. Sieber, Verantwortlichkeit im Internet: technische Kontrollmöglichkeiten und multimediarechtliche Regelungen: Zugleich eine Kommentierung von § 5 TDG und § 5 MD-StV, 1999, S. 90 ff, 97;林建、张帆:《网络不良信息过滤研究》,载《情报理论与实践》2007年第4期。

[2] 在对不法信息的具体怀疑方面,德国《远程媒体法》与美国《数字千年版权法》表述略有不同,前者将免责条件规定为:"1. 其对违法行为或信息没有认识或者在损害赔偿请求情形下也未认识到对其来说可以明显看出违法行为或信息的事实或情状。2. 一旦知晓上述情况,立即采取行动删除信息或者断开这些信息的连接。"(该法第10条第1款)而后者将免责条件规定为:"A. i 如果其未现实地认识到材料或使用这种材料的行为构成侵权;ii 在缺乏这种现实认识的情况下,未意识到显然构成侵权的事实;iii 在获得上述认识或者意识到上述情形下,立即删除该材料或隔离对该材料的连接;B. 如果服务提供商对侵权行为具有控制权利与能力时,未直接接受来自侵权行为的经济利益;C. 在接到第(3)段所述的侵权投诉时立即删除侵权材料或隔离对其的连接。"[U. S. Code, Title 17, § 512(c)]

则属于接入服务。[1] 由于缓存服务提供者也将信息存储在自己的服务器上,因此对这部分信息也有监管职责[2],但同样基于上述虚拟空间与物理空间的区别,其也仅承担被动的监管职责,即只有存在对所存储的涉嫌违法犯罪的信息有具体的认知或者具体的怀疑时,才产生不纯正不作为的刑事责任。

3. 网络接入服务提供者

网络接入服务提供者所传输或以传输为目的临时存储的信息存储在他人的服务器上,因此从技术上来看,其不具有类似网络存储服务提供者对信息的监管能力。接入服务提供者所传输的信息数据来自整个互联网的无数个他人服务器,一方面从数量上来说浩如烟海,另一方面从状态上来看这些传输中的数据也处于实时变动之中,因此与网络存储服务提供者相比其发现违法犯罪信息的难度大大增加。[3] 而且即使发现了违法犯罪信息,由于缺乏对他人服务器的支配权限,网络接入服务提供者也无法对信息进行直接删除,只能尝试阻断通向不法信息的路径,即断开链接或屏蔽。因此,鉴于网络接入服务的单纯技术性、自动化与被动性特征[4],其对所传输或以

---

[1] Vgl. Sieber, Kontrollmöglichkeiten zur Verhinderung rechtswidriger Inhalte in Computernetzen (I) -Zur Umsetzung von § 5 TDG am Beispiel der Newsgroups des Internet, CR 1997, S. 589.

[2] 德国通说也肯定系统缓存服务提供者的危险源监管保证人地位。Vgl. Sieber/Höfinger, in: Hoeren/Sieber/Holznagel (Hrsg.), Handbuch Multimedia-Recht, 43. Ergänzungslieferung, 2016, Teil 19.1, Rn. 50.

[3] Vgl. Sieber, Verantwortlichkeit im Internet: technische Kontrollmöglichkeiten und multimediarechtliche Regelungen: Zugleich eine Kommentierung von § 5 TDG und § 5 MDStV, 1999, S. 97.

[4] 参见欧盟《电子商务指令立法说明》第 42 条:Richtlinie 2000/31/EG des Europäischen Parlaments und des Rates vom 8. Juni 2000 über bestimmte rechtliche Aspekte der Dienste der Informationsgesellschaft, insbesondere des elektronischen Geschäftsverkehrs, im Binnenmarkt („ Richtlinie über den elektronischen Geschäftsverkehr ") (ABl. L178 S. 1) Nr. 42.

传输为目的短暂存储的信息无法进行控制,因而不具有危险源监管的保证人地位。故而网络接入服务提供者在为用户提供接入服务之后,即使得知所传输的信息涉嫌违法犯罪,也因不具有保证人地位而对用户所发布信息造成的损害不承担不纯正不作为的刑事责任。[1]

4. 信息定位服务提供者

搜索引擎自动、持续、系统地从网络空间搜寻信息,然后将这些信息用其索引程序进行选择、存储与编排,并以搜索结果列表的形式向用户转送或提供,由于搜索引擎也将他人信息(通过索引程序)存储在服务器上[2],因而搜索服务提供者也因对服务器具有管控权限而具有类似于网络信息存储服务提供者的危险源监管保证人地位。[3] 但是,由于搜索引擎对信息的搜索不是通过人类的思维内容进行,而是通过搜索器、索引器的数学计算自动进行[4];搜索的网页信息量巨大且处于持久的更新变动之中,因此对搜索的信息进行逐条审查不具有技术上的可能性。此外,过滤软件也同样具有上述导致网络延时、搜索效率降低以及无法精准过滤等问题。故而只有当搜索引擎服务提供者认识到某条信息可能涉嫌违法犯罪时,才有义务将其从搜索结果列表中移除。

其实,上述不同类型的保证人地位可以在下例中予以更加清晰的说明。

---

[1] 不同观点,参见 Hilgendorf/Valerius, Computer-und Internetstrafrecht: Ein Grundriss, 2. Aufl., 2012, S. 71。

[2] Vgl. Hoffmann, in: Spindler/Schuster (Hrsg.), Recht der elektronischen Medien, 3. Aufl., 2015, § 9 Rn. 33. 关于搜索引擎的存储结构,也可参见宋聚平、王永成:《搜索引擎中信息存储结构的改进》,载《情报学报》2001 年第 5 期。

[3] Vgl. Sieber/Höfinger, in: Hoeren/Sieber/Holznagel(Hrsg.), Handbuch Multimedia-Recht, 43. Ergänzungslieferung, 2016, Teil 19.1, Rn. 50.

[4] Vgl. Reber, in: Ahlberg/Götting/Lauber-Rönsberg (Hrsg.), BeckOK Urheberrecht, 33. Edition, 2022, § 97 Rn. 78.

例 1：甲女与前男友乙分手，乙出于愤恨将甲的裸照上传到电子论坛丙，引起大量网友围观，丁作为搜索引擎服务提供者通过自动搜索与索引程序将电子论坛丙的图片链接列入搜索结果列表。若丙和丁提供网络服务时即知道该图片内容，则成立第 287 条之二帮助信息网络犯罪活动罪；若丙、丁不仅具有单方面的认识，还与乙具有共同故意，则此外还成立侮辱罪与传播淫秽物品罪的共同犯罪（若图片点击量达到相关司法解释要求的起刑点），根据第 287 条之二第 2 款以处罚较重的罪名定罪量刑。若丙、丁提供服务时未认识到图片内容，甲在得知自己的裸照在网络上传播后通知了丙与丁删除该链接，但是丙、丁不予删除的，则因丙与丁对自己的服务器具有的控制与监管权限，可以肯定其具有危险源监管保证人地位，并进而认定丙、丁构成不作为形式的侮辱罪与传播淫秽物品罪。

值得进一步思考的是，存储型的网络服务提供者，即网络存储、系统缓存与搜索引擎服务提供者是否对所有类型的他人信息均具有危险源监管的保证人地位？网络服务提供者的不纯正不作为犯罪范围又是否存在一定的边界呢？对此，我们需要再次求诸危险源监管保证人地位的教义学分析框架，即功能二分法理论下的危险源监管保证人地位与保护保证人地位的区别在于，阻止损害发生的义务范围不同，前者仅针对危险源可能发生的危险负有防止其实现并导致损害结果发生的义务；而后者的范围更为广泛，对处于弱势地位的法益所有者具有广泛的保护职责，并对来自法益所有者本人、第三人或者自然界等一切可能的致其法益损害的因素都负有损害防止的义务。因此，危险源监管保证人所防御的风险是危险源所特有的、内在的,而不可能是任何类型的风险[1],也即只有危险源所特有的风险才属于保证人的风险管辖范围。而网络空间所特有的风险是违法犯罪信息的高速传输,存储型的网络服务提供者对所存储的信息传播具有技术上的控制与监管,因此其对信息的传播具有风险管辖,对违法信息传播这一损害后果也具有保证人地位。但存储型的网络服务提供者仅对那些将特定信息的传播规定为构成要件行为的犯罪(即交流犯)承担不纯正不作为责任,而对于超出网络信息传播过程之外的现实世界中的风险与风险实现,不具有危险源监管的保证人地位。

因此,对于信息的传播本身就是构成要件所禁止的内容即交流犯而言,存储型的网络服务提供者具有保证人地位。而对于非交流犯而言,由于发布或传播信息本身并非构成要件行为,这类信息本身往往并不会直接造成法益侵害,而是与行为人自己或他人的现实世界的行为结合才会造成法益侵害,例如诈骗罪、故意伤害罪、故意杀人罪等传统犯罪。但是这已经超越了网络传播的范围,超越了网络服务提供者的风险管辖范围,因此其对此种损害后果不具有危险源监管的保证人地位。

例2:某用户 A 在某分类广告网站(类似于 58 同城之类的网站)B 或者在某小区的业主论坛 C 发布了诈骗信息,某宽带公司 D 分别为 A 和 B、C 提供网络接入服务,B 和 C(网络存储服务提供者)的管理员或者版主看到了该信息并向该公司报告,但

---

[1] 危险源监管保证人地位来自侵权法上的交往安全义务,即如果物根据其特征可能给他人带来危险,物的所有人或管理人就具有危险防止的作为义务,这种危险主要来自危险物本身或者危险的技术操作过程。Vgl. Roxin, Strafrecht Allgemeiner Teil, Band II, 2003, § 32 Rn. 111 ff.; Schünemamm, Zur Garantenstellung beim unechten Unterlassungsdelikt: Dogmenhistorische, rechtsvergleichende und sachlogische Auswegweiser aus einem Chaos, in: Grundlagen des Straf- und Strafverfahrensrechts, FS-Amelung, 2009, S. 281.

两公司未要求上述二人对该信息进行删除，D在进行信息审查检测时发现了 A 发布的信息内容，但是也未采取任何措施，结果 E、F、G 等用户访问该信息后往 A 指定的账户汇入若干款项，那么，上述行为人应负何种责任？

A 属于广义的网络内容服务提供者，成立第 287 条之一非法利用信息网络罪与诈骗罪，按照处罚较重的犯罪论处，如果数额较大则一般按照后者论处；D 作为网络接入服务提供者不具有危险源监管保证人地位，至多仅成立第 287 条之二帮助信息网络犯罪活动罪。而 B、C 虽然属于网络存储服务提供者，但对于诈骗罪这种非交流犯不具有风险管辖，对于 E、F、G 等用户访问该信息后的一系列线下行为（如 A 及其同伙开设用于诈骗的账户，E、F、G 等用户访问该信息后果真陷入错误并在该错误作用下往 A 设定的账户中汇钱等）所导致的被害人财产损失的后果显然不具有危险源监管的保证人地位。若没有被害人与行为人一系列的线下行为，E、F、G 等用户的财产损失后果也不会发生。因此，对于诈骗罪财产损失的后果而言，不会引起不作为责任。但如果主管机关要求 B、C、D 删除该信息或者断开对其的链接，而其拒不断开的，则仍可成立第 286 条之一规定的拒不履行信息网络安全管理义务罪。

综上，网络服务提供者的不纯正不作为刑事责任存在两重限制。其一，从技术角度来说，要对用户发布的信息具有危险源监管的能力与职责，而一般来说仅存储类的服务提供者（包括网络存储、系统缓存与信息定位服务提供者）才具有这种技术监管能力。其二，从危险源监管的危险类型或风险管辖角度来说，仅交流犯（即以传播违法犯罪信息为内容的构成要件类型）的风险才属于管辖范围内的风险，而其他犯罪类型的风险则须结合他人在现实世界的线下行为才能实现，不属于网络传播服务行为所固有的危险。区分交流犯与非交流犯,否定网络服务提供者在非交流犯情形下的保证人地位,实际上是在网络世界与现实世界之间设立了一堵界定保证人地位的"防火墙",以防止超越网络传播行为的风险,并将现实世界传统犯罪行为的风险及其防御也加诸网络服务提供者之上,对其施加过重的责任。而这道划定保证人地位边界的防火墙,只有共同的故意才可以穿透;如果网络服务提供者与发布违法犯罪信息的用户具有共同犯罪的故意,如在例2中,B、C与用户A合谋实施诈骗,由A发布信息并实施线下设立账户等行为,那么根据共同犯罪原理,显然B、C作为共犯对诈骗罪的结果也承担责任。虽然这首先是作为犯罪的问题,但如果承认作为犯罪也可以引发保证人地位的话,则理论上也应当肯定其保证人地位。〔1〕另外需注意的是,网络服务提供者构成相应的不纯正不作为犯罪,同时其不履行信息网络安全管理义务也可能成立第286条之一的纯正不作为犯罪,此时应根据该条第3款"有前两款行为,同时构成其他犯罪的,依照处罚较重的规定定罪处罚"的规定,从一重罪论处。

由于互联网次生空间的规制经验衍生于传统现实世界这一原生空间,在传统刑法中区分对自己行为和对他人行为(共犯与不作为犯罪领域)的二分法归责逻辑则必然会向网络空间责任进行延伸,因此自己发布的信息与他人发布信息的归责二分法就成为我们探讨互联网法领域责任归属与分配的理论原型。另外,网络技术传播特征与网络用户和网络服务提供者的新型网络社会关系结构决定了不能对这一传统教义学的理论原型进行僵化的理解与套用。笔者提倡根据网络传播技术功能以及与之相连的新型网络社会关系特征对共同犯罪、保证人地位等教义学原理予以新的技术角度的注疏与填充,构建中国网络涉罪信息归责模式,探索网络服务提供者刑事责任条款的

---

〔1〕 参见王莹:《论犯罪行为人的先行行为保证人地位》,载《法学家》2013年第2期。

教义学路径。

第一,《刑法》第287条之一规定了对自己发布信息的责任,以此对网络服务提供者按照传统刑法教义学对自己发布信息的责任进行补充与无缝化对接,即以线上预备行为的正犯化排除了这种行为作为预备犯在事实上不被追诉的可能性。因此,需要明确第287条之一规定的是对自己发布信息的刑事责任,而为上述行为提供帮助者是以第287条之二论处,否则会使得第287条虚置并产生繁复的竞合问题。

第二,第287条之二规定了"因他人的信息而对自己(帮助)行为的责任",以此对网络服务提供者按照一般的共犯原理来为他人信息(或行为)承担责任进行补充与无缝化对接,即针对他人信息的归责偏离共犯归责模式,而引入一种介于共犯与正犯之间的混合归责模式。这种混合归责模式实际上是对传统教义学中区分自己行为和他人行为的归责二分法的修正。由于网络用户与网络服务提供者的关系结构具有匿名性、远程性、发散性特征,后者作为信息的传输者与前者作为信息的发布者之间往往缺乏直接的接触与犯意的沟通;但是信息传播的损害结果却存在网络空间的放大效应,因此出于"及时止损"的功利主义考虑,网络服务提供者更可能被赋予比传统现实空间中的帮助者更加严格的责任。[1] 这是笔者对第287条之二作出的教义学与法律经济学的折中解读。

因此,对于第287条之二作为帮助犯正犯化规定,应当抛开共犯框架下的中立帮助犯理论而根据一般的归责原理予以解读,即归责依据在于对所传输涉罪信息的特殊认知,如此主观不法便成

---

[1] 刘艳红教授指出,网络服务提供者帮助行为正犯化的"类推思维"根源在于管控的便利考量。参见刘艳红:《无罪的快播与有罪的思维——"快播案"有罪论之反思与批判》,载《政治与法律》2016年第12期。

为归责的唯一依据与本罪不法的重点,故而应对行为人的主观方面采取限制解释,以缓和因客观方面限制的缺乏而带来的责任过度扩张。

第三,关于为他人发布的网络涉罪信息所承担的不纯正不作为犯罪刑事责任,应充分挖掘传统刑法危险源监管保证人地位的教义学资源,结合网络传播的技术特征,合理地界定保证人地位。也即,仅承认存储类的服务提供者(包括信息存储服务提供者、系统缓存服务提供者与信息定位服务提供者)在技术上的危险源监管能力,并且仅对交流犯的法益侵害具有风险管辖,从而在网络世界与现实世界之间设立一堵界定保证人地位的"防火墙",避免网络服务提供者不纯正不作为刑事责任的泛滥。

后　记

在中国当代法学研究中,法教义学研究——包括以法教义学方法进行的研究和以法教义学为对象的研究——毫无疑问是一个热门而时髦的领域。法理学与各部门法学相关研究先后开展,刑法教义学、民法教义学、宪法教义学研究蔚然成风,繁极一时,其中刑法教义学一支最为发达。如此盛名也招致了来自传统法学或社科法学的质疑与批判。[1] 在本书结尾,笔者即对我国刑法教义学近年来的发展进行简略的节点式回顾梳理,对上述质疑之声进行回应,并在此基础上就当下中国刑法教义学的进一步发展与建构提出几点初步构想。

一、中国刑法教义学的当代展开

(一)作为去政治化工具的教义学

中国当代刑法学研究的起点是新中国第一个刑法规范文本即1979年《刑法》的颁布。该规范文本开宗明义的规定也确立了从其诞生后大约20年的刑法学研究的基调。该法第1条规定:"中华人民共和国刑法,以马克思列宁主义毛泽东思想为指针,以宪法为根据,依照惩办与宽大相结合的政策,结合我国各族人民实行无产阶级领导的、工农联盟为基础的人民民主专政即无产阶级专政和进行社会主义革命、社会主义建设的具体经验及实际情况制定。"此后的刑

---

[1] 参见侯猛:《社科法学的传统与挑战》,载《法商研究》2014年第5期;苏力:《中国法学研究格局的流变》,载《法商研究》2014年第5期。

法学研究,也基本以马克思、恩格斯等无产阶级革命家关于犯罪与刑罚的论述为指导思想来展开。[1] 这一时期的刑法法条适用与法条解释由于缺乏罪刑法定原则的限制,仍停留在立法论与司法论混淆的阶段,难谓严格意义上的刑法解释学研究。[2]

苏力教授于2001年对中国当时法学研究传统进行了分类,即强调政治意识形态修辞的"政法法学"、注重法律适用与解决具体法律纠纷的注释法学、借鉴社会科学的经验研究方法揭示制度或规则与社会生活诸多因素之间相互影响和制约的社科法学。将上述具有强烈政治色彩、强调政治意识形态修辞的法学研究传统称为"政法法学",首次揭示了这种法学研究的学术进路与政治之间的裙带关系与共生生态。[3] 直接越过法律条文回溯统治阶级立法意志的研究方法显然不是法教义学研究方法,直接以刑法规范文本外的因素阐释法条、研究法律倒是有些类似于社科法学的手法。

1997年《刑法》确立了罪刑法定原则与类推禁止,其第3条"法律明文规定为犯罪行为的,依照法律定罪处刑;法律没有明文规定为犯罪行为的,不得定罪处刑"的规定凸显了法条文本的重要性,依据社会危害性理论对法条进行实质性解释的空间被压缩了。罪刑法定原则的确立使得人们不得不将目光转向法条,探求法条的边界及其背后的意蕴。由此中国刑法学研究进入注释刑法或者刑法解释学的

---

[1] 刘艳红教授将我国传统的刑法学研究概括为"一马平川"式,即在马克思列宁主义、毛泽东思想指导下建立,其核心是主客观相统一的平面四要件体系,并以之贯穿于整个刑法学理论和实践。参见刘艳红:《刑法学变革的逻辑:教义法学与政法法学的较量》,载《法商研究》2017年第6期。

[2] 陈兴良教授指出:"从1988年至1997年,在这将近十年的时间内,我国刑法理论都是以刑法修订为中心而展开的。这个时期我国出版的刑法著作和发表的刑法论文大多数都属于立法论方面的研究成果,在这种情况下,刑法教义学在我国刑法学界还没有足够的生长空间。"陈兴良:《刑法教义学的发展脉络——纪念1997年刑法颁布二十周年》,载《政治与法律》2017年第3期。

[3] 参见苏力:《中国法学研究格局的流变》,载《法商研究》2014年第5期。

时代。这一年陈兴良教授的《刑法疏议》[1]及张明楷教授的《刑法学》[2]相继横空出世。陈兴良教授本人将《刑法疏议》视为其刑法哲学研究转向刑法教义学研究的分水岭。[3] 张明楷教授则在其教科书中系统性地引入了刑法注释学的研究方法,指出:"注释研究法,是指对刑法条文逐字逐句进行分析、解释,使刑法的意义得以明确的方法,也称为分析研究法。同其他法律一样,刑法的规定是概括性的,法条用语并非一目了然,因此,要理解和实施刑法,就必须对刑法进行分析与解释。刑法学的研究在很大程度上是对现行刑法所作的分析与解释,这种分析与解释理所当然要以马克思主义哲学为指导、以司法实践为基础。"[4]这里的刑法注释学与解释学(即德文Auslegung)作为刑法教义学的重要方法和教义学知识的核心构成,自此逐渐在刑法学中占据重要地位。

罪刑法定原则与犯罪实质概念之间的紧张关系也引发了樊文教授对后者的批判,认为《刑法》第13条的犯罪法定概念采取的刑事违法性的规范标准与社会危害性标准之间互相冲突、排斥,严重影响犯罪基本定义乃至整个刑法的科学性。[5] 这一论述从体系解释的视角入手揭示了传统实质犯罪概念的逻辑瑕疵,可谓早期刑法教义学研究的滥觞。这一研究也受到陈兴良教授的肯定,引发其对社会危害性理论反思的研究,"为此后我国刑法教义学的建立提供了契机"[6]。

---

[1] 参见陈兴良:《刑法疏议》,中国人民公安大学出版社1997年版。
[2] 参见张明楷:《刑法学》(上、下),法律出版社1997年版。
[3] 参见陈兴良:《刑法教义学的发展脉络——纪念1997年刑法颁布二十周年》,载《政治与法律》2017年第3期。
[4] 张明楷:《刑法学》(上),法律出版社1997年版,第7页。
[5] 参见樊文:《罪刑法定与社会危害性的冲突——兼析新刑法第13条关于犯罪的概念》,载《法律科学(西北政法学院学报)》1998年第1期。
[6] 陈兴良:《刑法教义学的发展脉络——纪念1997年刑法颁布二十周年》,载《政治与法律》2017年第3期。

尽管苏力对法学研究方法的分类本身难言逻辑严谨与科学,但仍精准地描述了不同研究进路的现象学特征,其中政法法学的分类深刻揭示了法学尤其是刑法学"苏俄化""政治化"的特殊时代印记,同时也唤醒了法学研究者对自身所从事学科的自主性意识,激发其对自己所献身的事业进行独立性与专业性审视的热情。陈兴良教授率先呼吁学术的政治中立性,尖锐地指出学术"不应沦为政治的奴婢,应当保持与政治的一定区隔"[1],以《社会危害性理论——一个反思性检讨》《刑法知识的去苏俄化》《犯罪论体系的去苏俄化》等檄文掀起了刑法的去苏俄化与教义学研究热潮。正是在对苏俄刑法观影响的实定法遗痕——犯罪实质定义的批判及社会危害性理论的破局之中,中国刑法教义学研究轰轰烈烈地向前推进。苏联刑法典采用犯罪实质定义模式,有意与所谓资产阶级的形式犯罪概念划清界限,将犯罪界定为对社会具有危害性的行为,建立了以社会危害性理论为中心的犯罪论理论。[2] 这种以社会危害性为中心的大一统的犯罪论势必架空刑法分则个罪的规定,甚至使得个罪中规定犯罪构成的必要性本身都成疑问。例如特拉伊宁在其1929年出版的《苏维埃刑法总则》中径直以社会危害性而非以犯罪构成作为刑事责任的根据并以之为中心构建自己的犯罪论体系。[3] 陈兴良教授借鉴德国社会学家马克斯·韦伯的形式合理性与实质合理性分析框架剖析中国刑法犯罪实质概念(社会危害性)与形式特征(刑事违法性)之间的矛盾,指出社会危害性理论与犯罪构成理论之间的矛盾:一方面,对于具有社会危害性但刑法并未规定为犯罪的行为,如果以社会危害性作为犯罪界定的标准就会造成法条的类推适用;另一方面,刑

---

[1] 陈兴良:《教义刑法学》,中国人民大学出版社2010年版,第4—5页。
[2] 参见陈兴良:《社会危害性理论——一个反思性检讨》,载《法学研究》2000年第1期。
[3] 同上注。

法规定为犯罪(以具有社会危害性为前提),但根据《刑法》第13条但书"情节显著轻微危害不大的,不认为是犯罪",二者存在逻辑上的矛盾。[1] 对此陈兴良教授在法治国建设时代背景下给出了优先选择形式合理性的方案,主张应以犯罪的形式特征即刑事违法性作为界定犯罪的根本标准;为避免舍弃危害性概念之后犯罪概念的形式化、空洞化,同时倡导引入法益理论作为替代理论。由此,法益这一德国刑法教义学上的经典概念开始进入中国刑法学的视野。

(二)作为解释学工具的教义学

中国刑法学界在对传统刑法中苏俄陈旧理论与政治话语修辞的讨伐声中迎来了刑法教义学的发展。严格说来,在上述学者所论及的刑法教义学的初期研究中,陈兴良教授借鉴德国社会学家马克斯·韦伯的形式合理性与实质合理性分析框架批判社会危害性理论,本身并非刑法教义学的研究方法,而似乎更偏向于一种法社会学的研究进路。但从批判社会危害性理论入手对法益理论的研究与倡导无疑属于刑法教义学研究:从刑法教义学方法角度来看,法益是目的解释的依据与标准,因而法益研究是服务于刑法解释学的;从刑法教义学理论角度来看,刑法教义学中的法益理论作为刑法目的理论具有实定法批判的作用,也是德国刑法学者罗克辛等人的目的理性犯罪论体系建构的基石。[2] 而上文论及的樊文教授对体系解释方法的运用与张明楷教授刑法解释学的引入,更是具有开启刑法教义学方法——解释论研究的重要意义。

跳出刑法部门法的界限,法教义学(Rechtsdogmatik)概念晚近在我国法学界获得了广泛的探讨。法教义学可以用来描述一种以形成

---

[1] 参见陈兴良:《社会危害性理论——一个反思性检讨》,载《法学研究》2000年第1期。
[2] Vgl. Roxin/Greco, Strafrecht Allgemeiner Teil, Band I, 5. Aufl., 2020, § 2.

某些内容确定的概念、对原则作进一步的填补以及指明个别或多数规范与这些基本概念及原则的关系为其主要任务的活动。[1] 法教义学即是以实定法效力不可质疑为预设前提,以法律解释的方法沟通抽象的法律条文与具体案例的生活事实的活动。而刑法教义学"致力于研究法规范的概念、内容和结构,将法律素材编排成一个体系,并试图寻找概念构成和系统学的新的方法。作为法律和司法实践的桥梁的刑法教义学,在对司法实践进行批判性检验、比较和总结的基础上,对现行法律进行解释,以便利于法院适当地、逐渐翻新地适用刑法,从而达到在很大程度上实现法安全和法公正"[2]。法律解释是法教义学中最主要的研究方法,法律解释学是法教义学的核心组成部分。法律解释方法论由德国法学家萨维尼在其1840年的巨著《当代罗马法体系》中首次系统化地论述,其中提出著名的解释四要素,即语法的、逻辑的、历史的、体系的解释,德国法教义学在萨维尼的解释方法论基础上发展出了如今的四种解释方法,即字面解释、体系解释、历史解释和目的解释。[3]

我国刑法教义学研究方法及解释论方面的研究可以分为两大类别:一是围绕罪刑法定原则中的明确性原则、禁止类推原则探讨解释方法的研究;二是从刑法实定法规范出发,对个罪法条的语词、逻辑和结构开展的大量法律解释学研究。例如,张明楷教授认为1997年《刑法》将遗弃罪从1979年《刑法》"妨害婚姻家庭罪"章中调整到"侵犯公民人身权利、民主权利罪"章中,表明养老院、福利院、孤儿院

---

[1] 参见〔德〕卡尔·拉伦茨:《法学方法论》,陈爱娥译,商务印书馆2003年版,第107页。
[2] 〔德〕汉斯·海因里希·耶赛克、〔德〕托马斯·魏根特:《德国刑法教科书》,徐久生译,中国法制出版社2017年版,第59—60页。
[3] 参见郑永流:《出释入造——法律诠释学及其与法律解释学的关系》,载《法学研究》2002年第3期。

等社会扶养机构将需要扶助的人置于不受保护的状态,进而使其生命、身体处于危险状态的,有关人员也可以成立遗弃罪[1],运用体系解释方法将遗弃罪扩大适用于非家庭成员之间的遗弃行为,填补了刑事立法上的可罚性漏洞。而陈兴良教授则采用历史解释(或曰沿革解释)的方法,认为将妨害婚姻家庭罪归并到侵犯公民人身权利、民主权利罪仅是一种立法技术上的考虑,并不涉及遗弃罪罪名内容的改变,仍应将其限定为具有扶养义务的亲属之间的遗弃行为。[2]虽然不同的解释方法会导致不同的解释结论,但这并不影响教义学方法本身的价值与意义:法律解释学通过标识解释方法来展示解释过程,从而使得法条适用成为一个理性化的商谈过程,以在法规范对象之间获取更大程度的主体间性。

值得注意的是,我国刑法教义学研究中的"法律解释"实际上并不限于运用上述四种解释方法所进行的释义。例如对于《刑法》第48条"死刑只适用于罪行极其严重的犯罪分子"的规定,冯军教授反对从限制死刑这一刑事政策角度作如下的解释:"'罪行极其严重'的犯罪,就是最严重的犯罪,而最严重的犯罪总是只可能在未来发生,当前已经发生的犯罪不可能是最严重的犯罪,因此,不能对当前已经发生的犯罪适用死刑。"[3]认为这种解释结论导致现行刑法关于死刑的规定在刑法有效期内无法适用,因而是不可接受的解释。此种"解释"并非教义学意义上的法律解释(Auslegung),而是一种推论(Argument),即"法律都必须有效适用,第48条是法律,所以第48条也必须有效适用"的三段论式推论。其实,通过文义解释也可以得出上述结论:即使可以将"罪行极其严重"的犯罪解释为"最严重的

---

[1] 参见张明楷:《刑法学》(第6版),法律出版社2021年版,第1128—1129页。
[2] 参见陈兴良:《刑法教义学方法论》,载《法学研究》2005年第2期。
[3] 冯军:《刑法教义学的立场和方法》,载《中外法学》2014年第1期。

犯罪",也是指极端严重或"最为严重",显然法律不能仅对个案进行规定,因而不是指历史上最为严重的那一个犯罪。如此理解就不会得出"已发生的犯罪都不是最严重的犯罪"这样一个错误的结论。因而上述解释犯了偷换概念的逻辑错误,不符合"罪行极其严重"的字面含义,是不符合文义解释的解释结论。

(三)作为学科精致化工具的理论教义学

在对刑法学科去政治意识形态化的过程中,革命斗争式修辞逐渐被理论技术性术语取代,与对实定法刑法规范进行教义学解释研究相伴成长的是理论教义学从德日的引入与本土化调适。如果说作为去政治化工具的教义学是为了与传统政法色彩浓厚的粗疏刑法学研究进行切割,那么作为解释学工具的教义学是为了在转型社会时期于相对滞后的法条与变动不居的法现实的紧张关系中寻求妥适的解释——某种意义上来说二者都具有强烈的功利或工具主义色彩。而理论教义学的动机相对更加单纯——为了满足在前两种教义学发展中逐渐产生的对其自身的科学性与审美性的要求,教义学发展开始进入专业化与精致化擢升阶段。

陈兴良教授在 2001 年版的《本体刑法学》[1]中率先摒弃了继受自苏俄犯罪论理论的犯罪构成四要件理论,提出了罪体与罪责的二分体系:罪体是犯罪构成的客观要件,罪责是犯罪构成的主观要件,两者是客观与主观的统一。其在 2003 年《规范刑法学》[2]中又在上述二分体系上增加罪量,构建罪体、罪责、罪量三位一体的犯罪构成体系。其中罪体与罪责属于犯罪的本体要件,罪体相当于犯罪构成的客观要件,罪责相当于犯罪构成的主观要件;而罪量是在罪体与罪责的基础上表明犯罪的量的规定性的犯罪成立条件。上述两种

---

[1] 参见陈兴良:《本体刑法学》,商务印书馆 2001 年版。
[2] 参见陈兴良:《规范刑法学》,中国政法大学出版社 2003 年版。

建构犯罪论体系的最初尝试都因遗漏了正当化事由而难言完整性与阶层性,因而也不是教义学意义上能够承担判断犯罪成立功能的犯罪论体系。继陈兴良教授首次尝试性地将德日三阶层的犯罪论体系引入其主编的刑法教科书[1]之后,张明楷教授在2007年《刑法学》(第3版)中采用德日刑法阶层体系构造以二阶层犯罪论体系构建刑法总论部分,即以客观(违法)构成要件与主观(责任)构成要件二阶层构建构成要件。2009年三阶层犯罪论体系被纳入国家司法考试大纲,标志着原本为便于教学研究而具有图表流程检验功能的德日三阶层犯罪论体系走出学者的书斋,进入中国司法职业资格考试的殿堂,从少数学者手中掌握的前沿理论变成通行于中国法律职业团体的理论技艺之一。上述德日刑法教义学理论疆域的扩展也正式点燃了三阶层犯罪论体系与四要件犯罪论体系之争的战火。来自传统犯罪构成四要件说阵营的猛烈批判与来自德日三阶层犯罪论体系拥护者的高调回击将德日刑法犯罪论教义学推至中国刑法的风暴中心。

在《犯罪论体系的去苏俄化》一文中,陈兴良教授对苏俄犯罪论体系进行了彻底的清理,指出继受苏俄犯罪构成理论的我国传统四要件犯罪构成理论构建了一种没有构成要件的犯罪构成,并形成一种总则性的思维方法,由此使总则性的社会危害性成为犯罪构成的基础,消解了构成要件的人权保障机能。[2] 基于这一发现,陈兴良教授倡导舍弃苏俄四要件的犯罪论体系,引入更有利于罪刑法定原则司法化的三阶层犯罪论体系。

张明楷教授在2009年《以违法与责任为支柱构建犯罪论体系》一文中对我国犯罪构成要件主观方面与客观方面的平面式构造进行

---

[1] 参见陈兴良主编:《刑法学》,复旦大学出版社2003年版。
[2] 参见陈兴良:《犯罪论体系的去苏俄化》,载《政法论坛》2012年第4期。

了反思,发现了从宾丁规范逻辑理论角度论证二阶层犯罪论构造的合理性,即从逻辑关系来说评价规范在前,而决定规范在后,"作为决定规范的法律的逻辑前提是作为评价规范的法律,是作为'客观生活秩序'的法律。违法性是由评价规范决定的,有责性(责任)是由决定规范决定的"[1]。进而认识到侵害法益的行为是违法行为,属于不法层面;对违法行为处罚必须以行为人具有实施合法行为的期待可能性即非难可能性为前提,这属于责任层面。[2] 不法与罪责的区分被韦尔策尔(Welzel)视为是在德国刑法教义学上最近二到三代学者所取得的最为重要的成就,耶赛克(Jescheck)与魏根特将其视为犯罪论的核心,在许乃曼教授那里被称作当代刑法教义学发展的典范。[3] 如是察之,中国刑法学界自此才采撷到德国刑法犯罪论教义学的精华,开始进入真正的教义学理论研究时代。

二、中国刑法教义学的特殊面向

(一)实定法规定正当性假说

教义学的一个重要特征是其否定禁止前提(Negationsverbot),即作为论证链条起点的前提是不可被否定的。[4] 而在法教义学中该特征就表现为实定法效力不可质疑性这一前提性假定,即从现行法的效力不可质疑这一前提出发对现行法律文本进行解释,将一般性的法条适用于具体的个案。德国法教义学否定禁令的论证链条起点在早期是被预设为真理的罗马法,在其后的发展中是目的法学、利益法学派根据生活、社会变化进行的目的、价值和利益的考量所调适的

---

[1] 张明楷:《以违法与责任为支柱构建犯罪论体系》,载《现代法学》2009年第6期。
[2] 同上注。
[3] 参见〔德〕米夏埃尔·帕夫利克:《目的与体系:古典哲学基础上的德国刑法学新思考》,赵书鸿等译,法律出版社2018年版,第51页。
[4] Vgl. Luhmann, Rechtssystem und Rechtsdogmatik, 1974, S. 15.

实定法框架。[1] 在教义学发源地德国,实定法——在排除罕见的法条本身的逻辑漏洞或者违反最高效力层级的实定法规范宪法规范后——一般来说本身也是不可质疑的。法治国的民主立法程序与成文法国家成熟发达的(潘德克顿式体系)立法技术为实定法规定提供了程序与技术上的双重保障。

关于规范的效力不可质疑性,冯军教授曾指出:"过去人们对传统刑法教义学的科学性的指责,在今天的民主法治国家里,已经失去了针对性。在现代的人民代表大会或者议会制民主体制下,完全不可能存在大体上违反自由、人类尊严和人道主义的法律,这种体制下的法律不可能是纯粹暴力的体现;相反,在民主的法治国家里经过法定程序制定的法律总是更多地体现了普遍的社会要求,法律是自由、公正、理性等人类最高价值的文字表达,大体上符合人类尊严和人道主义的要求。只要刑法是有效的,就应当服从刑法的权威,这是现代民主法治国家的当然要求。任何以刑法条文的内容不符合自然法、不符合正义或者脱离社会实际为由而否定刑法效力的做法,在现代的民主法治国家里,都不会具有正当性。"[2] 正处于现代法治国家建设进程中的中国法律可能并非如想象中那样完美,某些法条的科学性可能还远未达到法教义学的要求。

1. 刑法总论规定理论性、体系性欠缺

受刑法教义学理论本身发展阶段的限制,我国刑法总则规定的理论性、体系性较差,例如《刑法》第26条至第29条关于共同犯罪参与的规定采用了作用分类与分工分类混合的规定方法。所谓混合的分类方法,其实也就是缺乏逻辑一致性的分类标准,说得更直白一些,其实就是没有分类方法。由此产生了我国共犯理论是单一正犯

---

[1] 参见陈辉:《德国法教义学的结构与演变》,载《环球法律评论》2017年第1期。
[2] 冯军:《刑法教义学的立场和方法》,载《中外法学》2014年第1期。

体系还是区分制共犯体系的旷日持久的争论。由于缺乏实定法上确定无疑的根据,我国学者之间无法在共犯理论上达成最基本的共识,这极大地制约了我国共犯理论的发展。不仅实定法没有呈现出明确的逻辑一致性,甚至立法者也根本没有相关理论知识储备,更遑论有意识地进行理论体系的选择了。反观德国立法过程,总论中的理论分歧会在立法过程中反复讨论并在此基础上作出理论上的选择,这种理论争论与选择会在立法说明讨论中留痕,以便于司法者或学者按照历史解释方法进行解释。此外,对于重大理论立场问题,学者往往还会在自己撰写的选择性立法草案(alternativer Entwurf)中给出自己的选择方案并进行论证。

2. 个罪构成要件规定粗疏、留白

刑法教义学和立法技术的欠发达也反映在个罪的规定之中,例如《刑法》第114、115条以危险方法危害公共安全罪中"或者以其他危险方法危害公共安全"的规定,第225条非法经营罪中"其他严重扰乱市场秩序的非法经营行为"的规定以及第293条寻衅滋事罪的规定等。以以危险方法危害公共安全罪为例,第114条与第115条第1款采取列举排除加堵截式的规定,立法的缺陷造成该罪在司法实践中的滥用,形成口袋罪名。学界认识到该罪先天立法上的不足,尝试在解释适用上进行后天的弥补,主张运用体系解释方法中的同类解释规则对第114、115条进行限缩解释,将解释对象置于整个法律文本体系中进行情境化的理解,将其他危险方法限定在与放火、决水、爆炸、投放危险物质等危险方法相当的方法之内,以限制司法实践中将私设电网、碰瓷、偷马路井盖或灭火器等情形一概不加区分地以该罪论处的做法。[1] 运用体系解释方法对以危险方法危害公

---

[1] 参见陈兴良:《口袋罪的法教义学分析:以以危险方法危害公共安全罪为例》,载《政治与法律》2013年第3期。

共安全罪进行限缩解释的努力值得肯定,但是如果进一步追问,何种危险方法才是与放火、决水、爆炸、投放危险物质等危险方法相当的方法？如何理解这里的"相当性"？或者说如何理解同类解释规则的"同类"？仅仅停留在法教义学的体系解释方法层面,恐怕尚不能得到妥当的解释结论。即使根据目的解释规则认为以危险方法危害公共安全罪的立法目的在于不特定或多数人生命、健康、财产法益的保护,但是第114条至第119条均是针对上述法益的犯罪,仅从法益保护的目的解释角度也无法对该罪进行妥当的限制。可见,中国刑法犯罪构成要件规定的粗疏与留白给法条的适用与解释提出了更高的要求,需要从教义学方法上升到教义学理论层面进行论证与法律续造。

根据构成要件理论与不法类型理论,构成要件是对刑法所禁止的行为的定型化,是一种不法类型(Unrechtstypus),是对法益侵犯及其方式(Tatmodalitäten)的描述。因此,以危险方法危害公共安全罪的不法类型应与放火、爆炸、决水等犯罪不法类型相同或类似,即不仅要侵害不特定或多数人生命、健康、财产法益,而且要以相同或相似的方式侵犯,即对上述法益造成与放火、爆炸、决水等相同紧迫的危险。放火、爆炸、决水罪等以水、火及具有毒害性、放射性或传染性的物质为介质对公共安全法益创设了一种瞬时扩散性的紧迫风险,这是该类罪名不法类型的实质特征,也是其构成要件法益侵害方式的核心特征,因而只有对公共安全法益创设上述风险的,才属于同类构成要件,才符合同类解释规则的要求。例如劳东燕教授对同类解释规则进行实质性填充,认为从程度上而言,成立"其他危险方法"的行为本身,必须同时具备导致多数人重伤或死亡的直接性、迅速蔓延性与高度盖然性[1],实际上就是自觉或不自觉地运用了不法类型考察法益侵犯及其方式,超越传统法律解释方法而运用教义学理论解释法条的范例。

3. 司法解释"超纲解释"

根据中国特有的刑事司法解释制度及其运作方式,司法解释规定也成为实定法的一部分。从民主立法程序来看,司法解释并非人民代表大会的集体合意体现,其制定过程与效力决定了其须始终面临正当性质疑,尤其是司法解释越权解释创制新的构成要件行为时,例如对非法经营罪概括兜底条款"其他严重扰乱市场秩序的非法经营行为"的解释。而个别司法解释不仅超出个罪构成要件行为类型范围进行解释,甚至违背总论的原理规则进行严重超纲的"创造性解释"。例如,2000年最高人民法院《关于审理交通肇事刑事案件具体应用法律若干问题的解释》第5条规定的"交通肇事后,单位主管人员、机动车辆所有人、承包人或者乘车人指使肇事人逃逸,致使被害人因得不到救助而死亡的,以交通肇事罪的共犯论处",不仅违反了《刑法》第25条共同犯罪是二人以上共同故意犯罪的规定,也突破了我国共同犯罪要求共犯之间有意思沟通的共同犯罪原理。针对这一规定,学者提供了多种解释方案以维护教义学理论一致性[2],可谓用心良苦。

从法史学角度来看,我国实定法基础既没有像德国法有罗马法的渊源,也没有经历过目的法学与利益法学之手的萃取,其作为否定禁令论证链条的起点呈现上述粗疏缺漏的面貌也就不足为奇。我国刑法文本明显缺乏理性而无法证立的概率或许要远大于德国刑法出

---

[1] 参见劳东燕:《以危险方法危害公共安全罪的解释学研究》,载《政治与法律》2013年第3期。
[2] 参见张明楷:《刑法学》(第6版),法律出版社2021年版,第929—930页。

现此种情形的概率。如果说实定法规定的不可质疑性预设在德国刑法教义学中是一个真实的命题或者说毋庸置疑的前提,那么它在中国刑法教义学中就可能是一个待证的假说。但另外,因为法规范的实践特性(法规范必须得到适用),这种假说又不得被推翻。这就在法律解释者与法条之间形成了一种非常尴尬的关系,使得前者对后者抱有一种想相信又无法相信、既尊敬又蔑视的态度。尽管"法律不是被嘲弄的对象"这一法教义学谚语在中国法学界也逐渐被广为认可,但中国法律的现状与质量仍然引起了人们的担忧。在实定法不可质疑性前提下,面对粗疏而充满瑕疵的实定法,学者们虽仍将其教义学工作主要限定在法律解释学范围内,但也不得不主张对法条进行补漏或批判性解释。例如陈兴良教授指出,"法教义学并不主张批评法律,而是致力于解释法律。通过对法律的解释,使法律容易被理解,甚至可以在一定限度内填补法律的漏洞。因此,法教义学研究并没有丧失研究者的能动性而成为法律的奴隶,而是使法律变得更完善的另一种途径"[1]。张明楷教授也认为:"在刑法条文的表述存在缺陷的情况下,通过解释弥补其缺陷,是刑法教义学的重要内容或任务之一。事实上,将批判寓于解释之中,是刑法教义学的常态。"[2]

正是这种对刑事实体法的正当性质疑催生了中国刑法教义学的特色研究及特有术语,最为著名的就是实质解释与形式解释之争及形式刑法观与实质刑法观之争。陈兴良教授主张在罪刑法定原则的背景下形式理性应成为刑法教义学的一个基石范畴,主张"在罪刑法定原则下,应当倡导形式理性。因此,犯罪的形式概念具有合理性,犯罪构成的形式判断应当先于实质判断,对于刑法的实质解释不

---

[1] 陈兴良:《刑法知识的教义学化》,载《法学研究》2011年第6期。
[2] 张明楷:《也论刑法教义学的立场——与冯军教授商榷》,载《中外法学》2014年第2期。

能逾越罪刑法定原则的藩篱……"[1]所谓实质解释、形式解释与形式刑法观、实质刑法观,在德国刑法教义学上并无此种称谓。所谓实质解释大致对应于自由解释、目的解释、法官的法律续造(richterliche Rechtsfortbildung),而形式解释对应于字面解释、体系解释等。形式刑法观、实质刑法观则突破了解释学层面,涉及形式违法性、实质违法性等犯罪论教义学理论。张明楷教授提倡的实质解释论,主要针对构成要件的解释。其将实质解释论大致归纳为如下三点:第一,对构成要件的解释必须以法条的保护法益为指导,而不能仅停留在法条的字面含义上。换言之,解释一个犯罪的构成要件,首先必须明确该犯罪的保护法益,然后在刑法用语可能具有的含义内确定构成要件的具体内容。第二,犯罪的实体是违法与责任。所以,对违法构成要件的解释,必须使行为的违法性达到值得科处刑罚的程度;对责任构成要件的解释,必须使行为的有责性达到值得科处刑罚的程度。必须将字面上符合构成要件、实质上不具有可罚性的行为排除于构成要件之外。第三,当某种行为并不处于刑法用语的核心含义之内,但具有处罚的必要性与合理性时,在罪刑法定原则前提下允许不利于被告人的扩大解释。[2]

实定法为法教义学设定了边界,也向其下达了研究任务。中国刑法实定法的特殊性也决定了中国刑法教义学研究的本土化特色。刑法实定法的正当性质疑不仅催生了中国刑法解释学的特有术语,也使得法条解释本身不得不更多地诉诸刑事政策以及一般性的法教义学理论。

(二)刑法教义学理论移植落差

法教义学兴盛于19世纪法典化运动之后的德国,法学界将在法

---

[1] 陈兴良:《形式与实质的关系:刑法学的反思性检讨》,载《法学研究》2008年第6期。
[2] 参见张明楷:《实质解释论的再提倡》,载《中国法学》2010年第4期。

典编纂中对自然法的关注逐渐转向"实在法",历史法学派将"教义学"这一概念正式引入法学(法律科学)之中,法教义学作为法学的分支学科开始在德国盛行。[1] 深受德国古典哲学滋养的德国刑法教义学经过近200年的发展可谓枝繁叶茂。我国刑法学界在对苏俄陈旧理论与政治话语修辞日益产生审美疲劳及应对1997年《刑法》的解释需求感到力不从心之时,发现了德国刑法教义学并折服于其强硬的学科自主精神与精深的理论构建技艺。三阶层犯罪论体系、构成要件理论、客观归责等德国教义学理论逐渐取代了犯罪构成四要件理论、偶然与必然因果关系理论等传统刑法理论。德日刑法中诸如行为无价值与结果无价值的概念、理论及争论,法益保护与规范效力理论及其争论等也逐渐占据中国刑法专业文献的头条。

  犯罪论中具有高度抽象性的一般理论往往依赖逻辑推论和法哲学,相关探讨、借鉴极大提高了我国刑法学科的整体理论层次。这种理论移植虽然早期受到传统保守学派的抵触,但在理性的探讨中以其理论的科学严谨性逐渐获得主流学界的认可。但中国刑法实定法规本身规定的非理性(包括立法程序的非理性与立法规定内容的非理性)为一些教义学理论的移植设置了边界,学者在试图引入这些教义学理论解决中国刑法问题时不得不对其进行本土化的版本调适。其中最能体现这一过程的当属犯罪论体系与构成要件理论的移植。我国《刑法》第13条对犯罪定义采取定性加定量的模式并在分则中设置大量情节犯规定,而德日刑法对犯罪的界定则仅仅是定性的模式,犯罪成立原则上并无情节或者严重程度的要求,因此德国刑法犯罪论体系中并不会针对我国刑法中的所谓情节进行专门的理论设置。这就造成了我国引入犯罪论体系与构成要件理论的"理论落

---

[1] 参见雷磊:《什么是法教义学?——基于19世纪以后德国学说史的简要考察》,载《法制与社会发展》2018年第4期。

差":完全照搬没有定量要求的犯罪论体系无法解决中国刑法中犯罪成立与否的问题,对于影响犯罪成立与否至关重要的定量要求在德日刑法理论中完全没有对应物。这一问题长期困扰我国刑法教义学理论研究,笔者曾称之为中国刑法中至为难解的"理论之结"。[1] 中国刑法学者提出种种方案试图打开这个理论之结,例如具有本土化特色的"罪体—罪责—罪量"说、调适德国"整体性的行为评价要素"说的"整体的评价性要素"说与引入日本刑法的"可罚的违法性"说等。笔者运用德国构成要件的不法类型本质与诠释学特征透视我国刑法中不断被司法解释补充与修改的犯罪构成,发现其不仅是德日刑法理论意义上的为行为不法与结果不法划定预设空间的不法类型,而且是一个包含了基本构成要件、加重结果、客观处罚条件以及其他刑事政策因素的"类构成要件复合体",也可算作一次在移植德国刑法教义学理论过程中的调适尝试。[2]

另外一个著名的德国刑法教义学理论调适的例子,是张明楷教授针对我国《刑法》丢失枪支不报罪所提出的"客观超过要素"说。[3] 客观超过要素说实际上是以德国"主观超过要素"理论与"客观处罚条件"理论为配料,将二者融合,针对我国丢失枪支不报罪的特殊规定而特殊配置的教义学理论药方。这一理论作为德国刑法教义学理论与我国刑法实定法之间差距的精妙调和物虽因缺乏逻辑自洽而存在本身的证立性问题,但无疑是一次有益的创造性尝试,指明了刑法理论移植的边界。

三、中国刑法教义学的建构断想

在以陈兴良、张明楷教授为代表的一代刑法学人的呼吁与努力

---

[1] 参见王莹:《情节犯之情节的犯罪论体系性定位》,载《法学研究》2012年第3期。
[2] 同上注。
[3] 参见张明楷:《"客观的超过要素"概念之提倡》,载《法学研究》1999年第3期。

下,刑法教义学在与传统苏俄刑法理论的论战中取得了压倒性的胜利,刑法教义学研究成为我国刑法学界主流研究方法,运用德日刑法教义学理论阐释中国刑法实定法问题的文献占据了法学期刊刑法栏目的主要版面。陈兴良教授将上述过程称为"刑法知识转型",并断言:"就我国的刑法知识转型而言,基本路径就是走向教义学的刑法学,即刑法知识的教义学化……如果说,去苏俄化是对我国刑法知识的一种批判性思考,那么,教义学化就是对我国刑法知识的一种建设性思考。"[1]显然,社会危害性理论、犯罪构成四要件等苏俄传统刑法理论之破,并不意味着中国刑法教义学之立。刑法学人应该如何从事这种刑法学内部的事业,如何构建中国的刑法教义学,完成陈兴良教授所谓"刑法知识的教义学化"转型之路?对此笔者展开以下初步讨论,作为在这条"转型之路"上行走的几点断想。

(一)凝聚教义学共识:关于法教义学的否定禁令前提与教义学的科学性

教义学的论证往往以一个不可被否定的论证前提为出发点,即假定实定法正确而有效并以此展开法律解释及适用。对于法教义学的实定法效力不可质疑性,传统上并非毫无质疑之声,德国社会法学者曾批判教义学是一种将任意的法条奉为逾越于任何批判之上的原则,因而丧失了研究中立性前提的学科。[2] 基尔希曼(Kirchmann)在其针对德国法学(主要是针对在德国占据主流地位的法教义学)的檄文《作为科学的法学的无价值性》中嘲笑"立法者的三个更正词就可以使所有的文献成为废纸"[3],讽刺实定法不可质疑性预设并以此质

---

[1] 陈兴良:《刑法的知识转型[学术史]》,中国人民大学出版社2012年版,"出版说明",第2页。这里的"刑法知识",实际上是指"刑法科学"。
[2] Vgl. Luhmann, Rechtssystem und Rechtsdogmatik, 1974, S. 15.
[3] [德]J. H. 冯·基尔希曼:《作为科学的法学的无价值性——在柏林法学会的演讲》,赵阳译,载《比较法研究》2004年第1期。

疑法学的科学性。对于上述对教义学不可质疑性的质疑，德国社会学家卢曼(Luhmann)曾从社会学意义上作出回应："社会中根本不存在本身任意的东西，所有人类的沟通交往都以不可质疑性为前提。"[1]从本质上来说，否定禁令不仅是法教义学的起点，甚至是整个人文社会学科的前提基础，因为人类沟通交往就是建立在社会文化的给定条件之上。因而，实定法不可质疑性本身并非质疑教义学的理由。如果人们接受社会学的科学性，也就必须从社会学意义上接受教义学的实定法效力不可质疑性。法教义学的否定禁令前提及实定法效力不可质疑性不应当成为对教义学基尔希曼式嘲笑的把柄，它只不过在法教义学中作为其工作方式被特殊强调而已。"教义学者从某些未加检验就被当作真实的、先予的前提出发……这不意指法律教义学必然诱使无批判，但即便它是在批判，如对法律规范进行批判性审视，也总是在系统内部论证，并不触及现存的体制。"[2]

关于如何理解法教义学的科学性，许乃曼教授曾有精辟的论证。[3]他指出，法教义学的科学性不能理解为实证或经验层面的科学性，其科学性不取决于元伦理学及商谈理论频繁探讨的规范的适真性(Wahrheitsfähigkeit，即是否具有一个客观的真值)，而是只要满足以下正确性保障(Richtigkeitsgarantie)即可：

（1）一个行为是允许或禁止的主张不能任意决定，而是必须给出理性的理由，这些理由一直可以追问至普遍接受的前提；

（2）概念及论证体系须不存在矛盾（以演绎逻辑作为批判的推

---

[1] Vgl. Luhmann, Rechtssystem und Rechtsdogmatik, 1974, S. 15.
[2] ［德］阿图尔·考夫曼、［德］温弗里德·哈斯默尔主编：《当代法哲学和法律理论导论》，郑永流译，法律出版社2013年版，第4页。
[3] Schünemann, Standpunkte der deutschen Strafrechtslehrer zu den Zukunftsperspektiven der Rechtswissenschaft und der akademischen juristischen Ausbildung in Deutschland, ZIS 2012, S. 303 f.

理方法);

(3)通过自由商谈(Diskurs)[1]需要遵守的标准可以持续被检验。因此,法教义学以规范的有效运作为研究对象,规范本身的适真性存否不影响其科学性,只要法教义学论证的起点即实定法规范本身在社会中被普遍接受,以此出发进行概念体系上逻辑自洽的论证,且在社会中能够通过自由商谈对规范及其标准进行持续检验,就可以认为法教义学能够正确运作,就具备了人文社会科学所要求的科学性。

而相较于其他人文学科,法学的特殊性在于,它糅合了元伦理学的范式与阐释性的范式:一方面,相较于道德哲学,大量先于立法的预先判断发挥着原理公式般的作用,因而存在大量论证的支点;另一方面,相较于阐释性学科,元伦理提供了大量批判的推理方法。而上述特殊性增强了教义学结论的理性、主体间性与可控制性。[2]

因此,教义学中的否定禁令不同于宗教禁忌,其工作机制也并非宗教中的神秘主义,而是科学的理性主义。对实定法权威的尊重是开展法学学科内理性商谈的必要前提。但是实定法否定禁令也并非对法条的迷信,并不意味着法条文本必须无条件地得到证立与遵守,法教义学并不否认在某些情形下为实现个案正义可以偏离语词和文本,但此时法官必须进行"特别证立"。[3]

---

[1] 根据商谈理论(Diskurstheorie),真实与正确等概念在非实证的领域只能够被共识性地加以认知,一个规范的命题只有当其是理性商谈过程的结果时才是正确的。Vgl. Alexy, Theorie der juristischen Argumentation: Die Theorie des rationalen Diskurses als Theorie der juristischen Argumentation, 1. Aufl., 1983, S. 177.

[2] Vgl. Schünemann, Standpunkte der deutschen Strafrechtslehrer zu den Zukunftsperspektiven der Rechtswissenschaft und der akademischen juristischen Ausbildung in Deutschland, ZIS 2012, S. 303.

[3] 参见雷磊:《法教义学的基本立场》,载《中外法学》2015年第1期。

(二)培育连接立法—司法—法学研究者的教义学共同体

晚近以来,在陈兴良教授、张明楷教授等刑法学者的引领下,我国刑法教义学在法律解释领域取得了长足的进展。虽然法教义学的主要工作是围绕实定法的解释与适用展开的,但这并不意味着立法就不属于法教义学研究范围。

虽然法教义学以实定法否定禁令作为论证的逻辑起点,但这并非指实定法在教义学研究中可以不接受理性检验,更不意味着其如神学中的教义那样神圣不可动摇。卢曼从社会学角度维护否定禁令,认为其本身并没有问题,但提示人们需要考虑否定禁令停留在何种抽象程度上以及不可否定的前提条件在多大程度上可被社会接受。[1] 如上所述,现阶段我国粗疏的实定法存在诸多漏洞,即使是最高超的教义学也无法弥补,给法条解释适用带来诸多困扰,此时符合教义学的做法应当是放弃违反罪刑法定原则的牵强解释,接受可罚性漏洞,在日后立法中再予以修订完善。教义学对于立法的影响与作用不仅是真实存在的,而且应当是法学家积极追求的。哈塞默曾论述教义学对于立法的作用,指出正是不作为犯教义学理论以及罪责理论的发展推动了《德国刑法典》第13条不作为犯与第46条量刑根据的规定。[2] 德国法教义学的发达史也表明,德国教义学正是兴盛于推行法典化以及对法典化以经验为导向的改良年代,一个对判决进行权衡和批判,以及对法教义学领域内更新的知识广泛接受的年代,而那个年代的主要立法即刑法修正案的编纂正是建立在经

---

[1] Vgl. Hassemer, Dogmatik zwischen Wissenschaft und richterlicher Pragmatik Einführende Bemerkungen, in: Kirchhof/Magen/Schneider (Hrsg.), Was weiß Dogmatik? Was leistet und wie steuert die Dogmatik des Öffentlichen Rechts?, 2012, S. 13.

[2] Vgl. Hassemer, Dogmatik zwischen Wissenschaft und richterlicher Pragmatik Einführende Bemerkungen, in: Gregor Kirchhof/Stefan Magen/Karsten Schneider (Hrsg.), Was weiß Dogmatik? Was leistet und wie steuert die Dogmatik des Öffentlichen Rechts?, 2012, S 13.

过数百年发展的教义学基础上的。[1]

德国法学家胡果将法学分为"科学"的、"优雅的"法史学(包括法哲学)和"手艺式的法学"即教义学,而教义学需要"实践性的法律手艺人"掌握并操作教义学技能的职业团体。[2] 德国刑法教义学经过100多年的发展已经构筑了具有较高法教义学专业素养的法律职业团体。而中国当下关注与实践刑法教义学的主要是高校法学研究人员,大多数司法者与立法者仍然沿用传统的刑法理论与术语。刑法教义学在法学研究者与立法、司法等法律实践部门之间无法形成有效的良性互动与知识循环。正如许乃曼教授所言,德国刑法教义学理论为立法、司法与法学教育的"所有参与主体提供了基本的理性水平……从至高的原则到具体的法院判决,在德国刑法学中几乎会就所有问题进行强烈而富有争议的讨论。对分则中构成要件要素的讨论更是数不胜数,而且似乎会永无止境地深入法律解释的各个细节。而通过教义学所提供的这种理性讨论的机会对司法权进行智性的控制,实际上就是根据协商民主制(deliberative Demokratie)中实质正当性理论(materielle Legitimationstheorie)的要求,在充分讨论的基础上通过衡量不同的观点作出决策"。[3]

刑法教义学共识的凝聚需要在职业共同体中进行刑法教义学的普及与培训。欲构建中国刑法教义学,刑法教义学研究不能妄自菲薄,仅满足于对实定法进行中规中矩或者看上去具有创造性实际上却牵强的解释。有必要在法学职业团体中凝聚刑法教义学集体共

---

[1] 参见〔德〕沃尔福冈·弗里希:《法教义学对刑法发展的意义》,赵书鸿译,载《比较法研究》2012年第1期。
[2] 参见雷磊:《什么是法教义学?——基于19世纪以后德国学说史的简要考察》,载《法制与社会发展》2018年第4期。
[3] Schünemann, Über Strafrecht im demokratischen Rechtsstaat, das unverzichtbare Rationalitätsniveau seiner Dogmatik und die vorgeblich progressive Rückschrittspropaganda, ZIS 2016, S. 663.

识,在立法、司法、法学教育团体中以教义学为媒介进行理性商谈,构建刑法教义学理论,切磋教义学方法技艺,提升司法与立法的科学性。

(三)构建刑法教义学本土化图景

前文已述及,中国刑法教义学构建不能回避的一个问题是法教义学的中国性与本土化问题。邓正来教授[1]和丁胜明博士[2]分别对法教义学与中国法律制度文化脱节和"反教义学"现象进行了批评。

当代中国刑法学人显然不可能罔顾社会经济发展的规律、穿越漫漫历史长河从零开始重建一套原汁原味中华法系的刑法教义学理论,我国刑法教义学发展的现实方案应是对德日刑法教义学理论的移植并进行本土化调适。鉴于社会政治制度框架、实定法框架、民族文化及民族语言习惯等的不同,我们显然无法对德国教义学理论进行无差别移植与简单套用。应该认为,对于主要依赖形式逻辑运作的法律解释规则一般可以完全移植,对于依赖逻辑推论和法哲学的教义学理论中具有高度抽象性的一般理论也可以引入,但对于高度依赖实体法具体规定与语言习惯的教义学理论需要保持足够的审慎。对于本国实体法规定及民族语言习惯具有高度依赖性的教义学理论,主要是涉及个罪构成要件构造及解释的教义学理论。如本书在对德国刑法诈骗罪教义学进行批判性分析的基础上提出重构我国诈骗罪教义学的设想,即是一种方向性的努力与尝试。

与具体教义学理论移植的原料择拣相比,如何在甄别德国刑法

---

[1] 类似以"中国法律文化图景"为题的探讨涉及现代性问题、所谓西方经验与思维定势问题,这显然已经超出了本书所探讨的刑法教义学的范畴,触及当下中国法学甚至整个人文社科领域的痛点。参见邓正来:《中国法学向何处去(上)——建构"中国法律理想图景"时代的论纲》,载《政法论坛(中国政法大学学报)》2005年第1期。
[2] 参见丁胜明:《刑法教义学研究的中国主体性》,载《法学研究》2015年第2期。

教义学不同学派基础上进行本土化体系建构,无疑是未来中国刑法教义学发展所面临的命运抉择。目前,德国犯罪论阶层体系中最先进的目的—理性犯罪论体系中存在着法益保护目的说与规范效力目的说之争。法益保护目的—理性犯罪论体系将犯罪视为法益侵犯,以法益概念为核心进行犯罪论体系构建,不仅将法益作为目的论解释的标准适用于分则中犯罪构成要件的解释这一相对而言最简单的教义学活动,更是将法益作为犯罪论体系内在的概念,"统摄所有刑法问题及其法学分析,即通过法益保护原则和罪责原则对法治国刑罚权进行限制,以此出发对法律适用的所有的中间步骤和结论进行体系性的分析和评判,以保障所有教义学问题满足逻辑一致性原则、平等适用原则和公平正义原则的要求"[1]。而规范效力目的—理性犯罪论体系认为离开利益所依附的法律关系无法定义法益,无法提供法益是否受到侵害及其侵害程度的判断标准,认为法益是一个政治化的概念而非科学的概念,倡导将犯罪视为对规范的违反或者法律人格体的义务违反。[2] 二者对目的理性不同的理解导致在犯罪的本质理解、不法与罪责的区分、责任论等重大理论立场上的分歧。如何对上述不同的教义学基本理论派系进行评判与抉择,无疑是影响未来中国刑法教义学体系建构的基本性问题。

关注中国实定法与德日实定法之间的差异,是开展中国刑法教义学研究的起点,同时也向中国刑法教义学提出了更高的要求:一方面是中国刑法实定法规定的非理性,另一方面是刑法教义学本身的高度理性,而中国刑法教义学研究与刑法教义学理论的建构必须在

---

[1] Vgl. Schünemann, Über Strafrecht im demokratischen Rechtsstaat, das unverzichtbare Rationalitätsniveau seiner Dogmatik und die vorgeblich progressive Rückschritts-propaganda, ZIS 2016, S. 663.

[2] 参见〔德〕米夏埃尔·帕夫利克:《目的与体系:古典哲学基础上的德国刑法学新思考》,赵书鸿等译,法律出版社2018年版,第169页。

二者之间这种持久的紧张关系之中开展。这是这一代中国刑法学人的宿命,是中国当代刑法教义学的不幸,或者也是中国当代刑法教义学之幸?

参考文献

一、中文文献

(一) 著作

1. 蔡墩铭主编:《刑法总则争议问题研究》,五南图书出版公司1999年版。
2. 蔡圣伟:《刑法问题研究(一)》,元照出版有限公司2008年版。
3. 陈兴良:《刑法适用总论(上卷)》(第三版),中国人民大学出版社2017年版。
4. 高铭暄、马克昌主编:《刑法学》(第10版),北京大学出版社2022年版。
5. 黎宏:《刑法总论问题思考》(第2版),中国人民大学出版社2016年版。
6. 刘明祥:《财产罪比较研究》,中国政法大学出版社2001年版。
7. 王作富主编:《刑法分则实务研究》(第5版),中国方正出版社2013年版。
8. 熊琦:《德国刑法问题研究》,元照出版有限公司2009年版。
9. 张明楷:《法益初论》,中国政法大学出版社2000年版。
10. 张明楷:《犯罪构成体系与构成要件要素》,北京大学出版社2010年版。
11. 张明楷:《刑法学》(第6版),法律出版社2021年版。

(二)译著

1.〔日〕大塚仁:《犯罪论的基本问题》,冯军译,中国政法大学出版社1993年版。

2.〔德〕卡尔·拉伦茨:《法学方法论》,陈爱娥译,商务印书馆2003年版。

3.〔德〕阿图尔·考夫曼、〔德〕温弗里德·哈斯默尔主编:《当代法哲学和法律理论导论》,郑永流译,法律出版社2013年版。

4.〔德〕米夏埃尔·帕夫利克:《目的与体系:古典哲学基础上的德国刑法学新思考》,赵书鸿等译,法律出版社2018年版。

(三)期刊论文

1.蔡桂生:《敌人刑法的思与辨》,载《中外法学》2010年第4期。

2.蔡桂生:《缄默形式诈骗罪的表现及其本质》,载《政治与法律》2018年第2期。

3.车浩:《谁应为互联网时代的中立行为买单?》,载《中国法律评论》2015年第1期。

4.陈洪兵:《论中立帮助行为的处罚边界》,载《中国法学》2017年第1期。

5.陈兴良:《社会危害性理论——一个反思性检讨》,载《法学研究》2000年第1期。

6.陈兴良:《作为犯罪构成要件的罪量要素——立足于中国刑法的探讨》,载《环球法律评论》2003年第3期。

7.陈兴良:《刑法教义学方法论》,载《法学研究》2005年第2期。

8.陈兴良:《刑法教义学的发展脉络——纪念1997年刑法颁布二十周年》,载《政治与法律》2017年第3期。

9.陈璇:《法益概念与刑事立法正当性检验》,载《比较法研究》2020年第3期。

10.范君:《快播案犯罪构成及相关审判问题——从技术判断行为的进路》,载《中外法学》2017年第1期。

11.冯军:《死刑、犯罪人与敌人》,载《中外法学》2005年第5期。

12.冯军:《刑法教义学的立场和方法》,载《中外法学》2014年第1期。

13.何庆仁:《特别认知者的刑法归责》,载《中外法学》2015年第4期。

14.黄经纶:《对抗"敌人刑法"——浅析Jakobs的敌人刑法与德国法下客观法秩序维持之冲突性》,载《刑事法杂志》第48卷第5期(2004年)。

15.緱泽昆:《诈骗罪中被害人的怀疑与错误——基于被害人解释学的研究》,载《清华法学》2009年第5期。

16.雷磊:《法教义学的基本立场》,载《中外法学》2015年第1期。

17.雷磊:《什么是法教义学?——基于19世纪以后德国学说史的简要考察》,载《法制与社会发展》2018年第4期。

18.黎宏:《论中立的诈骗帮助行为之定性》,载《法律科学(西北政法大学学报)》2012年第6期。

19.黎宏:《论盗窃财产性利益》,载《清华法学》2013年第6期。

20.刘明祥:《刑法中的非法占有目的》,载《法学研究》2000年第2期。

21.刘明祥:《用拾得的信用卡在ATM机上取款行为之定性》,载《清华法学》2007年第4期。

22.刘士心:《不纯正不作为犯罪中先行行为引起的义务研究》,载《北方法学》2007年第6期。

23.刘艳红:《情节犯新论》,载《现代法学》2002年第5期。

24.刘艳红:《网络犯罪帮助行为正犯化之批判》,载《法商研究》2016年第3期。

25.刘艳红:《无罪的快播与有罪的思维——"快播案"有罪论之反思与批判》,载《政治与法律》2016年第12期。

26.林立:《由Jakobs"仇敌刑法"之概念反省刑法"规范论"传统对于抵抗国家暴力问题的局限性——对一种导源于Kant"法"概念先天性信念之思想的分析与批判》,载《政大法学评论》第81期(2004年)。

27.苏力:《中国法学研究格局的流变》,载《法商研究》2014年第5期。

28.王华伟:《网络服务提供者的刑法责任比较研究》,载《环球法律评论》2016年第4期。

29.王华伟:《中立帮助行为的解构与重建》,载《法学家》2020年第3期。

30.王政勋:《定量因素在犯罪成立条件中的地位——兼论犯罪构成理论的完善》,载《政法论坛》2007年第4期。

31.武良军:《论借据能否作为财产犯罪的对象》,载《政治与法律》2011年第2期。

32.姚万勤:《中立的帮助行为与客观归责理论》,载《法学家》2017年第6期。

33.于改之:《不作为犯罪中"先行行为"的本质及其产生作为义务的条件——兼论刑法第133条"因逃逸致人死亡"的立法意蕴》,载《中国刑事法杂志》2000年第5期。

34.喻海松:《网络犯罪的立法扩张与司法适用》,载《法律适用》2016年第9期。

35.张明楷:《新刑法与法益侵害说》,载《法学研究》2000年第

1 期。

36.张明楷:《财产性利益是诈骗罪的对象》,载《法律科学(西北政法学院学报)》2005 年第 3 期。

37.张明楷:《论财产罪的非法占有目的》,载《法商研究》2005 年第 5 期。

38.张明楷:《不作为犯中的先前行为》,载《法学研究》2011 年第 6 期。

39.张明楷:《也论刑法教义学的立场——与冯军教授商榷》,载《中外法学》2014 年第 2 期。

40.张明楷:《论帮助信息网络犯罪活动罪》,载《政治与法律》2016 年第 2 期。

41.张明楷:《法益保护与比例原则》,载《中国社会科学》2017 年第 7 期。

42.张明楷:《宪法与刑法的循环解释》,载《法学评论》2019 年第 1 期。

43.赵书鸿:《论诈骗罪中作出事实性说明的欺诈》,载《中国法学》2012 年第 4 期。

44.赵书鸿:《犯罪化的正当性:法益保护?》,载《中国刑事法杂志》2019 年第 3 期。

45.周光权:《偷窃"天价"科研试验品行为的定性》,载《法学》2004 年第 9 期。

46.周光权:《违法性判断的基准与行为无价值论——兼论当代中国刑法学的立场问题》,载《中国社会科学》2008 年第 4 期。

47.周光权:《明知与刑事推定》,载《现代法学》2009 年第 2 期。

48.周光权:《网络服务商的刑事责任范围》,载《中国法律评论》2015 年第 2 期。

49.周光权:《犯罪支配还是义务违反——快播案定罪理由之探究》,载《中外法学》2017年第1期。

50.周光权:《中性业务活动与帮助犯的限定——以林小青被控诈骗、敲诈勒索案为切入点》,载《比较法研究》2019年第5期。

(四)译文

1.〔德〕G.雅各布斯:《刑法保护什么:法益还是规范适用?》,王世洲译,载《比较法研究》2004年第1期。

2.〔德〕乌尔斯·金德霍伊泽尔:《法益保护与规范效力的保障:论刑法的目的》,陈璇译,载《中外法学》2015年第2期。

3.〔德〕沃尔夫冈·弗里施:《变迁中的刑罚、犯罪与犯罪论体系》,陈璇译,载《法学评论》2016年第4期。

二、外文文献

1. Ahlberg, Hartwig/Götting, Horst-Peter/Lauber-Rönsberg, Anne (Hrsg.), BeckOK Urheberrecht, 33. Edition, 2022.

2. Alexy, Robert: Theorie der juristischen Argumentation: die Theorie des rationalen Diskurses als Theorie der juristischen Begründung, 1. Auflage, 1983.

3. Altenhain, Karsten: Die strafrechtliche Verantwortung für die Verbreitung mißbilligter Inhalte in Computernetzen, CR 1997.

4. Amelung, Knut: Rechtsgüterschutz und Schutz der Gesellschaft, 1972.

5. Amelung, Knut: Irrtum und Zweifel des Getäuschten beim Betrug, GA 1977.

6. Amelung, Knut: Die „Neutralisierung" geschäftsmäßiger Beiträge zu fremden Straftaten im Rahmen des Beihilfetatbestands, in: Samson, Erich u. a. (Hrsg.), Festschrift für Gerald Grünwald, 1999.

7. Appel, Ivo: Verfassung und Strafe:zu den verfassungsrechtlichen Grenzen staatlichen Strafens, 1998.

8. Bode, Thomas: Das Providerprivileg aus § § 7, 10 TMG als gesetzliche Regelung der Beihilfe durch „neutrale" Handlungen, ZStW 127 (2015).

9. Boers, Klaus: Kriminalitätsfurcht: über den Entstehungszusammenhang und die Folgen eines sozialen Problems, 1991.

10. Boese, Oliver: Strafrechtliche Verantwortlichkeit für Verweisungen durch Links im Internet, 2000.

11. Bringewat, Peter: Sozialrechtliche Mitwirkungs„pflichten" und Sozial(leistungs)betrug, NStZ 2011.

12. Bung, Jochen: Feindstrafrecht als Theorie der Normgeltung und der Person, HRRS 2006.

13. Burgheim, Joachim/Sterbling, Anton: Subjektive Sicherheit und Lebensqualität in Görlitz, 2000.

14. Derksen, Roland: Strafrechtliche Verantwortung für in internationalen Computernetzen verbreitete Daten mit strafbarem Inhalt, NJW 1997.

15. Ellmer, Manfred: Betrug und Opfermitverantwortung, 1986.

16. Engisch, Karl: Logische Studien zur Gesetzesanwendung, 3. Auflage, 1963.

17. Ensenbach, Kai: Reichweite und Grenzen der Sachwerttheorie in § § 242, 246 StGB, ZStW 124 (2012).

18. Erb, Volker/Schäfer, Jürgen (Hrsg.), Münchener Kommentar zum Strafgesetzbuch, 4. Auflage.

19. Frisch, Wolfgang: Tatbestandsmässiges Verhalten und Zurechnung des Erfolgs, 1988.

20. Frisch, Wolfgang: Beihilfe durch neutrale Handlungen: Bemerkun-

gen zum Strafgrund (der Unrechtskonstitution) der Beihilfe, in: Prittwitz, Cornelius u. a. (Hrsg.), Festschrift für Klaus Lüderssen, 2002.

21. Giehring, Heinz: Prozessbetrug im Versäumnis- und Mahnverfahren – zugleich ein Beitrag zur Auslegung des Irrtumsbegriffs in § 263 StGB, GA 1973.

22. Gössel, Karl Heinz: Über den Gegenstand der strafbaren Zueignung und die Beeinträchtigung von Forderungsrechten,in: Wolter, Jürgen (Hrsg.), 140 Jahre Goltdammer's Archiv für Strafrecht, 1993.

23. Greco, Luís: Das Subjektive an der objektiven Zurechnung: zum „Problem" des Sonderwissens, ZStW 117 (2005).

24. Greco, Luís: Über das so genannte Feindstrafrecht, GA 2006.

25. Greco, Luís: Feindstrafrecht, 1. Auflage, 2010.

26. Greco, Luís: Strafbarkeit der berufsbedingten bzw. neutralen Beihilfe erst bei hoher Wahrscheinlichkeit der Haupttat?, Wistra 2015.

27. Gropp, Walter: Strafrecht Allgemeiner Teil,4. Auflage, 2015.

28. Grunewald, Ralph: Die Rückveräußerung an den Eigentümer als Zueignungsproblem, GA 2005.

29. Hassemer, Raimund: Schutzbedürftigkeit des Opfers und Strafrechtsdogmatik, 1981.

30. Hassemer, Winfried: Tatbestand und Typus, 1968.

31. Hassemer, Winfried: Theorie und Soziologie des Verbrechens: Ansätze zu einer praxisorientierten Rechtsgutslehre, 1973.

32. Hassemer, Winfried: Grundlinien einer personalen Rechtsgutslehre, in: Philipps, Lothar/Scholler, Heinrich (Hrsg.), Jenseits des Funktionalismus, 1989.

33. Hassemer, Winfried: Professionelle Adäquanz – Bankentypisches

Verhalten und Beihilfe zur Steuerhinterziehung, Wistra 1995.

34. Hassemer, Winfried: Dogmatik zwischen Wissenschaft und richterlicher Pragmatik: einführende Bemerkungen, in: Kirchhof, Gregor/Magen, Stefan/Schneider, Karsten (Hrsg.), Was weiß Dogmatik?: Was leistet und wie steuert die Dogmatik des Öffentlichen Rechts?, 2012.

35. Hefendehl, Roland: Kann und soll der Allgemeine Teil bzw. das Verfassungsrecht mißglückte Regelungen des Besonderen Teils retten?, in: Schünemann, Bernd u. a. (Hrsg.), Festschrift für Claus Roxin, 2001.

36. Heintschel-Heinegg, Bernd von (Hrsg.), BeckOK StGB, 52. Edition, 2022.

37. Herzberg, Rolf Dietrich: Die Unterlassung im Strafrecht und das Garantenprinzip, 1972.

38. Hilgendorf, Eric: Tatsachenaussagen und Werturteile im Strafrecht, 1998.

39. Hilgendorf, Eric/Valerius, Brian: Computer- und Internetstrafrecht: ein Grundriss, 2. Auflage, 2012.

40. Hillenkamp, Thomas: Garantenpflichtwidriges Unterlassen nach vorsätzlichem Tatbeginn?, in: Gerhard Dannecker u.a. (Hrsg.), Festschrift für Harro Otto, 2007.

41. Hoeren, Thomas/Sieber, Ulrich/Holznagel, Bernd (Hrsg.): Handbuch Multimedia-Recht, 43. Ergänzungslieferung, 2016.

42. Hörnle, Tatjana: Deskriptive und normative Dimensionen des Begriffs „Feindstrafrecht", GA 2006.

43. Jakobs, Günther: Regreßverbot beim Erfolgsdelikt, Zugleich eine Untersuchung zum Grund der strafrechtlichen Haftung für Begehung, ZStW 89 (1977).

44. Jakobs, Günther: Kriminalisierung im Vorfeld einer Rechtsgutsverletzung, ZStW 97 (1985).

45. Jakobs, Günther: Tätervorstellung und objektive Zurechnung, in: Dornseifer, Gerhard u. a. (Hrsg.), Gedächtnisschrift für Armin Kaufmann, 1989.

46. Jakobs, Günther: Strafrecht Allgemeiner Teil, 2. Auflage, 1993.

47. Jakobs, Günther: Norm, Person, Gesellschaft, 2. Auflage, 1999.

48. Jakobs, Günther: Das Selbstverständnis der Strafrechtswissenschaft vor den Herausforderungen der Gegenwart, in: Eser, Albin/Hassemer, Winfried/Burkhardt Björn (Hrsg.), Die deutsche Strafrechtswissenschaft vor der Jahrtausendwende, 2000.

49. Jakobs, Günther: Staatliche Strafe: Bedeutung und Zweck, 2004.

50. Jakobs, Günther: Bürgerstrafrecht und Feindstrafrecht, HRRS 2004.

51. Jakobs, Günther: Individuum und Person: strafrechtliche Zurechnung und die Ergebnisse moderner Hirnforschung, ZStW 117 (2005).

52. Jakobs, Günther: Feindstrafrecht? Eine Untersuchung zu den Bedingungen von Rechtlichkeit, HRRS 2006.

53. Jakobs, Günther: Zuständigkeit durch Wissen?, in: Bockemühl, Jan u. a. (Hrsg.), Festschrift für Bernd von Heintschel-Heinegg, 2015.

54. Kargl, Walter: Die Bedeutung der Entsprechungsklausel beim Betrug durch Schweigen, ZStW 119 (2007).

55. Kasiske, Peter: Die konkludente Täuschung bei § 263StGB zwischen Informationsrisiko und Informationsherrschaft, GA 2009.

56. Kaufmann, Armin: Die Dogmatik der Unterlassungsdelikte, 1959.

57. Kaufmann, Arthur (Hrsg.)/Hassemer, Winfried (Bearb.), Gustav Radbruch Gesamtausgabe, Band 3, Rechtsphilosophie III, 1990.

58. Kindhäuser, Urs:Zum Begriff der Beihilfe, in: Gerhard Dannecker u. a. (Hrsg.), Festschrift für Harro Otto, 2007.

59. Kindhäuser, Urs: Strafrecht Allgemeiner Teil, 4. Auflage, 2009.

60. Kindhäuser, Urs/Neumann, Ulfrid/Paeffgen, Hans-Ullrich (Hrsg.), Nomos-Kommentar, Strafgesetzbuch, 5. Auflage, 2017.

61. Kindhäuser, Urs: Täuschung und Wahrheitsanspruch beim Betrug, in ders.: Abhandlungen zum Vermögensstrafrecht, 1. Auflage, 2018.

62. Krümpelmann, Justus: Die Bagatelldelikte: Untersuchungen zum Verbrechen als Steigerungsbegriff, 1966.

63. Kudlich, Hans/Oglakcioglu, Mustafa Temmuz: „ Auf die inneren Werte kommt es an": die Zueignungsabsicht in der Fallbearbeitung, JA 2012.

64. Kugelmann, Hermann Wolfgang: Der strafbare Betrug durch Unterlassung, 1925.

65. Kurth, Frowing Jörg: Das Mitverschulden des Opfers beim Betrug, 1984.

66. Löwe-Krahl, Oliver: Beteiligung von Bankangestellten an Steuerhinterziehungen ihrer Kunden – die Tatbestandsmäßigkeit berufstypischer Handlungen, Wistra 1995.

67. Luhmann, Niklas: Rechtssystem und Rechtsdogmatik, 1974.

68. Luhmann, Niklas:Ökologische Kommunikation, 1. Auflage, 1986.

69. Lüderssen, Klaus u. a. (Hrsg.), Modernes Strafrecht und ultima-ratio-Prinzip, 1990.

70. Maiwald, Manfred: Zur strafrechtssystematischen Funktion des Begriffs der objektiven Zurechnung, in: Kühne, Hans-Heiner (Hrsg.), Festschrift für Koichi Miyazawa, 1995.

71. Maaß, Wolfgang: Die Abgrenzung von Tun und Unterlassen beim

Betrug, Eine kristische Analyse von Rechtsprechung und Literatur, GA 1984.

72. Meliá, Manuel Cancio: Feind„strafrecht"?, ZStW 117 (2005).

73. Mikolajczyk, Sascha: Das Aneignungselement der Zueignung, ZJS 2008.

74. Niedermair, Harald: Straflose Beihilfe durch neutrale Handlungen?, ZStW 107 (1995).

75. Noll, Peter: Übergesetzliche Milderungsgründe aus vermindertem Unrecht, ZStW 68 (1956).

76. Otto, Harro: Wahrscheinlichkeitsgrad des Erfolgseintritts und Erfolgszurechnung, JURA 2001.

77. Otto, Harro: „Vorgeleistete Strafvereitelung" durch berufstypische oder alltägliche Verhaltensweisen als Beihilfe, in: Eser, Albin u. a. (Hrsg.), Festschrift für Theodor Lenckner, 1998.

78. Pawlik, Michael: Das unerlaubte Verhalten beim Betrug, 1999.

79. Rackow, Peter: Neutrale Handlungen als Problem des Strafrechts, 2007.

80. Ransiek, Andreas: Pflichtwidrigkeit und Beihilfeunrecht, Wistra 1997.

81. Rock, Philipp: Ökonomische Analyse des Betrugs in gegenseitigen Vertragsverhältnissen, 2013.

82. Rogat, Stefan: Die Zurechnung bei der Beihilfe: zugleich eine Untersuchung zur Strafbarkeit von Rechtsanwälten nach § 27 StGB, 1997.

83. Rönnau, Thomas: Grundwissen – Strafrecht: Die Zueignungsabsicht, JuS 2007.

84. Rönnau, Thomas/Wegner, Kilian: Grundwissen – Strafrecht: Beihilfe und „neutrales" Verhalten, JuS 2019.

85. Roxin, Claus: Was ist Beihilfe?, in: Kühne, Hans-Heiner (Hrsg.), Festschrift für Koichi Miyazawa, 1995.

86. Roxin, Claus: Strafrecht Allgemeiner Teil, Band II, 2003.

87. Roxin, Claus: Strafrecht Allgemeiner Teil, Band I,5. Auflage, 2020.

88. Roxin, Claus: Der gesetzgebungskritische Rechtsgutsbegriff auf dem Prüfstand, GA 2013.

89. Rudolphi, Hans-Joachim: Die Gleichstellungsproblematik der unechten Unterlassungsdelikte und der Gedanke der Ingerenz, 1966.

90. Rudolphi, Hans-Joachim: Häusliche Gemeinschaften als Entstehungsgrund für Garantenstellungen?, NStZ 1984.

91. Schmidhäuser, Eberhard: Der Zusammenhang von Vermögensverfügung und Vermögensschaden beim Betrug (§ 263 StGB), in: Jescheck, Hans-Heinrich/Vogler, Theo (Hrsg.), Festschrift für Herbert Tröndle, 1989.

92. Schnabel, Falk: Telefon-, Geld-, Prepaid-Karte und Sparcard, NStZ 2005.

93. Schneider, Hindrik: Neutrale Handlungen: Ein Oxymoron im Strafrecht? – Zu den Grenzlinien der Beihilfe, NStZ 2004.

94. Schünemann, Bernd: Zur Garantenstellung beim unechten Unterlassungsdelikt: dogmenhistorische, rechtsvergleichende und sachlogische Auswegweiser aus einem Chaos, in: Böse, Martin u. a. (Hrsg.), Grundlagen des Straf- und Strafverfahrensrechts, Festschrift für Knut Amelung, 2009.

95. Schünemann, Bernd: Grund und Grenzen der unechten Unterlassungsdelikte: zugleich ein Beitrag zur strafrechtlichen Methodenlehre, 1971.

96. Schünemann, Bernd: Zur Stellung des Opfers im System der Strafrechtspflege, NStZ 1986.

97. Schünemann, Bernd: Strafrechtsdogmatik als Wissenschaft, in:

Schünemann, Bernd u. a. (Hrsg.), Festschrift für Claus Roxin, 2001.

98. Schünemann, Bernd: Feindstrafrecht ist kein Strafrecht!, in: Griesbaum, Rainer u. a. (Hrsg.), Strafrecht und Justizgewährung, Festschrift für Kay Nehm, 2006.

99. Schünemann, Bernd: Standpunkte der deutschen Strafrechtslehrer zu den Zukunftsperspektiven der Rechtswissenschaft und der akademischen juristischen Ausbildung in Deutschland, ZIS 2012.

100. Schünemann, Bernd: Über Strafrecht im demokratischen Rechtsstaat, das unverzichtbare Rationalitätsniveau seiner Dogmatik und die vorgeblich progressive Rückschrittspropaganda, ZIS 2016.

101. Schütz, Alfred: Der sinnhafte Aufbau der sozialen Welt, 5. Auflage, 1991.

102. Seelmann, Kurt: Opferinteressen und Handlungsverantwortung in der Garantenpflichtdogmatik, GA 1989.

103. Sieber, Ulrich: Kontrollmöglichkeiten zur Verhinderung rechtswidriger Inhalte in Computernetzen: zur Umsetzung von § 5 TDG am Beispiel der Newsgroups des Internet, CR 1997.

104. Sieber, Ulrich: Aufbruch in das neue Jahrtausend – Für eine neue Kultur der Verantwortlichkeit im Internet, MMR 1999.

105. Sieber, Ulrich: Verantwortlichkeit im Internet: technische Kontrollmöglichkeiten und multimediarechtliche Regelungen: zugleich eine Kommentierung von § 5 TDG und § 5 MDStV, 1999.

106. Sinn, Arndt: Moderne Verbrechensverfolgung– auf dem Weg zu einem Feindstrafrecht?, ZIS 2006.

107. Spindler, Gerald/Schuster, Fabian (Hrsg.): Recht der elektronischen Medien, 3. Auflage, 2015.

108. Stratenwerth, Günter: Strafrecht Allgemeiner Teil I, Die Straftat, 4. Auflage, 2000.

109. Stree, Walter: Ingerenzprobleme, in: Kohlmann, Günter (Hrsg.), Festschrift für Ulrich Klug, 1983.

110. Swoboda, Sabine: Die Lehre vom Rechtsgut und ihre Alternativen, ZStW 122 (2010).

111. Tag, Brigitte: Beihilfe durch neutrales Verhalten, JR 1997.

112. Tenckhoff, Jörg: Der Zueignungsbegriff bei Diebstahl und Unterschlagung, JuS 1980.

113. Tröndle Herbert/Fischer, Thomas: Strafgesetzbuch und Nebengesetze, 52. Auflage, 2004.

114. Vogel, Joachim: Betrug durch konkludente Täuschung : „Recht auf Wahrheit" oder kommunikative Verkehrssicherungspflichten?, in: Gedächtnisschrift für Rolf Keller, 2003.

115. Weber, Max: Gesammelte Aufsätze zur Wissenschaftslehre,3. Auflage, 1968.

116. Weigend, Thomas: Grenzen strafbarer Beihilfe, in: Eser, Albin (Hrsg.), Festschrift für Haruo Nishihara, 1998.

117. Welp, Jürgen: Vorangegangenes Tun als Grundlage einer Handlungsäquivalenz der Unterlassung, 1968.

118. Welzel, Hans: Abhandlungen zum Strafrecht und zur Rechtsphilosophie, 1975.

119. Welzel, Hans: Naturrecht und materiale Gerechtigkeit: Prolegomena zu einer Rechtsphilosophie, 1951.

120. Wessels, Johannes/Beulke, Werner: Strafrecht Allgemeiner Teil, 40. Auflage, 2010.

121. Wessels, Johannes/Hillenkamp, Thomas: Strafrecht Besonderer Teil 2, 33. Auflage, 2010.

122. Wohlers, Wolfgang: Rechtsgutstheorie und Deliktsstruktur, GA 2002.

123. Wolff, Ernst Amadeus: Kausalität von Tun und Unterlassen: eine strafrechtliche Untersuchung, 1965.

图书在版编目(CIP)数据

中国刑法教义学的面向：经验、反思与建构／王莹著．—北京：北京大学出版社，2022.5
ISBN 978-7-301-33033-3

Ⅰ．①中… Ⅱ．①王… Ⅲ．①刑法—研究—中国 Ⅳ．①D924.04

中国版本图书馆 CIP 数据核字（2022）第 080657 号

书　　　名	中国刑法教义学的面向：经验、反思与建构 ZHONGGUO XINGFA JIAOYIXUE DE MIANXIANG： JINGYAN、FANSI YU JIANGOU
著作责任者	王莹　著
责任编辑	杨玉洁　靳振国
标准书号	ISBN 978-7-301-33033-3
出版发行	北京大学出版社
地　　　址	北京市海淀区成府路 205 号　100871
网　　　址	http://www.pup.cn　http://www.yandayuanzhao.com
电子信箱	yandayuanzhao@163.com
新浪微博	@北京大学出版社　@北大出版社燕大元照法律图书
电　　　话	邮购部 010-62752015　发行部 010-62750672　编辑部 010-62117788
印　刷　者	北京中科印刷有限公司
经　销　者	新华书店
	650 毫米×980 毫米　16 开本　24.75 印张　310 千字 2022 年 5 月第 1 版　2022 年 5 月第 1 次印刷
定　　　价	89.00 元

未经许可，不得以任何方式复制或抄袭本书之部分或全部内容。
版权所有，侵权必究
举报电话：010-62752024　电子信箱：fd@pup.pku.edu.cn
图书如有印装质量问题，请与出版部联系，电话：010-62756370